Les sciences sociales au Sénégal

Ce livre est issu du programme collaboratif entre le Conseil pour le développement de la recherche en sciences sociales en Afrique (CODESRIA) et l'Open Society Fondations (OSFs), portant sur l'enseignement superieur « Higher Education Support Programme » (HESP).

Les sciences sociales au Sénégal

Mise à l'épreuve et nouvelles perspectives

Sous la direction de

Mamadou Diouf
Souleymane Bachir Diagne

CODESRIA

OPEN SOCIETY
FOUNDATIONS

Conseil pour le développement de la recherche en sciences sociales en Afrique
DAKAR

© CODESRIA 2016
Conseil pour le développement de la recherche en sciences sociales en Afrique
Avenue Cheikh Anta Diop Angle Canal IV
BP 3304 Dakar, 18524, Sénégal
Site web : www.codesria.org

ISBN : 978-2-86978-709-4

Mise en page : Alpha Ousmane Dia
Couverture : Ibrahima Fofana

Distribué en Afrique par le CODESRIA
Distribué ailleurs par African Books Collective
www.africanbookscollective.com

Le Conseil pour le développement de la recherche en sciences sociales en Afrique (CODESRIA) est une organisation indépendante dont le principal objectif est de faciliter et de promouvoir une forme de publication basée sur la recherche, de créer plusieurs forums permettant aux chercheurs africains d'échanger des opinions et des informations. Le Conseil cherche ainsi à lutter contre la fragmentation de la recherche dans le continent africain à travers la mise en place de réseaux de recherche thématiques qui transcendent toutes les barrières linguistiques et régionales.

Le CODESRIA publie une revue trimestrielle, intitulée *Afrique et Développement*, qui est la plus ancienne revue de sciences sociales basée sur l'Afrique. Le Conseil publie également *Afrika Zamani* qui est une revue d'histoire, de même que la *Revue Africaine de Sociologie* ; la *Revue Africaine des Relations Internationales (AJIA)* et la *Revue de l'Enseignement Supérieur en Afrique*. Le CODESRIA co-publie également la *Revue Africaine des Médias*; *Identité, Culture et Politique : un Dialogue Afro-Asiatique ; L'Anthropologue africain*, la *Revue des mutations en Afrique, Méthod(e)s : Revue africaine de méthodologie des sciences sociales* ainsi que *Sélections Afro-Arabes pour les Sciences Sociales*. Les résultats de recherche, ainsi que les autres activités de l'institution sont aussi diffusés à travers les « Documents de travail », le « Livre Vert », la « Série des Monographies », la « Série des Livres du CODESRIA », les « Dialogues Politiques » et le *Bulletin du CODESRIA*. Une sélection des publications du CODESRIA est aussi accessible au www.codesria.org

Le CODESRIA exprime sa profonde gratitude à la Swedish International Development Corporation Agency (SIDA), au Centre de Recherches pour le Développement International (CRDI), à la Ford Foundation, à la Carnegie Corporation de New York (CCNY), à l'Agence norvégienne de développement et de coopération (NORAD), à l'Agence Danoise pour le Développement International (DANIDA), au Ministère des Affaires Etrangères des Pays-Bas, à la Fondation Rockefeller, à l'Open Society Foundations (OSFs), à TrustAfrica, à l'UNESCO, à l'ONU Femmes, à la Fondation pour le renforcement des capacités en Afrique (ACBF) ainsi qu'au Gouvernement du Sénégal pour le soutien apporté aux programmes de recherche, de formation et de publication du Conseil.

Table des matières

I
SAVOIR ET SOCIÉTÉS

II
ÉCONOMIES, ESPACES ET INÉGALITÉS SOCIALES

III
DYNAMIQUES SOCIALES, RELIGIEUSES ET CULTURELLES

Les contributeurs

Mamadou Diouf est Leitner Family Professeur d'études africaines au département d'études africaines, du Moyen-Orient et d'Asie du Sud à l'Université de Columbia. Il est aussi Professeur d'histoire au Département d'histoire et directeur de l'Institut d'études africaines de cette même université. Diouf est professeur invité à l'École de Paris des affaires internationales, Sciences Po Paris en France. Auparavant, il a servi à l'Université du Michigan de 2000 à 2007, au CODESRIA, et à l'Université Cheikh Anta Diop au Sénégal. Ses publications les plus récentes incluent les livres édités suivants: *The Arts of Citizenship in Africa. Spaces of Belonging* (avec R. Fredericks, 2015) ; *Les arts de la citoyenneté au Sénégal : Espaces Contestés et Civilités Urbaines* (avec F. Fredericks, 2013) ; *Tolerance, Democracy and the Sufis in Senegal*, 2013). Professeur Diouf est membre du Comité sur la pensée mondiale et le Comité scientifique du Volume XI de l'Histoire générale de l'UNESCO de l'Afrique. Il est membre du comité de rédaction de plusieurs revues scientifiques. Il est également le président du conseil d'administration du Social Science Research Council (SSRC) et du Conseil scientifique du Réseau Français des Instituts d'Études Avancées (de RFIEA).

Après avoir enseigné à l'université de Dakar, **Souleymane Bachir Diagne** est professeur à Columbia University depuis 2008. Ses recherches s'inscrivent dans l'histoire de la philosophie et de la logique algébrique, l'histoire de la philosophie islamique ainsi que dans la littérature francophone et la philosophie africaines. Ses ouvrages les plus récents sont : *Bergson postcolonial. L'élan vital dans la pensée de Léopold Sédar Senghor et de Mohamed Iqbal*, Paris, CNRS Éditions, 2011 (ouvrage distingué par le prix Dagnan-Bouveret de l'Académie des sciences morales et politiques en 2011) ; *L'encre des savants. Réflexions sur la philosophie en Afrique*, Paris, Présence africaine & Codesria, 2013 ; *Comment philosopher en islam*, Paris, Philippe Rey, 2013.

Boubacar Ba est enseignant et chercheur à l'université Gaston Berger de Saint-Louis au Sénégal. Titulaire du doctorat de géographie de l'université de Genève, diplômé des universités de Saint-Louis et de Dakar, il travaille sur l'aménagement du territoire, spécifiquement sur les intelligences et les pratiques territoriales symétriques et dissymétriques. Ses domaines de recherches recouvrent aussi la géographie de l'alimentation, dans ce qu'elle concerne les dynamiques des systèmes alimentaires, la sécurité alimentaire, les innovations et les pratiques alimentaires résilientes dans les écosystèmes subsahariens de l'Afrique. Monsieur Ba est membre de plusieurs réseaux de chercheurs, consultant et professeur-invité à l'Institut des études politiques de Lyon (Sciences Po, Lyon).

El Hadji Malick Sy Camara est socio-anthropologue, enseignant-chercheur au département de sociologie de l'université Cheikh Anta Diop de Dakar (UCAD) et chercheur associé à l'unité mixte internationale, UMI 3189 UCAD-CNRS, *Environnement, santé, sociétés*. Il est auteur et coauteur de plusieurs articles sur l'islam dont « Foi et raison dans l'espace universitaire », « Les acteurs religieux dans l'amélioration du débat public sur la bonne gouvernance au Sénégal ».

Abdoul Alpha Dia est docteur en sciences économiques de l'université de Bourgogne (Dijon, France). Son travail de thèse a porté sur le thème suivant : « Éducation, capital humain et dynamique économique au Sénégal » (thèse soutenue en 2005). Depuis 2007, il est enseignant-chercheur à l'université Alioune Diop de Bambey (UADB). A. A. Dia est l'auteur de plusieurs travaux portant sur le financement de l'éducation et de la formation, l'impact du capital humain sur la croissance, les relations université/entrepreneuriat, etc. Il est aussi l'auteur d'un ouvrage sur « *L'école du futur* » (Harmattan 2015).

Souleymane Diallo, docteur en sociologie, est enseignant-chercheur en sciences de l'éducation à l'Institut national supérieur de l'éducation populaire et du sport (INSEPS)/UCAD. Il a exercé le métier d'instituteur pendant douze ans après sa formation à l'école normale régionale de Bambey. Entre 2004 et 2013, il a été successivement éducateur et rééducateur des sourds-muets et inspecteur de l'éducation et de la formation.

Mamadou Dimé est actuellement chef du département de sociologie de l'université Gaston Berger de Saint-Louis. Il est titulaire d'un doctorat en sociologie de l'université de Montréal ainsi que d'un diplôme de 2e cycle en science politique et relations internationales. Ses intérêts de recherche, tout comme ses publications, portent essentiellement sur le développement international, la précarité urbaine, le développement territorial dans les espaces frontaliers, les transformations sociales, la jeunesse, les migrations et les relations ethniques, et enfin sur les enjeux environnementaux. M. Dimé détient une riche expérience d'enseignement et de recherche tant au Canada qu'au Sénégal.

Babacar Mbaye Diop est docteur en Esthétique et philosophie de l'Art de l'Université de Rouen. Il s'intéresse aux arts de l'Afrique noire, à la diversité culturelle, aux concepts de diaspora, d'identité, de mondialisation et de branchements. Enseignant la Philosophie au lycée Raymond d'Yvetot (près de Rouen) et au lycée Jeanne d'Arc de Sainte Adresse (près du Havre), il est fondateur et corédacteur en chef de FIKIRA-Revue Africaine. Il enseigne au département de Philosophie de l'Université Cheikh Anta de Diop et a été nommé directeur de la Biennale de Dakar. Actuellement, il est directeur de l'Institut Supérieur des Arts et de la Culture de l'UCAD.

Souleymane Gomis est enseignant-chercheur au département de sociologie de la faculté des lettres et sciences humaines de l'université Cheikh Anta Diop de Dakar (UCAD). Il est spécialiste de la sociologie de l'éducation, de la formation et de la socialisation. Souleymane Gomis a contribué à la mise en place de la réforme LMD (licence-master-doctorat) à l'UCAD. Il est l'auteur de nombreux travaux sur la problématique de l'école et de l'université au Sénégal. Gomis a publié deux ouvrages clés, l'un sur les rapports entre la famille et l'école au Sénégal et l'autre sur l'analyse sociale de l'enseignement supérieur public au Sénégal. Souleymane Gomis consacre aujourd'hui ses recherches et enseignements à la problématique de l'éducation, de la formation et de la socialisation.

Membre fondateur de la Ligue Sénégalaise des Droits Humains (LSDH), **Thierno Amadou Ndiogou** est actuellement un jeune enseignant-chercheur à la Faculté des Sciences juridiques et Politiques de l'université Cheikh Anta Diop de Dakar et spécialiste des Sciences criminelles. Il est le chargé des programmes au Laboratoire d'Etudes et de Recherches en Droit Privé et Sciences Criminelles (LER'DP-SCRIM).

Bado Ndoye a enseigné à université Cheikh Anta Diop de Dakar, Sénégal. Spécialiste d'épistémologie et d'histoire des sciences, a soutenu en 2013 une thèse d'État sous la direction de Souleymane Bachir Diagne intitulée : *Phénoménologie et théorie du sujet chez Husserl*. Actuellement chargé d'enseignement au département de philosophie, ses domaines de recherches concernent notamment la phénoménologie, la philosophie morale et la philosophie de la technique.

Socio-anthropologue, diplômé en études du développement au Graduate Institute of International and Development Studies de Genève, **Cheikh Sadibou Sakho** enseigne actuellement à la section de sociologie de l'université Gaston Berger au Sénégal. Ses recherches portent sur les représentations et les usages de la nature (auxquels il a consacré sa thèse de doctorat), sur le changement climatique, l'économie verte, l'énergie et les questions énergétiques en Afrique subsaharienne, le religieux et le genre.

Ndiémé Sow est docteur en sciences du langage (sociolinguistique). Diplômée de l'UGB de Saint-Louis, elle est chercheure au CREILAC (Centre de recherches interdisciplinaires pour les langues, les lettres, les arts et la culture). Enseignante-chercheure à l'université Assane Seck de Ziguinchor, elle s'intéresse à la dynamique interactionnelle chez les jeunes. Lauréate du PAPES (Projet d'appui à la promotion des enseignantes-chercheures du Sénégal), elle a réalisé en 2015, en partenariat avec l'ILPGA (Institut de langues et de phonétique générale appliquée – université Paris 3 Sorbonne nouvelle) un projet portant sur la construction de répertoires plurilingues en milieu scolaire sénégalais (sous la direction du professeur Michelle Auzanneau). Ses travaux actuels portent sur le plurilinguisme en milieu scolaire à Ziguinchor, les rapports entre la mobilité sociale et la lutte sénégalaise, les usages et les spécificités langagières chez les jeunes urbains etc.

Titulaire en 2010 d'un doctorat en linguistique française à l'université de Dakar, **Khadimou Rassoul Thiam** est en poste à l'UFR des lettres et sciences humaines de l'université Gaston Berger de Saint-Louis depuis 2012. Spécialisé en syntaxe et stylistique française, il est également membre du laboratoire RSD (Recherches sociolinguistiques et didactiques). Il s'intéresse aux usages du français au Sénégal et a mené des travaux sur la problématique des normes du français – toujours dictées par les réalités hexagonales – dans une logique de territorialisation, pour une meilleure considération de l'altérité. Ce qui l'a conduit à engager des recherches sur les logiques de l'hybridation syntaxique de la langue française en cours au Sénégal.

Introduction

Ce qui réunit les textes ici publiés, c'est d'abord la procédure rigoureuse, attentive à ce qu'ils pouvaient avoir d'*exemplaire*, qui a sélectionné les propositions devenues les douze articles constituant ce volume. Pourtant, à sa lecture, on n'a guère l'impression de se trouver en présence d'une simple juxtaposition contingente de textes disparates, n'ayant rien en commun, ni sur le plan de leur thématique ni sur celui de leur approche des questions. La cohérence de l'ensemble n'est pas le produit d'un chef d'orchestre, qui assure la direction d'un ouvrage collectif. Elle est générée par les procédures mises à l'épreuve dans chaque contribution : la collecte la plus complète et la plus rigoureuse possible des ressources documentaires disponibles ; leur traitement recourant aux théories et méthodes scientifiques, quantitatives et qualitatives, les plus éprouvées et, finalement, une présentation claire et précise des résultats obtenus. Aucune des contributions ne s'enferme dans une réflexion exclusivement académique. Même si les littératures disciplinaires et thématiques sont convoquées et soumises à l'épreuve des réalités locales, le souci de trouver des solutions pratiques aux problèmes examinés est fortement présent. Nous l'avons dit : chacun des textes est exemplaire en ce sens qu'il propose un exemple de ce que sont aujourd'hui les humanités et les sciences sociales sur notre continent lorsqu'elles sont attachées à penser les devenirs à l'œuvre dans la modernité africaine, sénégalaise plus particulièrement. C'est à ce titre qu'ils se font écho dans leur manière de proposer, ensemble, un profil de cette modernité en mouvement.

Ainsi est-il important et urgent de prendre la mesure de la révolution qu'introduit le numérique dans les pratiques socioculturelles et économiques : publications numériques, enseignement à distance, universités virtuelles par exemple, sont en train de transformer les modes de transmission des savoirs et la nature de ceux-ci. L'article de Bado Ndoye intitulé « la révolution du numérique : enjeux culturels et épistémiques » contribue à la discussion, nécessaire, sur les modes d'appropriation en cours et à venir de la révolution numérique en Afrique. De même faut-il inscrire dans la réflexion sociolinguistique la question si actuelle du devenir africain de la langue française, qui pose aujourd'hui celle d'une politique pluraliste des langues à mettre en œuvre, par exemple, dans le système éducatif. Le texte de Khadimou Rassoul Thiam, « Norme linguistique et altérité au Sénégal », constitue une bonne base pour une telle discussion. L'examen minutieux des différentes politiques linguistiques, des querelles politiques et idéologiques autour du choix de la langue d'enseignement et d'administration, et de la pluralité des médias, circonscrit une interrogation centrale autour de laquelle s'ordonne la réflexion. Est-il pertinent de prédire une perte d'influence de la langue française dont le statut et la représentation sociale sont remis en cause dans les aménagements linguistiques en cours ? Est-il possible de lire les inventions phonétiques, terminologiques et lexicales comme la recréation d'une langue qui colle à la modernité sénégalaise en construction ? Faisant écho aux questions ainsi soulevées, l'article de Ndiémé Sow sur « le code mixte chez les jeunes scolarisés à Ziguinchor » invite à une généralisation des écoles bilingues comme traduction concrète d'une politique des langues pour l'avenir. Elle suit à la trace, dans la ville de Ziguinchor marquée par la migration rurale-urbaine et la scolarisation, la constitution et l'usage d'un « parler mixte » chez les jeunes scolarisés. Le nombre assez élevé des langues locales en circulation, auxquelles s'ajoute le français acquis à l'école, est à l'origine du mélange et/ou de l'alternance des codes. Ces opérations quotidiennes de *code switching* signalent, selon elle, les conséquences suivantes de l'urbanisation en Casamance : l'apparition d'une société multiculturelle et multiethnique et la lente dissolution des rigidités des identités d'exclusion.

C'est sur l'enseignement supérieur que porte la réflexion de Souleymane Diallo sur « Le curriculum de l'enseignement des sciences humaines et sociales à l'université Cheikh Anta Diop de Dakar », et plus particulièrement sur les tentatives de réformer ce secteur en dépit de la force d'inertie qu'elle voit s'opposer à toute volonté de revitalisation. Le texte ouvre des pistes de réflexion alimentées par une très riche documentation factuelle et avance des propositions susceptibles de vaincre la résistance des enseignants et des enseignés. La thèse ici énoncée – et qui devrait certainement donner lieu à une importante discussion – est que l'absence de formation pédagogique des enseignants du supérieur a pour conséquence, entre autres, de vider les différentes réformes envisagées de leur contenu, car les enseignants qui doivent se les approprier se contentent souvent de recycler des approches devenues routine et répétition pour en effectuer le transfert pur et simple dans les nouvelles démarches préconisées.

Faisant fond sur sa recherche académique mais également son expérience de responsable de l'organisation de la Biennale des Arts de Dakar (Dak'Art), Babacar Mbaye Diop nous invite dans sa contribution, « L'Art africain et monde globalisé » à penser l'art africain non pas dans la vaine tentative d'en circonscrire l'identité dans une définition mais dans son devenir aujourd'hui qui est aussi fonction des évolutions du marché de l'art. Son ambition est d'examiner les nouvelles expressions de l'art et des pratiques des artistes africains, les représentations revendiquées ou assignées, les performances artistiques et pécuniaires mises en scène par des exigences identitaires (le local) et de la modernité universelle (le global) qui leur sont associées.

Que l'espace universitaire ait dans une très large mesure rompu avec sa tradition de revendications progressistes visant, contre les conservatismes, à l'émancipation, pour devenir le lieu fragmenté où s'expriment plutôt des identités religieuses, c'est là une évolution importante que présente avec beaucoup de précision l'article de El Hadj Malick Sy Camara sur « L'Islam dans l'espace universitaire au Sénégal : le cas de l'université Cheikh Anta Diop de Dakar ». Que signifie une telle évolution lorsque l'on considère que ce qui se passe dans cet espace est à l'image de ce qui advient dans la société en général et qu'en retour l'université a aussi mission d'éclairer la marche de la société ? C'est une telle question que l'article invite à examiner. Est en cause la nature d'une citoyenneté en transition, prise en étau entre la multiplication des références communautaires (la « citoyenneté culturelle ») et la modernité républicaine (la « citoyenneté nationale » laïque et démocratique).

L'étude par Mamadou Dimé de la localité que constituent ensemble les villages jumeaux de Rosso-Sénégal et Rosso-Mauritanie (« Au confluent de « l'arabité » et de « l'afriquité » : le territoire-frontière de Rosso ») constitue un bon exemple de la réflexion à mener sur l'intégration « par le bas », sur les frontières et leur traversée dans un ouest africain en formation. C'est une sociologie très précise d'un espace-frontière, qui tenant compte des économies politiques, culturelles et religieuses exhume une géographie d'échanges multiformes au détriment des règles étatiques et au profit d'une vernacularisation des relations internationales.

La grande question aujourd'hui, en Afrique comme ailleurs, est celle des inégalités. Il est clair que l'émergence de l'Afrique (dont il y a des raisons de penser, malgré les problèmes, qu'elle n'est pas un simple slogan) risque de se traduire aussi par des inégalités grandissantes entre différentes régions et entre ceux qui seront en mesure d'en profiter et les laissés pour compte. Aussi les chercheurs des sciences sociales et des humanités en Afrique doivent-ils accorder la plus grande attention à la tendance au renforcement des inégalités et réfléchir aux politiques à mettre en œuvre pour renverser une telle tendance.

C'est ce qu'affirme avec force Abdoul Alpha Dia dans la réflexion qu'il a intitulée « Inégalités économiques et systèmes des inégalités au Sénégal ». Il est de fait, note-t-il, que l'émergence dont on peut discerner les prémices signifiera aussi le risque que se creusent les inégalités entre régions et au sein des États. Et malgré cela, il y a un réel « déficit de données et de travaux » sur la question. Il est donc urgent pour les sciences sociales en Afrique de remédier à ce déficit. La contribution de Dia est une excellente illustration de l'expertise dans la production de données statistiques fiables et de leur traitement, usant des méthodes quantitatives les plus pointues sans jamais s'éloigner de l'écologie sociale et culturelle des communautés étudiées. Il parvient ainsi à proposer une analyse très pertinente des inégalités générées et entretenues par la résidence, le genre, l'âge, et le niveau d'études.

Le texte de Cheikh Sadibou Sakho portant sur « L'économie verte et le changement social » constitue une excellente réflexion sur ce concept et ceux d'*économie sociale et solidaire ou encore d'économie populaire*. La réflexion qu'il conduit contribue à une meilleure intelligence des espaces sociaux africains dans leurs dynamiques actuelles, en particulier lorsqu'il s'agit d'étudier le secteur de l'économie populaire urbaine ou le microcrédit. Prenant appui sur deux projets de développement participatif entrepris et animés par des femmes à Dakar et Fatick, il interroge la capacité de l'économie verte à leur assurer des revenus et une autonomie financière. La thèse qu'il énonce, disant que l'économie verte peut se développer comme un gisement d'emplois – surtout pour les femmes –, et comme une alternative à un capitalisme aveugle au souci de soutenabilité et aux inégalités est certainement de nature à nourrir la discussion qui s'impose aux chercheurs en sciences sociales.

La contribution de Souleymane Gomis, « Inégalités sociales et accès à l'éducation et à la formation au Sénégal », met quant à elle l'accent sur l'inégalité devant l'accès à l'institution qui est justement censée pouvoir servir aux plus défavorisés d'ascenseur social et leur permettre de sortir de leur condition : l'école. Ce travail propose un traitement de données variées, tirées d'interviews et d'une documentation quantitative et qualitative d'une grande richesse, afin de constituer une solide base de connaissance pour alimenter le débat public sur l'école et élaborer une politique soutenue par les acteurs sociaux.

Enfin, une réponse au creusement des inégalités de toutes sortes entre régions consiste en une politique de « territorialisation du développement ». Sur ce plan la contribution de Boubacar Bâ, « Territorialisation du développement local au Sénégal : impensés, cheminements, enjeux et limites d'un concept et d'une approche », invite heureusement à la réflexion sur l'opposition entre une philosophie de la territorialisation mettant l'accent sur l'autorité de l'État et celle qui, au contraire, vise continûment à entretenir une dynamique de décentralisation et à construire un pouvoir local fort, autonome et responsable.

L'article de Thierno Amadou Ndiogou, « Regards croisés sur la Charte du Kurukan Fuga et la Déclaration universelle des droits de l'Homme » est exemplaire par la manière dont il manifeste qu'un texte oral historique, qui fut énoncé et confié à la mémoire des griots dans le passé, prend tout son sens aujourd'hui lorsqu'il est remobilisé au présent pour servir de fondement au discours sur les droits humains que se tient à elle-même une Afrique attachée au progrès et à l'émancipation.

Les textes de ce volume, répétons-le, sont en conversation les uns avec les autres. C'est cette conversation que nous avons essayé d'établir après avoir sélectionné les projets qui sont à l'origine de ces articles dont nous avons accompagné l'écriture.

I

SAVOIR ET SOCIÉTÉS

1

La révolution du numérique : enjeux culturels et épistémiques

Bado Ndoye

Introduction

Les technologies du numérique n'ont pas seulement envahi de façon massive notre vie quotidienne. Elles sont aussi en train de bouleverser en profondeur la sociologie de la production et de la diffusion des savoirs, à une échelle qui pourrait dépasser celle de l'imprimerie à la Renaissance, si l'on en juge par l'ampleur des enjeux multiples d'ordre culturel, économique, politique, militaire, médical, pédagogiqu qu'elles impliquent. Tout porte à croire que nous sommes entrés de plain-pied dans un nouveau paradigme, non seulement parce que le numérique est devenu le support universel pour tous les contenus faisant sens pour nous, mais surtout parce qu'il soumet ces derniers à des traitements automatisés et à une quantification dont l'impact sur les pratiques pédagogiques, la recherche académique ainsi que sur le devenir des sciences humaines et sociales est d'ores et déjà nettement perceptible. Déjà, l'on peut voir qu'elles font converger vers un même foyer des domaines de recherche jadis fort éloignés sur la carte des savoirs, dessinant ainsi les contours de nouvelles spécialités académiques aujourd'hui reconnues et institutionnalisées sous le concept de *Digital Humanities*, principalement dans les universités nord-américaines où cette nouvelle matrice disciplinaire a acquis droit de cité depuis une décennie. Ce qui est en jeu dans les *Digital Humanities*, encore très marginales dans l'espace universitaire francophone, va plus loin qu'une simple extension aux SHS des méthodes quantitatives qui ont fait la preuve de leur fécondité dans les sciences expérimentales. Tout porte à croire qu'il s'agit d'un renouvellement des pratiques et des méthodes de la recherche académique dont la conséquence pourrait être une remise en cause des modèles épistémologiques qui ont jusque-là orienté les sciences humaines et sociales. Nous voudrions, dans les pages qui suivent, tenter de prendre la mesure de cette révolution paradigmatique selon trois axes majeurs à partir desquels elle pourrait transformer notre rapport aux savoirs et à la culture. D'abord, nous parlerons de l'impact épistémologique que l'usage généralisé de l'analyse automatisée des données pourrait avoir sur la construction des savoirs dans les sciences humaines et sociales ; ensuite, nous tenterons d'éclairer le sens des mutations touchant la nature même de la culture classique, au regard des transformations affectant les pratiques de lecture et la structure du livre suite à sa conversion numérique ; enfin, nous tenterons de mettre en lumière la façon dont les usages pédagogiques vont être bousculés, à partir de l'expérience menée au Sénégal dans le cadre de l'enseignement à distance tel qu'il est pratiqué par l'université virtuelle.

Pour bien voir de quoi il est ici question, il importe de clarifier dès l'abord ce que l'on entend par *Humanités numériques[1]*. Dans une première approximation les HN désignent un domaine de recherche transdisciplinaire et un ensemble de pratiques dont la spécificité consiste à appliquer les savoir-faire des technologies numériques aux disciplines relevant de ce que l'on appelait naguère les « humanités », c'est-à-dire, en gros, la littérature, les arts et les sciences humaines et sociales. De prime abord, il peut sembler curieux de considérer que le simple usage d'un médium, en l'occurrence ici l'ordinateur et les pratiques qui lui sont associées, puisse avoir un impact aussi décisif sur les savoirs, au point d'en reconfigurer la pratique et la signification. Mais ce dont témoignent les usages du numérique et de toutes les technologies du savoir, c'est que notre pensée est toujours instrumentée et appareillée, au sens où elle ne peut prendre forme et se déployer qu'en s'aidant d'artefacts et de prothèses. Cela veut dire que les pratiques culturelles sont pour une grande part largement inscrites dans l'histoire des techniques et de ce que l'on pourrait appeler, à la suite de Régis Debray (1991) « *les matérialités de la culture* », c'est-à-dire l'environnement et l'infrastructure technique, qui non seulement les rendent possibles, mais en assurent aussi la transmission. Ce qu'énonce cette thèse, c'est que les supports techniques ne sont pas de simples auxiliaires matériels sans conséquence sur le contenu des savoirs et des aptitudes cognitives qui leur correspondent, mais définissent au contraire jusqu'à un certain point les domaines du pensable et en prescrivent les modalités de production et d'appréhension cognitive. Plus précisément, chaque milieu technique, en fonction de sa configuration, produit, selon des modalités spécifiques, des formes particulières de cognition et des pratiques culturelles qui lui correspondent. En cela, les supports matériels sont à la fois des conditions de possibilité et des contraintes. Sans aller jusqu'à postuler l'existence d'un déterminisme technologique unilatéral, nous pouvons cependant retenir que si les savoirs académiques ne sont pas de pures abstractions, mais engagent aussi des praxis, via des technologies, celles-ci devraient en retour les conditionner jusqu'à un certain point.

Pourtant, à y regarder de près, cette rencontre entre les technologies du numérique et les humanités ne va pas de soi puisque, pendant longtemps, la technique a été perçue comme extérieure aux humanités, et par conséquent comme une menace pour la vie de l'esprit. Cette méfiance est encore perceptible chez tous ceux, nombreux, qui se demandent si l'on ne pourrait pas voir dans le développement des humanités numériques une manière d'inféodation des sciences humaines et sociales à la technique et aux modèles épistémologiques dominants dans les sciences expérimentales. Même si de telles peurs sont bien entendu dénuées de fondement, il importe de remarquer que si le numérique peut appliquer les mêmes techniques d'encodage et de décodage à tous les contenus, sans égard pour leurs singularités, c'est parce que, du fait de son universalité mathématique, il fait abstraction des notions de sens et de contexte, ce qui pourrait avoir pour conséquence d'unifier les pratiques de recherche sous la bannière d'une seule et même méthode, et d'annuler ainsi les spécificités des différentes disciplines académiques.

Mais quoi qu'il en soit, il est clair que quelque chose d'important pour l'avenir des sciences humaines et sociales est en train de se jouer là. Pierre Mounier pense qu'au regard des débats qui animent ce champ, il est tout à fait légitime de considérer que les humanités numériques pourraient structurer la pratique des sciences sociales et les débats qui s'y produisent à la manière dont le structuralisme dans les années soixante-dix a été le paradigme dominant pour ces disciplines, car même si les deux mouvements sont radicalement différents, « ils traversent tout le champ des sciences humaines et sociales et font entrer en dialogue toutes les disciplines qui les composent, suscitant un dialogue interdisciplinaire qui avait jusque-là quelques difficultés à émerger » (Mounier 2014:99).

Pour comprendre en quoi consiste cette transversalité et dans quelle mesure elle pourrait transformer les pratiques de recherche, il n'est pas sans intérêt de se demander, à la suite d'Antonio Casilli, si les méthodes computationnelles qui donnent aux humanités numériques leur spécificité sont destinées à changer en profondeur la nature et les objets de la recherche académique, ou si après tout elles ne sont qu'un simple toit hébergeant des disciplines qu'elles feraient dialoguer entre elles, sans infléchir outre mesure leur nature et les démarches méthodologiques qu'elles mettent en œuvre (Casilli 2012). Au regard de l'essor que connaît aujourd'hui l'analyse automatisée des données, telle que les *big data* la rendent possible, il est clair que les sciences sociales sont en train de vivre une révolution théorique qui pourrait transformer de fond en comble notre conception du savoir.

Ce que les *big data* apportent en effet comme nouveauté, c'est qu'en transformant la culture en une immense base de données, grâce à la numérisation massive des données personnelles en tout genre, des archives et des livres, elles transforment *de fait* les pratiques savantes, en particulier la façon dont on construit les objets dans les sciences humaines et sociales. Grâce à des capteurs robotisés implantés sur les ordinateurs, les voitures, les téléviseurs, les téléphones portables, etc., ce sont des quantités impressionnantes de données de toutes sortes qui sont stockées, traitées et enregistrées, parfois à notre insu, à une échelle qui est sans commune mesure avec ce que l'on pouvait faire jusqu'ici avec les méthodes traditionnelles. Si l'on ajoute à cela la création de sites de plus en plus nombreux, spécialisés dans l'annotation collective d'œuvres d'art et de livres, l'explosion des groupes de science collaborative sur le web et le traitement automatique des requêtes sur Google ainsi que la numérisation des plus grandes bibliothèques du monde entamée il y a une dizaine d'années par le projet Google Books, l'on a une idée de la façon dont cette massification vertigineuse des données et de leur mise en réseau va changer la pratique des sciences sociales. L'on peut comprendre dès lors qu'un changement d'échelle aussi radical ne peut manquer d'entraîner l'émergence d'un nouveau cadre de pensée fondé sur de nouvelles exigences théoriques.

Pour avoir une idée des ordres de grandeur auxquels nous avons ici affaire et de la façon dont tout cela transforme les pratiques académiques, reprenons l'exemple, particulièrement éclairant, que donne Jean-Gabriel Ganascia (2015) à partir des deux unités de mesure que sont le livre et la bibliothèque. Un livre, dit-il, compte à peu près un million de caractères typographiques, abstraction faite des images, ce qui correspond à un million d'octets ou un mégaoctet (Mo = 10 puissance 6 octets). Selon Ganascia, le catalogue des livres et imprimés de la Bibliothèque nationale de France (BNF) compte à peu près quatorze millions d'ouvrages, soit quatorze téraoctets, autrement dit la capacité d'un banal disque dur. Si l'on sait que le volume total du web a été estimé en 2012 à 2.8 zettaoctets, soit à peu près l'équivalent de deux cents millions de BNF et que le seul radiotélescope Murchison Widefield Array en Australie produit environ 50 To de données par jour, soit un peu plus de trois BNF, on a une idée de la croissance vertigineuse des données, ce qui vaut aux big data leur principale caractéristique, à savoir : volume, vélocité et variété (les « 3V »).

Le principal défi auquel on est ici confronté réside dans le fait que la collecte de ces données ne consiste plus à faire des échantillonnages avec le souci de dégager des ratios représentatifs de la réalité comme cela se faisait naguère. Ce que l'on cherche, c'est à extraire la quintessence même du réel. C'est ce qui fait que la principale particularité des *big data* réside dans le fait de n'obéir à aucun modèle théorique préalable puisque la collecte est effectuée de façon automatique par des machines qui, en produisant les données, ne partent d'aucune théorie ou hypothèse qu'il s'agirait de vérifier ou de tester. En d'autres termes, il ne s'agit pas de chercher à mettre en évidence des relations de causalité, comme le font toutes les sciences à visée explicative, mais de faire surgir de simples occurrences, c'est-à-dire des régularités statistiques entre des données éparses, sans aucune considération d'ordre sémantique. Or ce qui apparaît ici comme un défaut, du point de vue des canons de l'épistémologie la plus récente, pourrait être la principale force des *big data*. Un exemple suffira à faire voir de quoi il est question ici : en 2008 dans l'État d'Utah, aux États-Unis, Google a réussi, grâce à un logiciel conçu à cet effet (*Google flu trends*), à détecter une épidémie de grippe bien avant l'OMS et les services de santé américains, simplement en croisant les mots-clés anormalement élevés liés à la recherche de symptômes de cette maladie enregistrés sur le moteur de recherche avec les visites médicales liées à cette maladie. Ce fait surmédiatisé, a inspiré à Chris Anderson (2018) un article retentissant dans lequel il met l'accent sur la façon dont l'analyse automatisée des données massives pourrait transformer la pratique scientifique. Anderson part du fait qu'avec suffisamment de données, les chiffres parlent d'eux-mêmes et sont en mesure de mettre en évidence la vérité des faits, sans que l'on ait besoin de recourir à des modèles théoriques comme cela était le cas. En d'autres termes, si nous disposons d'une énorme masse de données, la puissance de calcul des algorithmes suffira à en extraire la vérité, sans que l'on ait besoin de passer par la médiation de modèles théoriques, puisque cette vérité est immanente aux données elles-mêmes.

Comme on peut le voir facilement, c'est à une amplification de la démarche inductive que l'on a ici affaire, l'idée étant que plus la base de données est vaste, plus il est facile d'en extraire des corrélations. Chris Anderson va plus loin et affirme que les modèles scientifiques ne pourront jamais en arriver à une telle exactitude et qu'il faut donc considérer qu'ils sont faux et pourraient être remplacés par l'analyse des données. Pour cela, il donne l'exemple de Craig Venter, ce biologiste américain qui est passé du séquençage du génome humain à celui de l'océan et de l'air et a découvert par là l'existence de nouvelles bactéries dont il ne sait pourtant rigoureusement rien. Mais puisqu'elles relèvent d'une séquence qui n'a rien en commun avec celles qui sont connues et répertoriées dans les meilleures bases de données, il en déduit qu'il ne peut s'agir que de nouvelles espèces. Là réside la révolution épistémologique dont nous parlions plus haut. Jusque-là, la pratique scientifique consistait à anticiper des phénomènes observables à partir d'une théorie. Il s'agissait de confronter celle-ci avec la réalité sur la base de protocoles méthodologiques qui permettaient de voir si les anticipations de la théorie étaient avérées ou pas. Comme on peut le voir, c'est cette démarche, fondatrice de la science expérimentale depuis Galilée, qui est révoquée, au profit d'un empirisme intégral pour lequel seul ce qui est directement observable est réel. L'expérience n'est plus sollicitée pour tester des théories, elle devient à elle-même sa propre justification dès lors qu'il est possible de la rendre intelligible par l'usage des algorithmes.

On peut toutefois se poser la question de savoir si un tel modèle inductif est applicable tel quel dans les sciences humaines et sociales qui ne cherchent pas à énoncer des lois générales à la manière des sciences de la nature. En effet, dans ces disciplines, la dimension sémantique, celle du sens, a une place importante et elle ne se laisse pas capturer par la puissance de calcul des machines. Mais, à y regarder de près, il semble que le plus décisif ici n'est pas tant la puissance de calcul que la torsion que l'on fait subir au raisonnement statistique classique.

Au fur et à mesure que ces fragments de traces de son activité en ligne augmentent, elles sont recueillies par le moteur de recherche qui les croise, en établissant des corrélations à l'aide d'algorithmes extrêmement sophistiquées, afin de produire pour chaque internaute un « double numérique » qui représente ce qu'il est censé être à partir de ses intérêts sur le réseau[2]. Les données sont au fur et à mesure agrégées et soigneusement purgées de toutes traces de leur contexte de production et de toute signification, l'enjeu étant d'arriver à un profilage de masse susceptible de bien marcher même avec des données anonymes qui n'entrent pas dans le cadre des régimes juridiques de protection des données individuelles, car contrairement à ce que l'on croit d'ordinaire, il ne s'agit pas prioritairement de faire des profilages individuels qui seraient de toute façon inutilisables[3]. Il devient alors possible de traiter statistiquement ces quantités massives et complexes de données en temps réel en vue de faire surgir, non pas des relations de causalité, explicatives de ce que font les internautes, mais juste des occurrences, c'est-à-dire des régularités statistiques entre des éléments épars et a priori sans rapport, l'enjeu étant de pouvoir détecter à temps des risques ou des opportunités à partir de ce que l'on croit être les comportements des personnes.

On voit dès lors que la cible, ce n'est plus un acte effectif, mais la puissance des sujets, et non leur être actuel. Autrement dit, ce qui est en jeu c'est ce qu'ils sont suspectés de pouvoir faire, et non ce qu'ils font dans la réalité. L'idéologie positiviste qui sous-tend tout cela, c'est que la machine, n'étant douée ni de subjectivité ni de volonté, est donc par là objective. Elle ne discrimine aucun groupe racial ou social, puisque les profils statistiques ne visent personne en particulier. Ce qui est ainsi présupposé, c'est qu'il n'y a aucun biais dans la programmation qui pourrait en altérer l'objectivité. Comment connaître à l'avance les intentions des citoyens, des criminels ou des consommateurs ? Telle est la grande question que l'usage actuel des Big Data cherche à résoudre, à travers ce qu'Antoinette Rouvroy et Thomas Berns, à la suite de Foucault, subsument sous le concept de gouvernementalité algorithmique (2013, 2010)[4]. Pour ces auteurs, il faut voir dans cette « intelligence des données » une nouvelle stratégie de gestion de l'incertitude pour les États. Ils définissent la gouvernementalité algorithmique comme un mode de gouvernement nourri essentiellement de données brutes non signifiantes, mais quantifiables à des fins d'anticipation. Ce qui fait la radicale originalité de cette conception du pouvoir, c'est que le savoir qu'elle met en œuvre ne s'adresse plus aux individus par ce qui les définit comme des sujets rationnels, mais uniquement par voie d'alertes et de notifications, autrement dit par des réflexes plutôt que par des attitudes réfléchies fondées sur les capacités rationnelles des citoyens. Or, il est clair que ces données ne sont pas les sujets eux-mêmes, mais des fragments infra-individuels sur la base desquels on construit des structures supra-individuelles, autrement des profils, court-circuitant ainsi les processus de subjectivation par lesquels les citoyens pouvaient encore se penser et se reconnaître mutuellement comme porteurs d'histoires individuelles et membres d'une communauté de sens. En d'autres termes, par cette modélisation du réel, nous avons ici affaire à une stratégie de contournement et de liquidation des conditions culturelles, sociales, institutionnelles et langagières par lesquelles se constituent la citoyenneté et la vie sociale, au profit d'une calculabilité d'autant plus efficace qu'elle ne peut être contestée parce qu'elle se pare des vertus de la rigueur et de l'objectivité scientifiques. Tout se passe donc comme si l'on voulait ainsi annuler l'écart entre le réel et sa représentation statistique, comme si la vérité des choses et des hommes était immanente aux données elles-mêmes, une vérité qui serait si évidente et si immédiatement saisissable qu'elle serait à elle-même sa propre interprétation, et n'aurait donc plus besoin d'être médiatisée par un quelconque discours. Cette crise de la représentation prend sa source dans l'idée, sous-jacente à la vision du pouvoir propre à la gouvernementalité algorithmique, selon laquelle seul est réel ce qui est calculable. Or, si le réel social et politique est ainsi rationalisé, c'est-à-dire nettoyé et purgé de tout ce qui pourrait faire l'objet d'appréciations partisanes et divergentes, au seul profit de ce que les algorithmes sont en mesure d'en saisir et de traiter, le risque sera alors de reléguer les débats et les délibérations, les controverses et les désaccords, conditions de toute démocratie vivante, au rang de vieilles reliques. Cela reviendrait alors à évacuer le politique hors du champ social, au profit d'une objectivité machinique qui ne s'applique plus que sur un réel digitalisé et donc factice.

Une autre perspective à partir de laquelle les enjeux culturels et épistémiques du numérique peuvent être appréciés est la façon dont la textualité numérique est en train de transformer notre rapport au livre et à la lecture. En effet, avec la généralisation des technologies numériques, le livre change de statut, et avec lui toutes les institutions culturelles dédiées à la transmission des savoirs comme l'édition et les bibliothèques. Ainsi, quand le livre passe à l'écran, de nouvelles pratiques de lecture émergent qui attestent du fait que les pratiques culturelles ne sont jamais autonomes, mais sont déterminées par l'environnement technico-médiatique qui les rend possible. On ne lit pas de la même manière dans un livre imprimé et sur un e-book, ce qui veut dire que le support matériel à travers lequel se donne le texte n'est pas neutre. Il conditionne notre rapport au sens, à tel point que l'on peut affirmer qu'une définition univoque du texte n'est pas possible puisque la textualité est toujours fonction d'un support particulier à travers lequel il se donne. Par exemple, quand Oswald Ducrot et Tzvetan Todorov (1972:375) définissent le texte « par son autonomie et sa clôture[5] » il est clair qu'ils font référence principalement au livre imprimé, puisqu'une telle définition ne s'applique manifestement pas à l'hypertexte dont on sait qu'il se caractérise à la fois par son infinité, son ouverture et sa nature labile.

Parce que l'hypertexte est une écriture non séquentielle faite de renvois à des hyperliens, elle implique une certaine activité de la part du lecteur, et donc un nouveau rapport au texte. Cela veut dire qu'il requiert la participation du lecteur à l'élaboration du sens, comme si l'auteur n'était plus lui-même qu'un simple protagoniste à côté des potentiels destinataires de son texte.

C'est aux États-Unis que, pour la première fois, des écrivains se sont emparés de cette écriture informatique qui était destinée au départ à la recherche pour créer un nouveau genre littéraire. Le livre de Michael Joyce, *Afternoon. A story*, est le représentant le plus typique de cette forme d'écriture désarticulée et non linéaire qui se caractérise par sa capacité à bousculer les canons classiques de la narrativité[6]. Ce petit texte de trente-cinq pages raconte l'histoire d'un homme qui se demande si son ex-femme et son fils ne sont pas les victimes de l'accident qu'il a aperçu le matin en se rendant à son travail. Mais le texte est truffé de 950 liens qui renvoient à 539 pages-écrans organisés selon un dispositif labyrinthique qui interdit que l'on puisse les lire de façon séquentielle et linéaire. Au contraire, ce qui est ici recherché, c'est que le lecteur se fraie sa propre voie dans le texte, par un jeu de renvois qui reconstitue à chaque fois le sens en fonction du parcours effectué, de telle sorte que le texte se métamorphose et se reconstitue indéfiniment, en créant des mondes aléatoires et multiples qui échappent d'une certaine façon à la maîtrise de l'auteur lui-même. Tout se passe comme si la temporalité du récit traditionnel qui faisait que les événements de la narration devaient se suivre selon une certaine cohérence avait laissé la place à une sorte de spatialité où tout était donné virtuellement en même temps. On a ici l'impression que la temporalité du récit est comme démultipliée, en fonction des parcours de lecture. On peut considérer à partir de là qu'il y a une indétermination foncière de la narration hypertextuelle, et qu'elle est faite pour rappeler l'indétermination et le chaos de la vie, qu'elle cherche ainsi d'une certaine manière à mimer.

On peut comprendre que l'analyse littéraire classique soit complètement désarmée face à de telles expérimentations qui, on le voit, posent la question de ce qu'est en fin de compte un texte. Selon Alexandra Saemmer, « si l'on définit le texte comme un enchaînement de signes alphabétiques que seule la lecture concentrée par un sujet humain fait exister, certains indices peuvent conduire à penser que le numérique met le texte en péril » (Saemmer 2015). En effet, on peut penser avec juste raison que de telles pratiques d'écriture, qui induisent de nouvelles manières d'appropriation du texte, font peser sur le livre, et sur la lecture telle qu'elle a été pratiquée jusqu'ici, une grave menace du fait des possibilités qu'offre l'interactivité[7]. À y regarder de près, ce n'est pas tant la linéarité de la narration qui est perdue que la narration elle-même, puisque celle-ci suppose *a minima* que des faits soient déjà donnés et organisés selon une intrigue que l'auteur peut approcher selon sa sensibilité. Avec l'hypertexte, tout se passe comme si quelque chose comme des faits et un monde n'existaient pas, et que ceux-ci soient à construire, comme nous l'avons vu avec le récit de Joyce. Au regard de la place qu'occupe ici l'activité du lecteur dans la constitution du texte, on a l'impression qu'avec l'hypertexte le récit ne trouve plus sa justification dans la seule fonction narrative, mais aussi dans le dispositif lui-même, comme s'il était destiné pour ainsi dire à être sa propre finalité.

Que le livre imprimé ne puisse pas ouvrir sur de telles possibilités de recréation du texte n'indique pas cependant qu'il est voué à disparaître. En revanche, il est clair qu'une bonne partie de ce que sera la lecture se fera désormais en dehors du livre classique, précisément sur les nouveaux supports que sont les tablettes et les liseuses. Faudrait-il alors faire son deuil de la « *lecture profonde* », celle que permettait par exemple un texte argumentatif sur un livre classique ? Il est clair que le type de lecture qu'autorise l'hypertexte, qui passe d'un lien à un autre, n'est pas tout à fait compatible avec la lecture qu'exige, par exemple, un traité de philosophie. Quoi qu'il en soit, il semble désormais acquis que les mutations affectant les supports et les pratiques de lecture se traduisent par une métamorphose de nos schèmes cognitifs, lesquels sont d'une certaine manière prédéterminés par notre environnement matériel. Si chaque nouveau support génère une nouvelle culture, on peut penser que nous sommes à l'aube d'une époque nouvelle.

Le troisième axe de notre recherche concerne les pratiques pédagogiques telles qu'elles sont en train d'être réinventées grâce à l'enseignement à distance. Le numérique a suscité un immense espoir en Afrique où la crise des systèmes éducatifs a atteint dans la plupart des pays un seuil critique. Certes, chaque pays présente une situation singulière, mais tous ont la même configuration : une croissance démographique extrêmement forte, ce qui veut dire que le rythme auquel il faudra construire des infrastructures et recruter un personnel enseignant qualifié dans un contexte de crise économique larvée sera bien évidemment toujours en deçà des besoins. L'université Cheikh Anta Diop de Dakar, qui compte près de 100 000 étudiants, doit accueillir chaque année pas moins de 30 000 bacheliers. Comment peut-elle faire face à tel afflux ? Les mesures à prendre sont urgentes et l'innovation technologique que constitue l'enseignement à distance – les MOOCS – apparaît comme la seule issue. Sur le court terme, il s'agit de résoudre l'équation de la massification des effectifs dans les universités publiques. C'est la politique actuelle du gouvernement sénégalais, et à bien des égards elle se justifie. Que faire en effet des milliers de bacheliers qui ne seront pas orientés dans les universités publiques, faute de places ? Ce déséquilibre entre infrastructures et population estudiantine est la principale caractéristique des pays africains, et le problème qu'il pose est de savoir ce qu'il faut faire *dans l'immédiat*. Il semble que la seule alternative soit d'orienter tous les bacheliers à l'université, au risque de bloquer le fonctionnement normal de l'institution, à moins de trouver une issue dans une formule d'enseignement à distance aussi performante qu'originale dans sa conception. Le Sénégal a opté pour la seconde branche de l'alternative, mais il est clair que cette politique, bien que nécessaire, ne suffit pas. C'est pourquoi il faudrait, à long terme, envisager une politique hardie qui réponde à un souci démocratique d'accès de tous à un enseignement supérieur de qualité, tout en respectant les standards internationaux en la matière. C'est à cette nécessité que tente de répondre l'Université virtuelle du Sénégal.

L'expérience du Sénégal est un exemple inédit d'appropriation et d'adaptation de la technologie numérique qui mérite d'être étudié. L'ambition affichée de l'UVS est d'aller au-delà de la formule classique des MOOCS, en créant sur l'étendue du territoire un réseau de « relais physiques » appelés ENO – espace numérique ouvert – qui sont à la fois des lieux de socialisation censés créer un sentiment d'appartenance à une même communauté et des centres pédagogiques où se fera l'accès à des ressources numériques et des équipements. Le réseau compte actuellement une douzaine d'ENO à travers le pays, pour un total de quelque douze mille étudiants. Comme dans les universités classiques, les étudiants bénéficient d'un système de tutorat censé appuyer efficacement l'encadrement pédagogique.

L'expérience de l'UVS est tellement en rupture avec les traditions académiques sénégalaises qu'elle a tout naturellement suscité des débats houleux et passionnés non encore tranchés. La grande difficulté que pose l'enseignement à distance est de savoir si les MOOCS sont conçus comme venant en appoint à des enseignements en présentiel qu'ils compléteraient, ou s'ils sont destinés à remplacer l'enseignement classique par un nouveau type d'apprentissage exclusivement *online*[8]. Pour ses partisans, l'innovation technologique est une chance inouïe pour les pays pauvres, et un enseignement à distance pensé de façon intelligente est possible et est le moyen le plus approprié de démocratisation du savoir. Pour ses adversaires, la création de l'UVS obéit à des logiques politiciennes destinées à masquer l'incompétence de nos gouvernants à imaginer un système d'enseignement supérieur de qualité[9]. Pour le moment, il est difficile de trancher. Il faudra pour cela attendre la sortie des premiers diplômés qui devront se mesurer aux étudiants des universités classiques sur le marché du travail et dans les concours nationaux comme l'Ena.

Le parcours que nous avons tenté d'établir n'est pas celui d'un objet nettement délimité, mais celui d'un champ mouvant et ouvert de savoirs et de pratiques où convergent plusieurs disciplines, d'où la difficulté de le circonscrire de façon précise. Mais on peut voir d'ores et déjà que les enjeux multiples qui sontimpliqués dans cette nouvelle *épistémè* touchent à tous les domaines de la vie sociale, culturelle, politique et économique. Or, à chaque fois qu'une rupture de cet ordre se produit, elle fait émerger un monde nouveau, d'où la nécessité de s'en rendre maître. Pour ne pas la subir, il faudrait donc la préparer en se l'appropriant conceptuellement, et cela passe nécessairement par l'introduction des *Digital Humanities* dans les curricula des universités africaines. Les expériences qui sont menées à l'heure actuelle en matière d'appropriation des technologies du numérique sur le continent sont multiples et diversifiées, chaque pays, en fonction de ses urgences propres cherchant à tirer son épingle du jeu. Une institution comme le CODESRIA pourrait entreprendre une réflexion d'envergure sur les enjeux du numérique à l'échelle du continent et proposer des stratégies innovantes d'appropriation et d'adaptation qui soient en phase avec les défis politiques, culturels et économiques de l'heure.

Notes

1. On définit généralement les *Humanités numériques* comme l'application des technologies de l'information et de la communication aux sciences humaines et sociales. Voir à ce propos « Le manifeste des Digital humanities » http://tcp. hypotheses. org/318

2. On distingue trois types de données : les données objectives comme son identité civile, son âge, ses données bancaires ou juridiques, sa profession, etc. Les données subjectives comme ses opinions politiques et syndicales, ses convictions religieuses et enfin les données comportementales relatives à nos habitudes d'achat, nos préférences alimentaires, nos destinations de voyages, etc. Or les capteurs qui permettent de recueillir ces données ne sont plus implémentés uniquement sur les ordinateurs, les iPhone, les tablettes et les smartphones. Ils sont maintenant un peu partout, sur les voitures, les téléviseurs, sur les objets connectés en tous genres qui sont en train d'envahir massivement notre quotidien, et même de plus en plus sur les corps, ce qu'atteste ce qu'il est convenu d'appeler le « quantified-self ». Cela veut dire qu'il s'agit d'un marché en croissance quasi infinie que les géants américains du net ont de fait déjà monopolisé.

3. Ces quatre grandes firmes que sont Google, Amazon, Facebook et Apple disposent à elles seules sur les citoyens du monde d'énormes masses de données que même les polices nationales de leurs pays respectifs n'ont pas, ce qui laisse songeur quant aux usages qui pourraient en être faits... Étant donné que ce modèle a été conçu exclusivement en fonction des logiques commerciales pensées au profit exclusif des GAFA, il est de la plus haute importance d'en concevoir un autre qui ne soit plus exclusivement assujetti à des logiques commerciales. Tâche difficile parce que l'Europe elle-même n'y arrive pas encore. Or, si le modèle ne change pas, à chaque fois que l'on achètera un nouvel ordinateur quelque part dans le monde, on ne fera que renforcer le pouvoir de ces entreprises, parce que cela leur permet ainsi d'étendre leurs bases de données, et par conséquent de consolider leur hégémonie sur un marché mondial qui leur est d'autant plus ouvert que l'État fédéral américain avait décidé, dès les débuts du web, de les exempter de toute contrainte fiscale, en vue de les rendre toujours plus compétitives.

4. Sur cette question des présupposés politiques et idéologiques de l'usage des statistiques dans la nouvelle gouvernementalité néolibérale, voir aussi Thomas Berns, 2010 et Rouvroy, s.d., 2010.

5. *Dictionnaire encyclopédique des sciences du langage*, Paris, Seuil, 1972, p. 375.

6. http://www.wwnorton.com/college/english/pmaf/hypertext/aft/

7. Il est facile de voir qu'une certaine dimension ludique préside à l'essor des fictions hypertextuelles qui semblent privilégier l'activité de manipulation du lecteur au

détriment de la lecture proprement dite et de l'interprétation du texte. Les réflexions sur le médium semblent plus importantes que l'œuvre elle-même, comme si la fascination de l'objet numérique avait fait perdre de vue l'intérêt pour le texte.

8. Pascal Engel, « Les MOOCS : cours massifs ou armes de destruction massive », http:// www.qsf.fr/2013/05/24/les-moocs-cours-massifs-ou-armes-de-destruction-massive- par-pascal-engel.

9. Hady Ba, « L'Université virtuelle sénégalaise : un dangereux miroir aux alouettes ? », http://www.leral.net/L-Universite-Virtuelle-Senegalaise-un-dangereux-miroir-aux-alouettes_a138584.html.

Références

Anderson, Chris, 2008, « The end of theory : the data deluge makes the scientific method obsolete », *Wired Magazine* http://www.wired.com/2008/06/pb-theory/

Berns, Thomas, 2010, *Gouverner sans gouverner. Une archéologie politique de la statistique*, PUF, Paris.

Casilli, Antonio, 2012, « Comment les usages numériques transforment-ils les sciences sociales ? », in Pierre Mounier (Éd.), Read/Write Book 2 : *Une introduction aux humanités numériques*, Open Edition Press, disponible en ligne sur books.openedition.org.

Debray, Régis, 1991, *Cours de médiologie générale*, Paris, Gallimard, 1991.

Ducrot, Oswald & Todorov, Tzvetan, 1972, *Dictionnaire encyclopédique des sciences du langage*, Paris, Seuil.

Ganascia, J. G., 2015, « Les big data dans les humanités », *Critique* n° 819-820, *Des chiffres et des lettres : les humanités numériques*, p. 627-636.

Mounier, Pierre, 2014, « Une introduction aux humanités numériques », in Bernard Stiegler (Éd.), *Digital Studies. Organologie des savoirs et technologies de la connaissance*, Paris, IRI/FYP, p. 95-108.

Rouvroy, Antoinette & Berns, Thomas, 2013, « Gouvernementalité algorithmique et perspectives d'émancipation. Le disparate comme condition d'individuation par la relation ? », *Réseaux*, 2013/1 n° 177, p. 163-196.

Rouvroy, Antoinette, s.d., « Face à la gouvernementalité algorithmique, repenser le sujet de droit comme puissance » http://works.bepress. com/antoinette_rouvroy/43.

Rouvroy, Antoinette, 2010, « Contre la digitalisation de la vie même : éloge de la récalcitrance », http://blogs.mediapart.fr/blog/antoinette-rouvroy/161010/contre-la-

Saemmer, Alexandra, 2015, « Hypertexte et narrativité », *Critique*, août-septembre 2015, n° 819-820.

2

Le curriculum et l'enseignement des sciences humaines et sociales à l'université Cheikh Anta Diop de Dakar

Souleymane Diallo

Introduction

Ces vingt dernières années, l'université Cheikh Anta DIOP de Dakar s'est retrouvée dans un dilemme. D'une part, elle devenait de plus en plus populeuse à cause des effectifs d'étudiants qui croissaient à un rythme presque incontrôlé. Selon le *Rapport de la commission ad hoc*[1] sur la réforme de l'UCAD, « les effectifs, entre 2001 et 2012, sont passés de 24 776 à 75 188 étudiants ». En 2015, le cap des 100 000 est vraisemblablement atteint. Pendant ce temps, le nombre d'enseignants titulaires diminuait d'année en année. Les uns partaient pour les universités occidentales. Les autres faisaient valoir leurs droits à la retraite. Du coup, les questions de logement, de restauration et d'études se sont posées avec acuité. D'autre part, la force du vent de la modernisation porté par les universités occidentales, américaines et anglaises notamment, a conduit à une obligation d'adaptation de l'enseignement supérieur dans les pays en voie de développement comme le Sénégal. La validité des diplômes et la mobilité des étudiants en dépendent pour une grande part. En 2006, l'UNESCO, après avoir fait le constat, s'interrogeait : « Les pays africains subsahariens devraient-ils être laissés pour compte, alors que les étudiants de cette zone sont « les champions de la mobilité » sous prétexte que leurs universités souffrent de nombreux maux liés au financement, à la gestion, à l'encadrement, aux mouvements de grève[2] ? » Face à cette situation, le ministère de l'Enseignement supérieur et l'UCAD ont entrepris plusieurs réformes dont les plus importantes sont : l'introduction des unités de valeur, le système LMD et le nouveau curriculum. Ces deux derniers sont partout vantés par les autorités politiques et universitaires comme les solutions les plus efficaces et les plus efficientes parce que porteuses de contenus programmatiques et pédagogiques intéressants pour tous les acteurs (État, enseignants, étudiants, employeurs).

Cependant, force est de constater que l'université Cheikh Anta DIOP vit des crises récurrentes. Les taux de réussite aux examens tournent autour de 10 pour cent. Les enseignants se plaignent des effectifs pléthoriques. Les étudiants réclament le master pour tous et s'insurgent devant ce système généraliste qui ne les qualifie à aucune profession. Les études supérieures coûtent de plus en plus cher. L'élan de privatisation de l'université publique fait son chemin. Ainsi, la persistance de la crise malgré les innovations entreprises par les autorités politiques et pédagogiques de l'UCAD a permis de poser les deux interrogations suivantes :

1. Les réformes pédagogiques proposées et aujourd'hui explicitement formulées ont-elles permis une revitalisation du système d'enseignement supérieur sur la base d'un curriculum renouvelé s'appuyant sur l'approche par les compétences et porté par le système LMD ?

2. L'attitude des enseignants devant la nouvelle philosophie de l'évaluation est-elle révélatrice de la force d'inertie de l'institution universitaire ?

Pour répondre à ces questions, nous avons utilisé deux techniques de collectes de données des méthodes qualitatives à savoir la recherche documentaire et l'entretien. Les avis des enseignants-chercheurs exerçant dans les départements de sociologie et sciences humaines de l'INSEPS et de la FASTEF ont été déterminants. Des entretiens semi-directifs ont permis de recueillir beaucoup d'informations sur leur compréhension de la notion de curriculum, les maquettes de formation, les syllabi de cours, leurs pratiques pédagogiques et manières d'évaluer les étudiants, les relations avec le Bureau de liaison université – entreprise (BLUE) etc. À ceux-là s'ajoutent les personnes-ressources en matière de pédagogie et de réformes universitaires. Ce sont : le directeur de l'enseignement supérieur et celui des affaires juridiques. Tous les deux appartiennent au ministère de l'Enseignement supérieur et de la Recherche (MESR). La Direction des affaires pédagogiques du rectorat (DAP) de l'université Cheikh Anta DIOP a reçu notre visite. Enfin, nous avons échangé avec deux responsables du BLUE et deux autres de l'ANAQ-Sup sur les rapports entre les missions qui leur sont assignées et le curriculum. Grâce à des entretiens semi-directifs puis directifs, des données pertinentes sont collectées. Nous avons retenu pour chacun des deux groupes d'enquêtés (enseignants et autres « directeurs et personnes ressources ») les neuf entretiens les plus pertinents. Ils ont permis d'appréhender la réalité du nouveau curriculum dans l'enseignement des sciences humaines et sociales à l'Université Cheikh Anta DIOP de Dakar.

Les données recueillies ont permis d'articuler ce travail autour de la congruence entre les nouvelles théories curriculaires basées sur l'approche par les compétences et les propositions validées par les tenants de la réforme. Ensuite, l'analyse de l'organisation actuelle des enseignements a permis d'apprécier le degré d'ancrage de la logique curriculaire. Enfin, l'inertie dans les approches pédagogiques des enseignants et dans l'évaluation des apprentissages a été mise en exergue.

Le curriculum version APC à l'UCAD : la congruence entre les théories et la volonté de changer

L'appréhension du degré d'application de la réforme curriculaire et des résistances dans une institution universitaire comme l'UCAD implique avant tout une bonne connaissance des fondements théoriques et scientifiques des innovations. Pour cette raison, nous les avons analysés en rapport avec la logique des réformateurs.

Quelques fondements théoriques de la réforme curriculaire à l'UCAD

L'adaptation de l'enseignement supérieur aux exigences socio-économiques, culturelles et technologiques dans les pays occidentaux et africains se pose en termes d'obligation. En atteste la volonté du Conseil de l'Europe (mars 2000) de développer une société cognitive et compétitive lors du Sommet de Lisbonne, mentionnée dans le Rapport fait par Wim Kok (2004:58). C'est pourquoi les programmes, les objectifs et les approches pédagogiques sont souvent remis en cause et réajustés. À cela s'ajoute la mobilité de plus en plus grande des étudiants et des enseignants. Dans ce contexte, le concept de compétence lié au curriculum dans l'enseignement supérieur émerge et fait l'objet de grands débats. Quelles orientations pour l'enseignement supérieur ? Comment s'y prendre ? Ce sont là des questions essentielles que les autorités politiques et pédagogiques de l'université Cheikh Anta DIOP de Dakar se sont posées. Parmi les options, l'éclairage de la conception et de la mise en œuvre par les théories existantes sur les APC a été d'un grand apport. Le cas échéant, les auteurs qui se sont le plus illustrés sont Xavier Roegiers, Jean-Marie De Ketele, Jacques Tardif, etc.

La logique de réforme du système universitaire sénégalais s'impose en tant que nécessité voire en tant qu'obligation au vu des différents problèmes auxquels l'enseignement supérieur est confronté. Le directeur des affaires pédagogiques de l'UCAD est formel :

> « L'UCAD se débat dans des difficultés. Il faut des réformes de fond. Il ne s'agit plus seulement de dérouler des enseignements, de les évaluer et de délivrer des diplômes, mais de former des hommes et des femmes compétents dans les différentes filières et utilisables dans le monde du travail. »

Cela signifie donner du sens à l'enseignement supérieur. Dans cette perspective, la vision de Xavier Roegiers semble être une bonne source d'inspiration théorique. En effet, il affirme : « il s'agit de former des personnes dans une direction dans laquelle l'étudiant est placé (et se place) progressivement dans une optique de mise en projet s'inscrivant dans une réflexion sociétale. » Partant de cette conviction, il définit l'humaniste en projet comme « celui qui pense avant tout bonnes politiques, au lieu de bonnes pratiques et qui met sa force d'entreprendre au service de ces bonnes politiques au lieu de forcer un contexte à s'adapter à une politique décrétée « bonne » […]. Le contexte devient un point d'appui pour orienter » (Roegiers 2012:78).

Ainsi, le curriculum s'inscrit dans une logique humaniste et progressiste. Les programmes restent toujours en vigueur, mais ils doivent être adaptés et constamment réajustés en fonction des besoins de formation, des profils recherchés, et formulés en termes de compétences, lesquelles, selon Jacques Tardif, sont assimilables à :

> un système de connaissances déclaratives (le quoi), conditionnelles (le quand et le pourquoi) et procédurales (le comment) organisées en schémas opératoires. La compétence correspond donc à un savoir-agir complexe. La coordination de ces différents savoirs autorise en effet à l'intérieur d'une famille de situations, d'une part l'identification de problèmes et d'autre part leur résolution efficace en s'appuyant sur des ressources internes et externes. (Tardif 1992)

Par conséquent, elles constituent les programmes, contiennent les contenus à enseigner et s'intègrent dans un tout complexe et significatif, celui du curriculum, qui comprend en outre les finalités, les enjeux et le profil de sortie. La déclinaison en compétences et ressources requises, les choix méthodologiques, la description des dispositifs d'évaluation et surtout la solidarité entre tous ces éléments attestent de la cohérence du projet de formation. De façon plus explicite, Parmentier, De Ketele, Lebrun *et al.* ont identifié dans la globalité de ce champ pédagogique les étapes suivantes :

> au centre, les activités pédagogiques (enseignement et apprentissage) ; en amont, le curriculum ; en aval, les résultats des activités pédagogiques ; transversalement, les facteurs de contexte interne (environnement académique et étudiant) et les facteurs de contexte externe (politiques, sociaux, culturels, économiques). Le tout forme un système aux interactions complexes car aucune des composantes n'agit seule et, en conséquence, ne peut être étudiée isolément. (Parmentier, De Ketele, Lebrun, & Draime 1997)

Le cas échéant, les activités des enseignants dans les amphithéâtres doivent être précédées par des orientations programmatiques déclinées en compétences en rapport avec les profils dictés par les exigences du milieu où l'institution universitaire est implantée.

Ensuite, les disciplines deviennent des outils au service de l'installation des compétences, qui peuvent être disciplinaires ou faire appel à plusieurs matières. Ainsi, l'interdisciplinarité s'érige en obligation. Le concept est en effet plusieurs fois revenu dans les entretiens avec les responsables pédagogiques du rectorat. L'ouverture aux autres disciplines susceptibles d'apporter un complément à la formation du profil recherché s'impose. Il sera donc possible, par exemple, de recruter, dans un département de sociologie, un assistant en droit des affaires, pour la formation de sociologues des organisations.

Enfin, l'évaluation de la compétence exigera une intégration des acquis pour laquelle le professeur Diao Faye a identifié trois composantes :

> La première est relative à l'interdépendance des différents éléments à intégrer. L'enseignant cherche à savoir ce qui les rapproche, met en évidence leurs points communs, renforce les liens qui existent entre eux, les assemble, les associe, les fait adhérer entre eux, mais sans toutefois les fusionner ni les confondre. En un mot, il les regroupe en un système dont le principe de base est : « le tout est supérieur à la somme des parties ». Ensuite, la coordination des éléments consiste à créer une dynamique dans laquelle toutes les ressources interdépendantes sont mises en mouvement de manière articulée, coordonnées. C'est la mobilisation des acquis. Enfin, la troisième composante est la polarisation en intégration, c'est-à-dire que la mise en mouvement se fait dans un but bien précis en particulier pour produire du sens. (Faye 2013)

À y regarder de plus près, il existe une nette congruence entre la compétence formulée avant l'action pédagogique des enseignants et les situations d'évaluation. En effet, la complexité et la globalité qui caractérisent la compétence devraient apparaître dans l'intégration des acquis en évaluation que Xavier Roegiers (2012) qualifie, dans un des sous-titres de son ouvrage, de « piste pour placer l'efficacité au service de l'humanisme ». En outre, dans le curriculum (l'approche par les compétences), la logique culturelle et cognitive (formation d'intellectuels) qui a toujours caractérisé les enseignements dans les universités et celle qui préconise l'orientation des formations universitaires vers des activités professionnelles ne sont pas incompatibles. Avec cette approche pédagogique, il s'agit de former des intellectuels compétents aussi bien dans le monde du travail que dans la société où ils évoluent. Cette orientation, les pédagogues de l'université Cheikh Anta DIOP semblent l'avoir comprise. Pédagogiquement, ce sont ces idées qui ont servi de leviers à la réforme.

En somme, l'approche curriculaire dans les universités préconise d'une part la formulation de compétences comme programmes, la déclinaison de ces dernières en objectifs dans lesquels se trouvent les contenus et l'évaluation intégrative. En cela, elle favorise la cohérence, l'efficacité et l'efficience dans les activités pédagogiques. D'autre part, les éléments de contexte qu'elle intègre et les situations d'intégration en évaluation lui permettent de donner du sens aux enseignements-apprentissages dans les universités. En tant que réforme, le nouveau curriculum doit être conçu théoriquement et adossé à des textes le validant. C'est pourquoi il nous a paru intéressant de connaître la logique des autorités porteuses des innovations depuis quelques années en rapport avec l'enseignement des sciences humaines et sociales à l'université Cheikh Anta DIOP de Dakar.

Le curriculum à l'UCAD : la logique progressiste des réformateurs

Au Sénégal, le curriculum est présent dans tous les cycles scolaires. Du préscolaire au moyen, il s'est installé de manière irréversible. Dans le secondaire, l'approche par les compétences fait ses premiers pas. Pour les deux ordres d'enseignement, les autorités pédagogiques restent formelles quant à l'objectif de former des élèves compétents. À l'UCAD, les réformateurs sont-ils dans la même logique ?

La cohérence, le sens et la pertinence sont les credo des approches curriculaires. Elles reposent donc, d'une manière générale, sur l'efficacité dans la gestion du système universitaire. À l'UCAD, le curriculum est porté par les réformes d'ordre conjoncturel et pédagogique. Les enquêtés du Rectorat, du ministère de l'Enseignement supérieur et de la Recherche et de l'ANAQ-sup sont pour l'essentiel catégoriques : « il faut rendre l'UCAD compétente et les départements de sociologie et autres sciences humaines pourront être de plain-pied dans l'approche par les compétences[3] ». Les explications recoupent deux grands axes du *Document de stratégie pour l'enseignement supérieur*[4], à savoir : améliorer l'efficacité interne, la qualité et la pertinence de la formation dans l'enseignement supérieur et développer un cycle d'enseignement professionnel court. Il faut noter que dans ce document ainsi que dans tous les autres[5] qui parlent de réformes dans l'enseignement supérieur, le mot curriculum n'est pas mentionné. En conséquence, il est inconnu de ces autorités. Cependant, son caractère organisationnel et l'ouverture de l'enseignement supérieur au milieu socioprofessionnel sont des volontés affichées par les autorités politiques et rectorales. De même, le Plan stratégique 2011-2016 rapporte :

> Avec la réforme LMD, le but est de donner aux étudiants un rôle plus actif dans leur formation par l'adoption d'une approche pédagogique centrée sur l'apprentissage et non sur l'enseignement. Pour ce faire, les responsables de l'UCAD ont préconisé la formation pédagogique des universitaires. Pour assurer cette formation, l'enseignement de la pédagogie universitaire a été introduit pour la première fois dans les formations doctorales des différents établissements. De plus, la création d'un Centre de ressources technologiques et pédagogiques (CRTP) est programmée[6].

Ainsi, la réorganisation de l'UCAD est en cours. Elle se traduit par la réduction des effectifs et du nombre d'années d'étude dans le supérieur, la promotion de l'enseignement supérieur privé, la création de nouvelles universités, la réforme LMD, etc. L'exigence de prendre en compte l'employabilité favorise l'ouverture au milieu socioprofessionnel. En réalité, ces réponses sont à l'état de projet et les onze directives présidentielles constituent les référentiels, donc les « compétences » à atteindre, selon quelques-uns de nos interlocuteurs. À la question : « Pourquoi ces directives du président de la République ne sont-elles pas traduites en programmes à enseigner dans les facultés et instituts ? », les réponses recueillies auprès des enquêtés du Rectorat, de la DGES et de l'ANAQ-Sup sont assez révélatrices. Le Conseil académique est d'abord blâmé. Sa responsabilité dans ces manquements est mise en exergue. Pourtant, cette instance n'existe pas encore officiellement car le texte l'instituant est le projet de loi (n° 31/2014). Mais au regard des missions qui lui sont assignées, cette remarque est pertinente. L'article 14 de ce texte précise : Le Conseil académique est l'organe de délibération de toutes les questions d'ordre académique. À ce titre, il a pour missions de délibérer sur les aspects scientifiques, académiques, pédagogiques, disciplinaires et de recherche. Il est chargé notamment de délibérer sur :

- les programmes et le contenu des enseignements ;
- les mesures et les listes d'aptitude pour la promotion des enseignants et/ou des chercheurs ;
- le calendrier universitaire ;
- le régime des études et des examens ;
- les critères et mécanismes d'autoévaluation des programmes de formation ou d'études des filières des unités de formation et de recherche des facultés, des écoles et des instituts selon les référentiels définis par l'Autorité nationale d'assurance qualité de l'enseignement supérieur (ANAQ-sup) ;
- les mesures de nature à améliorer la qualité de l'enseignement et de la recherche ainsi qu'à développer la formation continue ;
- la création ou la suppression des filières et des structures[7].

En outre, la Direction de la réforme a existé jusqu'en 2013. Elle a eu le mérite de réussir l'implantation progressive du système LMD. Aujourd'hui, il y a encore la Direction des affaires pédagogiques (DAP) qui, après plusieurs rencontres avec les autorités ministérielles, met en place progressivement les curricula de l'enseignement supérieur. Cependant, force est de constater que la situation dans les départements de sociologie et de sciences humaines de l'INSEPS et de la FASTEF n'a pas considérablement changé. Les programmes sont restés les mêmes et les approches didactiques des enseignants n'ont pas connu d'évolution notable de nature à répondre au titre de la sixième directive du président de la République à savoir : « Faire de l'étudiant un acteur de sa formation, favoriser sa réussite ». Une formation initiale en pédagogie pour les enseignants à recruter est envisagée. La FASTEF, la FMPOS et l'ENSEPT sont choisies pour l'assurer. La direction des affaires pédagogiques en assurera la coordination et les mesures administratives pour la rendre obligatoire sont définies par arrêté rectoral. À ce jour, la formation des chefs de départements et de quelques enseignants en conception de syllabi de cours se poursuit d'année en année. Ces instruments offrent une visibilité en matière de contenus de cours, de planification et d'évaluation en fonction des directives rectorales liées à la gestion des semestres de l'année universitaire.

En outre, l'université Cheikh Anta DIOP s'informatise de plus en plus. Les cours en ligne sont encouragés et quelques formations d'enseignants-chercheurs sont faites. L'objectif à terme est d'amener :

notre personnel d'enseignement et de recherche (PER) à se servir pleinement de cette technologie. Ensuite, des techno-pédagogues seront formés non pas pour prendre la place des professeurs, mais pour aider à la programmation, à la mise en ligne, à l'organisation des évaluations avec l'ordinateur et à la gestion transparente des notes. Ce faisant, l'étudiant pourra rester chez lui et apprendre par lui-même. Il sera l'artisan de sa propre connaissance et donc acteur de sa formation.

En conséquence, la conception de syllabi de cours et l'utilisation accrue des technologies de l'information et de la communication dans les enseignements et apprentissages constituent des avancées pédagogiques significatives. Avec cette démarche, les objectifs, les durées des modules, les modalités d'enseignement et d'évaluation, le plan de cours ou les objectifs spécifiques des séances sont clairement définis en amont. Les enseignants peuvent désormais les poster sur le site de l'UCAD et les rendre accessibles aux étudiants. Le curriculum au niveau universitaire ne peut s'en passer. Ils sont en réalité des instruments pouvant assurer une plus grande transparence des activités dans le supérieur et une ouverture au milieu socio-économique et au monde.

Enfin, les autres réponses renvoient pour l'essentiel une telle traduction des orientations présidentielles en compétences programmatiques aux départements et enseignants. L'autonomie des Facultés est souvent brandie comme argument, car les assemblées, à ce niveau, sont aussi des instances pédagogiques consultatives. Cependant, la défense et la validation des maquettes se font au rectorat avec le conseil pédagogique, constitué pour l'essentiel des éléments de la DAP (Direction des affaires pédagogiques). Ces derniers veillent scrupuleusement à la congruence entre les contenus disciplinaires des maquettes et les orientations curriculaires de l'université. Les responsables pédagogiques de la FASTEF et de l'INSEPS confirment et expliquent les raisons de la non-validation de quelques propositions faites par des départements. Le non-respect du format harmonisé, l'impertinence des unités d'enseignement par rapport aux besoins exprimés par le monde socio-économique via le BLUE, les choix subjectifs des éléments constitutifs (ECUE) sont, entre autres, des motifs de rejet. Rappelons qu'il n'y a pas de budget pour la conception de maquettes au niveau des départements. Toutefois, sur demande, le recteur peut autoriser le financement d'un séminaire ou toute autre rencontre pédagogique.

En somme, les fondements théoriques de la réforme se rapportent au sens qu'il faut désormais donner aux enseignements grâce à la prise en compte des besoins du milieu socioprofessionnel et aux approches pédagogiques qui favorisent l'apprentissage. En cela, ils recoupent l'esprit des réformes universitaires qui est de former des étudiants prêts à être utilisés dans le monde du travail. L'ouverture à l'entreprise par la création du BLUE, de nouvelles licences et de nouveaux masters, la promotion des maquettes et des syllabi de cours, la gestion des évaluations, l'informatisation du système etc., sont quelques-uns des leviers auxquels les réformes s'adossent. Cette orientation est bien celle du curriculum qui intègre aussi les aspects purement pédagogiques. Le cas échéant, qu'en est-il des rapports entre la FLSH et le département de sociologie. Quels sont les programmes enseignés et pour quels objectifs ? Ces mêmes interrogations ont aussi guidé nos entretiens à la FASTEF et à l'INSEPS.

L'organisation des enseignements dans les départements : une évolution notoire

Tout enseignement dans une institution formelle est adossé à un programme. Il s'agit d'un ensemble d'intentions pédagogiques et de contenus. Généralement, dans le supérieur, l'accent est mis d'une part sur l'enseignement de ces derniers dans un temps et des disciplines déterminés, et d'autre part sur le quoi et le comment, mais très rarement sur le quand et le pourquoi. Ainsi, en toute logique, un cours appartient à un programme et n'existe que parce qu'il contribue à l'atteinte des objectifs de ce dernier. En sciences humaines et sociales, les programmes enseignés émanent pour une grande part des enseignants. Ni les réunions de départements ni les assemblées de faculté ne portent sur les contenus programmatiques et les profils à former. Chaque enseignant est libre dans la conception de son cours. Rien ne lui est imposé, sauf le fait de se conformer aux maquettes pour la discipline à enseigner et le crédit horaire qui lui est réservé. En début d'année, le dépôt des syllabi de cours est demandé par les chefs de départements. C'est une exigence dans le système LMD. À la FASTEF, à l'INSEPS et au département de sociologie, les enseignants sont majoritairement réticents à l'application de cette consigne. La seule justification donnée par certains d'entre eux est : « les syllabi font ressortir les plans de cours qui sont des propriétés intellectuelles. Il n'y a pas de garantie pour leur protection dans le système LMD. » Aucune pression n'est par la suite faite sur eux par les supérieurs hiérarchiques directs. Cette situation s'explique selon nos interviewés par le fait que l'université est une instance de production et non de consommation de connaissances. Les enseignants ont soutenu des thèses avant d'être recrutés et méritent que les autorités leur fassent confiance. À cause de cette position non conforme à l'esprit de la réforme, les enseignants optent de manière tacite pour l'inertie.

Pourtant, la direction des affaires pédagogiques (DAP) du rectorat de l'UCAD est catégorique :

> « la raison avancée par ces enseignants ne tient pas la route. Les syllabi peuvent être postés sur le net et accessibles à tout le monde et particulièrement aux étudiants. Cette façon de faire participe à la visibilité des départements et des enseignants dans l'espace public intellectuel international. »

En plus, le système LMD obéit à une logique programmatique curriculaire cohérente. Les enseignants de la FASTEF, qui semblent être les plus avertis en matière de pédagogie, sont convaincus qu'il y a de fortes similitudes entre les déclinaisons programmatiques et disciplinaires exigées dans le système LMD et celles caractérisant le curriculum en général. Ce qui leur fait dire que le second est entièrement compris dans le premier. En effet, des maquettes sont au départ de l'action pédagogique. Elles sont conçues pour la formation de profils déterminés en amont et en fonction desquels des unités d'enseignement sont retenues. Leurs éléments constitutifs sont les disciplines à enseigner. Le temps est précisé et la codification faite. Ainsi, les matières pertinentes pour l'atteinte des objectifs sont choisies. C'est la matérialisation de ce projet qui exige la conception de syllabi qui font ressortir les plans du cours et la planification de son déroulement. De ce fait, les regroupements disciplinaires caractéristiques du curriculum tel qu'il est théorisé par les auteurs sont bien respectés. Le projet de formation dans cette méthode est en parfaite congruence avec un des principes fondamentaux de l'approche par les compétences, selon lequel : « le tout est supérieur à la somme des parties ». Malheureusement, la « maquettisation », bien que présente dans tous les départements des sciences humaines et sociales concernés par l'étude, est faite de manière linéaire, c'est-à-dire une maquette pour chaque licence et pour chaque master. Les spécialisations et les professionnalisations dans les différents domaines de la sociologie ou de la philosophie, par exemple, ne font pas l'objet de maquettes. Dans les principes du curriculum, ce sont ces dernières qui doivent faire l'objet de maquettes. Ainsi, des programmes faits de troncs communs et de contenus de spécialisation vont déterminer les orientations des enseignements et traverser toutes les licences (LEM1, LEM2 et LEM3) et au besoin les masters. Ce sont les grandes maquettes à l'échelle du cycle dont dépendent celles conçues pour chaque classe.

Cependant, l'analyse de certains propos de nos enquêtés montre que leurs conceptions ont obéi davantage à une volonté de reconduction et de réorganisation des disciplines qui y existaient déjà. Ainsi, les anciens cours sont reconduits par les enseignants qui peinent parfois à faire la relation entre ce qu'ils font et les compétences à installer au niveau des étudiants. En d'autres termes, l'ancien système prévaut toujours dans les faits, même si la forme exigée par le système LMD et le curriculum en particulier est respectée.

En outre, les relations directes entre les départements et les entreprises sont limitées. Cette culture n'est pas encore ancrée dans les habitudes des enseignants et donc dans leurs activités. L'environnement des entreprises n'est pas pris en compte ou se fait de manière individuelle pour les rares intervenants qui réadaptent leurs cours au fil des années. Dans les départements de sociologie de l'UCAD et des sciences humaines de l'INSEPS et de la FASTEF, seuls quelques enseignants (moins du quart) réadaptent et réorientent les contenus de leurs enseignements au moins tous les deux ans. Cependant, le travail en solo, dans un cadre fédérateur des contenus de cours qui concourent à l'atteinte d'une compétence, comme c'est le cas avec les maquettes, est contraire à l'approche curriculaire.

Mieux encore, certains d'entre eux n'enseignent que des sous-parties de leurs thèses. Pour ces derniers, ce sont des vérités qu'ils ont trouvées par leurs propres recherches et qui par conséquent les ont convaincus.

À l'INSEPS et à la FASTEF, des programmes ont été conçus depuis les années quatre-vingt et validés par des décrets. Ces structures appartenaient alors respectivement au ministère de la Jeunesse et des Sports et à celui de l'Éducation nationale. Les formations y ont été élaborées en fonction de la commande de l'État, qui est le principal employeur.

Cependant, la pertinence des programmes suscite bien des interrogations. Ils ont été conçus et validés il y a trente-cinq ans. L'évolution scientifique, le changement social qui implique des besoins de formations nouveaux, l'émergence de l'enseignement privé moyen et secondaire exigent une réadaptation constante. Comme l'explique le professeur Mamadou Diouf en donnant l'exemple de l'État de New York :

> « Les universités soumettent tous les sept ans leur curriculum au gouvernement qui valide aussi tous les nouveaux cours. Des suggestions en fonction des besoins de l'État sont faites aux établissements d'enseignement supérieur. »

Par ailleurs, les autorités étatiques et universitaires sont conscientes que les diplômés de l'UCAD et de FALSH n'ont pas de qualification professionnelle s'ils ne l'ont pas acquise ailleurs. Dans le Plan stratégique, le constat est fait :

> Des lacunes sont notées en matière d'employabilité. L'inadéquation des formations dispensées avec les demandes exprimées par les employeurs pose des questions de pertinence. Elles forment des étudiants qui ont certes des connaissances, mais très peu de compétences. Ils possèdent un « savoir-dire » mais n'ont que peu de « savoir-faire[8] ».

Pour être en phase avec cette exigence du curriculum, tel qu'il est théorisé par Xavier Roegiers et d'autres pédagogues qui se sont souciés de la pertinence des enseignements au niveau supérieur, le Bureau de liaison université entreprise (BLUE) a été créé pour servir d'interface entre l'UCAD et les entreprises. Son objectif est d'une part de faciliter des partenariats féconds entre les facultés, les départements et les sociétés industrielles, les organisations non gouvernementales (ONG), les petites et moyennes entreprises, l'État, etc., et d'autre part de favoriser une professionnalisation des étudiants.

De nos jours, le bureau a fini de constituer un groupe de professionnels chargés de discuter avec les responsables des entreprises afin de stabiliser une liste de filières dans lesquels les étudiants seront formés. Pour le rendre opérationnel, l'équipe du BLUE propose des contenus à enseigner et négocie des stages et emplois pour les formés. Rappelons qu'il existe dans chaque faculté un bureau liaison université/entreprise qui est composé d'universitaires professionnels et de représentants d'entreprises. Cela implique donc des commandes de formations et par conséquent des programmes taillés sur mesure et discutés dans les facultés et les départements. L'ouverture de licences et de masters professionnels et payants dans plusieurs facultés et départements explique les actions du BLUE. Il faut cependant préciser que cette nouveauté ne remet pas en cause la formation généraliste. Dans les établissements de l'UCAD, une offre de formation professionnalisante et diversifiée dans différents champs disciplinaires est proposée aux étudiants. Comme le confirme ce passage du Plan stratégique :

> Il y a aujourd'hui dans certains établissements des filières de formation à vocation régionale et internationale qui constituent des marques pour l'UCAD. C'est le cas par exemple des filières de formation aux métiers de bibliothécaire, de documentaliste, d'archiviste, d'inspecteur de la jeunesse et des sports, de professeur d'éducation physique et sportive, de professeur de collège et lycée. L'UCAD s'est aussi spécialisée dans les disciplines telles que la géomatique, la bio-informatique, la climatologie, le droit de l'environnement, l'agroforesterie, le droit du sport, la migration, les méthodes quantitatives de gestion, la biotechnologie végétale et la parasitologie[9].

Les disciplines sont inégalement servies. Les sciences humaines et sociales sont les parents pauvres de ce curriculum. Les départements de sociologie, de philosophie et d'histoire n'ont pas de masters ou de licences professionnelles. Ceux ou celles qui y existent ou qui sont en cours de conception sont encore à l'état de projet. Il existe cependant des partenariats de recherche avec certaines organisations non gouvernementales établies au Sénégal, le département de sociologie en particulier, travaille avec Plan Sénégal.

Pour la FASTEF et l'INSEPS les maquettes sont conçues et les objectifs de formation sont clairs. Il s'agit de former des PCEM (Professeurs de collège d'enseignement moyen), des PEM (Professeurs d'enseignement moyen), des PES (Professeurs d'enseignement secondaire) et des Inspecteurs de l'éducation et de la formation pour la première structure. L'institut met chaque année des dizaines de PEPS à la disposition du ministère de la Fonction publique et forme des inspecteurs de la jeunesse et des sports pour les pays de la sous-région. Pour les Sénégalais, cette formation, suspendue depuis environ huit ans, a été rouverte en 2016.

Enfin, curriculum rime avec un certain nombre de concepts. Ceux qui ne semblent pas encore suffisamment abordés sont la ressource et l'intégration. Ils ne sont que très peu connus des enseignants du supérieur dans leurs rapports avec le curriculum. Les ressources désignent l'ensemble des connaissances acquises par les étudiants dans le but de les rendre compétents dans une spécialité donnée ou une compétence. Elles doivent faire l'objet d'un réinvestissement dans des situations concrètes de travail. Ce sont elles qui sont intégrées.

Xavier Roegiers et J. M. Deketele définissent le concept d'intégration et expliquent sa pertinence dans cette nouvelle approche pédagogique en ces termes :

> Le principe de l'intégration des acquis répond principalement au souci de retrouver du sens dans les apprentissages, trop souvent constitués de savoirs juxtaposés, découpés en objectifs trop peu reliés entre eux, et que l'élève ne voit pas comment réinvestir dans des situations de la vie quotidienne (estudiantine

et sociale). Il répond en quelque sorte au problème de la simple juxtaposition de savoirs et d'objectifs, et propose de concevoir un apprentissage qui se déroule par intégrations nécessaires d'objectifs de plus en plus complexes. Un objectif plus intégré contient et consolide des objectifs moins complexes, en même temps qu'il assure leur intégration. (Roegiers & De Ketele 2001)

En définitive, le curriculum à l'université Cheikh Anta Diop de Dakar est porté par le système LMD. Dans son volet programme, le BLUE à travers ses différents bureaux installés dans les facultés et ses démarches faites auprès des entreprises, donne des orientations que les maquettes devront intégrer afin que les produits de la formation puissent être utilisables dans le monde du travail. En sciences humaines et sociales, les enseignants ont certes conçu des maquettes et dégagé les éléments constitutifs des unités d'enseignement, mais les contenus enseignés sont laissés à l'appréciation des enseignants. Les maquettes sont conçues pour chaque licence et chaque master et les anciens cours y sont logés. L'ancienne logique est toujours respectée. Les stages, qui sont des moments d'intégration des ressources n'existent presque pas dans ces départements. À l'INSEPS et à la FASTEF, le curriculum ne fait que renforcer la cohérence et la pertinence de la formation diplômante et professionnelle qui y prévalent, même si une réadaptation des contenus d'enseignement est nécessaire, voire obligatoire.

Après le programme, le système LMD en général et le curriculum en particulier se soucient du processus d'enseignement-apprentissage, qui va de la pratique de classe de l'enseignant à l'évaluation des enseignements.

Curriculum en SHS, des pratiques enseignantes à l'évaluation

Le curriculum renouvelé dans les départements de sociologie et de sciences humaines de l'INSEPS et de la FASTEF est un tout qui, pédagogiquement, exige des changements d'approche de la part des enseignants. En plus de la promotion de l'apprentissage véritable qui met les étudiants au centre de l'activité didactique, il recommande une plus grande objectivité dans l'évaluation des travaux des apprenants. Ces exigences sont-elles mises en pratique par les enseignants ? Les développements qui suivent apportent la réponse.

La prééminence des anciennes pratiques pédagogiques

L'enseignement est un métier. Ce principe est universellement reconnu et accepté. La particularité de la matière sur laquelle le praticien travaille explique le caractère délicat de son activité. En ce sens, il exige une formation qui puisse déterminer les manières d'enseigner. Dans ce contexte de réforme, comment les enseignants des sciences humaines et sociales de l'UCAD s'y prennent-ils ?

La formation pédagogique des enseignants a toujours manqué au niveau universitaire. La règle la plus courante est le recrutement de jeunes docteurs en fonction de la spécialité de leurs thèses. Ils sont ensuite directement envoyés dans les amphithéâtres pour dispenser des cours. À l'UCAD, le thème sur lequel porte la thèse et la discipline spécifique à laquelle il se rapporte sont les principaux – voire les seuls – critères de nomination à un poste et de promotion des enseignants. La compétence pédagogique reste alors accessoire, à quelques exceptions près. La plupart des enseignants se confinent ainsi dans leur domaine de recherche, principal pourvoyeur de ressources pour leur syllabi. Mais la question est de savoir si être docteur signifie avoir les capacités pour enseigner. Plusieurs études ont tenté d'établir le lien entre la pratique enseignante à l'UCAD et le taux d'échec élevé des étudiants aux examens. Celles de Cheikh Tidiane Sall et Abdou Karim Ndoye (1989) et de Hamadou Nacuzon Sall (1998), faites respectivement en 1989 et en 1998, ont mis l'accent sur les difficultés d'apprentissage liées au déficit pédagogique dans les modalités de transmissions des savoirs et savoir-faire. La structure du taux de réussite aux examens, établie sur la durée, tend à corroborer les résultats de ces recherches. En effet, les facultés, instituts et écoles qui s'illustrent plus ou moins positivement dans ce domaine sont ceux ou celles qui prennent en compte la dimension pédagogique dans les activités de formation et de recherche, la faculté de médecine, de pharmacie et d'odontostomatologie (FMPOS), faculté des sciences et technologies de l'éducation et de la formation (FASTEF), l'ex-École normale supérieure d'enseignement technique et professionnel, etc. Pour cette raison et bien d'autres encore, le système LMD et le curriculum intègrent dans leurs conceptions la dimension pédagogique liée à la pratique enseignante. L'idée dans cette approche est de promouvoir l'apprentissage et non l'enseignement. Autrement dit, il s'agit de faire en sorte que les étudiants construisent par eux-mêmes leurs propres connaissances.

Les approches pédagogiques pendant les cours dans les amphithéâtres constituent aussi des préoccupations majeures dans l'approche curriculaire. Cependant, les pratiques pédagogiques des enseignants du supérieur en sciences humaines et sociales sont constituées pour l'essentiel de cours magistraux. Cette situation semble paradoxale. Les rôles assignés aux assistants et aux maîtres-assistants restent limités sur le plan des textes réglementaires aux travaux pratiques (TP) et travaux dirigés (TD). Comme explication, est avancé le déficit de maîtres de conférences et de professeurs titulaires.

Dans cette méthode, l'enseignant apparaît comme le détenteur du savoir et l'étudiant comme simple réceptacle. Le manque d'une formation pédagogique et pratique des enseignants du supérieur susceptible de leur donner des compétences pour la gestion des rapports avec les enseignés est mis en avant. La pédagogie est, en effet, une bonne garantie de réussite des enseignements-apprentissages. G. et J. Pastiaux (1997) en sont convaincus. Ils affirment :

> Aujourd'hui, on ne débat plus pour savoir si la pédagogie est un art ou une science mais on reconnaît sa nature praxéologique (la praxis est la théorie en acte) et sa double visée : améliorer une situation réelle, et comprendre les déterminants

(psychologiques, historiques, sociaux, etc.) et les principes générateurs de l'action éducative et les raisons théoriques qui fondent ou analysent cette action, en vue d'en régler le développement.

Dans la même logique, Hameline (1983) attire l'attention sur la nécessité de considérer toutes les parties impliquées dans l'action pédagogique :

> Instaurer un équilibre ni stable ni instable, mais métastable entre les trois composantes du triangle pédagogique, l'apprenant, l'enseignant, l'objet à apprendre et à enseigner (…). L'échec de bien des pratiques pédagogiques antérieures tient à ce qu'elles ont accordé la priorité à deux des composantes au détriment de la troisième qui, assumant le rôle de fou, revient immanquablement perturber le jeu d'où on l'avait imprudemment refoulée.

À l'université, les pratiques courantes indiquent la relégation sans ambages de la pédagogie au second plan.

Pourtant, l'amélioration de la pédagogie universitaire est une des préoccupations du système LMD. Des modules pédagogiques ont été introduits dans les curricula de certaines écoles doctorales et aux autres niveaux de l'enseignement supérieur. L'objectif est de favoriser une pédagogie active c'est-à-dire des approches qui mettraient les étudiants au cœur de l'activité d'acquisition du savoir. Il s'agit selon nos interlocuteurs de la FASTEF d'appliquer :

> Une méthode d'enseignement qui suscite effectivement les apprentissages en plaçant les apprenants au cœur du processus de construction du savoir. Dans cette nouvelle perspective, l'enseignant doit être un guide, un facilitateur et un médiateur entre l'étudiant et la connaissance. L'apprenant en tant que méta-cogniticien, est plus actif et plus autonome dans le processus d'apprentissage. Il devient plus conscient de ses propres modes de pensée. Bref, le professeur doit faire en sorte que l'étudiant s'enseigne lui-même.

C'est dans ce sens que Jacques Tardif (1995), en se fondant sur les recherches en psychologie cognitive, parle de l'enseignant stratégique, à qui il assigne les rôles de penseur, de preneur de décisions, de motivateur, de modèle, de médiateur, d'entraîneur, etc. Ainsi, le rappel des acquis à chaque séquence pédagogique, l'organisation des étudiants en groupes de travail, la proposition de thèmes d'exposés et de recherches, la restitution dans un cadre interactif doivent être les nouveaux réflexes des enseignants du supérieur.

En clair, l'action pédagogique des enseignants du supérieur dans le curriculum proposé par les autorités académiques doit respecter les étapes déclinées par Barack Rosenshine qui fait ressortir six fonctions de l'enseignement qu'on peut placer en séquences :

> 1. faire le rappel des connaissances antérieures signifiantes par rapport aux apprentissages nouveaux ; 2. présenter les éléments de connaissances nouveaux pour les apprenants ; 3. organiser des exercices supervisés ; 4. faire la correction des

erreurs d'apprentissage ; 5. faire faire des exercices autonomes (travaux) ; 6. faire périodiquement la synthèse d'éléments déjà appris. (Rosenchine 2000)

Les cours magistraux dominent chez les enseignants des départements de sociologie et de sciences humaines de l'INSEPS et de la FASTEF. Les approches pédagogiques ne garantissent donc pas le respect des étapes proposées par Rosenshine et autour desquelles les tenants de la pédagogie universitaire à l'UCAD semblent s'accorder du fait qu'elles favorisent la promotion du concept « apprendre à apprendre » que Jean-Pierre Cuq définissait comme :

> L'action d'aider l'apprenant à s'engager dans un apprentissage dont l'objectif est d'acquérir les savoirs et savoir-faire constitutifs de la capacité d'apprendre c'est-à-dire de la capacité de préparer et de prendre des décisions concernant la définition, les contenus, l'évaluation et la gestion d'un programme d'apprentissage. (Cuq 2003:21)

L'implication de l'étudiant dans le processus pédagogique et la considération de ses erreurs en vue d'une remédiation sont des phases importantes pour l'enseignant pédagogue. Émile Durkheim soutenait que « la pédagogie est une théorie pratique qui donne du sens à l'activité didactique ».

Rappelons que la pédagogie curriculaire souhaitée, et qui rencontre tant de résistances au niveau des enseignants, est aussi une injonction venant des autorités politiques. La directive présidentielle n° 6 en matière d'enseignement supérieur est claire : « Faire de l'étudiant un acteur de sa formation, favoriser sa réussite et améliorer ses qualités de vie[10] ».

L'évaluation des enseignements : la répétition des anciens modèles

L'évaluation des apprentissages est une préoccupation majeure du curriculum. Son objectivité détermine la compétence de l'étudiant formé et donc son aptitude à exercer sa spécialité dans le monde du travail. Mais au-delà de l'évaluation des compétences qui sont de l'ordre des maquettes, celle des ressources disciplinaires s'impose. Les techniques utilisées par les enseignants de notre champ d'étude sont diverses. Les pratiques les plus courantes sont celles qui permettent de vérifier les connaissances déclaratives. Cela explique la primauté des questions de cours et des dissertations dans les évaluations en sciences humaines et sociales. Avec ces deux techniques de contrôle des apprentissages, le système traditionnel d'évaluation reste toujours fortement pratiqué. Les exposés et les questions à choix multiples ne viennent qu'en troisième et quatrième positions dans la mesure du degré de maîtrise des contenus déclinés dans les syllabi. La méconnaissance de l'intégration est réelle alors qu'elle s'avère pourtant pertinente dans l'évaluation d'une discipline. En attestent les exemples suivants respectivement en sociologie des organisations et en méthodologie : « La direction d'une société industrielle sollicite votre expertise de sociologue des organisations pour rendre l'entreprise plus performante. Que faites-vous ? » et « La banque mondiale veut appuyer l'enseignement supérieur au Sénégal. Pour l'UCAD, elle décide de vous confier une étude sur les performances des étudiants aux examens sous réserve de la présentation d'un projet de recherche pertinent. Proposer un projet en 4 pages ». Dans les deux cas, tout ou l'essentiel de ce qui est appris dans la discipline est convoqué de manière à constituer un tout significatif.

En plus, les enseignants en sciences humaines et sociales ignorent dans leur grande majorité que les maquettes doivent être évaluées comme un tout. Dans les départements, la façon d'évaluer implique la séparation des matières ; ce qui est en contradiction avec l'esprit des maquettes. En effet, la somme des évaluations disciplinaires (ECUE) ne suffit pas pour dire que les étudiants formés et qui ont eu la moyenne sont compétents. La maquette constitue aussi un tout à évaluer dans les méthodes curriculaires portées par le système LMD. C'est là que l'intégration à son sens. Le principe fondamental qui le régit est : « *Le tout est supérieur à la somme des parties* ». Par rapport au BLUE et à ses objectifs, cette pédagogie n'a de sens qu'en situation pratique c'est-à-dire en stage et en entreprise. C'est d'ailleurs l'orientation donnée au curriculum par les auteurs qui se sont illustrés dans l'approche par les compétences.

Enfin, la question de l'objectivité se pose, ainsi que dans toute évaluation pédagogique. Beaucoup de paramètres interviennent au moment de l'attribution de la note. Les effets de halo et Pygmalion, et beaucoup d'autres facteurs, comme la fatigue, la pression, la corruption, pouvant rendre l'évaluation subjective, sont analysés dans les APC. La relation professeur, copie et étudiant est extrêmement importante. L'évaluation critériée à l'échelle de la compétence est préconisée dans les approches curriculaires. Dans cette pratique, les critères d'évaluation sont définis, les indicateurs précisés et le barème de notation décliné à l'avance. Cette façon d'évaluer n'est pas pratiquée dans notre champ d'étude. Les enseignants soutiennent que ce n'est pas envisageable avec ces effectifs pléthoriques. Par conséquent, il n'y a pas d'outil pouvant canaliser le correcteur afin qu'il se rapproche, le plus possible, de l'objectivité. D'autre part, la gestion transparente des notes est aujourd'hui assurée grâce à l'informatisation du système. Les étudiants ont la possibilité de les consulter et même de faire des recours en cas de contestation.

Conclusion

Les taux d'échecs élevés, les conditions de vie et d'étude des étudiants et la volonté de s'intégrer dans un environnement international ont poussé les autorités à adopter le système LMD dans lequel se trouve le nouveau curriculum, c'est-à-dire celui qui s'adosse sur l'approche par les compétences (APC). Ce dernier favorise la cohérence, l'efficacité et l'efficience dans les activités pédagogiques. Sous ce rapport, il donne du sens aux études supérieures en permettant une ouverture au monde socio-économique par la proposition d'offres de formation conformes aux besoins du moment. Sous cet angle, il est scientifiquement théorisé et validé. Mais son application sur les plans programmatiques et pédagogiques suscite bien des interrogations dans les départements de sociologie de l'UCAD et de sciences humaines de l'INSEPS et de la FASTEF. Pourtant, des moyens conséquents sont investis et des dispositions prises. Le Bureau de liaison université-entreprises (BLUE) est représenté dans toutes les facultés. Concernant les enseignements-apprentissages devant aboutir à ces compétences curriculaires, des maquettes sont conçues de la licence 1 au master. Des unités d'enseignement et leurs éléments constitutifs y sont déclinés de manière cohérente. Chaque enseignant, en fonction de sa spécialité, dépose un syllabus de cours. Ainsi, les déclinaisons programmatiques et disciplinaires du curriculum sont respectées. Cependant, elles obéissent à une volonté de recyclage des anciens cours. La liaison avec le monde socio-économique y est peu respectée. L'ancienne logique est toujours présente. Par rapport aux enseignements, les cours magistraux rejetés dans le système LMD et par le curriculum sont préférés par l'écrasante majorité des enseignants aux méthodes qui favorisent l'apprentissage. De même, l'évaluation à l'échelle des maquettes qui constituent un tout significatif est presque inexistante. Seuls les éléments constitutifs des unitésd'enseignement sont évalués et de manière séparée.

Notes

1. Commission *ad hoc* créée pour la réforme de l'enseignement supérieur, Rapport d'activité 2012.
2. Unesco 2006, « Les étudiants africains champions de la mobilité », Communiqué de presse, n° 2006-54.
3. Propos du Directeur des affaires pédagogiques de l'UCAD, enquêtes 2015.
4. Document de stratégie pour l'enseignement supérieur au Sénégal : 2011-2016 adopté en janvier 2011.
5. Les autres documents sont : le décret portant création, organisation et fonctionnement de l'Autorité nationale d'assurance-qualité de l'enseignement supérieur ; Projet de loi abrogeant et remplaçant la loi n° 31/2014 adopté le 26 décembre 2014 par l'Assemblée nationale et relative aux universités publiques du Sénégal ; Décisions présidentielles du Conseil relatives à l'enseignement supérieur et à la recherche de 2013 ; Rapport de concertation nationale sur l'enseignement supérieur portant programmes de réformes prioritaires PDSER 2013-2017 ; Les contrats de performance entre rectorat et facultés ; Loi n° 2011-05 du 30 mars 2011, relative à l'organisation du système Licence, master, doctorat (LMD)
6. Document intitulé Plan stratégique de l'enseignement supérieur 2011-2016, page 12. Ce texte fait un diagnostic assez exhaustif de la situation dans laquelle l'université Cheikh Anta Diop, met en relief les atouts de l'institution et les réformes entreprises depuis quelques années et propose des solutions d'amélioration pour atteindre les objectifs.
7. Projet de loi n° 31/2014 régissant le fonctionnement des universités voté par l'Assemblée nationale le 26 décembre 2014.
8. Plan stratégique UCAD (2011-2016).
9. Plan stratégique de développement de l'enseignement supérieur, *op. cit.*, p. 20.
10. Document issu du Conseil présidentiel sur l'enseignement supérieur et la recherche au Sénégal, 1993.

Références

Cuq, J-P., 2003, *Dictionnaire de didactique du français langue étrangère et seconde*, Paris, Clé International, 2003.

Faye, D., 2013, Cours de psychopédagogie intitulé : Des objectifs à la compétence, Faculté des sciences et technologies de l'éducation et de la formation (FASTEF), non publié.

Hameline, D., 1983 , *Les objectifs pédagogiques en formation initiale et continue*, Paris, ESF.

Kok, W., 2004, *Relever le défi – La stratégie de Lisbonne pour la croissance et l'emploi*, Rapport Kok, Bruxelles, novembre 2004.

Pastiaux, G. & J., 1997, *Précis de pédagogie*, Paris, Nathan.

Parmentier P., De Ketele J.-M., Lebrun, M. & Draime, J., 1997, « Recherches dans le domaine de la pédagogie universitaire à l'UCL. Bilan et impact sur la performance académique de l'étudiant en candidature », *Pédagogies*, n° 11, p. 7-22.

Perrenoud, P, 1994, *Construire des compétences dès l'école*. Paris : ESF, 1994. Plan stratégique de l'enseignement supérieur 2011-2016.

Rapport Commission ad hoc réforme enseignement supérieur, Rapport d'activité 2012.

Rapport issu du Conseil présidentiel sur l'enseignement supérieur et de la recherche au Sénégal, 1993.

Roegiers X. & al., 2012, *Quelles réformes pédagogiques pour l'enseignement supérieur ? Placer l'efficacité au service de l'humanisme*, Bruxelles, De Boeck.

Roegiers, X., et De Ketele, J.-M., 2001, *Une pédagogie de l'intégration : Compétence et intégration des acquis dans l'enseignement*, 2e édition, Bruxelles, De Boeck.

Roegiers, X., 2000, *Une pédagogie de l'intégration des acquis dans l'enseignement*. Éditions De Boeck, Bruxelles.

Rosenchine, B., *Vers un enseignement efficace des matières structurées*, in Grahay, M., et Dominique., *L'art et la science de l'enseignement*, Éditions Labor (coll. Éducation 2000), 1986, pp. 81-86

Sall, C. T., et Ndoye, A. K., 1998, « Les échecs en première année à l'université Cheikh Anta Diop de Dakar : Premières approches », In *Pédagogiques, Actes du séminaire de l'Association Internationale de Pédagogie Universitaire*, Université de Bujumbura, 2 au 6 mai 1989, p. 75-83.

Sall, H. Nacuzon., 1998 « Efficacité interne des études dans l'enseignement supérieur : le cas de la faculté des sciences et technique de Dakar », In *Revue Liens, Nouvelle série*, Volume 1, p. 100-112, Mai.

Tardif, J., 1992, *Pour un enseignement stratégique : l'apport de la psychologie cognitive*. Montréal : Les éditions Logiques.

UNESCO, 2006, « *Les étudiants africains champions de la mobilité* ». Communiqué de presse, n° 2006-54, 31 mai.

3

Regards croisés sur la charte de Kurukan Fuga et la déclaration universelle des droits de l'homme[1]

Thierno Amadou Ndiogou

Introduction

Ainsi que l'énonçait le professeur Djibril Tamsir Niane, à l'heure où partout en Afrique il est question de Renaissance africaine, l'interrogation sur ce qui doit renaître et ce que nous voulons faire renaître paraît essentielle (2009 :31). En effet, la renaissance, c'est quelque part un retour, un recours à un certain passé, à un héritage perdu qu'on retrouve (Diop 1948:57-65) :

> L'exemple de Renaissance que l'éducation occidentale nous montre, c'est le mouvement littéraire, scientifique et philosophique des XVe et XVIe siècles qui a caractérisé l'Europe ; ce mouvement appelé Renaissance n'est rien d'autre qu'un saut par-dessus dix siècles de Moyen Âge ténébreux pour renouer avec la Grèce et la Rome antiques, époque où les arts et la science se sont épanouis.

> Pour ces hommes de la Renaissance, imiter voire pasticher les Anciens fut la règle. L'Antiquité devient alors source d'inspiration pour les Européens : les démocraties grecque et romaine sont étudiées, le droit romain inspire philosophes et penseurs (Niane 2009:31).

Mais pour nous autres Africains, le monde à étudier, à connaître, c'est le temps des grands Empires de l'Afrique précoloniale.

> Quand, libre et sans entrave, l'Afrique créait, vivait pour elle-même et entretenait des relations saines, de bon partenariat avec le reste du monde. Il faut renouer avec l'esprit de Kurukan Fuga. Il faut renouer avec la culture de tolérance de cette époque, avec la créativité fille de la liberté, avec le travail exalté comme facteur de développement. (Niane 2009:32)

Ce long passage, nous le reconnaissons, a été emprunté au professeur Djibril Tamsir Niane. Mais s'il en est ainsi, c'est parce que les mots qu'il contient, non seulement, ont toute leur raison d'être répétés *ad vitam aeternam*, mais aussi et surtout justifient le choix d'un sujet qui nous tient à cœur : « Regard croisé sur la Charte de Kouroukan Fouga et la Déclaration universelle des droits de l'homme ».

Aborder la Charte de Kurukan Fuga de 1236 qui, aujourd'hui, est à ses sept cent quatre-vingts ans à côté de la Déclaration universelle des droits de l'homme de 1948[2] qui n'en est qu'à ses soixante-huit ans peut de prime abord faire ressortir l'opposition entre tradition et modernité. Mais, loin d'une opposition, les deux édits, sur beaucoup de points, présentent une similarité extraordinaire. Mieux, la Charte de Kurukan Fuga enseigne l'universalité des droits humains, c'est-à-dire un idéal commun à tous les peuples et bat en brèche la thèse du relativisme. Les droits humains ne sauraient être donc l'apanage d'une seule société ou d'un seul peuple.

L'objectif de cette réflexion est de contribuer de manière significative au renouvellement et à l'enrichissement du contenu des enseignements portant sur les sciences sociales proposés par nos universités. Il s'agira de montrer, compte tenu des énoncés de la Charte de Kurukan Fuga, que celle-ci devra faire l'objet d'un module d'enseignement à côté des principaux textes des Nations unies sur les droits humains, notamment la Déclaration nniverselle, qui servent de base de discussion et d'introduction à certaines leçons. Au Mali, par exemple, la Charte de Kurukan Fuga est érigée au rang des principaux lieux de mémoire nationaux et figure dans la liste des sites proposés au titre du patrimoine mondial de l'UNESCO (Thiam 2008).

Préliminaires

Présentation

Pour présenter la Charte de Kurukan Fuga et la Déclaration Universelle des droits de l'homme, l'histoire doit être convoquée.

La Charte de Kurukan Fuga

Au Moyen Âge, une charte était un ensemble de droits, de privilèges d'un groupe, d'une société ; droits et privilèges octroyés par le souverain ou bien conquis de haute lutte par une communauté, puis consignés par écrit sur un papier (carta). On connaît surtout la Grande Charte ou *Magna Carta* obtenue par les Nobles anglais au terme d'une longue lutte contre le pouvoir royal au XIIIe siècle (Dia 2008:141-153). Il faudra donc, a priori, comprendre par « Charte de Kurukan Fuga » l'ensemble des lois édictées par Sunjata lors de l'Assemblée des peuples qu'il convoqua à Kurukan Fuga en 1236 après l'éclatante victoire de Kirina qui lui ouvrit le chemin de l'Empire (Niane 2009).

Origine

Discours juridique présumé de la tradition orale mandingue (Bambara, Jula, Malinké), la Charte de Kurukan Fuga revendique le statut d'acte fondateur de l'Empire du Mali (Mandé ou Manden), promulgué au XIIIe siècle par l'empereur même, Sunjata Keita (Cissé et Kamissoko 2000:39-41). Ainsi, pour savoir ce qui est à l'origine de la Charte de Kurukan Fuga, quelle raison a amené Sunjata Keita à convoquer l'Assemblée de Kurukan Fuga, il faudrait connaître le contexte qui prévalait, les préoccupations des populations (Cissé 1991:39-45).

Le professeur Djibril Tamsir Niane évoque dans *Soundjata ou l'épopée mandingue* les causes profondes de la crise du Mandé au XIIIe siècle. On retient le duel Sumanguru-Sunjata (Niane 1960:153). Après plusieurs décennies de guerre, de chasse à l'esclave, de villages brûlés, de champs détruits, de familles dispersées, de clans partis en exil, les populations vivaient dans la terreur, la peur était devenue une dimension de la condition populaire... Des traditions disent, rapporte le professeur Niane, « que de peur que le vent indiscret ne porte à Sumanguru leurs paroles, les hommes s'exprimaient en plaçant une gourde devant la bouche » (Niane 1960:153) !

Toutefois, la victoire de Kirina et la disparition de Sumanguru en 1235 mettent un terme aux guerres qui ont endeuillé la région pendant des décennies. Une seule aspiration anime tous les cœurs : « consolider la paix retrouvée, fonder une paix durable pour parler le langage de notre temps et mettre fin à l'esclavage des populations mandingues » (*ibid.*). C'était là le vœu des peuples après cette guerre, et aussi les préoccupations de Sunjata Keita, de ses compagnons et de ses alliés.

Lors de la réunion que Sunjata Keita, vainqueur de Kirina, tint avec ses compagnons et alliés dans la vaste clairière de Kurukan Fuga près du village de Kangaba, à quatre-vingt-dix kilomètres de Bamako, furent énoncés les règles et principes généraux qui allaient régir le Mandé. Quelques décisions prises par le vainqueur de Kirina sont signalées dans l'*Épopée mandingue* : « Kurukan Fuga ou le partage du Monde ».

Il fallut attendre la fin des années quatre-vingt-dix pour qu'un texte écrit (baptisé « *La Charte de Kurukan Fuga* ») énonce les 44 articles produits à Kankan par des Djéli venus d'un peu partout et qui, laissant de côté les épisodes guerriers de l'épopée mandingue, se mirent à chanter, à déclamer l'éloge de Sunjata, administrateur et législateur (Atelier 1998). La charte aurait été composée par huit traditionnistes (Diakité 2009:117). Dès lors, quelle méthodologie a permis la reconstruction de la Charte de Kurukan Fuga ?

Reconstruction

« *... Et si la charte de Kurukan Fuga n'avait jamais existé avant 1998 ?* » (Diakité 2009:107). L'interrogation est un peu provocatrice. Selon Mamadou Diakité, la Charte de Kurukan Fuga est un faux document de la tradition orale ; elle n'a pas été conservée par la mémoire et transmise de génération en génération par la parole. Elle a été construite par divers procédés dont notamment la captation et la subversion d'un texte concurrent à savoir la Charte du Mandé (ibid.).

Tout d'abord, il y a lieu de distinguer la Charte du Mandé de la Charte Kurukan Fuga. La « *Charte du Mandé* » encore appelée « *Serment des chasseurs* », texte recueilli et publié par Tata Cissé dans son livre sur les chasseurs malinkés bambara (Cissé 1964:175), n'est pas la Charte de Kurukan Fuga. La Charte du Mandé de la Confrérie des chasseurs ne traite pas du même sujet que celui abordé par l'Assemblée de Kurukan Fuga en 1236 (Niane 2009). La confusion s'est établie. La Charte Kurukan Fuga est celle élaborée à Kurukan Fuga contenant les lois et recommandations de l'Assemblée réunie par Sunjata Keita, qu'un collège des traditionnistes a restitué à Kankan (Atelier 1998).

Les 44 articles de la Charte de Kurukan Fuga auraient donc été le produit d'une synthèse de 72 énoncés (Atelier 2008). En effet, le Centre d'études linguistiques historiques et de tradition orale (CELHTO), l'Organisation de l'union africaine et l'ONG Inter-média Consultants mandataire de l'Agence de coopération suisse au développement et de l'Agence intergouvernementale de la francophonie avaient établi un programme commun de collaboration avec les radios rurales et les traditionnistes. Il s'agissait d'étudier les modalités de la collecte et de la conservation de la tradition orale rendues possible par les nouvelles technologies de l'information (CELHTO 2008).

Pour favoriser ces contacts entre communicateurs modernes et traditionnels afin d'utiliser ces derniers dans la communication moderne, plusieurs séminaires et ateliers furent donc programmés par ledit Centre et Inter-média Consultants à Labé (Guinée, en 1997) et à Kankan (Guinée, en 1998). Pendant que durèrent ces assises, les constituants, les délégués de Kurukan Fuga légiférèrent. Les décisions qu'ils énoncèrent eurent valeur de loi fondamentale :

> « la célébration d'un code juridique, élargi et plus détaillé, qui devait à partir de ce moment-là prendre force de loi pour tous les groupes communautaires du Mandé » (Niang 2008:5-9).

Au terme de ces travaux, l'atelier de Kankan tenu les 4 et 5 mars 1998 déclare avoir découvert « par le plus grand, mais le plus heureux des hasards » la Charte de Kurukan Fuga (Diakité 1999:118). La surprise est telle que le directeur d'Inter média déclara que le séminaire de Kankan « était parvenu à des résultats dépassant toutes les espérances » (Faye 2004:73). L'atelier de Kankan est donc devenu auteur de la Charte de Kurukan Fuga pour avoir accepté de débattre d'un édit dont il ne savait rien. Ce texte que le CELHTO a réédité en son propre nom, est donc le fruit d'un consensus entre les grandes « Écoles » de tradition orale de l'espace mandingue (CELHTO 2008).

Il serait, ensuite, utile de rappeler qu'à ce jour trois éditions de ladite Charte de Kurukan Fuga ont été publiées par trois auteurs différents, sous trois titres différents dans les versions françaises, alors que « le texte n'en a qu'un seul dans la langue source supposée » (Diakité 2009:125). La première est un titre de cinq mots : « La Charte de Kouroukan Fouga » (CELHTO 2008). Deux éditions bilingues mandingue-français vont suivre, avec un titre mandingue unique : *Kurukan fuga gbara sariyalu*[3] (les articles de loi du travail de Kurukan Fuga).

Ce titre de la langue source va en donner deux dans les traductions françaises : *La Charte de Kurukan-Fuga. Constitution de l'empire du Mali* (Kouyaté 2006) ; *La Charte de Kurukan Fuga. Aux sources d'une pensée politique en Afrique* (CELHTO, 2008).

Excepté le toponyme « Kurukan Fuga », l'on constate que ces titres ne traduisent aucun mot du titre mandingue. Sans nul doute, c'est pour

> cette raison que les auteurs de la Charte de Kurukan Fuga n'en finissent pas de s'expliquer sur un titre qu'ils ont librement choisi, tentent d'en faire un objet de débat voire de polémique. Fait insolite, l'effort porte exclusivement sur les titres des traductions françaises, comme si celui de la langue source présumée n'avait aucune importance (Diakité 2009:125).

Tradition orale, histoire et écrit

La tradition orale est considérée comme :

> L'ensemble des sources orales rapportées, à l'exclusion des témoignages oculaires et rumeurs. Transmise verbalement, la tradition orale constitue une chaîne de témoignages qui peut déformer le témoignage initial. De cette chaîne, l'historien saisit le dernier témoignage et doit s'efforcer d'en comprendre le caractère historique propre, la structure et le sens, dont il doit apprécier la valeur. (Vansina 1961:179)

Dans cette définition, la tradition orale apparaît donc comme un héritage qui manifeste de nombreuses dimensions de l'homme, dont la raison, l'intelligence et la spiritualité, sa volonté de demeurer dans la durée.

Jusqu'à une date récente, les chercheurs, les scientifiques n'accordaient pour ainsi dire aucune importance, aucun crédit à la tradition orale africaine ; on ne la considérait pas comme source valable de connaissance de la pensée, de l'expérience historique de l'Afrique. En effet, l'écrit est reconnu comme la source principale en histoire, ce qui pousse certains à s'interroger sur la validité des sources orales comme sources historiques.

Quand l'historien ne tenait pas entre ses mains un document écrit sur parchemin ou sur papier ou gravé dans la pierre, il n'y avait point de salut pour lui. C'est pourquoi aborder la tradition orale et l'histoire consistant à étayer une   prospective par une rétrospective paraît pertinent du point de vue heuristique, et nécessaire lorsqu'on traite d'un sujet touchant au rapport entre l'Afrique noire, de culture orale, et le monde moderne, au regard duquel « *ce qui n'est pas écrit n'est pas* » (Kane 2012).

Pour n'avoir pas eu le support du papier ou de la pierre, les décisions proclamées à Kurukan Fuga en 1236 n'ont pas moins traversé les âges pour parvenir jusqu'à nous, par la puissance de la transmission orale de la parole.

Ces décisions inestimables, nous viennent du fond des âges ; elles ont été transmises par les spécialistes que sont les maîtres de la parole ; une parole plusieurs fois séculaire. Dès lors, on appréhende pourquoi le griot, pour camper l'authenticité de ses propos, tout comme l'historien citant et s'appuyant avec assurance sur sa source archivistique, dit « *c'est la parole de mon père, c'est la parole du père de mon père...* ». Néanmoins, les historiens qui travaillent sur l'oralité s'accordent à penser que la parole s'adapte à son auditoire. Elle change dans le processus même de la transmission.

En ce sens, Diali Mamadou Kouyaté, un des Maîtres mandingues de la parole disait :

> Ma parole est pure et dépouillée de tout mensonge ; c'est la parole de mon père ; c'est la parole du père de mon père. Je vous dirai la parole de mon père telle que je l'ai reçue ; les griots de roi ignorent le mensonge. Quand une querelle éclate entre tribus, c'est nous qui tranchons le différend car nous sommes les dépositaires des serments que les Ancêtres ont prêtés. (Niane 1960:10)

Pour autant, cela ne veut nullement dire que le critère de validation de la parole dite se trouve en conformité avec ce qui est transmis. Il réside plutôt dans la logique et l'acception par l'auditoire du récit transmis. Il n'y a aucun texte de référence pour vérifier.

Fort de ce constat, on comprend la portée et la puissance de la parole, ses effets bénéfiques ou maléfiques dans une civilisation où l'oralité, la parole, tiennent une place centrale. Aujourd'hui encore, l'on connaît toutes les précautions oratoires que prennent les Farba, les Djelis, c'est-à-dire les communicateurs traditionnels, pour livrer un message. La parole est dit-on, semblable à une flèche : une fois partie, on ne saurait la rattraper. Il faut donc prendre garde. Il y a une relation dialectique entre les maîtres de la parole et le pouvoir ; ils chantent, légitiment et renforcent le pouvoir ; mais ils gardent le pouvoir et la faculté de la parole d'abord, et son poids. La parole occupe la place centrale dans le corpus juridique de la tradition. De même, « dans les civilisations orales, dit Amadou Hampathé Bâ, la parole engage l'homme, la parole est l'homme. Elle est digne de confiance, parce que sous le contrôle constant du milieu traditionnel. D'où la nécessité de dissocier la parole du récit, son contenu et sa vérité » (Kane 2012).

L'article 19 de la Charte de Kurukan Fuga édicte que « Tout homme a deux beaux-parents : les parents de son épouse et la parole qu'il a prononcée sans contrainte aucune. Il leur doit respect et considération ». Sous ce prisme, il existe un mécanisme de récitation et de transmission de la tradition orale chez les Mandingues et même ailleurs. Il s'agit de « la récitation rituelle de l'histoire du Mandé tous les sept ans à l'occasion de la réfection de la Case Sacrée de Kangaba au Mali » (Niane 2009). Cependant, fait-il relever, c'est pour valider une version et l'adapter aux circonstances et non pour vérifier l'authenticité d'un récit premier qui, dès la première répétition, est l'objet de révision ; révision sanctionnée dans les manifestations telles que la récitation rituelle de l'histoire du Mandé.

Tout ceci pour dire qu'on n'est pas sur un terrain vague, sans repère, avec les traditions orales. C'est une source valable qui a ses limites, comme toutes les autres sources d'histoire ; à l'historien de savoir s'en servir (Ndiaye 2011:2). La tradition orale, source indispensable de l'histoire africaine, est sujette à toutes sortes d'altérations. Il est important de rappeler que tous les textes, longtemps transmis oralement avant d'être fixés par écrit, comportent des variantes (Kouyaté, 2015:159-172). On finit par s'en tenir à une ou à des versions canoniques. C'est le cas de la Bible, des Évangiles, pour ne citer que ces textes sacrés. À cet effet, dans le cadre de cette présente étude, l'on fait référence à la Charte de Kurukan Fuga publiée par la Société africaine d'édition et de communication – SAEC – et qui est établie à Kankan[4] (CELHTO 2008).

La Déclaration universelle des droits de l'homme

Par Déclaration universelle des droits de l'homme, il faut entendre la résolution 217 A(III) adoptée par l'Assemblée générale des Nations unies en date du 10 décembre 1948, qui reconnaît aux individus un certain nombre de droits et libertés.

Contexte

Au cours de l'histoire, les conflits, qu'il s'agisse de guerres ou de soulèvements populaires, ont souvent été une réaction à des traitements inhumains et à l'injustice. En effet, la Déclaration anglaise des droits de 1689, rédigée à la suite des guerres civiles survenues dans le pays, a été le résultat de l'aspiration du peuple à la démocratie. Ce texte essentiel dans l'histoire de la Grande-Bretagne, dont le titre complet est Acte déclarant les droits et Libertés des sujets et réglant la succession de la Couronne, constitue la participation de la Révolution anglaise de 1688 à la conquête mondiale des droits de l'homme. Un siècle plus tard exactement, la Révolution française donna lieu à la Déclaration des droits de l'homme et du citoyen qui proclamait l'égalité universelle. Elle a eu lieu au lendemain de la prise de la Bastille le 14 juillet 1789.

Sous Adolf Hitler par exemple, l'Allemagne a développé une politique d'épuration ethnique et raciale. Dans son ouvrage Mein Kampf (Mon combat :1924), Hitler s'évertue à expliquer la supériorité de la race aryenne par rapport aux autres communautés raciales du Reich allemand pour justifier l'épuration de la race juive, considérée comme la mauvaise herbe qui a germé dans le verger de l'humanité. On retiendra que près de quatre à six millions de juifs ont subi l'extermination dans l'Allemagne hitlérienne. Après la Deuxième Guerre mondiale (1939-1945) et la création de l'Organisation des Nations unies le 24 octobre 1945, la communauté internationale jura de ne plus jamais laisser se produire de telles atrocités.

Les dirigeants du monde entier décidèrent de renforcer la Charte des Nations unies par une feuille de route garantissant les droits de chaque personne humaine, en tout lieu et en tout temps. Le document qu'ils examinèrent et qui devait devenir la Déclaration universelle des droits de l'homme fit l'objet de la première session de l'Assemblée générale en 1946. Ladite Assemblée examina le projet de Déclaration sur les Libertés et les droits fondamentaux et le transmit au Conseil économique et social pour qu'il « le soumette à l'examen de la Commission des droits de l'homme... afin qu'elle puisse préparer une charte internationale des droits ». À sa première session – au début de 1947 –, la Commission autorisa ses membres à formuler ce qu'elle qualifia de « projet préliminaire de Charte internationale des droits de l'homme » (Nations unies 1948b).

Cette tâche fut ultérieurement confiée officiellement à un comité de rédaction composé de membres de la Commission en provenance de huit pays, sélectionnés en fonction de critères de répartition géographique. Le texte tout entier qu'ils examinèrent, et qui deviendra la Déclaration niverselle des droits de l'homme, compte trente articles, et a été composé en moins de deux ans, à une époque où le monde était divisé entre le bloc de l'Est et celui de l'Ouest, engagés dans la Guerre froide (Nations unies 1948b).

Ainsi, trouver un terrain d'entente sur ce qui devait constituer l'essence de ce document fut une tâche colossale. Hernán Santa Cruz du Chili, membre du sous-comité de rédaction, écrivit :

> J'ai eu le sentiment très clair que je participais à un événement d'une portée vraiment historique au cours duquel un consensus s'était fait sur la valeur suprême de la personne humaine, une valeur qui n'a pas trouvé son origine dans la décision d'une puissance de ce monde, mais plutôt du fait même de son existence qui a donné naissance au droit inaliénable de vivre à l'abri du besoin et de l'oppression et de développer pleinement sa personnalité. Il y avait dans la grande salle... une atmosphère de solidarité et de fraternité authentiques entre des hommes et des femmes de toutes latitudes, une atmosphère que je n'ai jamais retrouvée dans une quelconque instance internationale ». (Cruz 1948)

L'histoire a montré que la Déclaration universelle des droits de l'homme s'est vite confrontée à deux difficultés : la Guerre froide, qui surgit peu de temps après son adoption et qui a entravé les processus multilatéraux des Nations unies, et l'hypocrisie générale des États signataires. Les rivalités entre puissances minaient petit à petit le monde. Pour s'accorder finalement sur les mécanismes d'application de ce document à valeur de recommandation, sur un idéal à atteindre (Guinchard & Debard 2012:273), deux Pactes internationaux des droits de l'homme ont été adoptés le 19 décembre 1966 ; ils entreront en vigueur en 1976, en vue de mettre en œuvre leurs dispositions.

Universalisme en question

Après le 10 décembre 1948, date d'entrée en vigueur de la Déclaration universelle des droits de l'homme, différentes régions du monde ont ressenti le besoin d'élaborer leur propre déclaration (Colloque 2009) pour marquer leurs particularités (Vann 2008). En d'autres mots, n'étant pas d'accord sur tous les aspects de la Déclarations universelle (Al-Midani 2002), plusieurs Chartes et Conventions régionales en matière de droits humains ont été mises en place. Elles soulignent le caractère fluctuant et culturel du concept de droits humains (Hilling 1992) :

- la Convention européenne des droits de l'homme de 1953 ;
- la Convention américaine relative aux droits de l'homme de 1969 ;
- la Charte africaine des droits de l'homme et des peuples de 1981 (Cette Charte développe en particulier les droits appelés collectifs, chers aux pays du Sud, et qui traitent notamment du droit des Peuples à disposer de leurs richesses naturelles, du droit au développement, à la paix et à la sécurité, ainsi que du droit à un environnement satisfaisant) (Human Rights Watch 2015a) ;
- la Charte arabe des droits de l'homme de 1994 (cette Charte diverge sensiblement de la Déclaration universelle des droits de l'homme quant à son inspiration. Celle-ci respecte fidèlement le Coran et les Hadiths du prophète de l'Islam tout en cherchant à intégrer certaines réalités du XXIe siècle) (Human Rights Watch 2015b).

Une dernière controverse de la Déclaration universelle des droits de l'homme s'appuie sur les dispositions de son article 28 : « Toute personne a droit à ce que règne, sur le plan social et sur le plan international, un ordre tel que les droits et libertés énoncés dans la présente Déclaration puissent y trouver plein effet ». En effet, pour certains, ce texte semble constituer un excellent prétexte pour justifier toute ingérence humanitaire pratiquée au nom de l'urgence morale (Haski 2008). Or, il est de principe que :

> [Le] viol de la souveraineté nationale d'un État, même dans le cadre d'un mandat d'une autorité supranationale, est en effet totalement contraire aux fondements du droit international qui prévoit qu'un État est lié par une règle de droit seulement s'il l'a admise en ratifiant un traité ou en adhérant à une norme déjà existante. En tout état de cause, ce texte continue à constituer une pierre d'achoppement. (Kössler 2014)

La problématique de l'étude

Conscients que l'ignorance, l'oubli ou le mépris des droits de l'homme sont les seules causes des malheurs publics, les législateurs, aussi bien de la Déclaration universelle des droits de l'homme de 1948 que ceux de la Charte de Kurukan Fuga de 1236, ont accordé une place importante à la valeur suprême de la personne humaine, une valeur qui n'a pas trouvé son origine dans la décision d'une puissance de ce monde, mais plutôt du fait même de son existence, qui a donné naissance au droit inaliénable de vivre à l'abri du besoin et de l'oppression et de développer pleinement sa personnalité. Ainsi se pose la question de savoir qu'est-ce qui fait qu'aujourd'hui, huit siècles après sa création, la Charte de Kurukan Fuga, comparée aux législations modernes telle que la Déclaration universelle des droits de l'homme, est d'une brûlante actualité ?

La Charte a, comparée à la Déclaration universelle des droits de l'homme qui lui est postérieure, la particularité d'avoir résisté au temps et aux vicissitudes de l'histoire (par exemple, la traite des Noirs et la colonisation) et a posé les grands principes devant régir la vie du grand peuple manding dans toutes ses composantes et sous tous les aspects. Aucun domaine de la vie ne fut occulté : l'organisation sociale, les droits et devoirs de la personne[5], l'exercice du pouvoir, les droits patrimoniaux et extrapatrimoniaux, la place des femmes dans la société, la famille, la culture de la tolérance, la gestion des étrangers, la préservation de la nature, la conservation et la transmission de l'histoire, la gestion des conflits, etc.

Elle semble être le premier instrument à poser de façon très claire l'indivisibilité des droits de la personne humaine en consacrant dans un même texte des droits individuels attachés à la personne, des droits économiques et sociaux, mais surtout des droits collectifs appelés ailleurs droits de la troisième génération (droit à la paix et droit à la préservation de la nature). Aucun des droits n'est secondaire par rapport à l'autre. La Charte leur accorde une égale importance en raison de leur interdépendance, leur indivisibilité et leur indissociabilité.

Toutefois on ne saurait manquer de souligner que certains de ses énoncés, aujourd'hui, semblent être erronés : « tuez votre ennemi… » (Article 41) ; « Ne portez jamais la main sur une femme mariée avant d'avoir fait intervenir sans succès son mari » (Article 15) ; « l'esclavage… » (Article 20) ; « la succession est patrilinéaire ». Mais cela peut s'expliquer du fait que le droit n'est pas immuable et ne concerne qu'une société donnée à une époque déterminée. Et cela, à notre humble avis, n'enlève en rien sa qualité.

Dès lors, un regard croisé sur la Charte de Kurukan Fuga et la Déclaration universelle des droits de l'homme consistera à montrer, à bien des égards, les similitudes entre les deux textes, mais aussi la rupture entre eux.

Les similitudes

La Déclaration universelle des droits de l'homme du 10 décembre 1948[6] consacre, tout comme l'avait fait, il y a huit siècles, la Charte de Kurukan Fuga de 1236, les droits fondamentaux de l'homme. On peut donner à titre indicatif les grands axes pour les droits et libertés suivants : les droits et libertés de la personne humaine, les libertés politiques, le droit de propriété, le droit à l'éducation, le droit au travail, le droit à l'égalité, etc. Il est possible de classer l'ensemble de ces droits et libertés en deux catégories principales : les droits et libertés de l'homme en tant que personne physique et les droits et libertés de l'homme en tant que membre du corps social et agent économique.

La consécration de droits et libertés de l'homme en tant que personne physique

À Kurukan Fuga, les délégués ont eu le souci, un grand souci de la dignité humaine, de la vie humaine. La preuve en est fournie par la première phrase de l'article 5 qui dispose que « chacun a droit à la vie et à la préservation de son intégrité physique ». Cet énoncé est certainement celui qui a le plus séduit les modernes que nous sommes.

On peut dire qu'avant l'Europe, le Mandé avait là l'expression achevée du droit à la vie ; ce que les Anglais appelleront *habeas corpus* dans la Grande Charte ou Magna Carta promulguée en 1297, mais qui ne fut effectivement appliquée qu'à partir de 1325, soit quatre-vingt-neuf ans après l'Assemblée de Kurukan Fuga. C'est bien ce principe qu'affirmera à son tour la Déclaration des droits de l'homme et du citoyen de 1789 en France.

Ce même principe est consacré par la Déclaration universelle des droits de l'homme du 10 décembre 1948 à travers son article 3 qui dispose que « tout individu a le droit à la vie… ». Il en est de même de l'article 4 de la Charte africaine des droits de l'homme et des peuples de 1981 qui proclame que « la personne humaine est inviolable. Tout être humain a droit au respect de sa vie et à l'intégrité physique et morale de sa personne. Nul ne peut être privé arbitrairement de ce droit ».

En tant que droit fondamental de l'être humain, le droit à la vie prime sur tous les autres, dans la mesure où il signifie droit au respect de l'être humain dès le commencement de la vie, mais aussi droit au respect de la vie après la naissance. Toutefois, de nombreuses atteintes au droit à la vie se manifestent sous différentes formes : ce peut être l'avortement, la peine de mort, l'euthanasie. Précisons néanmoins que dans certains cas particuliers, l'avortement thérapeutique peut être admis pour sauver la vie de la femme en grossesse. Si la vie est sacrée, la dignité de la personne humaine ne l'est pas moins. C'est un concept difficile à définir, un concept flou, mais l'un des aspects les plus essentiels des droits de la personnalité (Ngom 2010:39).

En effet, l'individu doit vivre en toute sûreté laquelle, au sens large, peut être considérée comme tout ce qui donne à l'individu le sentiment permanent de ne pas être à la merci du pouvoir et des autres individus, ni physiquement ni moralement. Il s'agit donc du sentiment de sécurité pour la personne (intégrité corporelle, liberté physique) et pour le domicile de la personne.

Sur ce point, la Déclaration universelle des droits de l'homme proclame en son article 12 que :

> Nul ne sera l'objet d'immixtions arbitraires dans sa vie privée, sa famille, son domicile ou sa correspondance, ni d'atteintes à son honneur et à sa réputation. Toute personne a droit à la protection de la loi contre de telles immixtions ou de telles atteintes. [En effet] toute vie étant une vie, tout tort causé à une vie exige réparation. Par conséquent, que nul ne s'en prenne gratuitement à son voisin, que nul ne cause du tort à son prochain, que nul ne martyrise son semblable .

Cela dans le but de protéger la personne contre les arrestations arbitraires et d'interdire les peines et traitements dégradants notamment ceux qui porteraient atteinte à l'intégrité corporelle. La Charte de Kurukan Fuga, à travers son article 41, dira « n'humiliez pas votre ennemi » ; ce que la Déclaration universelle des droits de l'homme dira en ces termes à travers son article 5 « nul ne sera soumis à la torture, ni à des peines ou traitements cruels, inhumains ou dégradants »7.

Un autre droit fondamental, à savoir le droit à l'éducation, indispensable à l'exercice de tous les autres droits de l'être humain, est consacré. Pour s'en convaincre il suffit de se référer à l'article 26-1 de la Déclaration universelle des droits de l'homme et aux articles 3 et 9 de la charte de Kurukan Fuga, qui disposent respectivement que : « Les morikanda Lolu (les cinq classes de marabouts) sont nos maîtres et nos éducateurs en islam. Tout le monde leur doit respect et considération », « L'éducation des enfants incombe à l'ensemble de la société. La puissance paternelle appartient en conséquence à tous ». En outre, la liberté d'aller et de venir consacrée à l'article 13-2 de ladite Déclaration universelle qui dispose que « toute personne a le droit de quitter tout pays, y compris le sien, et de revenir dans son pays », était déjà consacrée par la Charte de Kurukan Fuga.

En effet, en disposant qu'au Mandé, « ne faites jamais du tort aux étrangers », l'article 24 dégage une valeur éminemment africaine : l'hospitalité, la Téranga qui fait qu'on accueille en sœur ou frère celle ou celui qui a marché jusqu'à nous. Qualité hautement appréciée par Ibn Battûta, pour qui elle fait partie des belles qualités de la population noire, le fait que « le voyageur, pas plus que l'homme sédentaire, n'a à craindre les brigands, ni les voleurs, ni les ravisseurs grâce à la sûreté complète et générale dont on jouit dans tout le pays » (Ibn Battûta 19:359).

Conséquemment, sur le plan politique, l'article 25 complète l'idée qu'au Mandé, « le chargé de mission ne risque rien ». Oui, jadis même le messager chargé de venir faire une déclaration de guerre était raccompagné jusqu'à la frontière. C'est ce que les modernes appellent l'immunité diplomatique.

L'importance accordée aux similarités tenant aux droits et libertés de l'homme en tant que personne physique ne nous fera pas oublier que d'autres tiennent à sa qualité de membre du corps social et agent économique.

La consécration de droits et libertés de l'homme en tant que membre du corps social et agent économique

À l'image de la Déclaration universelle des droits de l'homme, la Charte de Kurukan Fuga consacre des droits et libertés qui garantissent à l'individu, en tant que membre du corps social, une place dans la société et lui permettent de s'exprimer et de communiquer avec ses concitoyens d'une part et, d'autre part, en tant qu'agent économique, de participer au développement de la Cité en exerçant le libre travail de son choix. D'abord, certains droits et libertés de l'homme en tant que membre du corps social, tels le droit à l'égalité, les droits politiques et le droit de propriété, lui garantissent une place dans la société.

En premier lieu, le droit à l'égalité. Celui-ci ne sera satisfait que par le respect du principe d'égalité devant la loi au sens le plus large. Cela se justifie par le fait que toute société libre repose d'abord sur l'égalité de tous ses membres. Les principaux aspects du principe d'égalité sont : égalité politique, égalité des races, égalité des sexes, égalité d'accès aux emplois publics, égalité devant le service public, égalité devant l'impôt. C'est dans ce sens qu'il faut comprendre l'article 7 de la Déclaration universelle des droits de l'homme disposant que « tous sont égaux devant la loi et ont droit sans distinction à une égale protection de la loi »[8].

Mais aujourd'hui, où la lutte contre les inégalités – surtout entre homme et femme – est au cœur du débat politique, convoquons la Charte de Kurukan Fuga pour voir ce qu'il en est. En effet, en Afrique, particulièrement au Sénégal, la tendance à l'égalisation des rapports homme-femme, en particulier entre époux, est souvent assimilée à un emprunt à la modernité occidentale, au droit postcolonial qui – comme l'a justement rappelé Fatou Kiné Camara – qu'on le veuille ou non, est très largement un droit virtuel pour au moins 90 pour cent de la population qui ne parle pas le français, la langue officielle du Sénégal. Le contenu de ce droit en français lui est d'autant plus étranger qu'il ne consacre aucune des règles coutumières qui rythment son quotidien (Camara 2010:107).

La marginalisation de la femme dans les sociétés traditionnelles, comme fondement historique, n'est pas ontologiquement liée à la civilisation négro-africaine, mais tire en partie sa substance de certaines influences extérieures comme celle de la civilisation arabe (Thiam 1984: 69) ou encore du patriarcat romain (Diop 1982:224). En effet, dans son monumental ouvrage – L'Unité culturelle de l'Afrique noire –, le professeur Cheikh Anta Diop, un grand penseur de la renaissance culturelle de l'Afrique, rappelle les structures profondes et originelles de la culture négro-africaine. Il enseigne que contrairement au berceau nord, le berceau méridional qu'est l'Afrique subsaharienne est marqué par le système matriarcal au sein duquel, la femme jouit d'un statut honorable qu'on ne trouve dans aucune société du berceau nord[9].

Dans les sociétés traditionnelles négro-africaines, la femme jouit du droit de propriété et d'une citoyenneté totale qui lui permettent d'occuper les plus hautes fonctions (Diop 1982: 53-108). C'est ainsi qu'il rappelle qu'« en Afrique – Égypte et Éthiopie comprises – la femme jouit d'une liberté égale à celle de l'homme, a une personnalité juridique et peut occuper toutes les fonctions […]. Elle est déjà émancipée et aucun acte de la vie publique ne lui est étranger » (Diop 1982:132). Tout comme la règle matrilinéaire, qui n'est pas universelle dans l'Afrique précoloniale ; en tout cas ce principe n'est pas vérifié dans toutes les sociétés africaines.

La Charte de Kurukan Fuga de 1236 est suffisamment illustrative de l'implication effective de la femme dans l'administration de la société en général et du couple en particulier. Une synthèse des articles 14 et 16 de ladite charte du Kurukan Fuga, qui disposent respectivement « n'offensez jamais les femmes, nos mères » et que « les femmes, en plus de leurs occupations quotidiennes doivent être associées à tous nos gouvernements », autorise à comprendre que le statut matrimonial de la femme dans la tradition négro-africaine n'était pas versé dans la négation. Ce qui fait dire à l'historien Djibril Tamsir Niane que « ce n'est point démagogie pour le genre, cela a été une réalité dans la cité ancienne […]. Au Mandé, la place de la femme dans la vie politique et sociale était très grande. Il y avait l'égalité des sexes » (Niane 2009).

Sous ce prisme, l'ambition du droit africain des régimes matrimoniaux, particulièrement sénégalais, de rechercher l'égalité, voire l'équité entre les conjoints, loin de s'abreuver dans le droit romano-germanique, semble n'être qu'une redécouverte d'un paradigme négro-africain enfoui dans les vestiges d'un « passé sans mémoire ». Dans le droit positif sénégalais, le souci d'une égalisation des prérogatives entre les époux s'observe à travers l'article 371, alinéa 1er du Code de la famille disposant que « la femme, comme le mari, a le plein exercice de sa capacité civile. Ses droits et pouvoirs ne sont limités que par l'effet des dispositions du présent livre ». Cette uniformité des pouvoirs concédés aux conjoints n'est pas pour autant consubstantielle à l'avènement du Code de la famille. En effet, c'est par le biais de la loi n° 89-01 du 17 janvier 1989 modifiant l'ancien article 371 et abrogeant l'article 154 du Code de la famille que la femme a pu se soustraire de l'autorité de son mari.

Quant aux droits politiques, ils permettent à l'individu de participer à l'exercice du pouvoir grâce au droit de vote et à l'éligibilité aux fonctions politiques. L'article 21.1 de la Déclaration universelle des droits de l'homme de 1948, en disposant que « toute personne a le droit de prendre part à la direction des affaires publiques de son pays, soit directement, soit par l'intermédiaire de représentants librement choisis », traduit cette possibilité. À Kurukan Fuga, il y a là aussi une ambition et une claire volonté de fonder la vie en commun des membres de la société sur des règles.

C'est la raison pour laquelle les griots, à propos du Kurukan Fuga, parlent du « partage du monde » (Niane 1960:133) : une place fut faite à chacun, un rôle assigné à chacun et le droit pour chacun d'être représenté dans les instances où on parle de la société, de la cité. L'article 42 qui concerne les réunions politiques, les Assemblées, en disposant que « dans les grandes assemblées contentez-vous de vos légitimes représentants… » nous en fournit une parfaite illustration. Entendons cela ainsi : « Que chaque communauté soit représentée dans les grandes assemblées qui prennent les décisions qui intéressent tout le monde ». Le mot démocratie n'est pas prononcé, mais il est là : le droit de chacun à la parole, le droit de chacun de participer à la vie de la cité. Et les femmes ne sont pas en reste car, nous dit le professeur Cheikh Anta Diop « en Afrique, les femmes participaient à la vie publique avec droit de vote, pouvaient être reines » (Diop 1982:82) contrairement à « la femme européenne [qui] ne sera même pas émancipée par le code Napoléon, comme le souligne Engels : il faudra attendre la fin de la dernière guerre pour voir voter la Française » (Diop 1982:132).

Le droit de la propriété, à l'image de la Déclaration universelle des droits de l'homme, est aussi consacré par la Charte de Kurukan Fuga. Ainsi, il ressort de l'article 17 de la Déclaration universelle des droits de l'homme de 1948 que « toute personne, aussi bien seule qu'en collectivité, a le droit à la propriété. Nul ne peut être arbitrairement privé de sa propriété ». De même, la Charte de Kurukan Fuga, par les articles 31, 32 et 36, pose non seulement les conditions d'acquisition individuelle ou commune des biens, mais aussi efface la responsabilité de celui ou celle qui, pour assouvir sa faim, aura soustrait frauduleusement le bien d'autrui :

> « Il y a cinq façons d'acquérir la propriété : l'achat, la donation, l'échange, le travail et la succession. Toute autre forme sans témoignage probant est équivoque » ; « Tout objet trouvé sans propriétaire connu ne devient propriété commune qu'au bout de quatre ans » ; « Assouvir sa faim n'est pas du vol si on n'emporte rien dans son sac ou sa poche ».

En outre, certains droits et libertés de l'homme tels que la liberté d'opinion, la liberté de religion, la liberté de réunion et de manifestation lui permettent de s'exprimer et de communiquer avec ses concitoyens. C'est ce qui ressort de l'article 18 de la Déclaration universelle des droits de l'homme qui dispose que

> « toute personne a le droit à la liberté de pensée, de conscience et de religion ; ce droit implique la liberté de changer de religion ou de conviction ainsi que la liberté de manifester sa religion ou sa conviction seule ou en commun, tant en public qu'en privé, par l'enseignement, les pratiques, le culte et l'accomplissement des rites ».

Également, au Mandé, il est clairement affirmé que dans :

> le respect des « interdits et des lois, chacun dispose… de sa personne, est libre de ses actes dans la mesure où l'homme en tant qu'individu fait d'os et de chair, de moelle et de nerfs, de peau recouverte de poils et de cheveux se nourrit d'aliments et de boissons ; mais son « âme », son esprit vit de trois choses : voir ce qu'il a envie

de voir, dire ce qu'il a envie de dire, et faire ce qu'il a envie de faire. Si une seule de ces choses venait à manquer à l'âme, elle en souffrirait, et s'étiolerait sûrement. (Cissé, Sagot-Dufauvroux & Michel 2003)

Enfin, certains droits et libertés sont conférés à l'homme en tant qu'agent économique. Il en est ainsi de l'article 23.1 de la Déclaration universelle des droits de l'homme selon lequel « toute personne a le droit au travail, au libre choix de son travail, à des conditions équitables et satisfaisantes de travail et à la protection contre le chômage ». De même, mettre fin au pillage et orienter utilement les hommes au travail fut aussi une des préoccupations de la Charte de Kurukan Fuga comme l'explicite l'article 6 car « pour gagner la bataille de la prospérité, il est institué le *Köngbèn Wölö* (c'est un mode de surveillance) pour lutter contre la paresse et l'oisiveté ». Ainsi, honneur est au travail qui est exalté comme facteur de développement. Et au sens large, ce n'est rien d'autre que la liberté d'entreprendre, de choisir sa profession et de se livrer aux actes civils ou commerciaux qui en découlent.

Comparée avec la Déclaration universelle des droits de l'homme de 1948, la Charte de Kurukan Fuga, bien que datant de 1236 peut être dite moderne dans la mesure où les droits et libertés de la personne humaine qu'elle consacre en tant que personne physique, membre du corps social et agent économique entrent en parfaite cohérence avec nos préoccupations actuelles. Cependant, sur bien des points, on note une certaine rupture entre la charte de Kurukan Fuga et la Déclaration universelle des droits de l'homme.

La rupture

Cette rupture s'apprécie non pas en ce que la Charte est plus ancienne que la Déclaration universelle des droits de l'homme, mais en ce qu'elle consacre à la fois dans un même texte – et c'est important – des droits individuels attachés à la personne, des droits économiques et sociaux, mais surtout – et c'est cela qui fait la rupture – des droits collectifs appelés ailleurs droits de la troisième génération. Il s'agit du droit à la paix (article 7) et des droits de la nature ou droits collectifs (article 37, 38 et 39). Aucun des droits n'est secondaire par rapport à l'autre. La charte leur accorde une égale importance en raison de leur interdépendance, leur indivisibilité et leur indissociabilité.

Par rapport au maintien de la paix sociale

La consécration du droit à la paix sociale constitue un des droits qui justifient la rupture entre la Charte de Kurukan Fuga et la Déclaration universelle des droits de l'homme. Cette dernière, même si le maintien de la paix était la principale préoccupation de ses auteurs, ne lui a pas accordé une place capitale. Il n'apparaît qu'à l'article 26-2 et le principal outil qu'elle considère comme pouvant le permettre est le droit à l'éducation :

l'éducation doit viser au plein épanouissement de la personnalité humaine et au renforcement du respect des droits de l'homme et des libertés fondamentales. Elle doit favoriser la compréhension, la tolérance et l'amitié entre toutes les nations et tous les groupes raciaux ou religieux, ainsi que le développement des activités des Nations unies pour le maintien de la paix.

Cependant, la Charte de Kurukan Fuga en a fait une de ses priorités en instaurant certains procédés pour prévenir toute forme de conflit, de différend entre les peuples du Mandé. L'article 7 de ladite Charte institue en effet entre les membres des communautés constitutives du Mandé, le *Sanankunya*, ou le cousinage à plaisanterie. De fait, aucun différend né entre ces groupes ne doit dégénérer, le respect de l'autre étant la règle. Le cousinage à plaisanterie est un mécanisme social fondé sur la parenté fictive, métaphorique, l'amitié et la solidarité instituées entre groupes socioprofessionnels (castes), entre villages, régions, patronymes, ethnies, etc. La conjoncture sociale étant maintenue par l'amitié qui ne s'offusque pas de l'insulte, par l'antagonisme joué et sa répétition régulière.

Cette pratique se laisse réduire à sa fonction de pacification des mœurs, corollaire social de sa fonction psychologique individuelle de détente. C'est en fait, cette possibilité de voir deux ou plusieurs ethnies se railler, voire s'insulter sans heurts et par des formules conflictuelles simulées, qui empêche des conflits réels entre eux. Ces peuples font du cousinage à plaisanterie une conviction divine, ce qui amène Père Lopy à dire que : « Dieu le moment où il rit, c'est quand deux se plaisantent » (Faton 1998: 43).

Il est alors considéré comme chose sérieuse car, dans l'esprit des protagonistes, une « sanction divine » ou « surnaturelle » attend quiconque contrevient aux règles (interdiction de verser le sang d'un cousin, devoir de médiation de dernier recours, de protection, d'entraide etc.). Le *Sanankunya* est encore présent dans la plupart des sociétés africaines (territoires actuels en tout ou partie du Mali, du Sénégal, du Burkina Faso, de la Guinée, de la Gambie, de la Guinée-Bissau, mais également du Sud mauritanien, du Nord de la Coange Ouest, du Niger, du Ghana et du nord de la Côte d'Ivoire) et en constitue un dispositif tendant à exorciser le contentieux en le mimant ou en le théâtralisant.

Ce cousinage à plaisanterie instauré par la Charte de Kurukan Fuga constitue aujourd'hui un sentiment de mobilité des individus dans la sous-région et d'intégration (Ndiaye 1992:97-128). Alors on dirait que c'est

> « une forme de socialisation parce que si moi je m'introduis dans un milieu en tant que Peul où je ne connais personne, je trouve des cousins à plaisanterie, je peux m'intégrer facilement en les tutoyant d'abord en leur disant par exemple : « vous êtes vilain, des mots vulgaires que je peux dire à personne que je ne connais pas. Je peux tout de suite aborder la personne dans ce langage-là » (Faton 1998:45).

Le *Sanankunya* renforce aussi le deuxième procédé de maintien de la paix instauré par la Charte de Kurukan Fuga à savoir la médiation. L'article 11 confie d'abord cette mission aux voisins en cas de conflit au sein d'une famille. Il dispose alors « quand votre femme ou votre enfant fuit, ne le poursuivez pas chez le voisin ». Mais c'est l'article 43 qui en constitue le véritable fondement : « Balla Fasséké Kouyaté est désigné grand Chef des cérémonies et médiateur principal du Mandé. Il est autorisé à plaisanter avec toutes les tribus en priorité avec la famille royale ». Ce texte fait de Balla Fasséké Kouyaté le médiateur principal du Mandé et l'autorise à plaisanter avec toutes les tribus en priorité avec la famille royale. Enfin, figure, parmi les mécanismes d'instauration de la paix sociale, l'attribution de la puissance paternelle à l'ensemble de la société. Ainsi, l'article 9 dispose que « l'éducation des enfants incombe à l'ensemble de la société. La puissance paternelle appartient en conséquence à tous ».

Dans la société traditionnelle, chez les Peuls comme chez les Bambara ou chez les Ouolof, chaque membre de la société veille à l'éducation de l'enfant ; dès que celui-ci sort du cercle de famille, il est sous la surveillance très vigilante des aînés. L'enfant hors de chez lui donc, s'il est en faute, est corrigé par la première grande personne qui constate la faute. On corrige l'enfant, on le ramène à la maison et on rend compte aux parents qui doublent la mise et infligent une nouvelle correction au pauvre fautif. Voilà un trait de culture, typique des Africains. Impensable en Europe de porter la main sur l'enfant du voisin lorsqu'on le voit en faute… ! De donner le titre de père à tel monsieur qui a l'âge de votre papa !

La Charte de Kurukan Fuga constitue un document capital pour les médiations traditionnelles relevant ainsi, et c'est peut-être cela qui nous la rend contemporaine, d'un esprit législateur dans les sociétés africaines au XIIIe siècle. Aujourd'hui encore, dans tous les peuples de culture mandingue, principalement au Mali, en Guinée et au Sénégal, le *Sanankunya* demeure une arme extrêmement efficace pour la gestion des conflits entre les communautés.

Si le *Sanankunya* avait pu s'établir entre les États, il aurait résolu beaucoup de conflits. Il nous appartient à nous Africains de tirer bon parti de cet élément inestimable de notre culture, lequel n'existe nulle part ailleurs, pour essayer d'asseoir les bases d'une forme authentiquement africaine de gestion de nos conflits. À titre illustratif, le *Sanankunya* a joué un rôle considérable, grâce à la médiation de Sory Kandia Kouyaté (mandaté par le chef de l'État guinéen de l'époque) dans le règlement du conflit qui a opposé, en 1975, le Mali et la Haute Volta (actuel Burkina Faso).

Par rapport à la préservation de la nature

Dans le langage commun, on arrive mal à distinguer les concepts de « *nature* » et « *d'environnement* ». Ces termes sont souvent confondus car les écologistes les utilisent d'une façon interchangeable. Mais, en réalité, il y a une différence entre ces deux termes. La nature peut être comparée au système écologique du monde ou d'une localité particulière. C'est la flore et la faune que tout endroit possède.

L'environnement par contre se réfère à la périphérie immédiate de l'homme. Cela peut être l'environnement biologique ou chimique de l'homme aussi bien que culturel ou social. L'environnement peut donc être naturel et culturel à la fois.

Si la préservation de la nature n'était pas une priorité pour les « pères fondateurs » de la Déclaration universelle des droits de l'homme de 1948, tel n'était pas le cas pour les rédacteurs de la Charte de Kurukan Fuga qui, à son titre 3, consacre des dispositions relatives à la « préservation de la nature ». Ce titre est composé des articles 37, 38 et 39 qui disposent respectivement que : « Fakombè est désigné Chef des chasseurs. Il est chargé de préserver la brousse et ses habitants pour le bonheur de tous » ; « Avant de mettre le feu à la brousse, ne regardez pas à terre, levez la tête en direction de la cime des arbres » ; « Les animaux domestiques doivent être attachés au moment des cultures et libérés après les récoltes. Le chien, le chat, le canard et la volaille ne sont pas soumis à cette mesure ».

Comme enseignement, nous pouvons retenir qu'aucun des droits n'est secondaire par rapport à l'autre. La Charte de Kurukan Fuga leur accorde une égale importance en raison de leur interdépendance, leur indivisibilité et leur indissociabilité. En effet, le premier texte d'une valeur morale à proclamer aussi explicitement des principes de conservation, au regard desquels tout acte de la personne humaine affectant la nature doit être guidé et jugé, est intervenu trente-quatre ans après la Déclaration universelle des droits de l'homme et sept cent quarante-six ans après la Charte de Kurukan Fuga. Ce texte en date du 28 octobre 1982, soit dix ans après la conférence de Stockholm et dix ans avant la conférence de Rio, a été proclamé sous la forme d'une résolution. Il s'agit de la Résolution 37/7 de l'Assemblée générale des Nations unies, qui pour la première fois consacre l'importance pour la survie de l'humanité de la protection de la nature et des écosystèmes[10].

Au Mandé, contrairement à la civilisation matérielle de l'Occident, qui considéra longtemps l'homme comme le centre et le maître de toutes choses, l'être humain définissait avec le milieu écologique environnant et d'une façon plus générale, avec la nature dans son entier, des rapports de coexistence ou de coopération fondés sur un intérêt réciproque. La nature est un patrimoine commun qui doit rester accessible à tous. Cette idée, admise depuis par ladite Charte, consacre une sorte d'appropriation collective au profit de la société dans son ensemble. Dès lors, on est frappé par l'actualité de certains énoncés ; on est tenté de dire qu'il y a une grande similitude entre le temps de Sunjata et notre temps, pour reprendre les propos de l'historien guinéen (Niane 2009).

En effet, dès 1236, la Charte de Kurukan Fuga relative à la protection de la nature précise bien que celle-ci est à entretenir, accessible à tous, et dont la préservation est du ressort de toute la communauté du Mandé. Autrement dit, la meilleure façon de préserver la nature, c'est d'associer les populations. C'est la « *méthode participative* » pour reprendre les propos de Daniel Manga, ingénieur technique des eaux et forêts (Manga 2009). Il faut préciser que les feux de brousse étaient l'une des infractions punies de mort par souci de préserver la nature en l'état[11].

D'ailleurs, Amadou Toumani Touré, ancien président de la République du Mali, soutenait qu'à travers les dispositions des articles 37, 38 et 39 de la Charte de Kurukan Fuga, on s'élevait contre la coupe inconsidérée des arbres, contre les feux de brousse ; l'article 38 attire l'attention sur les fleurs et fruits que l'on peut trouver sur la cime des arbres ; ils ne doivent pas être brûlés[12]. Par conséquent « tous ceux qui enfreindront à ces règles seront punis. Chacun est chargé de veiller à leur application »[13].

Pour qu'il soit effectif, ce droit très général pour tout un chacun de profiter de la nature, doit être opposable à la propriété privée. La nature, ce « *droit de tout un chacun* », n'est pas non plus un droit absolu dans la mesure où il doit s'exercer sans préjudice des intérêts des propriétaires et sans préjudice environnemental. Admettons cependant ce droit comme une simple tolérance limitée permettant à chacun, dans le cadre des lois, et sans préjudice des intérêts des tiers et de la nature, de profiter pleinement de celle-ci. Il s'agit en vérité plus que d'une simple tolérance puisqu'exercé dans des conditions normales ce droit de tout un chacun ne peut être écarté par le propriétaire.

Conclusion

En portant le choix de l'objet de notre recherche sur des « regards croisés sur la Charte de Kurukan Fuga et la Déclaration universelle des droits de l'homme », notre ambition était limitée. Nous avions juste la prétention de démontrer que, contrairement à une certaine écriture de l'histoire, l'idée de la théorisation ou du moins de la codification des droits humains a existé en Afrique. Sans doute l'omission de la Charte de Kurukan Fuga dans l'inventaire du processus historique de codification de la science des droits humains procède-t-elle de cette même logique qui a présidé à celle de la civilisation du Nil dans l'œuvre de restitution des balbutiements de l'humanité moderne : la dénégation à l'Afrique d'une histoire quelconque, a fortiori de la prétention à être un quelconque berceau de l'humanité.

Il doit sembler au lecteur, arrivé à son terme, qu'elle laisse plus de problèmes en suspens qu'elle n'en résout vraiment. Mais n'est-ce pas le sort de tout chercheur que de se trouver fatalement confronté à une multitude de questions nouvelles dès qu'il pense en avoir résolu une ?

L'humilité ne doit toutefois pas confiner à la capitulation, c'est pourquoi il nous semble important de ne pas refermer notre réflexion par une simple conclusion. Cette réflexion a en effet abordé de nombreuses questions touchant aux effets de la traduction sur le texte dans la langue du Mandé, voire l'authenticité même de la Charte. Dès lors, la structure des chartes européennes n'a-t-elle pas influencé le choix fait pour la traduction ? Le « texte » oral se présente-t-il avec ce même langage qui est le métalangage des droits humains tels qu'ils ont été produits par la longue trajectoire de l'histoire européenne, depuis les guerres de religion ? La réponse affirmative semble ne pas faire de doute.

Cette vue négationniste est encore actuellement présente non seulement dans les nombreux cénacles occidentaux des tenants de l'afro-pessimisme, mais, hélas, et plus gravement, dans l'esprit de ces « élites décérébrées » dont parle Aimé Césaire dans son *Discours sur le colonialisme*, celles-là mêmes qui tiennent l'Afrique en otage (Ki-Zerbo 1975). S'il s'est trouvé des penseurs occidentaux modernes, comme Léo Frobenius ou Georges Balandier, pour battre en brèche cette négation de l'existence d'une civilisation et d'une culture africaine endogène, la palme revient au grand Cheikh Anta Diop, puis à d'autres chercheurs africains comme Théophile Obenga, qui ont poursuivi sa ligne de recherche qui établit, de façon irréfutable, l'existence, l'éminente fertilité et l'extension à tout le continent, d'une culture africaine sui generis. L'on comprend dès lors le sens du combat mené par Cheikh Anta Diop et autres, certes dans d'autres domaines, mais toujours dans le souci de restaurer la vérité historique devant des falsifications aux contours insoupçonnés.

Tous les écrits sur les droits humains font remonter la codification des prémices d'une théorie des droits humains à la Déclaration des droits de l'homme et du citoyen du 26 août 1789 et la codification d'un instrument pertinent à caractère universel à la Déclaration universelle des droits de l'homme du 10 décembre 1948. Au-delà de l'aspect de codification, la seule évocation en matière de respect de la personne humaine, aussi longtemps qu'on remonte l'histoire, renvoie au droit naturel avec l'Antigone de Sophocle représentée vers 442 à Athènes : Créon, le roi de Thèbes interdit à Antigone d'ensevelir son frère qui avait pris les armes contre sa propre ville ; Antigone leur résiste et fait ensevelir son frère. Elle résiste au nom des lois non écrites, inaliénables et immuables, contre les décrets du roi qui ne peuvent prévaloir sur elles14. Si un tel acte symbolique, certes d'un point de vue du respect de la personne humaine, a pu figurer au panthéon de l'histoire, comment abstraction totale a pu être faite de certaines dispositions à haute portée humaniste de la Charte de Kurukan Fuga ?

Notes

1. Mes distingués remerciements à Maitre Assane Dioma Ndiaye, Avocat à la Cour et Conseiller à la CPI, pour avoir guidé mes premiers pas dans le noble terrain de la défense et de la promotion des Droits Humains.
2. Le choix porté sur la *Déclaration Universelle des Droits de l'Homme* du 10 décembre 1948 se justifie par le fait qu'elle est « censée » être Universelle.
3. *Gbara* « travail », *sariya* « article de loi », *lu* « pluriel ».
4. Elle diffère du texte de Souleymane Kanté, un érudit malinké, inventeur de l'écriture Nko, qui avait de son côté recueilli plusieurs lois ou recommandations de Kurukan Fuga.

5. Sur ce point, il est important de souligner que contrairement à la Charte Africaine des Droits de l'Homme et des Peuples de 1981, la Déclaration Universelle des Droits de l'Homme de 1948 semble avoir ignoré les devoirs de la personne humaine ainsi que les droits des Peuples.

6. Le texte final rédigé par René Cassin fut remis à la Commission des Droits de l'Homme qui était réunie à Genève. Le projet de déclaration envoyé à tous les États Membres de l'ONU pour qu'ils fassent des observations devint connu sous le nom de projet de déclaration de Genève. Le premier projet de déclaration fut proposé en septembre 1948 avec la participation de plus de 50 États Membres à la rédaction finale. Par sa résolution 217 A (III) du 10 décembre 1948, l'Assemblée générale, en réunion à Paris, adopta la Déclaration universelle des droits de l'homme, avec les abstentions de huit pays, mais aucune contestation.

7. Article 5 de la Charte Africaine des Droits de l'Homme et des Peuples de 1981.

8. Article 3 de la Charte Africaine des Droits de l'Homme et des Peuples du 27 juin 1981.

9. Toutefois, les sociétés berbères ou touareg font montrent d'un rôle central et d'un statut « honorable » des femmes (cheffes guerrières ou reines tribales, etc.).

10. Pour l'Afrique, le premier grand traité adopté en la matière, la Convention africaine sur la conservation de la nature et des ressources naturelles, du 15 septembre 1968, devant être remplacée par la Convention de Maputo de 2003 ; voir également l'Accord de coopération et de concertation entre les États d'Afrique centrale sur la conservation de la faune sauvage, du 16 avril 1983, ainsi que l'Accord sur la conservation des oiseaux d'eau migrateurs d'Afrique-Eurasie, du 15 juin 1995.

11. Notes explicatives de SIRIMAN KOUYATE lors de l'atelier régional de concertation entre communicateurs traditionnels et modernes à Kankan du 3 au 12 Mars 1998.

12. Journée de Kurukan Fuga organisée à Kangaba, le 30 septembre 2010.

13. Article 44 de la Charte de Kurukan Fuga.

14. Antigone à Créon : « Je ne pensais pas que vos ordres puissent prévaloir sur la volonté des immortels, sur ces lois qui ne sont pas écrites et ne sauraient être effacées ; ce n'est pas d'aujourd'hui, ce n'est pas d'hier que ces lois existent ; elles sont de tous les temps et personne ne pourrait dire quand elles ont pris naissance » (Camara, 2011).

Références

Al-Midani, M. a., 2002, « La ligue des états arabes et les droits de l'homme ». Consulté le 20 octobre 2015. http://journals.unibo.it/riviste/index.php/scienzaepolitica/article/viewFile/2892/2289

Atelier, 1998, *La Charte de Kurukan Fuga*. Consulté le 15 septembre 2013. http://www.afrik.com/IMG/doc/LA_CHARTE_DE_KURUKAN_FUGA.doc

Camara F. k., 2011, *Cours de Droit civil 1re année*. FSJP-UCAD. Consulté le 15 juin 2013. http://fsjp.ucad.sn/files/dh_latradition.pdf

Camara F. K., 2010, « Pour une méthode scientifique de recherche, d'identification et d'interprétation du droit coutumier négro-africain », *Revue de l'Association Sénégalaise de droit pénal*, n° 9, Doctrine, p. 107-139.

CELHTO, 2008, *La Charte de Kurukan Fuga. Aux sources d'une pensée politique en Afrique*, Conakry, SAEC et Paris, L'Harmattan.

Charte africaine des droits de l'homme et des peuples, 1981, Consultée le 20 octobre 2015. http://www.achpr.org/fr/instruments/achpr/

Cisse Y. T., 1991, « La Charte du Mandé », in *Soundjata la gloire du Mali. La grande geste du Mali,* Tome II, Paris, Karthala et Association ARSAN, p. 39-41.

Cissé, Y. T., 1964, « Notes sur les sociétés de chasseurs malinké », *Journal de la société des africanistes*, T. 34, fascicule I et II, p. 175-226.

Cisse Y. T. & Kamissoko W., 2000, *La grande geste du Mali, des origines à la fondation de l'Empire*, Paris, Karthala-Arsan.

Cissé, Y. T. Sagot- Dufauvroux J. & Michel A., 2003, *La Charte du Mandé et autres traditions du Mali,* Paris, Albin Michel.

Colloque, 2009, « L'universalisme des droits en question (s) : La Déclaration universelle des droits de l'homme – 60 ans après ». Caen, CRDFED. (Consulté le 20 octobre 2015). http://combatsdroitshomme.blog.lemonde.fr/2009/04/22/ luniversalisme-des-droits-en-questions-la-declaration-universelle-des-droits-de-   lhomme-60-ans-apres-colloque-15-mai-caen-crdfed/

Convention americaine relative aux droits de l'homme, 1969,

Consulté le 20 octobre 2015. http://www.apt.ch/content/files/cd1/Compilation%20 des%20textes/5.1/5.1.1_ Convention % 20Americaine.pdf

Cruz H. s., 1948, in *Nations Unies. Histoire de la rédaction de la Déclaration universelle des droits de l'homme.* Consulté le 30 octobre 2014.

http://www.un.org/fr/documents/udhr/history.shtml

Derive, J., 2013, « Les avatars de l'épopée de Sunjata de l'oralité à la littérature » in Keïta, A. (Éd.), 2013, Au carrefour des littératures Afrique-Europe, hommage à Lilyan Kesteloot, Paris, Karthala.

Dia H., 2008, « La Charte du Mandé : une nouvelle Magna Carta pour l'Union africaine », in CELHTO, *La Charte de Kurukan Fuga. Aux sources d'une pensée politique en Afrique*, Conakry, SAEC, et Paris, L'Harmattan, p. 141-143.

Diagne, M., 2005, *Critique de la raison orale, les pratiques discursives en Afrique noire*, Paris, CELHTO-IFAN-Karthala.

Diakite M., 2009, « Analyse du discours, tradition orale et histoire : et si la *charte de Kurukan Fuga* n'avait jamais existé avant 1998 ? », *Revue électronique internationale de sciences du langage* Sudlangues, n° 11, p. 107-130.

Diop C. A., 1948, « Quand pourra-t-on parler d'une renaissance africaine ? », in *Le Musée Vivant*, n° spécial 36-37, Paris, p. 57-65.

Diop C. A., 1982. *L'Unité culturelle de l'Afrique noire – Domaines du patriarcat et du matriarcat dans l'Antiquité Classique*, 2e édition, Paris 1, Présence africaine, 224 pages.

Faton J., 1998, *La parenté à plaisanterie*, Bruxelles, Atelier Graphoui, p. 43.

Faye, M., 2004, « Contexte et justification », in CELHTO, *La Charte de Kurukan Fuga. Aux sources d'une pensée politique en Afrique*, Conakry, SAEC, et Paris, L'Harmattan, p. 73-77.

Haski P., 2008, « Leur Déclaration aura soixante ans le 10 décembre. Mais que reste-t-il des valeurs qui ont fondé ces droits ? », *l'OBS avec rue 89*. Consulté le 10

Octobre 2015. http://rue89.nouvelobs.com/2008/12/08/les-droits-de-lhomme- sont-ils-universels-oui-mais.

Hilling C., 1992, « Le système interaméricain de protection des droits de l'homme. Le modèle européen adapté aux réalités latino-américaine ». Consulté le 7 novembre 2015. http://rs.sqdi.org/volumes/07.2_-_hiling.pdf

Hitler A., 1924, *Mein Kampf*, Consulté 15 septembre 2015. https://www.radioislam.org/ historia/hitler/mkampf/pdf/fra.pdf

Human Rights Watch, 2015a, « Le système africain de droits de l'homme ». Consulté le 20 octobre 2015. http://www.humanrights.ch/fr/droits-humains-internationaux/ regionaux/afrique/

Human Rights Watch, 2015b. La Charte arabe des droits de l'homme. Consulté le 20 octobre 2015. http://www.humanrights.ch/fr/droits-humains-internationaux/ regionaux/arabe/

Ibn Battuta, 1982, *Voyages III. Inde, Extrême-Orient, Espagne et Soudan*, Paris, Collection FM/La Découverte.

Kane C. H., 2012, « Le rôle et la portée de la médiation dans les sociétés africaines et leur adaptation au contexte actuel », *Discours au Conseil économique et social du Sénégal* [Inédit].

Ki-Zerbo J., 1975, « Histoire de l'Afrique noire », consulté le 13 novembre 2015. http:// ethiopiques.refer.sn/spip.php?article507

Kouyate S., 2006, *La Charte de Kurukan-fuga. Constitution de l'empire du Mali*, Conakry, La Source.

Kössler Z., 2014, « De l'universalité de la DUDH », Consulté le 30 juin 2016, http://www. cipadh.org/fr/de-l%E2%80%99univ ersalit%C3%A9-de- lad %C3 %A9claration-universelle-des-droits-de-l %E2 %80%99homme

Manga, D., 2009, « La gestion des ressources naturelles : Regard d'un praticien », communication lors d'une conférence organisée par la Convergence pour l'émergence de la Casamance (CEC) le mercredi 10 juin 2009 à la cafétéria de l'Université Gaston Berger de Saint-Louis (Sénégal).

Ndiaye, R., 1992 « Correspondances ethno-patronymiques et parenté à plaisanterie une problématique d'intégration à large échelle », *Environnement africain*, vol. 8, 3-4, 1992, p. 97-128.

Ndiogou, T. A., 2011, « « L'intimité du suspect » durant la phase non juridictionnelle du procès pénal ». Consultable sur : http://data.over-blog-kiwi.com/0/80/87/91/20140124/ obca3016_l-intimite-du- suspect-durant-la-phase-non-j.pdf

Niane, D. T., 2009, « La charte de Kouroukan Fouga aux sources d'une pensée politique en Afrique », leçon inaugurale prononcée à l'Université Gaston Berger de Saint-Louis Consulté le 13 avril 2013. http://caremali.com/docs/prof_djibril.pdf

Niane, D. t., 2008, « Entre guerre et paix : de l'empire du Ghana à l'empire du Mali. Le contexte historique de La Charte du Mandé », in CELHTO, *La Charte de Kurukan Fuga. Aux sources d'une pensée politique en Afrique*, Conakry, SAEC, et Paris, L'Harmattan, p. 25-26.

Niane, D. T., 2008b, « Introduction », in CELHTO, *La Charte de Kurukan Fuga. Aux sources d'une pensée politique en Afrique*. Conakry, SAEC, et Paris, L'Harmattan, p. 11-24.

Niane, D. t., 1960, *Soundjata ou l'épopée mandingue*, Paris, Présence africaine, 153 p.

Niang, M., 2008, « Avant-propos », in CELHTO, *La Charte de Kurukan Fuga. Aux sources d'une pensée politique en Afrique*, Conakry, SAEC, et Paris : L'Harmattan, p. 5-9.

Nations Unies, 1948a, *Déclaration universelle des droits de l'homme* (DUDH). Consulté le 15 septembre 2013. http://www.un.org/fr/documents/udhr/

Nations Unies, 1948b, Histoire de la rédaction de la Déclaration universelle desdroits de l'homme. Consulté le 30 octobre 2014. http://www.un.org/fr/documents/udhr/history.shtml

Soir De Bamako, 2007, « Charte du Mandé 'Kurukanfuga' ». Consulté le 3 décembre 2013. http://terrain.revues.org/index2975.html

Thiam, I. D., 2008, « De la nécessité de faire appel à d'autres sagesses et cultures pour enrichir l'histoire de la démocratie et des droits humains », in CELHTO, 2008, *La Charte de Kurukan Fuga. Aux sources d'une pensée politique en Afrique*, Conakry, SAEC, et Paris, L'Harmattan, p. 137-140.

Vann C., 2008, « Une Charte arabe des droits de l'homme qui fait polémique ». Consulté le 20 octobre 2015. http://rue89.nouvelobs.com/2008/02/02/une-charte-arabe-des-droits-de-lhomme-qui- fait-polemique

Vansina J., 1961, « De la tradition orale, essai de méthode historique », Musée royal de l'Afrique Centrale, Tervuren, *Annales Sciences Humaines*, n° 16, p. 179.

II

ESPACES ET INÉGALITÉS SOCIALES

4

Territorialisation du développement local au Sénégal : impensés, cheminements, enjeux et limites d'un concept et d'une approche

Boubacar Ba

Introduction

La territorialité et la gouvernance locale sont deux composantes de la politique publique sénégalaise dont les origines remontent très loin dans l'histoire du pays. Déjà, dans le Sénégal des royaumes et des provinces, l'appropriation territoriale par un marquage social et politique de l'espace physique était l'un des moyens de différenciation qu'empruntaient les différents pouvoirs, du Waalo au Kaayor en passant par le Jolof, pour exister les uns à côté des autres. Cette différenciation permettait par ailleurs à ces pouvoirs d'exercer des compétences empreintes de quelques spécificités, car n'étant ni centralisées ni territorialisées au sens spatial, mais plutôt axées sur les contrôles des communautés humaines. Il faudra attendre l'administration coloniale, dont la principale stratégie de domination reposait sur la spécification du territoire par le découpage physique, pour que la territorialité et la gouvernance à l'intérieur des entités découpées soient érigées en mécanisme de gestion des ressources territoriales ; ce processus s'accompagnera d'un processus de qualification des entités spatiales, sur des critères économiques, physiques et socioethniques. Ainsi, chaque entité territoriale obtenait une identité spécifique. Aux politiques coloniales succèdent, après l'accès à l'indépendance, une série de réformes portant sur la trame territoriale et les modes d'administration. Parmi les plus marquantes, on peut noter le transfert de la capitale nationale de Saint-Louis à Dakar (1958), la division du Sénégal en sept régions administratives et territoriales (1960), la modification des rapports fonciers par la loi 64-46 sur le domaine national (1964), la réforme administrative et territoriale de 1972, celle de 1996 et enfin l'acte III de la décentralisation.

Malgré ces réformes, la problématique territoriale et surtout les mécanismes de gouvernance sont restés une préoccupation majeure dans le pays, comme en témoignent les relations « difficiles » entre l'État central et la Ville de Dakar (Diouf & Diop 1990). Cette situation révèle au moins, parmi d'autres enseignements, le besoin d'une clarification des concepts ainsi qu'une objectivation des réformes et des logiques d'aménagement avec les acteurs concernés.

Mon étude analyse le cheminement territorial du Sénégal et essaie de rendre intelligibles les impensés et les enjeux qui marquent la territorialité.

La démarche méthodologique utilisée est essentiellement axée sur une exploitation de la documentation existante, des entretiens et un traitement cartographique des données retenues. La revue documentaire a été conduite dans les établissements universitaires, notamment à l'université Gaston Berger, au centre de documentation de l'Agence nationale de l'aménagement du territoire (ANAT), à l'Institut français de Dakar et à la Direction des collectivités locales. Elle s'est focalisée sur les documents relatifs aux dynamiques territoriales et à l'aménagement du territoire au Sénégal. La collecte d'informations et de données a privilégié des données qualitatives. À cet effet, les entretiens ont cherché à comprendre la position et les logiques des acteurs par rapport aux mutations territoriales et institutionnelles observées dans les collectivités locales, les opportunités et les contraintes qu'elles leur posent surtout dans le cadre de l'Acte III de la décentralisation. Un accent particulier a été mis sur les élus locaux, en l'occurrence les maires des communes de Hann-Bel Air pour le milieu urbain et industriel, celui de Ndiass pour le milieu rural en forte mutation et enfin celui de Bargny pour sa position côtière. Quant aux données cartographiées grâce au logiciel Arc View, elles ont été obtenues à l'ANAT.

La première partie des résultats de ce travail est consacrée à l'analyse théorique du territoire, des territoires et des territorialités. La deuxième partie s'intéresse à la territorialité au Sénégal dans la période de la « Présidence du Conseil » et de la première décennie postindépendance. Quant à la troisième partie, elle aborde la territorialité sous l'angle de la décentralisation administrative et territoriale, avec un accent particulier sur l'Acte III de la décentralisation.

Territoire, territoires et territorialités : un gisement d'impensés préjudiciables au développement territorial

Le territoire, les territoires ! Quelle formulation adopter de nos jours ? Poser la question, c'est suggérer une certaine complexité, c'est aussi et surtout invoquer une série d'interrogations sur les rapports aux ressources territoriales et sur les recompositions des relations entre acteurs à l'intérieur d'un ou plusieurs espaces aux limites clairement définies.

L'autre versant des interrogations que suggère le territoire, c'est son rapport aux dynamiques découlant de la globalisation et des changements climatiques, lesquelles dynamiques imposent de meilleures articulations entre ce qu'on pourrait considérer comme des territoires globaux ou globalisés, en l'occurrence les régions naturelles (le Sahel, la Casamance, le Bassin du Niger, les Grands Lacs, etc.) ou politiques (CEDEAO, UEMOA, ALENA, UE), et des infra-territoires (commune, département, pôle territorial). En d'autres termes, c'est la recherche d'un meilleur arrangement, pour ne pas dire des interactions et les croisements les plus efficaces, entre le local et le global.

Du territoire aux territoires

Dans ce réordonnancement du développement territorial, le local est vu comme l'unité spatiale et sociale de référence pour la conception et la mise en œuvre des activités de développement. Mais, plus que cela, il est également le lieu et le moyen de validation et de régulation par les acteurs habitants, parce qu'il y a aussi des acteurs non-habitants qui participent au projet territorial et dont l'implication est de plus en plus corrélée au degré d'acceptation des acteurs habitants. Quant au global, il est davantage représenté par des dynamiques réelles et irréelles, des flux, des échanges, que par des supports spatiaux. C'est en ce sens qu'il s'intègre ou s'aligne parfaitement avec le local, qu'il imprègne et inocule. Le territoire est donc le produit (Raffestin 1980) du croisement de ces deux versants, le local et le global. C'est pourquoi il est complexe et divers. Il n'est plus seulement le *territorium* au sens latin, autrement dit la terre. Il dépasse encore le *jus terrendi*, cette terre à l'intérieur de laquelle le souverain se permettait de terrifier ses serviteurs.

À la différence de l'espace, dont il est le produit, le territoire est une étendue, parfois une province, une région ou un pays, qui est figuré et délimité et à l'intérieur duquel s'exerce un pouvoir qui peut être juridique, économique, politique, culturel, etc. Toutefois, appréhender ce type de territoire en termes de « pouvoirs » peut sembler assez réducteur. Le monde animalier est premier à s'intéresser à l'espace de vie en termes de territoire ; la délimitation du territoire ne vise pas a priori l'appropriation d'un espace, encore moins le besoin d'exercer un pouvoir sur les autres animaux, mais il s'agit plutôt d'une expression d'autodéfense de l'animal vis-à-vis des autres. Raffestin (1980), dans *Géographie du pouvoir*, résume assez bien ce processus qui consiste à projeter dans l'espace un projet de vie, fait de relations internes et externes, au cours duquel l'acteur, par ses actes territorialisants, passe de ce qu'il appelle « la prison originelle qui est l'espace à la prison choisie qui est le territoire ». Dans un tel processus, le territoire, en tant que « prison choisie », est en réalité un contrat collectivement accepté, à quelque échelle géographique qu'il soit situé.

Au cours de cette production territoriale, trois caractéristiques se dégagent. La première est que tout territoire a une composante géographique et spatiale qui agit comme support. La deuxième composante, c'est la matérialité de l'espace qui résulte de la territorialisation de l'acteur agissant dans son espace, en le découpant, en le limitant, en l'occupant, en l'aménageant ou en le contrôlant. Quant à la troisième caractéristique, elle est intrinsèquement liée à la seconde en ce sens que les aménités créées dans le territoire pour l'occuper, l'aménager ou le contrôler contribuent au développement d'un espace social fait d'un « entrelacs de rapports sociaux et spatiaux » (Di Méo 2013:7) entre les acteurs institutionnels et les habitants.

Cependant, à ce stade de la production du territoire, de sa matérialité, il est important de ne pas confondre l'espace social avec l'espace géographique classique. Cet espace, découpé, aménagé et socialisé, c'est le territoire.

Le territoire, expression de rigidités liées à la géographie

Bien que fruit de dynamiques diverses, le territoire, produit, n'en garde pas moins une certaine rigidité due à ses limites géographiques ou administratives, tout aussi utiles que contraignantes parce qu'indiquant le début et la fin du territoire et légitimant l'exercice du pouvoir à l'intérieur de celui-ci. L'établissement de limites et de découpages pertinents est une donnée essentielle aux yeux des géographes, des aménageurs et des pouvoirs publics qui, par ce moyen, objectivent le territoire, lui donnent une existence physique et légale, mieux, en font un instrument de contrôle, de gestion et d'analyse des activités de développement. Avec des limites clairement définies, le territoire devient un champ géographique et humain d'exercice du pouvoir, à l'intérieur duquel l'État et les collectivités locales arrivent à contrôler et maintenir l'intégrité des frontières, fixer les limites intercommunales, et exercer leur autorité et compétence.

Cependant, ces territoires, découpés sur la base de critères naturels, administratifs, économiques, politiques ou géo-anthropologiques, procèdent davantage de ce qu'Abrioux (2007: 225) assimile à une « logique de la commande[1] », une façon assez déterministe de construire le territoire ou de le justifier que Claude Raffestin refuse pour envisager le territoire au plan relationnel. En effet, suivant la logique *raffestinienne*, le territoire transcende la matérialité géographique du lieu (l'espace physique), renvoie à l'espace des pouvoirs, des dynamiques, à tous ces espaces où se créent des relations et où des organisations naissent, prennent forme et disparaissent. Bref, c'est l'espace où s'établissent des territorialités qui expriment souvent des « dissymétries » relationnelles et qui, sur le territoire, se traduisent par des rapports de domination d'une catégorie d'acteurs sur les ressources ou sur d'autres acteurs.

C'est d'ailleurs le propos de Di Meo (2013:222-223), probablement l'un des géographes qui a le mieux compris la complexité afférente aux territoires et la difficulté d'appréhender les dynamiques territorialisantes des acteurs.

Comprendre le territoire par une approche évaluative

Pour comprendre la réalité spatiale du territoire et agir efficacement dans cet espace particulier, Di Meo (2002) s'appuie sur le discours géographique et propose une démarche à trois entrées conceptuelles de type sociologique et philosophique. La première entrée considère le territoire comme un espace existentiel et vécu, la deuxième l'envisage comme un objet autour duquel s'articulent des rapports écologiques et la troisième s'intéresse au territoire en termes de « produit et représentation d'essence purement sociale ».

Dans un contexte globalisé, où les dynamiques politiques et économiques redessinent continuellement les territoires, le territoire national a-t-il sa pertinence ? Bennafla (1999:26) pointe le caractère « inadapté et dépassé des territoires nationaux qui subissent, de partout, de sérieux coups de boutoir sous l'effet des crispations ethniques ou identitaires, de la montée des réseaux économiques transnationaux et des constructions économiques régionales ». À l'analyse, on s'aperçoit que les processus territorialisants et les mutations territoriales induites, et que Badie (1995) semble craindre, concernent plus des territoires revendiqués (par exemple, ceux de l'Europe des Balkans, du Sud-Soudan, de la Somalie, etc.) que des territoires suscités ou produits, soit par leur vécu et leur développement économique (CEDEAO, UE, ALENA, etc.), soit par un besoin de davantage de démocratie comme dans le cas de la décentralisation en Afrique.

Cette forme de territorialisation, qui fait du territoire national celui de tout le monde et qui fait des territoires de l'intérieur (départements, communes, villages, quartiers) des espaces sociaux et des lieux de cohérence, est probablement le plus sûr moyen de consolider le « tissu national » durablement. D'ailleurs, c'est là que se trouve la justification de l'intérêt de la territorialisation au Sénégal et dans la plupart des pays africains à travers la mise en place de modes de gouvernance visant le développement local et axés sur la décentralisation, donc la maîtrise de l'infra-territoire.

La territorialisation au Sénégal : une longue histoire de recherche de cohérence par le découpage

La territorialisation commence très tôt au Sénégal[2]. Elle est principalement liée au pouvoir politique, celui porté par l'État central. En effet, suite à la mise en place du premier gouvernement sénégalais en 1957[3], une première réforme administrative divise le territoire en sept entités considérées comme des pôles de développement. Il fallait concilier les circonstances administratives territoriales et les régions naturelles du pays. Mais à cette époque on ne parlait pas de régions, ce n'est qu'à l'indépendance, en 1960, que les vocables de régions, départements et plus tard arrondissements entrent dans le lexique territorial du pays. Plusieurs logiques de développement territorial vont se succéder, voire entrer en conflit, dans l'espace national.

La logique territoriale sous le règne du Conseil d'État, de l'économie participative

L'analyse des mutations survenues dans la trajectoire territoriale du Sénégal révèle un sentiment de doute et un besoin, celui de maîtriser le territoire national. Partagées entre l'impératif de l'État-nation et le développement, les autorités politiques ont très tôt compris la place centrale d'une architecture territoriale maîtrisée et pertinente pour gérer le pays, conduire des politiques publiques de développement. Les activités sociales et politiques, à l'indépendance, s'organisaient autour de deux registres que Mamadou Dia s'attachait à accorder intimement sans être compris par la société politique de son temps (Colin 2007:129). Dans le registre de l'émancipation institutionnelle et politique dit-il, la société politique de l'époque comprenait le message et le soutenait plus facilement. En revanche, dans le registre du développement, on peut supposer que l'horizon était moins clair, plus difficile à déchiffrer.

Dans la conception de Mamadou Dia, Président du Conseil, même si aux yeux de ses pairs l'émancipation était l'objectif le plus urgent, on pouvait sentir le besoin de construire une armature territoriale[4] capable de recevoir les changements de structures que requérait l'évolution du statut du Sénégal. Pour lui, la nation était dans ce nouveau cadre identitaire « le lieu de partage d'un grand projet commun... qui ne pouvait sortir des ruines d'un ordre colonial qui avait tranché des siècles durant dans les réalités historiques en fonction de ses intérêts » (Colin 2007:131). Ici se trouve résumé le substrat de la pensée territoriale des années soixante que portait Mamadou Dia. Il s'agit d'une conception de la nation intrinsèquement liée à la prise en compte des diversités, qu'elles soient géographiques, culturelles ou sociales, dans laquelle la place des populations est centrale. En effet, ce qui primait dans sa vision, c'était la prise de responsabilité de tous les ressortissants de la nation pour déterminer les objectifs du changement de leur société et s'approprier les moyens et les compétences pour les réaliser (Colin 2007). On peut noter que, de cette présentation de la vision de Dia, émergent au moins trois notions qui, de nos jours, sont au cœur de tout projet territorial qui aspire à répondre aux principes de la bonne gouvernance. Il s'agit des « acteurs » assimilés ici aux ressortissants, de la « responsabilité » qui fait appel à la conscience citoyenne, et enfin des « compétences » qui déterminent la soutenabilité du projet territorial.

La territorialité au Sénégal vue sous l'angle du mouvement coopératif

Fortement influencé par l'économiste François Perroux, Mamadou Dia entreprend une politique de développement dont le socle est la mise en place d'une économie rurale forte, ancrée dans les valeurs culturelles des terroirs. Théorisée autour de l'expression « économie participative socialiste », cette politique se déclinait, en réalité, en un projet de développement territorial, de type nouveau. Elle tranchait avec les pratiques coloniales, se voulait plutôt comme l'anti-modèle de l'économie coloniale, dont l'ultime but était l'émancipation économique, sociale et politique des masses paysannes. Porté par la coopération rurale, ce projet de développement était centré sur le mouvement coopératif et consistait à faire essaimer, sur l'ensemble du territoire national, un réseau d'organisations coopératives. Ces coopératives, créées à l'échelle de ce qu'on appelait les « communautés humaines réelles » (Dia 1962:1), autrement dit, à la base, sont probablement les premières formes d'organisation au Sénégal qui ont essayé de concilier l'échelle spatiale locale et les acteurs, notamment leurs cultures et religions. Chacune de ses microstructures se voyait assigner une mission fondamentale consistant à « préserver les valeurs communautaires anciennes et […] promouvoir un développement moderne susceptible de prendre place solidement dans le courant d'évolution du monde actuel » (Dia 1962:2). Le schéma d'évolution qui était prévu pour ces coopératives est identique à celui des communes de nos jours avec la communauté rurale, l'intercommunalité, la métropolisation. On constate qu'il prenait en compte la nécessaire articulation des échelles spatiales, d'où une cartographie du territoire national avec trois niveaux distincts :

- les villages centres où s'effectuent les activités d'animation des coopératives et l'aménagement local avec l'appui des instances régionales, notamment sur le découpage des villages polarisateurs ;
- les Centres d'expansion rurale (CER) ou communautés rurales qui coïncident avec une fédération de coopératives d'une zone homogène ;
- la région où agit le Centre régional d'appui au développement (CRAD).

En fait, ce mouvement coopératif, en travaillant à la contribution des terroirs locaux et des paysans au développement du territoire national (principalement dans le Bassin arachidier) poursuivait une fonction économique clairement proclamée à laquelle les acteurs étaient sensibilisés et formés. Cependant, l'autre objectif, par ailleurs indiqué dans la Circulaire 032-1962 et peu repris, mais réel et essentiel, consistait à faire de toutes ces microstructures des moyens d'émancipation politique de la couche paysanne sénégalaise, qui devaient fonctionner comme les « lieux de prise de responsabilité des hommes dans leurs gestes économiques et non des mécanismes technocratiques ou bureaucratiques avec un certain coefficient de rendement et télécommandés de l'extérieur » (Dia 1962:2).

Senghor, le modèle de l'anti-territoire local

L'opposition entre Mamadou Dia et Léopold S. Senghor débordait le parti et leur vision de l'État. Jusque dans les choix économiques et les processus devant conduire à l'émancipation de leur peuple, les deux ont présenté des divergences. De ces divergences découlent les réaménagements qu'on allait observer, à la suite des

« événements de 1963 » et de l'installation de Senghor à la tête du Sénégal, sur les dynamiques de couverture du territoire national par un réseau de coopératives. Ces réaménagements sont importants parce qu'ils vont concerner toutes les fonctions auparavant attachées au mouvement coopératif et à ses organismes d'appui. Par exemple, dans le domaine social, l'éducation civique et l'hygiène sont remontées aux Centres d'animation rurale (CAR). Il en est de même pour les fonctions économiques qui sont désormais réservées à l'Office national de coopération et d'assistance pour le développement (ONCAD)[5]. Quant aux fonctions techniques, elles seront, selon les régions, confiées aux Sociétés régionales de développement rural (SRDR) de la région, comme la Compagnie de développement et des fibres textiles (CFDT). Mais dans cette reconfiguration du développement rural à la base, notamment pour ce qui est de l'encadrement et de l'intervention, il est important de souligner le rôle combien important dévolu à la coopération française dans le Bassin arachidier à travers la Société d'assistance technique et de coopération (SATEC). Faut-il voir par là un retour au modèle d'économie coloniale tant combattu par le projet territorial de développement économique de Mamadou Dia, qui se voulait émancipateur ? Ainsi, « on mesure quel point la société civile, dans un tel dispositif est sous le coup d'un dangereux déséquilibre » (Colin 2017:321). Dans tous les cas, l'action du pouvoir central envers le monde rural est, dans les années soixante, plus dans l'entretien de l'économie de rente que dans la recherche d'une émancipation politique et économique. Si tel ne fut pas le cas, comment faudrait-il comprendre les changements intervenus dans la politique de coopération rurale, notamment dans les fonctions assignées aux coopératives qui se limitent désormais à la production agricole, arachidière en particulier, et à la collecte.

La mise entre parenthèses des fonctions sociales et politiques des coopératives est en partie matérialisée par une nouvelle politique foncière visant à tout ramener au pouvoir central, c'est la loi 64-46 du 17 juin 1964[6]. En effet, il s'agit d'une dépossession de la terre souvent présentée comme une nationalisation des terres par le pouvoir central dans le but d'avoir un meilleur contrôle des ressources du pays ainsi que de ses populations. Dans un pays à 80 % rural en 1960, une telle mesure se révélait, aux mains des pouvoirs publics, un instrument efficace pour réguler, contrôler ou mettre fin à toute forme de territorialité qui pouvait entrer en conflit avec le projet territorial commun, celui de l'État-nation. Plus que les réaménagements intervenus dans le schéma d'organisation des coopératives au début de la prise de fonction de Senghor comme président de la République, c'est la loi 64-46 qui est peut-être l'outil politique et technique qui aura le plus empêché l'émergence de territoires locaux forts à l'intérieur du territoire national. En effet, comme on le rappelle en définition au début du texte, la terre est probablement le critère premier qui détermine l'identification d'un territoire, conditionne sa dynamique et marque sa spécificité au sein d'un ensemble. La décennie 60 est ainsi, en dehors des quatre premières années (1960, 1961, 1962,

1963), une décennie de l'affirmation du territoire commun au détriment des territoires locaux.

Avantages et inconvénients des territoires de type coopératif

Comme on peut le constater, jusqu'au début des années soixante, le rapport qu'entretenait le Conseil d'État avec le territoire national d'une part, et avec les territoires locaux d'autre part, obéissait à deux logiques, une logique revendicative orientée sur le plan politique et une logique réformiste visant à transformer l'économie arachidière de manière à se l'approprier. L'État-nation, qui était le territoire à produire selon une idéologie socialiste africaine, reposait sur ces deux principales logiques. La nation que préconisait Mamadou Dia était une nation nourrie par ce qu'il nommait des « supports objectifs », en l'occurrence « un territoire commun et une communauté de civilisation et de culture » (M'Bokolo 2007:14).

Ce « territoire commun », donc national, construit sur l'articulation des trois échelles décrites précédemment, n'était pas sans imposer quelques contraintes. En effet, parmi celles-ci, il y a probablement le fait qu'il ne remettait pas en question l'armature territoriale et administrative héritée de la loi-cadre de 1958, alors que celle-ci n'était pas conçue pour prendre en charge les nouvelles dynamiques découlant du maillage territorial du mouvement coopératif et des activités de sensibilisation et de vulgarisation réalisées par les services techniques nouvellement créés comme les CER et les CRAD. L'autre problème que posait le besoin d'ériger l'État-nation sur un territoire commun est lié à l'omniprésence de l'État central, notamment dans tout ce qui relevait de la définition des découpages des aires de compétence des coopératives, de leurs aires de regroupement ainsi que des régions homogènes. C'est la conséquence d'une approche du territoire, du haut vers le bas, qui procède plus du commandement que du développement territorial.

En effet, même dans l'évolution du système territorial créé par le mouvement coopératif, nulle part il n'était prévu une inflexion pouvant provenir de la base. Au contraire, comme dans tous les systèmes économiques et politiques planifiés, au Sénégal, c'était au Commissariat au Plan qu'il revenait de créer les instances permettant de déterminer la doctrine et les méthodes de découpage et d'harmonisation des zones de polarisation dans lesquelles s'inséraient les structures communautaires de base, le tout passant sous la sanction gouvernementale. Par cette approche, les villages-centres et les bourgs-centres sont créés par le Commissariat puis validés ou non par le gouvernement. Il s'agit là d'un mode de gouvernance où le territoire local est pensé et découpé par des acteurs extérieurs au territoire et une idéologie décidée de l'extérieur, même si elle se proclame africaine.

Le système territorial ainsi créé par la coopération rurale a fini, dans le territoire national, par opposer, d'une part des zones favorisées coïncidant soit avec les villages-centres recevant plus facilement les services techniques de l'État pour l'encadrement et la formation, soit avec des villages où sont présentes de fortes personnalités politiques et, d'autre part, des zones reléguées au statut de villages secondaires et satellisées, dont l'importance est proportionnelle à l'intensité de leurs relations avec les villages-centres.

L'autre conséquence, probablement la plus ressentie, c'est l'émergence d'une classe sociale d'hommes d'affaires et de marabouts, souvent à la tête des coopératives, et l'établissement de nouveaux rapports de domination à l'intérieur des nouvelles entités autres que ceux qui existaient du fait de l'administration coloniale. Paradoxalement, un tel système territorial ne sera pas remis en question à la fin de la présidence du Conseil. Seuls quelques réaménagements seront apportés sur la carte nationale en 1960 par la loi 60-15 du 13 janvier 1960. D'un territoire national, subdivisé en cercles et cantons, on passa à un territoire de régions, de cercles et d'arrondissements avec à leur tête des gouverneurs pour les régions, des commandants pour les cercles et des chefs pour les arrondissements (cf. cartes 1, 2).

Les nouveaux pouvoirs se voyaient attribuer des fonctions régaliennes comme le contrôle des ressources et des populations, la régulation des flux économiques et migratoires et la coordination dans les limites de leur entité territoriale. Bref, il s'agissait surtout de territoires administratifs, créés pour faire exister l'État central nouvellement indépendant. C'était, certes, une première mutation par rapport au legs colonial en matière d'administration territoriale, mais dans le fond, c'est une mutation qui ne changeait pas grand-chose à la gouvernance des territoires situés à la base dans ces premières années postindépendance. D'ailleurs, pouvait-il en être autrement, vu que l'objectif poursuivi était surtout la construction d'un territoire national, commun à tous les Sénégalais et sur lequel reposait un État-nation assurant l'articulation de territoires forts, singuliers et incarnés ? Cette logique perdurera encore une décennie avant que s'amorce le début d'un long processus de décentralisation.

Carte 1 : Le territoire sénégalais par cercles en 1958

Source : Agence nationale de l'aménagement du territoire (ANAT)

Carte 2 : Le territoire sénégalais par région en 1960

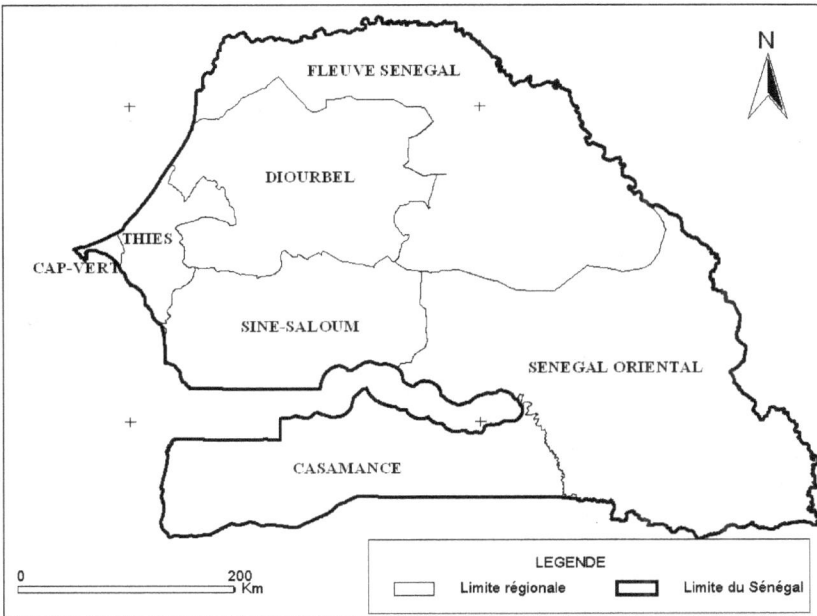

Source : Agence nationale de l'aménagement du territoire (ANAT)

C'est au début des années soixante-dix que sont inaugurées les premières formes de gouvernance rurale à partir de la base.

La gouvernance par les territoires locaux

Une décennie de gouvernance aura suffi au Sénégal pour se rendre compte du besoin d'associer davantage les populations locales à la conduite des activités de développement. Cette décennie postindépendance, qui fut peut-être la plus heurtée dans l'histoire récente du Sénégal, a démontré assez vite les limites de l'action gouvernementale dans un territoire centralisé, avec des moyens financiers limités. Là où un pays comme la France, pays fortement centralisé, a mis des siècles si on compte depuis la Révolution, ou au moins trois décennies, si on part de la fin de la Deuxième Guerre mondiale, le Sénégal a, entre 1960 et 1970, suffisamment vécu l'expérience d'un territoire d'administration et de gouvernance centralisées, répondant à l'objectif premier de fonder et de consolider l'État-nation, pour se convaincre de la nécessité de passer à un mode de gouvernance partagée. Un partage, à la fois, du territoire, des ressources et des compétences. C'est dans cet élan qu'il faut placer les mutations qui interviendront, aussi bien dans la cartographie du territoire que dans les modes de gouvernance. Sans remettre en question les approches sectorielle et zonale de l'aménagement du territoire qui, déjà, étaient là, sous la période coloniale, l'État inaugure l'approche territoriale, c'est-à-dire un modèle de gouvernance des territoires par les collectivités locales. Dans les années soixante-dix, aller vers cette forme de management territorial était, sans aucun doute, au niveau du continent africain, une approche inédite pour ne pas dire révolutionnaire.

Pour introduire l'approche territoriale dans ses modes d'intervention sur le territoire, l'État agit sur deux registres à partir de 1972. D'abord, sur l'Administration. Celle-ci est réorganisée pour être une « administration de développement et de participation » (Diouf 1979). L'introduction de ces deux notions, développement et participation, pouvait être lue comme une volonté d'inoculer une dose plus importante de démocratie, mais c'était également le soubassement théorique d'une nouvelle politique économique et territoriale. Le développement était entendu ici au sens « perrouxien » du terme, c'est-à-dire la combinaison des changements mentaux et sociaux d'une population qui la rendent apte à faire croître cumulativement et durablement son produit réel global (Diouf 1979). Quant à la participation[7], elle était considérée, selon Diouf, comme une exigence démocratique qui, précise-t-il, n'avait pas partout la même dimension élargie que celle qui lui était attribuée au Sénégal.

Le second registre sur lequel agit l'État est le territoire. En effet, l'approche territoriale qu'il avait choisi d'introduire l'obligeait à procéder à une réforme territoriale qui permit effectivement aux acteurs locaux de participer à la conduite des activités de développement. Cette réforme passa par la loi 72-02 qui, d'un côté, maintiendra les régions et les départements, mais divisa les départements en arrondissements. Avec du recul, et au regard de toutes les réformes territoriales qui se sont succédé au Sénégal, notamment celles de 1996 et 2013, on peut considérer que la réforme de 1972 est probablement celle qui a été la mieux conduite. Étalée sur de nombreuses années, elle a commencé en juillet 1972 à Thiès comme région-pilote et expérimentale, puis elle a successivement touché les autres régions : Cap-Vert en décembre 1972, Sine-Saloum en juillet 1974, Diourbel et Louga en juillet 1976 et Casamance en juillet 1978. Les régions du Fleuve et du Sénégal Oriental seront réformées bien plus tard, en 1982. Cette hiérarchie territoriale et administrative est celle qui prévaut encore de nos jours.

En revanche, les collectivités locales sont la véritable innovation apportée par la réforme, notamment dans les rapports que les citoyens pouvaient avoir avec les territoires. Désormais, chaque région était subdivisée en Communautés rurales[8] dans les campagnes et en communes[9] dans les villes, bien que certaines parmi ces dernières existassent déjà sous l'administration coloniale. La dichotomie, rural-urbain, fut une des bases de construction de la nouvelle armature territoriale.

Cependant, on peut relever une sorte « d'incongruité » s'agissant de la région du Cap-Vert, aujourd'hui Dakar. Sans que l'on sache véritablement pourquoi, et en dehors des réalités territoriales de la région où l'on pouvait noter d'importantes localités rurales (Malika, Pikine, Keur Massar, Tivaouane Peul, Sangalkam, une partie de Bargny et Rufisque, etc.) et des activités agricoles et pastorales dans lesdites localités, le Cap-Vert[10] se voyait désigner comme une région totalement urbaine, d'où la communalisation de la région. Cela signifiait que les limites physiques du territoire de la commune de Dakar sont celles de la région du Cap-Vert. Pour mesurer une telle démesure, il faut par exemple essayer aujourd'hui de faire accepter aux citoyens de Pikine, de Rufisque ou Bargny qu'ils sont de la ville de Dakar. D'ailleurs, l'État semblait être conscient du problème, raison pour laquelle, la région de Dakar était la seule région du pays non départementalisée, mais divisée en circonscriptions urbaines.

Le refus de la ruralité de la capitale pouvait sauter aux yeux. Cette façon de concevoir le territoire, qui faisait abstraction de son contenu réel pour se focaliser sur le produit qu'on voudrait qu'il soit, amenait à ignorer les vécus des populations, donc les véritables territorialités qui y avaient lieu. Elle aura conduit, inévitablement, à mettre de côté ou à exclure du projet de développement territorial des acteurs et des synergies dont la prise en compte aurait changé le développement. Malheureusement, la nature institutionnelle et juridique du territoire en question excluait cette prise en compte. C'est comme si l'État, en agissant ainsi, voulait construire un « Dakar », capitale du Sénégal, et non la région du Cap-Vert, entité socio-spatiale plus diverse. La captation de la région par la capitale posa un autre problème, celui de la participation citoyenne et donc de la légitimité. Il est vrai, qu'à l'époque, l'absence d'une société civile organisée, l'ignorance de la population sur les questions de gouvernance et le phénomène du parti unique étaient autant de raisons qui pouvaient expliquer qu'une telle réforme ne soit pas remise en question au grand jour.

Une territorialité publique hybride

La réforme de 1972, aussi prudente et limitée qu'elle ait été, exprimait une tendance à la rupture et à la remise en question d'un long passé institutionnel et de gouvernance territoriale. Selon Ndegwa et Levy (2007), le Sénégal, en se lançant dans la décentralisation, expérimentait des initiatives pour neutraliser son héritage colonial de forte centralisation. Le voulait-il vraiment ? Cette question, on peut se la poser parce que, dans la réalité, l'État était plutôt partagé entre le souci, d'une part, de déléguer des territoires et des compétences, mais de l'autre, de continuer à exercer son pouvoir de contrôle et de régulation sur les territoires délégués ; des avantages qui rappellent l'appropriation du territoire sous l'administration coloniale.

Dans tous les cas, rupture coloniale ou évolution démocratique, la gestion territoriale qui s'est ensuivie exprime une sorte d'hybridité, voire d'antinomie de l'approche territoriale choisie par l'État. Celle-ci se reflétait dans les mécanismes qu'il avait choisis pour faire vivre les collectivités locales naissantes ainsi que les régions, départements et arrondissements créés par la réforme. Il s'agit en fait, d'une façon de faire du pouvoir central inspirée de l'école territoriale et administrative française, qui consiste à faire cohabiter, dans un même territoire, deux types de pouvoirs dont la légalité et surtout la légitimité ne s'abreuvent pas à la même source et qui dans la réalité fonctionnent en opposition permanente. Ces deux pouvoirs empruntent des approches territoriales dont les moyens politiques diffèrent ; aux uns, la déconcentration et, aux autres, la décentralisation.

La gestion territoriale qu'imposait la Réforme de 1972 poussait l'État à alléger la centralisation des pouvoirs octroyés et consolidés après l'indépendance en 1960 et durant la première décennie de gouvernance, tout en gardant de fortes capacités d'actions dans les territoires créés. La déconcentration était alors une trouvaille mécanique qui avait le don de créer ce que nous appelons une sorte d'élite institutionnelle territorialisée (gouverneur, préfet, sous-préfet, directeurs de services publics régionaux et départementaux, etc.) et une élite locale constituée d'élus des communes et communautés rurales et de personnalités cooptées dans les conseils ruraux et les municipalités, dont par ailleurs la légitimité politique et la représentativité étaient souvent contestées. Sans entrer dans la gestion quotidienne des territoires par ces deux catégories de pouvoir, parce que nombreux sont les travaux qui l'ont déjà fait (Diakhaté 2011 ; Diop 2006), on peut noter que l'élite institutionnelle territorialisée, celle qui donc prolongeait l'État dans les territoires locaux, était surtout l'assurance que le territoire commun n'était pas remis en question. Dans le contexte africain de la fin des années soixante, l'État sénégalais était plus obsédé par la nécessité de « contrôler l'intérieur du pays, d'arrêter les tendances centrifuges potentielles qui, à travers le continent, menaçaient même l'existence de l'État » (Ndegwa & Levy 2007:12). C'est fort de cette nécessaire sécurité que l'État a mis en place un système d'administration descendante des territoires de l'intérieur. Une telle logique, certes justifiable dans son contexte, affaiblissait néanmoins l'impact de la décentralisation et rendait les institutions locales fortement dépendantes des services déconcentrés de l'État. Par exemple, dans le domaine financier, les collectivités locales se signalaient par la faiblesse de leurs ressources. Les rares moyens dont elles disposaient leur venaient de dotations que l'État mettait à leur disposition, mais qu'elles devaient aller chercher auprès des préfets et sous-préfets, qui à leur tour profitaient de leurs prérogatives dominantes. Le territoire étant l'incarnation des symboles, l'on comprend, ainsi, pourquoi cette décentralisation n'est pas souvent citée comme un exemple de gouvernance locale au Sénégal.

Au final, la réforme de 1972 inaugure certes, au Sénégal, la décentralisation, mais fortifie le rôle de l'État en liant le fonctionnement des structures locales et les besoins des populations locales au bon fonctionnement des services déconcentrés (Diakhaté 2011). Peut-être est-ce là l'une des explications de cette « culture de soumission » à l'autorité de l'État qu'on retrouve chez la plupart des élus locaux ou du « mépris » provenant de la bureaucratie de l'État central à l'endroit des pouvoirs locaux.

La carte territoriale héritée de la réforme de 1972 : l'obsession du découpage

Le réaménagement territorial est, sans aucun doute, l'autre volet de la Réforme de 1972, indéniablement fondateur de l'armature territoriale du Sénégal sur laquelle va, désormais, se superposer – sans pour autant la changer fondamentalement – une série de réformes. Les trois échelons administratifs (la région, le département et les arrondissements) et les deux échelons locaux (la commune et la communauté rurale) n'ont jusqu'ici jamais été remis en question. En fait, ils procèdent d'un long processus, consacré par les lois 70-02, 72-27 et 72-895. Ces trois lois confirment le découpage administratif en sept régions déjà établi en 1960 (cf. Carte 2). L'impact territorial de cette grande réforme est tel qu'aujourd'hui, certains préfèrent parler de l'Acte I de la Décentralisation sénégalaise. Ils n'ont pas complètement tort. En effet, le pays allait connaître de profondes mutations dans sa hiérarchisation administrative et territoriale ainsi que dans la distribution des pouvoirs, aussi bien dans l'administration (on parle désormais d'administration territoriale) que dans les collectivités locales. Par exemple, parmi ces mutations, il y a celle de la réforme de 1976, qui scindera la région de Diourbel en deux pour donner lieu d'une part à Diourbel (qui correspond à l'ancien cercle de Diourbel de 1958) et d'autre part à la région de Louga, qui couvrira les anciens cercles de Louga et Linguère, désormais érigés en départements. Cette réforme ramène le nombre de régions au Sénégal à huit (cf. Carte 3), qui gardent, tant soit peu, le caractère naturel de leurs limites.

Toutefois, le découpage, comme outil de territorialisation publique des politiques de développement, allait encore s'opérer quelques années plus tard, toujours par la voix législative. C'est ainsi qu'en 1984, la loi 84-22 ramènera le nombre total des régions du Sénégal à dix, en donnant naissance à deux nouvelles entités régionales (cf. Carte 4). La région du Sine-Saloum s'est scindée en deux pour donner lieu aux régions de Fatick et de Kaolack, celle de la Casamance en régions de Kolda et Ziguinchor.

Carte 3 : Le territoire sénégalais par région en 1976

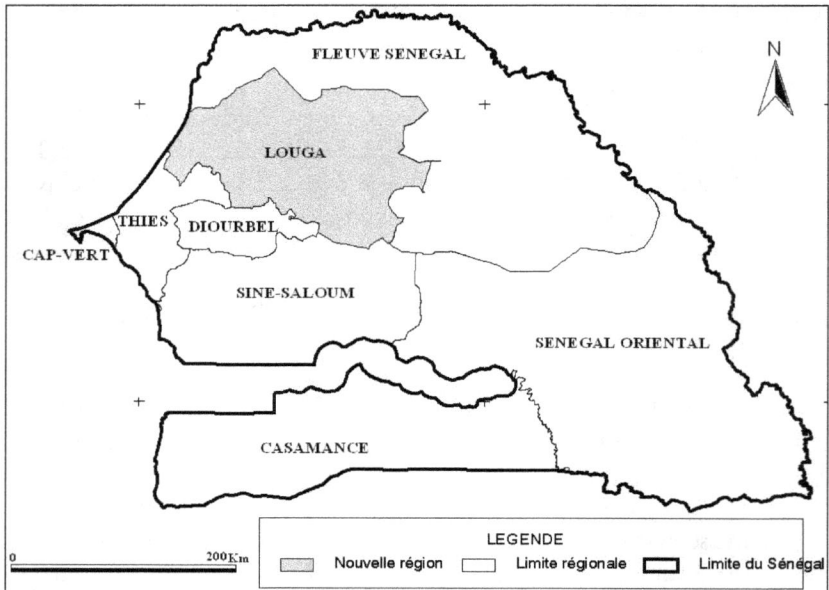

Source : Agence nationale de l'aménagement du territoire (ANAT)

Carte 4 : Le territoire sénégalais par région en 1984

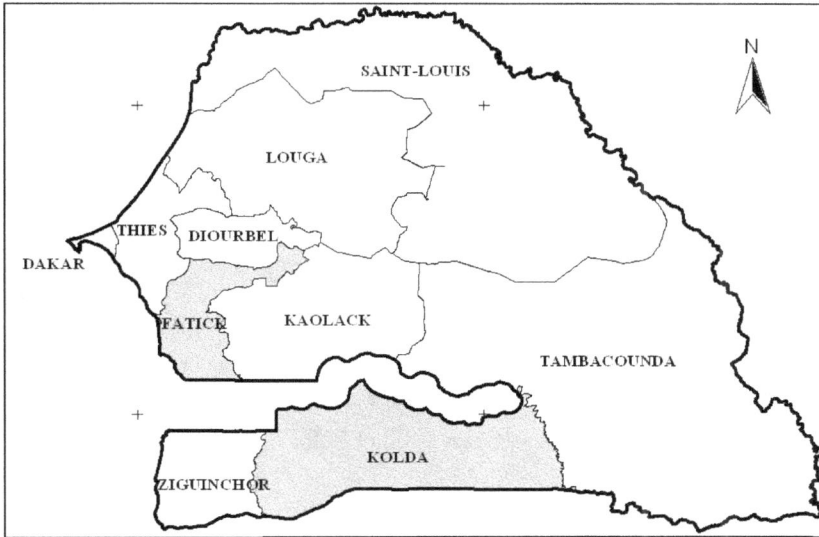

Source : Agence nationale de l'aménagement du territoire (ANAT)

Toujours dans ce mouvement de restructuration administrative et territoriale, l'année 2008 verra la création de trois autres régions (Kaffrine, Sédhiou et Kédougou) issues respectivement des divisions régionales de Kaolack, Kolda et Tambacounda (cf. Carte 6). Le changement opéré est intéressant à un double plan. D'abord, c'était la première fois, depuis que le territoire était divisé en régions qu'on voyait un découpage qui ne prenait pas en compte les limites naturelles imposées par la géographie physique. L'autre donnée importante à noter, est le fait que ce redécoupage de 2008 faisait suite à une tentative, non aboutie, de provincialisation du territoire sénégalais par l'ex-président de la République, Abdoulaye Wade. Il voulait transformer les régions en provinces avec, à la tête de chaque province, un président de province, et dans le gouvernement central, un ministre chargé de la gouvernance des provinces. La justification : le besoin de « décentraliser au maximum les pouvoirs et les décisions ». Faut-il comprendre par provincialisation, la conciliation de la décentralisation et des histoires des territoires ? Tout porte à le croire si on se fie à l'organisation de la province telle que préconisée par l'ex-président. Chaque province devait être structurée par deux pouvoirs, l'un législatif (exercé par une assemblée provinciale) et l'autre exécutif, dirigé par un président, des secrétaires qui feraient office de ministres de province et qui auraient en charge les questions de santé, d'éducation, d'agriculture, d'environnement, d'infrastructures. En plus de cette architecture institutionnelle provinciale, le pouvoir serait représenté par un ministre résident.

Ce projet de décentralisation par une remise à jour des entités territoriales historiques ne durera pas longtemps. Cependant, il aura révélé le rapport prudent que les Sénégalais avaient envers les territorialités historiques. Par exemple, selon Ibrahima Sall (2008)[11], la provincialisation ne visait rien d'autre que « l'éclatement de l'entité territoriale fuutanke alors qu'on ne pense pas faire la même chose pour le Kajoor, le Jolof, le Njambuur, le Waalo Barak ». Selon lui, si l'on veut restituer la territorialité historique de chaque État précolonial, il faudra le faire pour tous et non exclusivement pour les États wolofs, car il y a aussi le Bunndu, le Fuuta Tooro, le Gajaaga, le Sine, etc. À partir de cette expérience avortée de provincialisation des régions, on peut tirer deux enseignements : d'une part que l'on ne fera « jamais », au Sénégal, une décentralisation à partir des entités territoriales précoloniales, et d'autre part que les Sénégalais se sont approprié le territoire postcolonial et ses démembrements et que c'est par conséquent avec ces entités territoriales construites qu'il faut penser les nouvelles territorialités.

Carte 5 et 6 : Le territoire sénégalais en 2002 et 2008

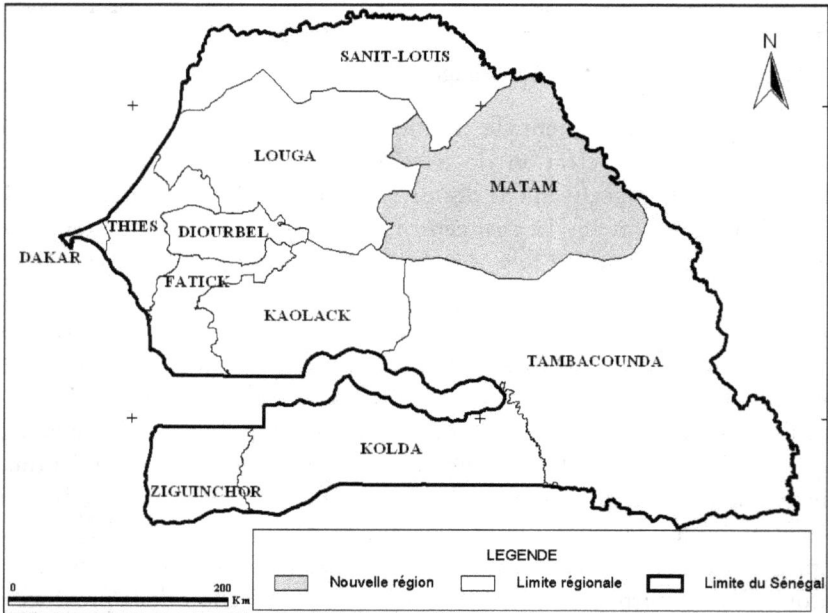

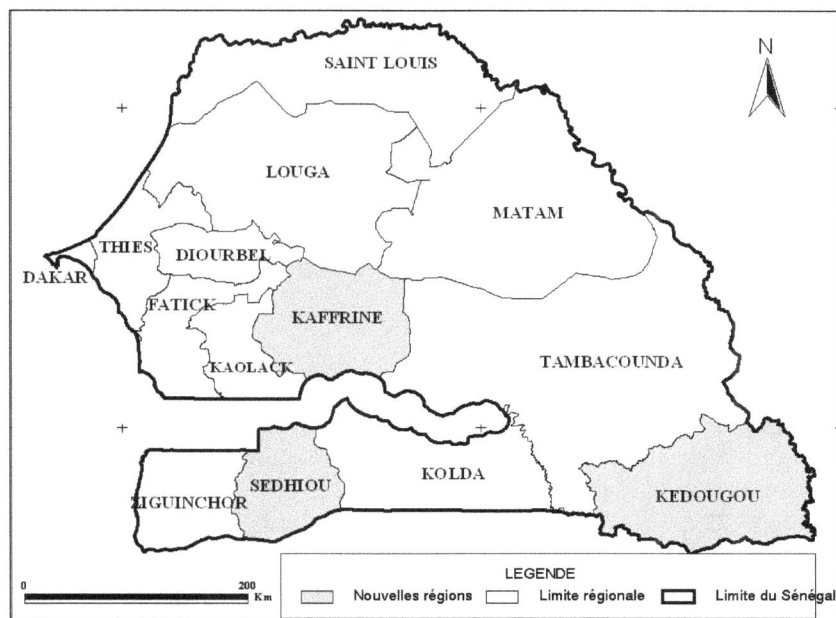

Pour résumer, on s'aperçoit que, de 1960 à 2008, la trajectoire territoriale du Sénégal n'a pas cessé d'être affinée à travers une série de découpages dont le but était soit d'asseoir un État-nation stabilisé, soit de mettre en chantier une meilleure mise en valeur des régions naturelles, soit d'introduire une dose de représentation locale. Le nombre total des entités régionales sénégalaises est ainsi passé de sept en 1960 à quatorze aujourd'hui (cf. Carte 5).

Le long parcours du découpage territorial et administratif sénégalais a débouché sur d'importantes disparités régionales qui méritent d'être reconsidérées, d'autant que les logiques politiques qui ont présidé le plus souvent au découpage territorial se sont traduites par la définition d'entités territoriales incohérentes sur les plans économique ou spatial et ne pouvant répondre de manière pertinente aux préoccupations des populations (CNPAD 2013).

La décentralisation : l'option de la territorialisation des politiques publiques de développement

La territorialisation des politiques publiques est une expression récente dans le discours de la gouvernance politique et administrative au Sénégal. Elle a été utilisée pour la première fois dans le cadre des conseils ministériels décentralisés, en l'occurrence celui tenu dans la région de Ziguinchor en 2012. Il s'agissait alors d'adopter cette nouvelle démarche où le territoire est l'épicentre du système de gouvernance en ce sens que les politiques publiques sont inscrites dans les territoires, de manière coordonnée et complémentaire, pour aboutir à leur meilleure appropriation par les acteurs locaux concernés au niveau local (CNPAD 2013:21). Cette nouvelle démarche sera consacrée par la loi 2013-10 du 23 décembre 2013, portant code des Collectivités locales, qui initie ce qui est désormais appelé Acte III de la Décentralisation. Présentée comme une loi évaluative et corrective, elle vise donc à faire l'état des lieux des collectivités locales créées par les précédentes lois de décentralisation de 1996, les 96-07 et 96-09.

La région, lieu d'impulsion du développement local

La décentralisation au Sénégal prend un tournant décisif dans les années quatre-vingt-dix dans un contexte économique difficile et un contexte politique qui était, depuis quelques années, chaotique. Les conséquences, négatives et positives, des politiques d'ajustement structurel, notamment en termes de responsabilisation des acteurs locaux et de désengagement de l'État central offraient un terreau relativement favorable à la décentralisation. Cependant, elle venait après la grande réforme de 1972 qui avait inauguré les collectivités locales rurales et confirmé les communes urbaines, sans toutefois leur conférer les compétences et les moyens nécessaires. L'innovation de la réforme de 1996 présente deux aspects : le premier, c'est l'introduction de la régionalisation comme instrument de développement territorial et de la région comme la première collectivité locale dans la hiérarchie de l'administration territoriale locale. Le second aspect, innovant, c'est le transfert de quelques compétences aux collectivités locales ainsi que la mise à disposition des moyens financiers (fonds de dotation) pour le renforcement des ressources techniques et humaines des collectivités locales. On aura noté qu'avec la réforme de 1996, c'était la première fois qu'une réforme territoriale était initiée sans redécoupage des territoires existants. La région, nouvelle collectivité locale, est en réalité superposée à la région administrative et territoriale qui existait et qui était gérée par le pouvoir déconcentré. Cependant, en termes de gouvernance politique et économique, la région, ainsi que les autres collectivités locales (la commune et la communauté rurale), acquiert une plus grande autonomie dans la gestion de son budget grâce à l'institution du contrôle de l'égalité a posteriori, ce qui est un véritable allégement. Grâce à cette mesure, les maires et les présidents de région disposent de plus d'autonomie et ne sont plus obligés, comme dans la réforme de 1972, notamment pour les maires, de recourir au gouverneur ou au préfet pour disposer de fonds ou pour décider de leurs investissements.

Après quasiment deux décennies d'application, on peut considérer que la gouvernance locale, apportée par la décentralisation de 1996, est un tournant décisif en matière de création de nouvelles territorialités au Sénégal, tant par l'ampleur des nouvelles compétences désormais exercées que par la place de l'élu local dans la gouvernance locale. Cependant, cette gouvernance est loin d'être satisfaisante si l'on se réfère aux acteurs locaux. Par exemple, d'après Pape Babacar M'Bengue[12], la décentralisation n'a pas atteint ses objectifs pour trois raisons. La première raison tient au fait qu'elle n'a pas apporté le développement social, économique et culturel de chaque région. La deuxième raison est qu'elle n'est pas arrivée à installer une administration proche des usagers comme c'en était l'objectif. Et enfin, elle n'a pas pu instituer des régions dynamiques. D'autres facteurs sont mentionnés par le Code général des collectivités locales. Il s'agit par exemple du manque de viabilité des territoires et de valorisation des potentialités de développement des territoires, de la faiblesse de l'aménagement du territoire due à une architecture territoriale rigide, de la faiblesse de la gouvernance territoriale accentuée par la multiplicité d'acteurs aux logiques différentes, de la faiblesse de la coproduction des acteurs du développement territorial, etc.

Qu'il s'agisse des enseignements émanant du vécu des acteurs locaux ou d'enseignements provenant des services techniques de l'État, l'expérience de la réforme de 1996, l'Acte II de la décentralisation, témoigne, certes, de la création d'un cadre institutionnel et politique relativement fonctionnel, mais ne laisse aucune place aux intra-territorialités, aux inter-territorialités, encore moins aux trans-territorialités. Dans un tel dispositif, la créativité territoriale, l'innovation ou la prise de risque territorial ne sont guère facilitées, ce qui, au final, fait que les territoires restent confinés dans leurs limites administratives et ne fonctionnent pas comme des entités socio-spatiales porteuses de progrès pour les populations. Évidemment, un tel contexte ne favorise pas une mise en œuvre efficace de l'option territoriale du développement parce que les politiques publiques de développement ne trouvent pas, au sein des territoires, des dynamiques territoriales suffisamment fortes pour les porter.

L'Acte III de la décentralisation : les inconvénients de l'impréparation et de la précipitation

L'impréparation et la précipitation sont deux qualificatifs qui reviennent souvent lorsqu'on interroge les élus locaux sur l'Acte III de la décentralisation. Est-il possible de parler de celui-ci sans s'interroger sur les Actes II et I ? En réalité, il n'a jamais été question d'Acte I ou II, même si aujourd'hui, par une sorte de rétroactivité, sur ce sujet, l'Acte I renvoie à la réforme de 1972 et l'Acte II à celle de 1996. L'Acte III dont il est question coïncide avec l'arrivée de Macky Sall à la tête de la République du Sénégal. Cependant, il a surpris beaucoup de Sénégalais puisque, nulle part dans le *Yonou-yokouté* (programme de Macky Sall lors de la campagne électorale de 2012), il n'était mentionné un réaménagement ou une refonte de la politique de décentralisation de 1996. C'est à Saint-Louis[13] que le président de la République annonça, pour la première fois, qu'il allait procéder au bilan de la décentralisation et qu'il procéderait par la suite à la troisième réforme de la politique de décentralisation du Sénégal, qu'il dénomma « Acte III » de la décentralisation[14]. Présentée comme une approche évaluative, le président en justifiait le projet par le besoin d'apprécier, de fond en comble, la politique de décentralisation à la lumière du nouvel ordre mondial de gouvernance locale axée sur un certain nombre de critères ; en l'occurrence : la transparence dans la gestion, l'efficience, la compétitivité, l'esprit d'initiative et l'audace dans les relations.

Les élus locaux, la société civile, les populations en général ont-ils compris ce changement de postulats ? Tout porte à croire le contraire même si, à la différence des réformes précédentes, l'Acte III est fortement décrié, à la fois pour la faiblesse du diagnostic des lois de décentralisation de 1996 et pour le temps très court consacré à la préparation, parce que, faut-il le rappeler, le Comité national de pilotage des réformes de la décentralisation a été mis en place le 13 mai 2013 et la loi consacrée le 28 décembre de la même année. Pour rappel, la réforme territoriale et administrative de 1972 a mis 10 ans à s'appliquer sur l'ensemble du territoire. Selon Pape Babacar MBengue, maire de Hann-Bel Air, « ils ont fait la réforme seuls, entre fonctionnaires et universitaires. Je leur ai dit qu'ils pouvaient connaître les lois mieux que nous, mais qu'ils ne pouvaient pas connaître la vie des populations dans les collectivités mieux que nous ». Malgré des problèmes de méthodologie, l'Acte III tente de répondre à un certain nombre de contraintes assez souvent rencontrées dans la gouvernance locale au Sénégal.

L'Acte III : le besoin de requalifier l'espace et les territoires

À la différence de l'Acte II de la Décentralisation, l'Acte III n'apporte aucun redécoupage du territoire. Les entités territoriales héritées de la réforme 1972 et celles de 1996 sont restées intactes. En revanche, cette dernière réforme introduit un changement majeur, la « territorialisation des politiques publiques ». Elle se traduit par une requalification de l'espace et un changement de paradigme de la gouvernance territoriale (Diakhaté 2011) autour de la suppression de la région, la départementalisation et la communalisation intégrale. En réalité, tout projet territorial porte une réalité complexe qui témoigne des choix de domestication de l'espace d'une société face aux contraintes diverses qu'elle rencontre à un moment donné de son évolution. Il s'agit d'un projet « syntagmatique » (Raffestin 1980) qui, se faisant, construit, déconstruit et reconstruit le territoire d'abord par des intentions, idéalisées puis idéellisées et enfin objectivées. Ce triptyque décrit la posture idéologique du président Macky Sall qui, en promulguant l'Acte III, requalifie l'espace sénégalais, d'une part, et d'autre part, change la matrice de la gouvernance locale en cours jusqu'ici par la disparition de la région et l'érection du département au rang de collectivité locale. Il s'agit alors, dans les objectifs assignés à la nouvelle réforme, d'édifier dans le pays des « territoires viables et durables » (CNPAD 2013), à même de supporter la nouvelle gouvernance qu'implique la territorialisation des politiques publiques.

Pour ce faire, comme dans toute politique territoriale, les objectifs spécifiques de l'Acte III reposent sur trois dimensions. D'abord l'identification des échelles spatiales et socio-économiques de gouvernance grâce auxquelles se construit une cohérence territoriale par la réorganisation de l'espace et l'émergence de pôles de développement. Il s'agit ensuite de travailler à la clarification des relations entre acteurs de façon à s'assurer de leur articulation avec les compétences et les ressources transférées. Et enfin, il s'agit de s'assurer de l'effectivité de l'adéquation de la super-infrastructure aux besoins des territoires, tant dans les mécanismes de financement que dans la gouvernance budgétaire.

Globalement, il ressort de l'analyse des objectifs de la réforme ainsi que de sa justification politique (une nouvelle territoriale axée sur les principes suivants : transparence, efficience, compétitivité, esprit d'initiative et audace dans les relations) que la gouvernance préconisée dans l'Acte III, suggère que les collectivités locales développent désormais des territorialités, dignes de celles des entreprises privées, qui puissent les rendre moins dépendantes des ressources de l'État central. Cette orientation des collectivités locales vers plus d'autonomie, plus d'efficacité et plus de créativité, traduit en fait une insertion des territoires dans les paradigmes de l'économie libérale triomphante. D'ailleurs, dans le document préparant la loi portant l'Acte III, il est clairement précisé que cette loi permettra d'une part d'organiser le Sénégal en territoires viables, compétitifs et porteurs de développement durable et à l'État, d'autre part, de s'orienter vers l'équité sociale et territoriale (CNPAD 2013:22).

Une architecture territoriale plus aérée

L'aération du dispositif institutionnel par la réduction des échelons administratifs est probablement l'innovation la plus appréciée par les acteurs locaux. Elle se traduit dans l'Acte III par la consécration de trois niveaux de territorialités : le pôle territorial, le département et la commune.

En effet, de l'expérience de l'Acte II de la décentralisation, il était ressorti que les collectivités locales régionales étaient l'échelon le moins performant alors que sur elles reposaient l'impulsion du développement des collectivités locales dépendantes, la commune et les communautés rurales. Selon le maire de Ndiass, la région de Thiès n'a jamais pu s'acquitter convenablement de sa mission de coordination des actions de développement de l'État et des collectivités locales comme Mbour, Ndiass, Thiès, Tivaouane, Pout et les communautés rurales. D'ailleurs, le président Macky Sall, lors d'une visite à Tivaouane, disait qu'un habitant de Mbour se sentirait plus concerné par le département de Mbour que par la région de Thiès. Donc, il apparaît que les collectivités régionales ont certes manqué de moyens financiers pour accomplir leurs missions, mais il leur a aussi manqué une bonne maîtrise de l'espace territorial régional et de sa diversité. C'est pourquoi, dans sa première phase d'application, l'Acte III a consacré la suppression de la région en tant que collectivité locale et a promu les départements au rang de collectivité locale. Elle a également introduit la « communalisation intégrale », ce qui, du coup, a fait des communes d'arrondissement et des communautés rurales des communes de plein exercice au même titre que les communes déjà existantes dans les Actes I et II. Construite pour alléger l'administration, introduire plus de proximité avec la population et plus de rapidité dans le traitement des dossiers, la départementalisation se présente aussi comme un émiettement du territoire en davantage de communes. De 14 collectivités locales régionales, on passe désormais à 42 collectivités locales départementales.

Quant aux collectivités locales communalisées, l'indifférenciation qui s'installe désormais entre les communes rurales et urbaines introduit un flou dans la gestion des réalités territoriales du pays. On peut s'interroger sur la pertinence d'un tel choix dans un pays où la majeure partie du territoire est sous emprise agricole et où la majeure partie de la population vit en milieu rural, d'autant que, s'il s'agit de permettre aux communes « rurales » d'accéder aux financements des partenaires au développement et d'accroître leurs possibilités en matière d'aménagement du territoire, un réaménagement législatif aurait pu régler ce type de problèmes et aurait l'avantage de sauvegarder l'identité rurale de ces collectivités locales. D'ailleurs, en comparaison avec le schéma de décentralisation de la France qui compte 36 682 communes, la communalisation intégrale rappelle, à juste raison, les « mille feuilles » françaises, une façon de mettre l'accent sur le trop grand nombre de communes, d'autant plus qu'entre celles-ci, dans le cas du Sénégal, il n'existe aucun dispositif juridique qui les pousse à travailler en intercommunalité. Ce problème pourrait, même si ce n'est pas prévu dans les textes, être pris en charge par le pôle territorial, l'échelon supérieur d'agrégation des départements et des communes.

Le pôle territorial, la nouvelle énigme de l'Acte III de la décentralisation

Le pôle territorial fait partie de la deuxième phase de la mise en application de l'Acte III de la décentralisation. Il faut rappeler que jusqu'ici, les pôles de développement connus au Sénégal étaient organisés autour d'entreprises publiques (SONACOS, SOMIVAC, SAED, SODEVA) qui avaient pour mission de mettre en valeur les ressources naturelles de la région et d'impulser le développement régional. Affectées par la crise économique, elles disparaîtront, pour la majeure partie d'entre elles, sous l'effet des programmes d'ajustement structurel. Aujourd'hui, en dehors de la SAED, de la SODEFITEX et de SUNEOR, lesdites sociétés au Sénégal n'existent plus. La disparition de ces sociétés avait également fait disparaître un schéma d'aménagement du territoire national qui passait par l'articulation de régions économiques adossées aux entreprises d'État. Toutefois, à la faveur de l'Acte III de la décentralisation, la notion de pôle est réintroduite, cette fois-ci, avec une reconnaissance institutionnelle.

Le pôle territorial est, avec le département et la commune, le dernier échelon de la nouvelle matrice territoriale à mettre en place. Cependant, il est le plus grand en superficie et au niveau institutionnel, il se situe à un rang supérieur aux autres entités territoriales. Regroupements de plusieurs départements, il est prévu pour être l'échelle spatiale et décisionnelle où sont cohérés les outils de planification des actions de développement.

Toutefois, on peut lire les pôles territoriaux de développement comme étant le moyen pour l'État de revenir à une régionalisation maîtrisée, ce qui semblait ne plus être le cas avec la multiplication des régions depuis 2002. Le Comité de pilotage de l'Acte III avait recommandé que les pôles territoriaux de développement soient limités au plus à huit ; au final ils sont au nombre de sept (cf. carte 7).

Carte 7 : Le Sénégal en pôles territoriaux en 2013, améliorer la lisibilité

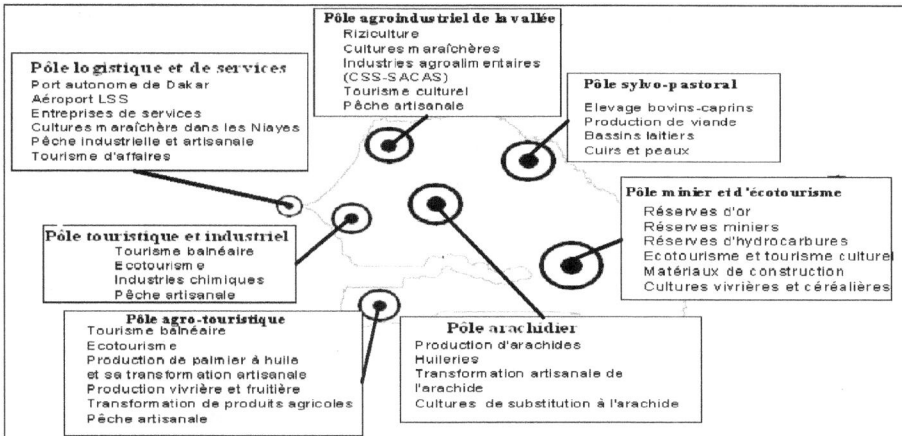

Source : Association des maires du Sénégal (AMS)

Cette carte des pôles territoriaux rappelle exactement la carte de la répartition du Sénégal en 1960 en sept régions selon leurs dispositions agro-écologiques. Les critères de détermination des pôles territoriaux combinent des facteurs naturels et des facteurs anthropiques. En ce sens, il n'y a point d'inventivité. Pire, on peut noter un certain paradoxe dans le fait qu'au sein d'une démarche de décentralisation, un maillon aussi important que le pôle territoire soit décidé par l'État central, aussi bien dans la définition de ses limites physiques que dans son orientation économique. On aurait pu s'attendre plutôt à des négociations entre les collectivités locales (départements et communes) pour mutualiser leurs moyens et leurs besoins au sein de pôles territoriaux qu'elles auraient « librement » choisis. Avant même qu'ils ne soient mis en place, compte tenu de leur nature de regroupements de départements par le pouvoir central, on peut déjà supposer qu'ils seront confrontés aux mêmes problèmes que les collectivités régionales disparues, mais également qu'ils seront des lieux de tensions territoriales liés aux enjeux territoriaux spécifiques à chaque département et aux problèmes d'organisation et de gestion de l'espace.

Conclusion

Gouverner et administrer un territoire sont deux objectifs face auxquels quasiment tous les pays éprouvent des problèmes. En effet, dans ces deux domaines, il n'existe pas de modèles parfaitement satisfaisants. Qu'il s'agisse de pays aux territoires déconcentrés avec une administration émanant du pouvoir central ou de pays aux territoires décentralisés ayant à leur tête des administrateurs élus, le problème de la meilleure gouvernance se pose toujours. Elle se pose parce que très souvent, l'exemple du Sénégal le prouve éloquemment, le pouvoir central soucieux de maintenir son influence et son contrôle sur les ressources territoriales est partagé entre le besoin d'alléger les coûts que lui impose le développement des territoires et le besoin de s'assurer que l'intégrité du territoire ne lui échappe pas. Même dans les pays où la question de l'intégrité du territoire national est dépassée, parce que consolidée quasi définitivement, des impératifs politiques locaux, déterminants pour le niveau national, obligent le pouvoir central à s'intéresser aux territorialités locales. Le Sénégal est probablement l'un des rares pays africains à avoir très tôt, au début de l'indépendance, associé dans une politique globale l'émancipation politique, le développement économique et la maîtrise du territoire. Cependant, comme dans tout projet de développement territorial, la projection dans l'espace de raisons subjectives (idéologiques et culturelles) et de raisons objectives (l'amélioration des conditions de la population) a rendu le territoire complexe et quelquefois disputé. Le conflit qui a opposé Mamadou Dia et Senghor en 1962 est en ce sens révélateur d'une opposition de vue sur les formes et les voies que devait prendre la territorialisation des politiques publiques au Sénégal.

D'ailleurs, à partir de cet événement majeur, on remarque que les différentes politiques territoriales qui ont été adoptées sont allées, toutes, soit dans le sens de découper ou de redécouper les entités socio-spatiales, à partir de déterminants issus de la géographie des lieux, des caractéristiques sociotechniques et de facteurs économiques (le décret n° 60-113 du 10 mars 1960, loi 72-25 du avril 1972 et loi 96-06 du 22 mars 1996), soit plus récemment, avec l'Acte III (loi 2013-10 du 28 décembre), dans le sens de requalifier les territoires pour initier de nouvelles formes de gouvernance axées sur des principes tels que la transparence, l'efficacité, l'esprit d'initiative et l'audace.

Toutes ces expériences de gestion territoriale qui se sont succédé au Sénégal révèlent la recherche d'un « optimum territorial », c'est-à-dire du cadre approprié à la mise en œuvre de politiques publiques de développement. Ont-elles permis d'atteindre cet objectif ? On pourrait répondre par la négative, si l'on sait que l'Acte III, adopté récemment, est une réforme qui vise à doter le pays de « territoires viables et durables pour la territorialisation des politiques publiques ».

Cependant, de cette série d'expériences de gestion territoriale, on apprend que le projet territorial sénégalais est toujours confronté, outre la faiblesse des moyens financiers, à la lancinante question du découpage. En effet, pratiquement, chaque réforme territoriale apporte son lot de découpages pour répondre à des objectifs divers (électoral, clientéliste, administratif, économique, etc.) qui se superposent, s'interpénètrent ou se rejettent. Cette question du découpage est stratégique dans tout projet territorial. Dans le cas sénégalais, il est peut-être temps de régler définitivement ce problème parce que de sa solution dépendent d'autres questions et d'autres dimensions du développement territorial, en l'occurrence les homogénéités, les équilibres et les complémentarités des territoires dans l'espace national par la promotion de politiques d'inter-territorialité et de trans-territorialité.

Notes

1. Cette logique de commande s'observe en Afrique à travers les conséquences de la Conférence de Berlin sur la configuration et plus récemment la décentralisation opérée dans les années quatre-vingt-dix, mais également l'évolution territoriale de pays comme le Mali, le Soudan, etc. En Europe, on peut citer l'exemple des pays de l'ex-Yougoslavie, mais également de quelques pays l'ancienne Union soviétique.

2. À l'indépendance, les nouvelles autorités voulaient organiser le développement non sur la base de ces zones homogènes héritées de l'époque, mais plutôt sur une nouvelle géographie, sur de nouvelles connaissances (d'où les études du CINAM /SERESA) et sur une nouvelle administration. La loi 60-015 du 13 janvier 1960 portant sur l'organisation administrative du Sénégal, et le décret n° 60-113 du 10 mars 1960 constituent les premiers cadres de référence de l'organisation territoriale du Sénégal.

3. « En 1956, le Gouvernement français, par la loi-cadre dite Loi Deferre, accorde l'autonomie interne au Sénégal. Le 27 mai 1957, le Sénégal forme ainsi son premier gouvernement dans le cadre de la communauté française avec comme Président, Pierre Lamy et, comme Président du Conseil, Mamadou Dia » (DIOP 2006:79). Déjà, en 1959, « les études Lebret avaient mis en évidence la nécessité d'une réforme administrative… visant à faire coïncider les structures d'organisation de l'action gouvernementale avec le découpage des « espaces de développement » optimaux » (Colin 2007: 215).

4. D'après Roland Colin, c'est à cette période qu'apparaît explicitement dans les discours, notamment de Senghor et de Dia, la problématique de la construction nationale. On peut lui opposer quelques réserves parce qu'en réalité, le débat sur la construction nationale et les figures de la nation commence chez Dia et Senghor bien avant cette époque (L. S. Senghor, *Nation et voie africaine du socialisme*, Présence Africaine, 1961 et M. Dia, *Nations africaines et solidarité mondiale*, Presses universitaires de France, 1960 (rééd. 1963).

5. L'ONCAD s'occupe de l'encadrement des coopératives et des groupements pré-coopératifs, de la commercialisation des produits collectés par les coopératives, de l'appui à la Banque nationale de développement du Sénégal (BNDS), de l'exécution du programme agricole, d'apporter des prestations de services aux communautés rurales, de transporter les produits collectés et de gérer les semences

6. La dépossession permet à l'État de marquer son appropriation des terres du pays en procédant à un découpage de celles-ci en zones urbaines, zones de terroir, en zones

pionnières et en zones classées, et en faisant de telle sorte que les terres ne peuvent être immatriculées qu'en son nom, sauf pour des occupants qui avaient déjà réalisé des aménagements à la date d'entrée en vigueur de la loi.

7. Pour des développements plus détaillés sur la notion de participation, dans le schéma sénégalais de l'aménagement du territoire, nous suggérons la lecture de l'article de Mbaye Diouf paru en 1979 dans la Revue *Éthiopiques* intitulé « Participation et réforme administrative sénégalaise ».

8. Selon la loi 72-02, une communauté rurale est le regroupement de villages appartenant au même terroir, unis par une solidarité résultant notamment du voisinage, possédant des intérêts communs et capables de trouver les ressources nécessaires à leur développement.

9. Selon la loi 66-46, la commune est créée par le groupement d'au moins 1 000 habitants d'une même localité, unis par une solidarité résultant du voisinage, désireux de traiter de leurs propres intérêts et capables de trouver les ressources nécessaires à une action qui leur soit particulière au sein de la communauté nationale et dans les intérêts de la nation.

10. C'est un autre décret, 72-895 du 21 juillet 1972, qui détermine l'organisation administrative et territoriale de la région du Cap-Vert.

11. http://www.paperblog.fr/1186640/abdoulaye-wade-pyromane-ethnique-par- ibrahima-sall/#ExgQqOoA8w2kJBWy.99, consulté le 2 décembre 2015

12. Maire de la commune de Hann-Bel Air

13. Conseil des ministres du 7 juin 2012.

14. Le processus de l'Acte III de la décentralisation a été lancé le 19 mars 2013 à l'hôtel King Fahd Palace par le président de la République qui, par le décret n° 2013-581 du 29 avril 2013, a mis en place un Comité national de pilotage des réformes de la décentralisation qui sera installé le 13 mai 2013.

Références

Abrioux F., 2002, « Les territoires du sociologue », in *Lire les territoires*, Presses universitaires Francois-Rabelais, Coll. Perspectives ville et territoires, Publication sur OpenEdition Books, p. 225-244

ANSD, 2013, *Recensement général de la population et de l'habitat, de l'agriculture et de l'élevage* (RGPHAE), 36 p.

Badie, B., 1995, *La fin du territoire. Essai sur le désordre international et sur l'utilité sociale du respect*, Paris, Fayard.

Bennafla, K., 1999 « La fin des territoires nationaux », Politique africaine, n° 73, mars 1999 p. 25-49, http://politique-africaine.com/numeros/pdf/073024.pdf, le 5 nov. 2015

CNPRDS, 2013, *Acte III de la Décentralisation. Propositions pour la formulation d'une cohérence territoriale rénovée*, MATCL.

Comité national de pilotage de l'Acte III de la décentralisation (CNPAD), 2013, « Vers des territoires viables, compétitifs et porteurs de développement durable», Rapport général, République du Sénégal.

Colin R., 2007, *Sénégal notre pirogue : au soleil de la liberté. Journal de bord de 1955 à 1980*, Paris, Présence Africaine.

Diakhate, M. M., 2011. *L'Aménagement du territoire au Sénégal : principes, pratiques et devoirs pour le XXIe siècle*, Paris, Harmattan.

Diop, D., 2006, *Décentralisation et gouvernance locale au Sénégal. Quelle pertinence pour le développement local ?*, Paris, Harmattan.

Diouf, M. & M. C. Diop, 1990, Enj*eux et Contraintes politiques de la gestion municipale*, Travaux et Documents, Bordeaux, IEP.

Diouf, M., 1979, « Participation et réforme administrative sénégalaise », *Éthiopiques 18*, .sn/spip.php?page=imprimerarticle&id_article=957. , consulté le 19 nov. 2015

Di Méo, G., 2007, *Lecture des territoires : quels usages de l'espace et des territoires ? In Lire les territoires*, Presses universitaires Francois-Rabelais, Coll. Perspectives villes et territoires, Publication sur OpenEdition Books, p. 221-223

Di Méo, G., 1998, *Géographie sociale et territoire*, Paris, Nathan, Coll. Fac. Géographie.

Kourtessi-Philippakis, G., 2011, « La notion de territoire : définitions et approches », in *Archéologie du territoire, de l'Egée au Sahara*, Paris, Publications de la Sorbonne, 330 p.

MBokolo, E., 2007, « De l'Afrique des États à l'Afrique des peuples : un combat pour la liberté », in *Sénégal notre pirogue : au soleil de la liberté*, Paris, Présence Africaine, p. 9-16.

Ndegwa, S. & B. Levy, 2013, *La politique de décentralisation en Afrique. Une analyse comparative*, Banque mondiale, 33 pages

Le Soleil, 2008, « Décentralisation : Wade relance la provincialisation », http://hubrural. org/Vers-la-provincialisation-du.html, consulté le 25 décembre 2015

Sall, I., 2008, « Abdoulaye Wade, pyromane ethnique », http://www.paperblog.fr/1186640/abdoulaye-wade-pyromane-ethnique-par-ibrahima-sall/#ExgQqOoA8w2kJBWy.99, consulté 25 décembre 2015

Raffestin, C., 1977, « Paysage et territorialité », *Cahiers de géographie du Québec*, vol. 21, n° 53-54, p. 123-134.

Raffestin, C., 1980, *Pour une géographie du pouvoir*, Paris, Libraires techniques.

5

Au confluent de « l'arabité » et de « l'afriquité » ? Le « territoire-frontière » de Rosso comme espace de déploiement de dynamiques ambivalentes d'intégration transnationale entre le Sénégal et la Mauritanie

Mamadou Dimé

Introduction

Cette recherche se donne pour objectif d'analyser les dynamiques d'intégration entre le Sénégal et la Mauritanie à partir des deux villes-jumelles de Rosso. Nous faisons le choix de polariser notre regard sur les pratiques d'intégration par le bas s'incrustant dans des réseaux marchands et des solidarités multiformes, sans ignorer comment ces dynamiques sont encadrées, contrôlées, voire ralenties par les entités étatiques. Nous visons à démontrer que ces actions composites qui font fi, transcendent, effacent, détournent, contournent ou instrumentalisent la frontière, contribuent à l'édification d'un territoire-frontière autour de Rosso qui, du fait de sa position géographique demeure le point de jonction entre deux pays. Les deux Rosso forment un environnement socioculturel homogène, mais fracturé par une frontière politique séparant deux États.

Les données sur lesquelles nous nous appuyons dans cette étude proviennent d'une enquête ethnographique réalisée à Rosso Sénégal comme à Rosso Mauritanie avec les outils de l'observation directe et de l'entretien individuel semi-structuré.

Nous nous fondons également sur une analyse de la littérature portant sur le Sénégal et ses voisins, ainsi que sur la question des frontières en Afrique. Le principe de la diversité a guidé l'enquête de terrain en vue de mettre en exergue l'hétérogénéité des dynamiques d'intégration par le bas dans l'espace-frontière de Rosso.

Les données collectées aident à montrer comment la zone-frontière de Rosso est un espace d'observation et d'analyse des relations ambivalentes entre le Sénégal et la Mauritanie, au gré des vicissitudes liées à des conjonctures nationales et géopolitiques (lutte contre le terrorisme islamiste, enjeux migratoires), des successions de gouvernement, des « humeurs » des pouvoirs publics et de leurs choix diplomatiques et géostratégiques. Nous portons surtout notre regard la manière dont Rosso est emblématique de l'épineuse question de la gestion des zones-frontières et des espaces transfrontaliers sur le continent africain, dans un contexte de mondialisation, voire même de « glocalisation », synonyme d'un double mouvement d'ouverture des frontières, de crispation et de réveil des identités nationales et régionales (Amin 1999 ; Mbembe 2005).

Nous concentrons notre attention sur les dynamiques d'intégration par le bas, les acteurs qui les portent, et enfin les contraintes qui les ralentissent ou les bloquent. Une telle intégration se réalise en marge des institutions, à travers des solidarités socioculturelles et des réseaux marchands transfrontaliers (Grégoire & Labazée 1993 ; Peraldi 2001 ; Bennafla 1997, 2002 ; Mbembe 2005 ; Walter 2008 ; Lesourd 2009 ; Mbega 2015). Une bonne partie de l'analyse cherche avant tout à dépeindre de quoi Rosso est le nom : espace frontière ? Territoire-frontière ? Ligne de démarcation ? Espace sociologiquement intégré mais politiquement et institutionnellement désagrégé ?

Intégrer l'objet frontière pour comprendre les mutations dans le Sénégal d'aujourd'hui

À l'instar des autres pays africains, le Sénégal est engagé dans un processus de transformation qui a pour effet de contribuer en permanence à la reconfiguration d'une société sénégalaise diversifiée. Ces dynamiques sociales sont multiformes. Elles engagent une palette d'acteurs et mettent en scène divers systèmes de représentation tout en donnant lieu à des pratiques sociales composites et hybrides. Les multiples changements qui travaillent la société sénégalaise d'aujourd'hui, recomposent le contrat social sur lequel elle repose et redéfinissent les identités ainsi que les appartenances de ses citoyens, proviennent d'éléments internes comme d'éléments externes (Diop & Diouf 1990 ; Diop 1994 ; Diop 2003a, 2003b ; Diop 2013a, 2013b).

Les dynamiques exogènes procèdent d'un environnement international qui, par ses logiques économiques, culturelles, politiques et sociales tributaires de la mondialisation, affectent les conditions d'existence et agissent sur les capacités de manœuvre des pouvoirs publics. Les facteurs externes découlent également des environnements régional et sous-régional. Ceux-ci sont fortement déterminés par les relations que le Sénégal établit avec ses voisins et, au-delà, par la nature des rapports entretenus par le personnel politique à la tête des pays (entente cordiale, animosité sur fond de rivalité quant au leadership sous-régional, appartenance idéologique, etc.).

Les multiples convulsions des relations du Sénégal avec ses voisins ont toujours attiré l'attention des chercheurs (Diop 1994 ; Thioub 1994 ; Dumont & Kanté 2009). La série d'ouvrages coordonnés par Momar-Coumba Diop a d'ailleurs mis en lumière les évolutions, les crises, les inflexions, bref les convergences et les dissonances dans les rapports entre le Sénégal et ses voisins proches. Ces éléments ont régulièrement été au cœur de la production scientifique de Momar-Coumba Diop, Mamadou Diouf et Donald Cruise O'Brien sur les multiples trajectoires de l'État sénégalais, le bilan à la tête de l'État des présidents Diouf et Wade, les enjeux et défis de la construction de l'État, les transformations sociales et économiques, les épreuves de la mondialisation et des migrations, etc. (Diop & Diouf 1990 ; O'Brien, Diouf & Diop 2002 ; Diop 2003a, 2003b, 2004, 2013a, 2013b).

Le « Sénégal face à ses voisins » a d'ailleurs constitué un des chapitres de l'ouvrage *La construction de l'État au Sénégal* (O'Brien, Diouf & Diop 2002). Dans cette contribution, Momar-Coumba Diop analyse les fondements et les multiples évolutions du pays avec ses quatre voisins (Mali, Guinée Conakry, Guinée Bissau et Mauritanie) et le cinquième, qui a la singularité d'être enfoncé dans son territoire (Gambie). Partant du postulat que la prise en compte des relations entre le Sénégal et ses voisins est une dimension centrale dans l'éclairage des dynamiques sociales, notre étude constitue une manière de revisiter et de réactualiser les lectures et analyses de Diop à l'aune de nouvelles configurations de l'État, au Sénégal comme chez ses voisins, de nouveaux enjeux (institutionnels, économiques, sécuritaires, géopolitiques et géostratégiques), mais surtout de l'ambition toujours affirmée d'un leadership sous-régional, voire continental, des dirigeants sénégalais qui se sont succédé à la tête du Sénégal, Léopold Sedar Senghor, Abdou Diouf, Abdoulaye Wade et, aujourd'hui, Macky Sall.

Nous procédons à cette révision des interprétations disponibles à partir de l'analyse des relations entre le Sénégal et la Mauritanie, non pas à partir d'une perspective centrée sur l'histoire des relations institutionnelles et diplomatiques entre les deux pays, mais plutôt à partir d'un lieu, un espace, qui met quotidiennement en face à face les deux États. Il s'agit de la zone-frontière ou du territoire-frontière de Rosso. Habituellement qualifiées de « villes jumelles », Rosso-Sénégal et Rosso-Mauritanie, se font face de part et d'autre du fleuve Sénégal qui sert de ligne politique de démarcation et de frontière naturelle entre les deux villes et entre les deux États.

Malgré l'intensité des échanges commerciaux, la densité des relations multiséculaires et l'importance des flux humains de cette zone névralgique et important point de passage, la zone-frontière de Rosso est parfois le théâtre d'expression d'une animosité entre la Mauritanie et le Sénégal, au-delà, entre « l'Afrique noire » et « l'Afrique blanche » (arabo-berbère). Par sa position géographique, son histoire, le profil démographique de sa population (Maures, Berbères et Négro-Africains), la Mauritanie est tiraillée entre son « arabité », sa « berbérité » et son « afriquité »[1]. Sur cette base, Baduel (1989) la qualifie même de « pays-frontière » (Baduel 1989).

Les relations entre les deux pays autour de l'espace-frontière de Rosso permettent d'avoir un regard synoptique sur les dynamiques de coopération, de négociation, de tension et de désaccord entre le Sénégal et la Mauritanie. Malgré les facteurs favorables à la construction d'un espace de coopération transfrontalière autour de Rosso (échanges commerciaux, brassages religieux, linguistiques et ethniques, complémentarité économique, homogénéité écosystémique, etc.), de nombreuses entraves continuent de freiner cette option. Les conditions de circulation et de séjour entre les deux villes, jugées « cauchemardesques » de part et d'autre, constituent d'ailleurs un indicateur pertinent pour analyser ces contraintes.

C'est comme si les pratiques d'intégration par le bas effectuées par les populations étaient ralenties ou contrecarrées par le poids des antagonismes étatiques et la forte volonté de contrôle de cet espace-tampon. Des dynamiques d'intégration se mettent certes en place, intensifiées par la « route du désert » qui permet de rallier en voiture l'Europe depuis le Sénégal, via la Mauritanie, le Maroc et la traversée de la Méditerranée en ferry, mais elles sont entravées par l'obsession, de part et d'autre, de contrôler, surveiller et réglementer l'espace transfrontalier de Rosso, et également d'y prélever une substantielle « rente de situation frontalière » (taxes douanières, patentes municipales, droits de passage, etc.) cruciale pour les deux pays et les deux villes.

Des espaces convoités, contrôlés, mais surtout d'intenses interactions : bouillonnement d'activités autour des régions-frontières en Afrique

Les questions du tracé des frontières et de la coopération frontalière ont toujours constitué des enjeux cruciaux pour les pays africains (Foucher 1988 ; Bach 1998 ; ENDA Diapol 2007 ; Mbembe 2005). Depuis les indépendances, des conflits interétatiques[2] ont été notés au sujet des frontières, générant ainsi leur lot de drames, de destructions et de dégâts. De nombreuses tentatives d'intégration continentale, régionale et sous-régionale ont été effectuées sur le continent. Elles se sont matérialisées, pour le cas spécifique de l'Afrique de l'Ouest, par la mise en place d'organismes de coopération (CEDEAO[3], UEMOA[4], OMVS[5], etc.) ainsi que la signature de traités de libre circulation des personnes et des biens, et d'accords censés contribuer à supprimer les barrières héritées de la colonisation et effacer les traumas de la balkanisation.

Malgré ces efforts d'intégration régionale et sous-régionale, les zones-frontières continuent d'être des espaces de tensions, de rackets, de tracasseries, de contrebande, de trafics, mais surtout de divergences et de confrontations entre les États (Jeganathan 2004 ; ENDA Diapol 2007 ; Lombard & Ninot 2010). Une telle situation n'est pas spécifique à Rosso. On la retrouve quasiment dans les villages et les centres urbains situés autour des zones-frontières et des espaces transfrontaliers sur le continent : l'espace « SKBo », triangle tracé par les villes de Sikasso (Mali), Korhogo (Côte d'Ivoire) et Bobo-Dioulasso (Burkina-Faso), Karang-Bara (Sénégal-Gambie) ; le couloir Maradi-Katsina-Kano sur l'axe transfrontalier Nigeria-Niger ; Bénin-Nigeria, Côte d'Ivoire-Ghana, etc. (Bennafla 2002).

Une floraison d'expressions a été forgée pour rendre compte de l'intensité des flux commerciaux et du bouillonnement d'activités autour des frontières en Afrique. Igué (1995:8) les assimile à une « périphérie nationale » tandis que Raison (1983:6) retient l'expression de « région informelle ». Pour Grégoire et Labazée (1993), il s'agit « d'espaces d'échanges réels » alors que Bach (1998) retient le terme de « régionalisme transétatique » et Roitman (2003) de « garnisons-entrepôts ». Karine Bennafla (1999:26), comme pour mieux refléter les mutations que la temporalité de sa recherche lui permet de prendre en compte, désigne ces espaces par l'expression de « frange frontalière » ou « région frontalière ».

C'est dire que malgré la volonté de contrôle des États et l'ampleur et éventuellement le degré de violence des différends pouvant en découler, les frontières n'ont jamais représenté des barrières étanches de séparation spatiale ou de démarcation territoriale pour les populations. Elles ont plutôt toujours constitué des espaces de vie, de circulations, d'interactions et d'échanges qui débordent les délimitations nationales. Ce qui valide l'évidence de l'artificialité des frontières6 en Afrique (Bouquet 2003), principe largement accepté dans la recherche et ancré dans les pratiques sociales, mais non entériné sur les plans juridique et institutionnel par les instances africaines puisque l'Organisation de l'unité africaine (OUA)7 a, dès sa création, consacré le principe de l'intangibilité des frontières héritées de la colonisation.

La recherche d'une intégration plus poussée à l'échelle régionale, associée à une crise et une perte de prérogatives des États centraux, mouvement accompagné d'un renforcement d'acteurs aux marges (régions périphériques) et d'une intensification des dynamiques de mobilité humaine représentent autant de facteurs concourant à un processus d'effacement du caractère hermétique des frontières étatiques. L'inéluctabilité, voire l'irréversibilité de ce processus a conduit Bertrand Badie (1995) à mettre en exergue le caractère inadapté et dépassé des « territoires statonationaux » dans un contexte de montée des réseaux économiques transnationaux et des constructions économiques régionales. Pour Badie, à l'heure de l'internationalisation des échanges et de la modernisation des techniques de communication, on assiste à la crise des territoires nationaux conçus comme « supports d'une identité politique citoyenne » et le risque est grand de les voir être concurrencés par des « territoires identitaires » fondés sur une même appartenance ethnique, religieuse ou culturelle.

Les populations transforment les frontières en « ressources » qui alimentent une intense activité économique (commerce, transport, trafic, etc.), autant d'activités gravitant autour de la « rente frontalière » (Autrepart 1998 ; Lambert 1988 ; Bennafla 2002). Il peut s'agir de produits de contrebande, de la circulation de produits illicites ou tout simplement d'échanges commerciaux portés par des réseaux commerciaux étendant leurs tentacules de part et d'autre des zones-frontières. Les États, dans leur farouche volonté de contrôle des espaces à risque et des zones recelant des opportunités de prélèvement de ressources rentières se trouvent obligés de déployer des politiques et des dispositifs de surveillance et de contrôle des frontières (Clapham 1998 ; Choplin & Redon 2008). En Afrique de l'Ouest, malgré l'instauration de traités de libre circulation des personnes et des biens, les États rechignent à appliquer l'intégralité de ces dispositifs juridiques. Invoquant des raisons sanitaires, sécuritaires et/ou policières, ils continuent d'exercer un contrôle serré dans les espaces transfrontaliers, multipliant les tracasseries pour leur traversée. Telle est la situation à la zone-frontière de Rosso réputée pour les difficiles conditions de circulation en dépit des nombreux facteurs d'unité et d'homogénéité.

De quoi Rosso est-il le nom ?

Villes-jumelles ? Zone-frontière ? Espace transfrontalier ? Territoire-frontière ? Espace-tampon ? Rosso offre la singularité d'être « partagé » entre deux pays. Il ne s'agit pas d'une ville unique que les aléas de l'histoire et de la géographie auraient séparée en deux. On n'est pas non plus en présence d'un phénomène où l'une des villes est un appendice du développement de l'autre ou le résultat d'un débordement de ses activités et de son étalement urbain. Il s'agit ici de deux villes différentes par leur identité, leurs trajectoires respectives, leur appartenance et leur ancrage dans des ensembles nationaux distincts. Les facteurs d'unité entre les deux villes résident dans le partage d'un même environnement géographique et d'un ensemble écosystémique similaire déterminé par le fleuve qui joue un double rôle ambivalent de « barrière », mais également de trait d'union entre les villes. Les Rosso sont campées l'une en face de l'autre. Le partage d'un patronyme illustre néanmoins une forte situation de « gémellité » qui se prolonge par une forte intégration aux niveaux économique, culturel et ethnique et une situation de complémentarité dans le domaine commercial notamment.

Carte 1 : Rosso-Sénégal-Rosso-Mauritanie : localisation et image satellitaire de 2 villes-jumelles

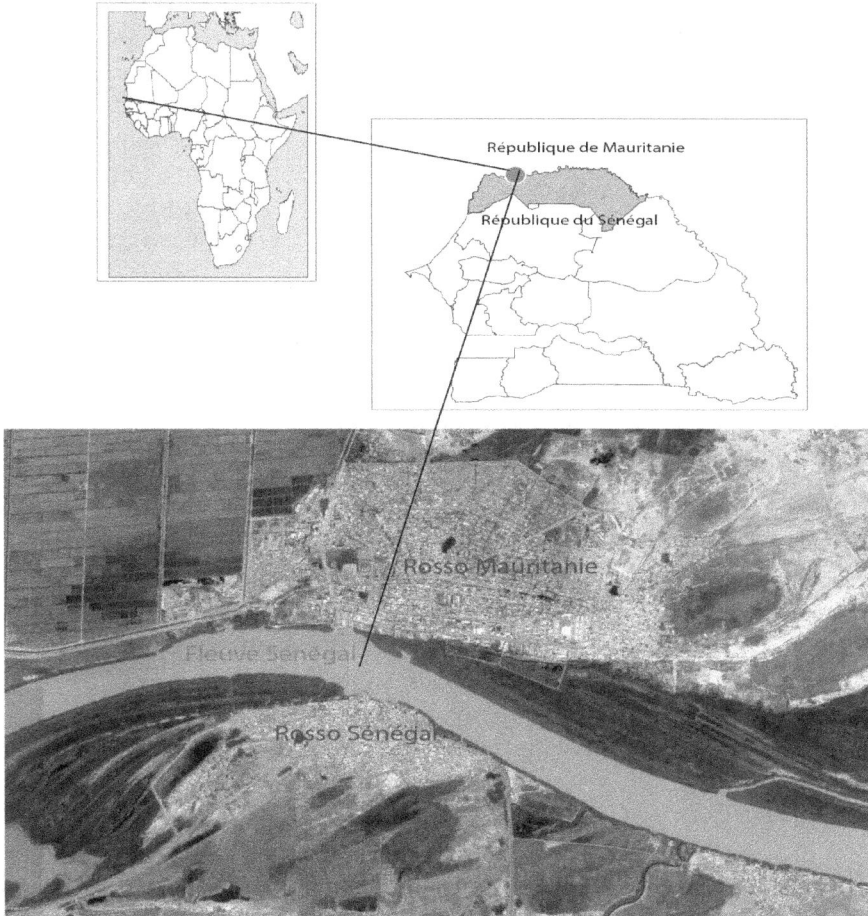

Rosso Sénégal et Rosso Mauritanie constituent toutes les deux des villes moyennes dont le rayonnement et le développement sont le produit de leur position de carrefour et de trait d'union entre les deux pays et, au-delà, entre deux aires linguistiques et culturelles. Leur histoire les rattache toutes les deux à l'ancien royaume du Walo. Les deux pays faisaient alors partie d'un ensemble territorial et politique homogène, car le fleuve ne représentait pas un facteur de partition entre les deux espaces. Ils étaient tous les deux des parties englobantes du Royaume du Walo (Jus 2003).

La colonisation française a été l'un des facteurs déclencheurs de l'éclatement des ensembles politiques comme le Walo et a consacré le début de la mise en place progressive du fleuve comme ligne de démarcation de facto entre le Sénégal et la Mauritanie. L'érection de Saint-Louis comme capitale de la colonie du Sénégal qui englobait une bonne partie de la Mauritanie a servi de soubassement à l'utilisation de Rosso comme porte des entreprises coloniales désireuses de s'implanter dans l'hinterland de la partie mauritanienne. Les deux Rosso ont eu un statut de comptoirs commerciaux et d'escales sur le fleuve Sénégal. Les traités entre les administrateurs coloniaux français et le brack du Walo permirent aux Français d'acquérir des terres fertiles du Walo pour l'établissement d'implantations agricoles. En 1854, un comptoir commercial fut édifié sur l'actuel Rosso en vue de faciliter le commerce de la gomme arabique et du sel en provenance de la rive droite du fleuve (Niane 2014 ; Diallo 2007).

L'origine du nom de Rosso met en lumière le fait que comme beaucoup de villes moyennes d'aujourd'hui, Rosso a d'abord été un comptoir colonial français. En effet, sur ce lieu qui a l'avantage d'être situé en hauteur et où les eaux du fleuve sont profondes, a été établie une escale de transit des bateaux dénommée « Balacosse ». La surveillance des marchandises des bateaux posait des défis de taille. Pour y remédier, un Français du nom de Rose s'attacha les services d'un intrépide chasseur autochtone pour sécuriser les marchandises en attente d'être transportées. Pour ses services, les Français le récompensèrent avec des terres auxquelles il donna le nom de Rose en signe de reconnaissance. Par déformation, Rose est devenu Rosso. La zone s'est ensuite agrandie au gré des inondations (un problème crucial causé par la nature des sols – latéritique – dans les deux villes) et des mutations sociopolitiques et économiques aux échelles locale, nationale et internationale (Niane 2014).

À l'accession à l'indépendance du Sénégal et de la Mauritanie, les deux Rosso voyaient leur position déjà établie, même si le découpage de la frontière entre les deux pays était loin d'être clairement établi. Les séquelles d'un différend territorial étaient en place à l'époque puisque le fleuve n'était pas encore la ligne de frontière étant donné que beaucoup de villes et villages du Sénégal situés le long du fleuve possédaient des terres de culture et des zones de parcours de bétail sur la rive droite du fleuve. On était déjà dans la situation d'un espace territorial intégré aux niveaux écosystémique, culturel et économique. Ces deux cités sont les premières à subir l'évolution des rapports entre les deux États. Jusqu'à la crise majeure de 1989 entre les deux pays, la situation de complémentarité entre les deux villes l'emportait largement sur les lignes de facture politique, institutionnelle ou sécuritaire. La crise dans les relations sénégalo-mauritaniennes en 1989 est une étape marquante dans l'édification entre les deux Rosso d'une situation de zone-frontière et de mise en place d'un espace transfrontalier avec tout ce que cela implique comme activités de sécurisation, de contrôle de la mobilité et de gouvernance transfrontalière.

Sans nous attarder aux étapes marquantes du développement des deux villes qui les ont fait passer du statut de village à celui de commune au gré des réformes territoriales, administratives et politiques dans les deux pays, il convient de souligner que Rosso-Sénégal est passé du statut de communauté rurale en 1982 à celui de commune de plein exercice en 1996 et en 2002. Il relève du département et de la région de Saint-Louis. Rosso Mauritanie est le chef-lieu du département de Rosso et la capitale de la wilaya (région) de Trarza. Ils sont situés à la périphérie des centres politiques dans les deux pays avec une configuration linguistique et ethnique plus homogène (majoritairement wolof) du côté sénégalais et plus diversifiée du côté mauritanien (prédominance des populations négro-africaines, présence de Maures beydanes).

Du point de vue de sa composition ethno-raciale, la population de Rosso-Mauritanie épouse les contours du profil global de la population de la Mauritanie avec l'existence de trois grands groupes :

1. les Beydanes (Maures blancs) s'exprimant en hassanya, un dialecte arabe fortement teinté de berbère, et parfois désignés par l'expression de communautés arabo-berbères. Il s'agit d'un groupe économique, politiquement avantagé par son accès privilégié aux ressources et par son contrôle du pouvoir ;

2. les Harratines (Maures noirs). Le terme d'harratine est un terme du dialecte hassanya qui signifie « les affranchis ». La majorité des Harratines a la peau noire. Ils sont culturellement et socialement assimilés aux Beydanes. Le groupe des Harratines est formé d'anciens esclaves affranchis et de descendants d'esclaves ;

3. enfin, les Négro-Mauritaniens. Ce groupe est constitué principalement des communautés peul, wolof et soninké qui vivent principalement dans les villes et villages disséminés le long du fleuve Sénégal comme Rosso, Sélibabi, Boghé, etc.

Du point de vue de la répartition démographique, les statistiques officielles restent muettes sur le poids démographique de chacune des communautés. Dans un contexte de tension ethno-raciale, d'accès inégalitaire aux ressources et au pouvoir et de survivance d'un système fondé sur l'esclavage, cet item n'est pas pris en compte dans les recensements de la population mauritanienne. Du côté sénégalais, la répartition de la population laisse voir une prédominance des Wolofs, suivis des Pulaars, des Maures et des Soninké8.

Malgré l'asymétrie dans les statuts des villes, on est en présence d'un espace pouvant être qualifié de territoire-frontière pour mieux refléter les connexions, les interdépendances, ainsi que l'intensité des échanges multiformes autour de cet espace territorial. Mais ces convergences sont encadrées, ralenties à l'occasion puisque la réalité de la frontière est au centre de toutes les dynamiques d'arrimage ou de déconnexion dans cet espace.

Rosso : dynamiques d'une intégration par le bas dans les interstices d'un territoire-frontière « glocalisé »

Quoique nichés au confluent de deux États dont les relations n'ont jamais été un long fleuve tranquille, les deux Rosso cohabitent dans un espace frontalier où les dynamiques d'intégration des acteurs à la base (populations locales des deux rives, commerçants, acteurs de l'économie populaire, collectivités locales, organisations communautaires, opérateurs économiques, etc.) peuvent trancher avec les logiques centrifuges des acteurs étatiques et de leurs démembrements (polices, douanes, administration territoriale, services techniques, etc.). Ceux-ci étant davantage dans une logique de contrôle, de surveillance, de régulation des multiples activités transfrontalières. Ces dernières se sont intensifiées malgré les obstacles liés au caractère transfrontalier et à l'armature juridique des deux États.

La transfrontalité peut donc être envisagée comme un facteur à la fois favorable et défavorable à l'établissement d'échanges multiformes entre les deux villes qui ont un statut de carrefour stratégique. Les liens économiques sont portés par une kyrielle d'acteurs se déployant dans un territoire-frontière fait de connexions, de flux multiformes, d'interrelations, mais également de fragmentations et d'antagonismes. Les circulations et les complémentarités sont renforcées par la possibilité de rallier les espaces européen et maghrébin par la « route du désert » qui a intensifié le rôle des deux Rosso comme point de passage et lieu de transit, renforçant du même coup les dispositifs de dissuasion des mobilités et d'endiguement des migrations, irrégulières notamment (Lombard & Ninot 2010).

La focalisation sur ces dimensions peut ainsi conduire à rester myope sur les authentiques dynamiques d'intégration entre les acteurs locaux dans les deux villes et qui contribuent à la mise en place d'un territoire-frontière. Plusieurs facteurs y concourent. Ils relèvent de la synergie d'éléments d'ordre historique, géographique, culturel, économique, religieux, etc. et participent à l'essor du commerce transfrontalier dans le passé (commerce transsaharien) comme dans la période actuelle. Les deux Rosso profitant de leur emplacement géographique : Rosso-Mauritanie est située à 200 km de la capitale mauritanienne et constitue la principale agglomération au sud du pays, tandis que Rosso-Sénégal est située dans une région qui est le lieu de déploiement d'activités socio-économiques structurées autour de la riziculture et encouragées par la présence d'une armature urbaine étendue formée par les centres urbains de Saint-Louis, de Ross Béthio, de Richard-Toll et de Dagana.

Cette densité urbaine explique la présence d'un important marché qui favorise les activités commerciales et dope les échanges économiques autour de la zone-frontière qui se distingue par une certaine complémentarité économique et commerciale avec l'intense circulation de marchandises de Dakar à Nouakchott et au-delà, jusqu'aux grandes villes marocaines. Rosso devient la porte d'entrée des produits marocains, surtout des produits fruitiers comme l'illustre le défilé quotidien des camions frigorifiques venant écouler sur le marché dakarois les fruits en provenance du Maroc. Le ferry (traversier) de Rosso, communément appelé bac de Rosso, est l'endroit névralgique de ce territoire-frontière, mais surtout le cadre d'expression de la complémentarité entre les deux Rosso. Il demeure un riche trait d'union entre les deux Rosso, car régulant les échanges au rythme des dessertes assurées par les deux ferries qui font passer, de part et d'autre de la frontière, personnes, marchandises, produits agricoles, bétail, biens de consommation, etc.

Les ferries assurent la navette au rythme de quatre rotations par jour (deux rotations le matin et deux l'après-midi). Chaque bac peut transporter jusqu'à deux camions de 30 tonnes, deux véhicules d'environ cinq tonnes, des marchandises et des voyageurs. Les traversées durent environ 7 à 8 minutes et chaque embarquement ou débarquement donne lieu à des activités grouillantes et mettent sur le qui-vive les acteurs de contrôle de la zone-frontière (police et douanes notamment). Le ferry est ainsi l'un des éléments-clefs de l'intégration entre les deux Rosso et au-delà entre le Sénégal et la Mauritanie. La gestion de la desserte fluviale est le cadre de dynamiques de négociation et de cogestion entre les deux États à travers les services étatiques impliqués dans la régulation des flux.

Le transport par pirogues contribue aussi à la vitalité des liens économiques et commerciaux entre les deux villes. Comme le bac, les pirogues transportent des personnes et des marchandises en complément ou en concurrence avec le ferry. Leur usage est plus important en dehors des heures de service du ferry. Dans ce cas, le transport par pirogue représente l'unique possibilité pour quiconque ne voudrait pas attendre des heures sous la chaleur de Rosso. Les pirogues font ainsi partie intégrante du paysage des deux rives et à ce titre, elles jouent un rôle crucial dans l'intégration dans le territoire-frontière de Rosso.

Une autre niche contribuant à l'intensification des liens entre Rosso-Sénégal et Rosso-Mauritanie est constituée par les marchés. Chaque ville en compte un de grande taille. Celui du côté sénégalais est situé dans le quartier de Cité Niakh et on y trouve en plus grande quantité des produits agricoles alors que le marché de Rosso-Mauritanie, niché juste après le débarcadère est beaucoup plus vaste. L'origine des commerçants y est plus diversifiée, tout comme y sont plus hétéroclites les marchandises en vente (produits alimentaires importés, articles électroniques, électroménagers, etc.).

Tableau 1 : Principaux produits disponibles dans les marchés signe de la complémentarité entre les deux Rosso

Rosso Sénégal	Rosso Mauritanie
Riz (paddy ou décortiqué), Patate douce, Carottes Navets Tomates fraîches, Produits fruitiers (Mangues) Melons Aliments de bétail Chaises Ustensiles de maison Divers récipients en plastique Chaussures en plastique	Matériaux d'installation (fils électriques, lampes et d'autres récepteurs) Téléviseurs, Magnétophones, Lecteurs CD, DVD et VCD, MP3 Téléphones portables, clés USB, et Autres gadgets électroniques Crèmes et laits de beauté, Tubes de dépigmentation Parfums, déodorants, savons, détergents Tissus

Le marché de Rosso-Mauritanie a toujours attiré les Sénégalais qui trouvent l'occasion de faire de bonnes affaires. C'est pourquoi il a été, dans le passé, le point de départ d'une vaste économie de contrebande qui a toujours mobilisé d'importants moyens de répression du côté sénégalais. Une économie transfrontalière, surtout dans le contexte africain dominé par l'informalité et le peu d'ancrage de l'idée de frontière dans les représentations sociales et les pratiques des acteurs, est toujours animée par les figures de « fraudeurs » qui se jouent allègrement de la frontière si elles ne l'utilisent pas comme ressource stratégique et comme espace de trafics lucratifs mais risqués. Elle met également en scène d'autres acteurs tournés davantage vers le captage et la gestion des flux monétaires de part et d'autre de la frontière. On peut ranger dans ce groupe les cambistes, au centre de la mise en place d'un véritable marché informel de change.

Reconnaissables par les liasses de billets qu'ils ont dans leurs mains, ils se déploient aux alentours des débarcadères et proposent des services de change des monnaies les plus en circulation dans l'espace-frontière de Rosso : franc CFA, ouguiya et euro. Un autre groupe d'acteurs tout aussi important dans cet espace économique est constitué par les transitaires, nombreux à s'activer de chaque côté de la frontière pour accompagner les agents économiques et les particuliers dans leurs formalités douanières. L'économie transfrontalière est animée par d'autres acteurs comme les nombreux travailleurs se rendant quotidiennement de part et d'autre de la frontière, animant ainsi des mouvements pendulaires importants. Nombreux sont, chaque jour, les habitants de Rosso-Sénégal allant travailler en Mauritanie comme maçons, artisans, commerçants, menuisiers, cambistes alors que des écoliers font le chemin inverse pour venir étudier dans les établissements scolaires de Rosso.

Les dynamiques d'intégration à l'intérieur du territoire-frontière de Rosso n'ont pas une dimension exclusivement économique. Elles s'expriment aussi au plan social. De puissants vecteurs d'inclusion sociale concourent à lubrifier les liens sociaux sur un espace caractérisé par un important brassage ethnique et le partage de référents identitaires. La langue wolof et la religion musulmane deviennent des facteurs d'unification entre les deux Rosso. Les marchés, surtout du côté mauritanien, sont autant de lieux d'observation du statut de langue dominante du wolof.

Le partage d'un islam à orientation confrérique vient renforcer les dynamiques d'interaction et d'intégration par le bas autour du territoire-frontière de Rosso. Le fait, pour toutes les confréries sénégalaises, de pouvoir revendiquer des rapports privilégiés avec la Mauritanie dans leurs évolutions, se référant au séjour du fondateur dans le cas du mouridisme, ou à l'ancrage spirituel dans ce pays dans le cas des tidianes et des khadres, contribue à désamorcer les situations de tension et à pacifier les rapports humains (Robinson 2004 ; Ould Cheikh 2004). Lors des situations de crise comme celle survenue en 1989, ces mécanismes fondés sur le partage d'une appartenance identitaire et religieuse commune ont puissamment contribué à stopper l'escalade et à freiner les ardeurs bellicistes dans chaque pays. Néanmoins, les situations de tension qui ne manquent pas de surgir sont l'occasion, pour les acteurs impliqués dans la gouvernance du territoire-frontière de Rosso, d'y imprimer leurs empreintes en matière de contrôle des mobilités, de répression des trafics et de coopération entre les administrations et les collectivités locales.

Rosso, territoire à policer et espace à contrôler : multiples enjeux autour de la gouvernance transnationale d'une zone-frontière

Le territoire-frontière de Rosso est le lieu d'actualisation de fortes dynamiques d'intégration par le bas reposant sur des fondements historiques, culturels, religieux, sociaux et économiques et portés par des acteurs aux profils hétérogènes. Mais se déroulant dans un espace mettant en face-à-face deux États, avec leurs systèmes politiques et institutionnels, leur arsenal réglementaire, les dynamiques d'intégration ne manquent pas d'être normées, canalisées et contrôlées par les deux États. Ces derniers mettent en avant des arguments de sécurisation de la frontière dont les enjeux géopolitiques ont été amplifiés par une panoplie de facteurs et plusieurs évènements survenus récemment.

Le premier d'entre eux est l'apparition de la menace terroriste dans l'espace sahélien au milieu des années 2000, phénomène du reste amplifié par la désagrégation de la Lybie et la guerre au Mali (Ciavolella & Friesa 2009 ;

Boukhars 2012). Les groupuscules islamistes qui se signalaient sporadiquement par des enlèvements ou des meurtres d'étrangers, ainsi que le harcèlement des forces policières, ont pu établir dans le désert mauritanien des bases à partir desquelles ils lancent des attaques d'une rare violence : assassinat de quatre touristes français en décembre 2007, meurtres de soldats mauritaniens, attentats contre des intérêts français à Nouakchott (Choplin 2008). Le poste-frontière devient ainsi le baromètre des menaces sécuritaires ou d'ordre sanitaire pouvant être enregistrées en Mauritanie ou au Sénégal. À la faveur de rumeurs ou de renseignements attestant de l'imminence avérée ou non de menaces terroristes, les contrôles sont renforcés de part et d'autre de la frontière.

L'amplification de la menace terroriste au Sénégal à la suite des attentats terroristes perpétrés au Mali, au Burkina Faso et en Côte d'Ivoire au début de l'année 2016 a mis sur le qui-vive les forces policières des deux pays. Cela s'est traduit par une sécurisation plus affirmée et plus visible du poste-frontière de Rosso et une surveillance accrue de la route nationale n° 2 du Sénégal. Depuis la récurrence de la menace terroriste en Afrique de l'Ouest, le Sénégal est régulièrement cité avec insistance comme cible des réseaux djihadistes, déclenchant un renforcement des contrôles de sécurité devant les hôtels et une présence plus marquée des services de renseignement autour de Rosso.

Cette réaction est justifiée principalement par le fait que le territoire mauritanien a pu être le lieu d'implantation de la Brigade d'Al-Qaïda au Maghreb islamique décuplant la menace terroriste dans ce pays surtout au milieu des années 2000. Cette menace terroriste, plus localisée dans les régions Nord-Est de la Mauritanie, quoique géographiquement éloignée du territoire-frontière de Rosso, oblige les forces de sécurité et de renseignement à une vigilance soutenue pour débusquer les individus et les comportements suspects lors des traversées de la frontière. Ce qui rend encore plus pénibles les conditions de passage entre les deux Rosso.

Le qualificatif de « cauchemardesque » est celui le plus employé pour décrire ce passage qui génère son lot de stress, de crispation et d'angoisse, à l'image de beaucoup d'espaces transfrontaliers en Afrique (Choplin & Lombard 2010). Le contrôle excessif et les tracasseries policières et douanières, le tout sur fond de désorganisation et, une bonne partie de l'année, dans des conditions de chaleur élevée sont, entre autres raisons, invoqués pour justifier le choix de ce qualificatif. Le zèle policier lors des contrôles, associé à la vulnérabilité de certains passagers (migrants désireux de rallier l'Europe après des étapes de transit en Mauritanie et au Maroc), devient propice à la multiplication de pratiques corruptives.

Le sentiment est général qu'il faut savoir manier les pots-de-vin du côté sénégalais comme mauritanien pour échapper aux difficiles conditions de circulation et aux contrôles tatillons des pièces d'identité, des carnets de vaccination et du permis de séjour pour les Sénégalais résidant en Mauritanie. Pour les commerçant(e)s, le paiement des frais de douanes donne lieu à d'âpres négociations où il faut savoir ruser, y compris recourir au bakchich pour obtenir le précieux sésame douanier. Encore ce document ne signifie-t-il pas la fin des tracasseries, puisque la route de Rosso à Dakar est jalonnée de check points de la douane, de la gendarmerie et de la police.

Les frontières demeurent « des lieux de l'affirmation du pouvoir central et national expliquant les violences (souvent symboliques), les crispations récurrentes, voire les fermetures ponctuelles » (Choplin & Lombard 2010:13). La frontière de Rosso n'échappe à cette situation. Cette situation s'est même renforcée suite à l'intensification des migrations clandestines via les routes des déserts marocain et algérien. Au paroxysme des migrations irrégulières à bord des pirogues en direction de l'Espagne, Rosso a constitué un point de passage excentré sur la route de l'Europe. D'où l'afflux d'aventuriers qui ont escompté atteindre l'Europe à partir de la Mauritanie en passant par le Maroc ou l'Algérie (Cross 2013).

L'ouverture de ces nouveaux fronts sur les routes migratoires a amené les autorités de l'Union européenne à établir des accords avec les États sénégalais et mauritanien pour un contrôle et un endiguement en amont des migrants cherchant au péril de leur vie ce qu'ils continuent de percevoir comme un Eldorado, mais qui se révèle de jour en jour comme une forteresse de plus en plus infranchissable. La nouvelle approche européenne, fondée sur une externalisation des contrôles directement dans les pays de départ, et de transit des migrants à travers le dispositif FRONTEX9, est en vigueur à Rosso à travers un appui logistique aux forces policières mauritaniennes et sénégalaises, une intensification de la coopération entre les institutions des deux pays sous l'égide de l'Union européenne et la mise en œuvre de projets d'accueil des migrants refoulés (Cross 2013).

L'enjeu migratoire s'est hissé parmi les enjeux prioritaires autour de la gouvernance transfrontalière autour de Rosso. L'abondance des publications centrées autour de cet enjeu dans cet espace témoigne d'ailleurs de son importance. En effet, la majeure partie de la littérature sur les enjeux autour du territoire-frontière de Rosso a porté ces dix dernières années sur les thèmes des mobilités, des migrations, du profil des migrants et des réponses politiques et institutionnelles apportées par les deux pays, très souvent sous l'égide des pays de l'Union européenne. Même dans les années quatre-vingt-dix, ce thème était dominant dans les recherches sur Rosso, qui a la singularité d'être dans un foyer historique de départ de migrants, la vallée du fleuve Sénégal (Bredeloup 2007). Mais pendant cette période, la production scientifique était davantage consacrée aux réfugiés mauritaniens installés le long de la frontière sénégalaise, dont Rosso, à la suite du conflit entre les deux pays en 1989 (Magistro 1993 ; Kane 2012).

La gestion de l'ensemble des enjeux liés à la sécurité, aux mobilités et aux échanges commerciaux, ainsi qu'aux activités quotidiennes de populations réunies par des liens et des appartenances multiformes met à l'épreuve les capacités de négociation et de coopération des institutions étatiques et des collectivités locales de chaque pays. Les contingences de la géographie et de l'histoire obligent les deux États à une collaboration permanente en vue de la gouvernance transfrontalière de la zone de Rosso, point de contact entre deux pays, deux aires culturelles (négro-africaine et arabo-berbère) avec tout ce que cela suppose comme tensions, divergences, voire oppositions.

Certes, chacun des États ne cesse de clamer sa volonté de favoriser une intégration plus poussée du continent, mais cette ambition s'éloigne de la réalité du terrain dans l'espace-frontière de Rosso où les dynamiques d'intégrations se heurtent à de nombreux obstacles, accentués par l'ancrage plus affirmé des autorités politiques mauritaniennes en faveur de son héritage arabe (Braduel 1989 ; International crisis group 2006). Ce recentrage ne date pas d'aujourd'hui. Il est le fruit d'un long processus qu'illustre notamment la décision de la Mauritanie de se retirer de la CEDEAO et par la même occasion d'intensifier ses relations avec les pays du Maghreb (adhésion à l'Union du Maghreb arabe) et ceux du monde arabe et d'assumer davantage son identité islamique.

Ce glissement s'était intensifié au lendemain du conflit avec le Sénégal, mais aujourd'hui que les plaies nées d'une instrumentalisation de la rancœur attisée par une situation de crise sociopolitique dans les deux pays ont été guéries, l'espace-frontière présente, sur le plan de sa gouvernance transfrontalière, les attributs d'une zone-frontière : un espace de mobilités contrôlées, une zone d'échanges et de commerce et un lieu de brassages sociaux, culturels renforcés par le partage d'identités et d'appartenances religieuses, ethniques et sociales similaires chez les populations des deux villes. Les deux pays poursuivant les dynamiques d'intégration à l'échelle bilatérale et surtout dans le cadre de la mise en valeur du fleuve Sénégal.

Conclusion

Malgré les efforts réalisés, l'intégration reste un projet inachevé en Afrique. Certes des actions remarquables ont été menées en vue d'effacer les barrières provenant de la division coloniale pour mieux unir des territoires et des peuples sociologiquement très intégrés, mais politiquement séparés sur des bases arbitraires que les gouvernements post-indépendants ont souvent perpétuées.

D'une manière générale, la bande frontalière qui se superpose sur le fleuve Sénégal qui sert, dorénavant, de frontière entre le Sénégal et la Mauritanie – alors qu'il n'en a pas été toujours ainsi – illustre les multiples dynamiques d'intégration par le bas à l'intérieur du continent autour des espaces transfrontaliers. Celles-ci sont enchâssées dans des appartenances identitaires, tout en s'actualisant dans des échanges économiques et commerciaux intensifiés par la situation de la frontalité.

Dans ce cadre, Rosso-Sénégal et Rosso-Mauritanie présentent une singularité de par leur position géographique, leur statut de centre urbain et d'important point de passage entre les deux pays, mais également d'espace de jonction entre deux aires culturelles et linguistiques, suite aux mutations de la société mauritanienne et aux options politiques de ses élites dirigeantes au cours des dernières décennies.

La « gémellité » de Rosso découle d'éléments géographiques, historiques et identitaires qui transcendent les barrières de la frontière et surpassent les hégémonies exercées par les pouvoirs publics des deux pays. Ceux-ci sont encore davantage dans une posture de contrôle, de surveillance et de ponction des ressources procurées par l'existence de la frontière. Cette posture s'est raffermie du côté sénégalais comme mauritanien, suite aux bouleversements induits par l'implantation de réseaux terroristes dans l'espace sahélien et du nouveau rôle de la Mauritanie comme étape de transit dans les itinéraires migratoires vers l'Europe.

Dans le passé comme aujourd'hui, les deux Rosso se sont toujours démarqués dans les deux pays par leur position d'espaces frontaliers fondés sur le commerce. Le continent abrite beaucoup d'espaces de ce type. Les villages- frontières, villes-frontières et les marchés-frontières nés et structurés autour de la mise en mouvement et en circulation de ressources et de réseaux marchands transfrontaliers ont foisonné le long des frontières : Nigeria-Cameroun, Niger- Nigeria, Mali-Sénégal, Togo-Ghana, etc. Ces espaces, en plus de réactiver ou d'impulser de puissantes solidarités et appartenances identitaires, tirent leur force de leur connexion avec les flux commerciaux et financiers globaux. C'est dans ces espaces que les dynamiques d'intégration par le bas des populations sont largement en avance sur les tentatives de regroupement politique des États et des institutions. Ces dynamiques s'inscrivent dans une perspective d'annulation, de morcellement, d'effacement, de négociation et de différenciation et d'élargissement des frontières visibles, matérielles ou symboliques, historiques ou naturelles.

Notes

1. Nous cherchons avec ces termes à mettre en relief les défis identitaires posés par la diversité ethnoraciale de la population de la Mauritanie. Comme pays tampon entre « l'Afrique noire » (au sud du Sahara) et « l'Afrique blanche » (arabe et berbère) la Mauritanie semble écartelée entre ces deux espaces entre lesquels il n'existe néanmoins pas une barrière étanche aux plans culturel, religieux, social ou politique.
2. Les conflits qui ont été enregistrés sont ceux ayant opposé l'Algérie au Maroc ; le Mali au Burkina Faso ; l'Éthiopie à l'Érythrée ; le Congo au Rwanda ; la Tanzanie à l'Ouganda ; l'Afrique du Sud au Zimbabwe et la Zambie.
3. Communauté économique et douanière des États d'Afrique de l'Ouest.
4. Union économique et monétaire ouest-africaine.
5. Organisation pour la mise en valeur du fleuve Sénégal.
6. Cette artificialité découle du fait que les frontières n'épousent pas les contours d'une division sociologique et d'une séparation géographique. Cette division amorcée à la

Conférence de Berlin a pour effet pervers d'aboutir à des découpages sans logique et à une séparation de populations formant à l'origine des entités homogènes. Malgré tout, ces frontières ont pu acquérir une épaisseur historique au fur et à mesure du renforcement des États-nations qui les partagent.

7. Ancêtre de l'actuelle Union africaine (UA).
8. Le répertoire des villes et des villages qui devait suivre la publication des résultats globaux du recensement de 2013, n'étant pas encore publié. Nous ne disposons pas de données actualisées sur le poids démographique de chaque ethnie à Rosso.
9. FRONTEX désigne le dispositif ainsi que l'agence créée par l'Union européenne pour la gestion de ses frontières extérieures. Le dispositif repose notamment sur une politique d'externalisation et de délégation à des pays-tiers du contrôle, de la rétention et du contrôle des migrants irréguliers à travers un équipement en moyens de surveillance, et de dissuasion des migrations au profit de pays de départ ou de transit des migrants irréguliers. Dans ce cadre, le Sénégal et la Mauritanie ont été ciblés puisqu'étant respectivement un pays de départ et de transit des migrations clandestines en direction de l'Europe.

Références

Autrepart, 1998, *Échanges transfrontaliers et intégration régionale en Afrique subsaharienne*, Paris, ORSTOM, éd. de l'Aube.

Bach, D. C. (éd.), 1998, *Régionalisation, mondialisation et fragmentation en Afrique subsaharienne*, Paris, Karthala.

Badie, B., 1995, *La Fin des territoires. Essai sur le désordre international et sur l'utilité sociale du respect*, Paris, Fayard, coll. « L'espace du Politique ».

Baduel, P.-R., 1989, « Un pays-frontière, la Mauritanie », *Revue du monde musulman et de la Méditerranée*, n° 54, p. 5-10.

Baudelle, G. 2010, « Les zones frontalières en Europe : « Des espaces d'intégration privilégiés ? », dans Catherine Flaesch & Joël Lebullenger (Éds), *Regards croisés sur les intégrations régionales : Europe, Amérique, Afrique*, Paris, Bruylant, p. 343-364.

Bennafla, K., 1997, « Entre Afrique noire et monde arabe : nouvelles tendances des échanges informels tchadiens », *Tiers-Monde*, n° 152, p. 879-896.

Bennafla, K., 1999, « La fin des territoires nationaux. État et commerce frontalier en Afrique centrale », *Politique africaine*, n° 79, p. 25-50.

Bennafla, K., 2002, *Le commerce frontalier en Afrique centrale. Acteurs, espaces, pratiques*, Paris, Karthala.

Bennafla, K., 1998, « Mbaiboum : un marché au carrefour de frontières multiples », *Autrepart. Échanges transfrontaliers et intégration régionale en Afrique subsaharienne*, n° 6, p. 53-72.

Boukhars, A., 2012, *The drivers of insecurity in Mauritania*, Carnegie endowment for international peace, 34 p. URL : http://carnegieendowment.org/files/mauritania_insecurity.pdf, Consulté le 20 novembre 2015.

Bouquet, C., 2003, « L'artificialité des frontières en Afrique subsaharienne », *Les Cahiers d'Outre-Mer*, 222 | 2003, p. 181-198.

Bredeloup, S., 2007, *La diamspora du fleuve Sénégal. Sociologie des migrations africaines*, Toulouse, Presses universitaires du Mirail.

Bredeloup, S., 2008, « L'aventurier, une figure de la migration africaine », *Cahiers internationaux de sociologie*, CXXV (2), p. 281-306.

Choplin, A. & J. Lombard, 2010, « « Suivre la route ». Mobilités et échanges entre Mali, Mauritanie et Sénégal », *EchoGéo* [En ligne], URL : http://echogeo.revues.org/12127, consulté le 6 septembre 2015.

Choplin, A. & M. Redon, 2008, « Espaces de l'ordre, l'ordre en place. Spatialités et pratiques des polices », *EchoGéo* [En ligne], URL : http://echogeo.revues.org/13874, consulté le 28 août 2015.

Choplin, A. & J. Lombard, 2009, « La « Mauritanie offshore ». Extraversion économique, État et sphères dirigeantes », *Politique africaine*, n° 114, p. 87-104.

Ciavolella, R., 2010, *Les Peuls et l'État en Mauritanie. Une anthropologie politique des marges*. Paris, Karthala.

Ciavolella, R. & M. Fresia, 2009, « Entre démocratisation et coups d'État. Hégémonie et subalternité en Mauritanie », *Politique africaine*, n° 114, p. 5-23.

Clapham, C., 1998, « Frontières et États dans le nouvel ordre africain », in Bach Daniel (Éd.), *Régionalisation, mondialisation et fragmentation en Afrique subsaharienne,* Paris, Karthala, p. 77-94.

Club du Sahel, 2009, *Les enjeux régionaux des migrations ouest-africaines. Perspectives européennes et africaines,* Paris, OCDE.

Cross, H., 2013, *Migrants, borders and global capitalism. West African mobility and EU borders*, London and New York, Routledge.

Darbon, D., 1998, « Crise du territoire et communautarisme : les nouveaux enjeux idéologiques de l'intégration en Afrique noire », Bach D.C. (éd.), *Régionalisation, mondialisation et fragmentation en Afrique subsaharienne*, Paris, Karthala, p. 61-75.

Diallo, S., 2007, *Dynamiques frontalières et développement local urbain dans le contexte de la décentralisation : le cas de la commune de Rosso Sénégal*, mémoire de DEA, Section de géographie, Université Gaston Berger de Saint-Louis.

Diop, M.-C. (Éd.), 2003a, *La société sénégalaise entre le local et le global*, Paris, Karthala. Diop, M.-C. (Éd.), 2004, *Gouverner le Sénégal entre ajustement structurel et développement durable*, Paris, Karthala.

Diop, M.-C (Éd.), 2013b, *Le Sénégal sous Abdoulaye Wade. Le Sopi à l'épreuve*, Paris, Karthala.

Diop, M.-C & M. Diouf, 1990, *Le Sénégal sous Abdou Diouf*, Paris, Karthala. Diop, M.-C. (Éd.), 2003b, *Le Sénégal contemporain*, Paris, Karthala.

Diop, M.-C. (Éd.), 2013a, *Sénégal (2000-2012). Les institutions et politiques publiques à l'épreuve d'une gouvernance libérale*, Paris, Karthala-CRES.

Diop, M.-C., 1994, *Le Sénégal et ses voisins*, Dakar, Sociétés-Espaces-Temps.

Dumont, G.-F. & S. Kanté, 2009, « Le Sénégal : une géopolitique exceptionnelle … », *Géostratégiques,* n° 25, p. 107-134.

ENDA DIAPOL, 2007, *Les dynamiques transfrontalières en Afrique de l'Ouest*, Ottawa, Dakar, Paris, CRDI, ENDA, Karthala.

Fall, P. D., 2004, *État-nation et migrations en Afrique de l'Ouest : le défi de la mondialisation*. Paris, UNESCO.

Foucher, M., 1988, *Fronts et frontières. Un tour du monde géopolitique*, Paris, Fayard.

Grégoire, E. & P. Labazée (Éds), 1993, *Grands commerçants d'Afrique de l'Ouest. Logiques et pratiques d'un groupe d'hommes d'affaires contemporains*, Paris, Karthala-Orstom.

Igué, J. O., 1995, *Le territoire et l'État en Afrique. Les dimensions spatiales du développement*, Paris, Karthala.

International Crisis Group, 2006, « La transition politique en Mauritanie : bilan et perspectives », *Rapport Moyen-Orient/Afrique du Nord*, n° 53, 31 p.

Jeganathan, P., 2004, « Checkpoint. Anthropology, Identity, and the State », in V. Das & D. Poole (Eds), *Anthropology in the Margins of the State*, Sante Fe-Oxford, SAR Press, p. 67-80.

Jus, C., 2003, *Tracer une ligne dans le sable. Soudan français-Mauritanie, une géopolitique coloniale (1880-1963)*, l'Ouest Saharien, Paris, L'Harmattan.

Kane, M. S. 2012, « Identity Strategies, Cultural Practices and Citizenship Recovery : Mauritanian refugees in the Senegal Valley », in Udelsmann Rodrigues, C. (Ed.) *Crossing African Borders: migration and mobility*, Lisbon, Center of African Studies, University Institute of Lisbon, p. 44-57.

Lambert, A., 1998, « Espaces d'échanges, territoires d'État en Afrique de l'Ouest », *Autrepart*, n° 6, p. 27-38.

Lesourd, C., 2009, « Routes commerçantes Itinéraires de femmes. De quelques businesswomen mauritaniennes d'hier et aujourd'hui », in M. Cheikh & M. Péraldi (Éds), *Des femmes sur les routes. Voyages au féminin entre Afrique et Méditerranée*, Paris, Édition Au fait, p. 73-93.

Lombard, J. & O. Ninot, 2010, « Connecter et intégrer. Les territoires et les mutations des transports en Afrique », *Bulletin de l'Association des géographes français*, n° 1, p. 69-86.

Magistro, J., 1993, « Crossing over : ethnicity and transboundary conflict in the Senegal river valley », *Cahier d'études africaines*, n° 130, vol. 2, p. 201-232.

Marcus, G., 1995, « Ethnography In/Of the World System : the emergence of multi-sited ethnography », *Annual Review of Anthropology*, n° 24, p. 95-117.

Marty, P., 1916, *L'Islam en Mauritanie et au Sénégal*, Paris, Leroux.

Mbega, C.Y. M., 2015, « Les régions transfrontalières: un exemple d'intégration sociospatiale de la population en Afrique centrale ? », *Éthique publique* [En ligne], vol. 17, n° 1,| 2015, mis en ligne le 30 juin 2015, URL : http://ethiquepublique.revues.org/1724, consulté le 27 octobre 2015.

Mbembe, A, 2005, « À la lisière du monde. Frontières, territorialité et souveraineté en Afrique », Benoît Antheaume & Frédéric Giraut (Éds), *Le territoire est mort. Vive les territoires*, Paris, IRD Éditions, p. 47-78.

Meagher, K., 2003, « A Back Door to Globalisation ? Structural Adjustment, Globalisation and Transborder Trade in West Africa » *Review of African Political Economy*, n° 30, vol. 95, p. 57-75.

Niane, A., 2014, *Les zones frontières en contexte d'intégration sous-régionale et de coopération transfrontalière : analyse des conditions de passage et de séjour des habitants de Rosso Sénégal à Rosso Mauritanie,* mémoire de master 2, Section de sociologie, université Gaston Berger de Saint-Louis

O'Brien, D.-C., M. Diouf & M.-C. Diop, 2002, *La construction de l'État au Sénégal,* Paris, Karthala.

Ould Cheikh, A. W., 2004, « Espace confrérique, espace étatique : le mouridisme, le confrérisme et la frontière mauritano-sénégalaise », in Z. Ould Ahmed Salem (Éd.), *Les trajectoires d'un État-frontière, espaces, évolution politique et transformations sociales en Mauritanie,* p. 113-140

Peraldi, M. (Éd.), 2001, *Cabas et containers. Activités marchandes informelles et réseaux migrants transfrontaliers,* Paris, Maisonneuve et Larose.

Robinson, D., 2004, *Sociétés musulmanes et pouvoir colonial français au Sénégal et en Mauritanie.1880-1920. Parcours d'accommodation,* Paris, Karthala.

Roitman, J., 2003, « La garnison-entrepôt : une manière de gouverner dans le bassin du lac Tchad », *Critique internationale,* no 9, p. 93-115.

Stary, Bruno, 1998, « Rentes et ressources frontalières : le cas des échanges Ghana-Côte d'Ivoire », in Bach Daniel (Éd.), *Régionalisation, mondialisation et fragmentation en Afrique subsaharienne,* Karthala, Paris, p. 243-255.

Tarrius, A., 2001, « Au-delà des États nations : des sociétés de migrants », *Revue européenne des migrations internationales,* n° 17, p. 37-61

Thioub, I., 1994, « Le Sénégal et le Mali », in M.-C. Diop, *Le Sénégal et ses voisins,* Dakar, Sociétés Espaces Temps, p. 95-116.

Walther, O., 2008, *Affaires de patrons : villes et commerce transfrontalier au Sahel,* Bern, Peter Lang.

6

Économie verte et changement social : analyse des possibilités et des contraintes des emplois verts en matière d'autonomisation sociale et économique des femmes au Sénégal

Cheikh Sadibou Sakho

Introduction

Ce travail s'intéresse à l'articulation entre l'économie verte et la question de l'autonomisation sociale et économique des femmes au Sénégal. Il prend le prétexte de la mise en œuvre d'initiatives locales d'emplois verts, comme le projet « *setal sama kër sellal sama gox*[1] » de l'Entente féminine de femmes de la SICAP à Dakar et le projet participatif de gestion de la forêt de Sangako de l'association *Nebeday*[2] à Fatick, pour questionner la capacité de l'économie verte à favoriser l'émergence d'opportunités de repositionnement économique, politique et social pour les catégories sociales vulnérables, en particulier les femmes. Au Sénégal, la vulnérabilité sociale et économique des femmes résulte de la combinaison de plusieurs facteurs parmi lesquels figure, au premier plan, le défaut de pouvoir et de présence massive dans les secteurs de l'économie capitaliste classique, largement dominés par les hommes. Sans retomber dans le débat des années soixante-dix et quatre-vingt sur les relations entre capitalisme et inégalités liées au sexe (féminisme marxiste/social feminism, etc.), il est possible de s'entendre aujourd'hui sur la nature patriarcale de l'économie capitaliste moderne (Federici 2014). Pour s'en convaincre, il suffit de se référer à la persistante inégalité au niveau international entre les hommes et les femmes en ce qui concerne l'accès et le contrôle des moyens de production économique ; laquelle inégalité conforte la division sexuelle du travail (Kergoat 2001) qui cantonne les femmes, en majorité, dans la sphère reproductive tandis que les hommes se déploient, en majorité, dans la sphère productive. Dans le contexte sénégalais, cette qualité patriarcale du modèle capitaliste est amplifiée par le fait que le patriarcat y est le principal système de régulation des rapports sociaux de sexe (Diop 2012 [1981] ; Gueye 2009). Il s'ensuit un renforcement des déséquilibres sociaux et économiques entre les hommes et les femmes. Ce dernier accentue la vulnérabilité des femmes en les maintenant dans un cercle de dépendance vis-à-vis des hommes avec comme conséquence manifeste la contraction progressive de leurs champs et zones de pouvoir sur les plans économique, politique et social.

Toutefois, à la faveur de l'actuelle crise écologique, imputable pour l'essentiel au modèle capitaliste dominant, d'importants changements de perspective et de paradigme, relativement à la production et à la reproduction économiques, s'opèrent à l'échelle internationale. À ce propos, les différents Sommets de la terre et les multiples Conférences des parties (dites COP) ont toujours constitué une tribune d'envergure réitérant l'urgence à progressivement s'affranchir des contraintes écologiques et sociales imposées par l'économie de marché afin d'intégrer des orientations plus soucieuses des équilibres sociaux et écosystémiques. C'est dans cette dynamique qu'il convient de comprendre l'inflexion vers le modèle de l'économie verte opérée par la communauté internationale lors du sommet de la terre tenu à Rio de Janeiro en 2012 (Rio +20). L'économie verte, terme apparu pour la première fois dans le rapport *Blueprint for a Green Economy* (Pearce et al. 1989), est alors définie comme une économie qui « entraîne une amélioration du bien-être humain et de l'équité sociale tout en réduisant de manière significative les risques environnementaux et la pénurie des ressources. Elle est faiblement émettrice de carbone, préserve les ressources [naturelles] et est socialement inclusive. » (PNUE 2011:2)

Les débats lors du sommet de Rio +20 ont mis sur le devant de l'actualité internationale l'évidence des échecs du développement durable à produire les changements sociaux et économiques attendus depuis l'alerte du rapport Meadows dans les années 1970 (Meadows et al. 1972). C'est la raison pour laquelle ce sommet fut un moment important pour une « nouvelle » prise de conscience écologique obligeant à des changements idéologiques radicaux. À cette occasion, la notion d'économie verte a été investie du rôle de principal paradigme innovant du développement durable ; elle fut ainsi présentée comme une nouvelle étape sociétale pour une humanité angoissée par les bouleversements écosystémiques et l'ampleur des déséquilibres sociaux. Dès le début de sa promotion, cette notion a suscité de vives critiques et controverses qui l'assimilent, dans certains cas, à une solution cosmétique (ATTAC 2012) présentant de surcroît le risque de « marchandiser la planète » (Duterme 2013). Dans d'autres cas, les critiques y voient les contours d'un revigorant moral circonstanciel destiné à instiller une certaine dose de conscience écosociale dans les activités économiques habituelles. Ces critiques, il faut l'admettre, ne sont pas dénuées de fondement tant les dimensions de la crise écologique sont complexes et se refusent à être captées dans une notion ; fut-elle une notion portée par l'Organisation des Nations unies elle-même. Malgré tout, il faut également souligner que l'économie verte introduit une relative nouveauté dans la problématique du développement durable : il s'agit de l'importance politique désormais accordée à la question de l'inclusion sociale. Ceci dénote le souci réaffirmé de replacer l'homme, particulièrement les couches sociales vulnérables, au cœur du dispositif du développement en travaillant à « discipliner » les activités économiques de manière à ce qu'elles répondent simultanément aux exigences de la soutenabilité écologique et aux défis de l'équité sociale. L'économie verte est ainsi considérée comme une voie de sortie de crise qui repose sur l'idée d'un nouveau pacte vert mondial lancé par le Programme des Nations unies pour l'environnement (PNUE) en 2009 (Barbier 2010).

Fondé sur une approche méthodologique qualitative au travers de laquelle « le chercheur […] tente plutôt de saisir la réalité telle que la vivent les sujets avec lesquels il est en contact ; il s'efforce de comprendre la réalité en essayant de pénétrer à l'intérieur de l'univers observé » (Poisson 1983:371), ce travail problématise et discute la capacité des emplois verts à promouvoir des dynamiques d'autonomisation sociale et économique pour les femmes au Sénégal. C'est la nature complexe du présent objet de recherche qui implique à la fois des dimensions symboliques et matérielles, qui justifie le fait que l'option méthodologique choisie ait privilégié la combinaison des trois techniques de collecte des données que sont l'observation participante, les entretiens et les récits de vie. Ainsi, cette recherche explicite et discute, dans le contexte sénégalais, les possibilités et les contraintes de l'économie verte en matière de transformation sociale orientée vers la réduction des inégalités de genre (Berini et al. 2012).

Pour ce faire, la problématique a été investie à partir de deux grands angles d'attaque. Le premier s'est consacré à explorer les dispositifs et les politiques mis en place par l'État du Sénégal en matière d'économie verte et en matière de promotion des emplois verts. Il s'est agi principalement d'analyser la nature de ces dispositifs et de ces politiques, d'apprécier leur envergure et leur ancrage dans la programmation du développement socio-économique du pays ; mais également de voir dans quelle mesure est-ce qu'ils portent des moyens et des mécanismes susceptibles de favoriser la résorption des déséquilibres sociaux et économiques liés au genre. Quant au second angle d'attaque, il s'est attaché à viser des initiatives communautaires de base en matière d'économie verte en vue d'analyser leurs incidences sur les dynamiques d'autonomisation sociale et économique des femmes au niveau local. À cet effet, deux exemples significatifs d'initiatives locales   ont été explorés : le projet de gestion intégrée des déchets ménagers dénommé « *setal sama kër sellal sama gox* » de l'Entente féminine des femmes des quartiers de la SICAP à Dakar et le projet participatif de gestion de la forêt de Sangako de l'association Nebeday, basée à Toubacouta dans la région de Fatick. Les données recueillies ont été exploitées par le biais de l'analyse de contenu. Le choix de cette technique se justifie par sa capacité à capter la nature relationnelle de tout savoir. En effet, convaincu de la perspective constructiviste, nous pensons que le savoir se coproduit entre le chercheur et les populations qui portent son objet de recherche. Le savoir résulte ainsi d'un processus dialogique qui se déploie dans les discours et les pratiques des sujets sociaux. Discours et pratiques qui, en tant que résultats du processus de communication, constituent le support de l'analyse de contenu (Negura 2006).

De l'économie verte : quelques éléments pour un débat contextualisé

La notion d'économie verte est, de nos jours, loin de faire l'unanimité dans le champ de la recherche scientifique. Elle y fait l'objet de critiques multipliées, parfois de méfiance voire de rejet quant à sa portée heuristique. Il en va de même sur le terrain des actions de développement où les plus pessimistes s'interrogent sur sa portée pratique et sur ses réelles potentialités à concilier les exigences d'un capitalisme plus conquérant que jamais avec une éthique écosociale devenue maintenant une impérieuse nécessité. Malgré la défense de ses promoteurs (principalement les institutions internationales de coopération et de développement) qui y voient un creuset d'innovations sociales majeures, force est de constater que l'économie verte se trouve aujourd'hui sévèrement rudoyée par les critiques qui tentent ainsi de la délégitimer en tant que paradigme de rupture. Mais qu'en est-il vraiment ? Nous envisageons la réponse à cette question à deux niveaux. Le premier concerne le plan théorique et engage une discussion à la fois définitionnelle et idéologique. Le second niveau fait référence aux « expériences [des acteurs locaux] et à leurs interprétations de leurs réalités » (Levy 1996) ; lesquelles renseignent sur le vécu pratique quotidien des hommes et des femmes que nous avons rencontrés sur les terrains de nos recherches.

Économie verte, économie populaire et économie sociale et solidaire : l'une englobe les autres

Les éléments abordés ici pour un débat contextualisé à propos de l'économie verte visent principalement à la considérer en miroir avec l'économie populaire et avec l'économie sociale et solidaire. Mais on ne saurait ignorer qu'une des grandes controverses de l'économie verte s'articule autour de la question de la croissance verte qu'elle suppose et autour de celle de la transition écologique de l'économie de marché qu'elle entend faire passer par la transition énergétique ; laquelle se présente, au sortir de la COP 21 tenue en novembre/décembre 2015 à Paris, comme le nouveau cap de l'actuelle gouvernance écologique mondiale. En effet, comment concilier l'idéologie de la croissance économique, si essentielle au capitalisme, avec les contraintes d'une production économique éperonnée par des impératifs écologiques et par des exigences sociales ? C'est là une grande question qui échappe rigoureusement aux réponses manichéennes, car y répondre impose de poser la problématique dans ses dimensions sociétales. Pour Bernard Duterme (2013) l'enjeu est ainsi de changer radicalement de paradigme de production/ reproduction économique et non de trouver des modalités pour verdir l'actuel productivisme.

De telles critiques et réserves se comprennent aisément, car on ne peut exclure le fait que l'économie verte puisse être travestie en une simple recherche de nouveaux moteurs de croissance économique qui minimisent la pression écologique, ou en un nouveau slogan économique chargé en valeur écologique, mais ignorant les demandes non solvables. En outre, l'intégration des dimensions écologique et sociale au modèle économique classique s'est toujours révélée très difficile du fait des caractéristiques propres du modèle économique dominant, qui se fonde sur l'augmentation continue du taux de croissance économique. Or l'augmentation du taux de croissance dans cette optique nécessite la contraction des dépenses (les dépenses sociales en premier lieu) et l'exploitation de sources énergétiques hautement efficaces (les énergies fossiles en particulier). On le voit, ce débat demande un effort conceptuel, philosophique et pratique que nous déploierons dans un prochain exercice, mais l'enjeu qu'il pose mérite d'être porté en arrière-fond du présent travail – moins ambitieux, car il en est un élément transversal.

Pour nombre de critiques, la notion d'économie verte n'apporte rien de nouveau dans le débat sur le développement en général. Elle ne serait ainsi que la version écologiquement actualisée de la notion d'économie populaire. Ou alors elle représenterait un prolongement mineur de l'économie sociale et solidaire. Mais l'économie verte peut-elle valablement être considérée comme un avatar de l'économie populaire ou comme une simple complice de l'économie sociale et solidaire ? Pour répondre à cette question, il paraît judicieux de passer par un éclairage définitionnel. D'ailleurs, nous nous limiterons à cet éclairage en étant attentif à ce qu'en la matière les définitions sont légion et sont dans certains cas antagonistes, voire contradictoires. Ainsi, tout choix effectué met forcément en exergue certains enjeux, en occultant d'autres. Ceci est inhérent à la nature même de l'exercice de comparaison définitionnelle. La définition de l'économie verte étant donnée plus haut[3], qu'en est-il des autres types d'économies en débat ici ?

À propos de l'économie populaire, ce « cache-misère efficace » (Jacquemot 2013:116), plusieurs acceptions disponibles dans la littérature convergent vers l'idée qu'on peut l'entendre comme étant :

> L'ensemble des activités économiques et des pratiques sociales développées par
> les groupes populaires en vue de garantir, par l'utilisation de leur propre force de

travail et des ressources disponibles, la satisfaction des besoins de base, matériels autant qu'immatériels. (Sarria et al. 2006)

Quant à l'économie sociale et solidaire, on s'accorde en général à la considérer comme regroupant :

> Un ensemble de structures qui reposent sur des valeurs et des principes communs : utilité sociale, coopération, ancrage local adapté aux nécessités de chaque territoire et de ses habitants. Leurs activités ne visent pas l'enrichissement personnel mais le partage et la solidarité pour une économie respectueuse de l'homme et de son environnement.

Les types d'économie en question ici ne sont, bien entendu, pas réductibles aux éléments de définition évoqués. Toutefois, ces définitions montrent que comparativement à l'acception de l'économie dans la perspective formaliste qui privilégie la rationalité capitaliste, l'économie populaire et l'économie sociale et solidaire présentent dans leurs principes de base des caractéristiques qui les inclinent à la prise en charge prioritaire de besoins sociaux (comme la justice sociale).

De telles caractéristiques rapprochent certains enjeux de l'économie verte de ceux de l'économie populaire et de l'économie sociale et solidaire. En effet, l'accent mis sur les acteurs sociaux défavorisés, sur l'idée d'une économie raffermissant le lien social, sur celle d'activités économiques orientées vers la satisfaction de besoins immatériels, sur les dynamiques participatives locales, entre autres, concourt à faire converger ces types d'économies autour des problématiques de l'inclusion et de l'utilité sociales. Mais il est opportun de reconnaître que la notion d'économie verte introduit dans le débat une dimension fondamentale ; laquelle lui donne en même temps que sa nouveauté par rapport aux précédentes une sérieuse légitimité conceptuelle. Cette dimension concerne la prise en charge de la question des conditions de soutenabilité écologique et sociale du modèle économique que nos sociétés privilégient pour organiser leur subsistance sur les plans matériel et immatériel.

La notion d'économie verte déclenche, chez certains de ses pourfendeurs, une hystérie intellectuelle injustifiée car, à bien l'entendre, force est d'admettre qu'elle porte la marque d'un effort paradigmatique (Flam 2010) important, qu'il est futile de réduire à une simple volonté d'embrigader les masses intellectuelles ou politiques, notamment africaines, en leur imposant des concepts exogènes. Il n'est d'ailleurs guère lucide de prendre le concept d'économie verte comme le symbole d'une idéologie néocoloniale qui empêcherait les Africains de thématiser les questions qui les intéressent véritablement. Car l'enjeu ici ce n'est rien de moins que la question de la crise écologique ; laquelle renvoie au   principal défi planétaire de notre temps. Sous ce rapport, comment envisager une seule seconde que ce nouveau paradigme du développement durable puisse ne pas nourrir le débat africain ? Par ailleurs, il faut noter que cette notion n'est pas univoque. Au contraire, elle est riche de plusieurs postures d'action sociale et économique qui non seulement sont différentes, mais complexes. Elle peut par exemple être comprise dans la posture de l'économie écologique qui est tournée vers un ralentissement drastique de la croissance économique avec une inflexion vers une soutenabilité forte. Elle peut également s'appréhender dans l'optique privilégiant la croissance verte avec, comme idée de base, la valorisation du modèle de la substituabilité dans une perspective de soutenabilité faible. Ou alors elle peut s'entendre dans une vision qui met l'accent sur la sobriété en matière de consommation énergétique ; d'où l'idée de la transition énergétique.

De plus, lorsqu'on la considère en rapport avec les défis sociétaux et environnementaux qui nous assaillent actuellement, l'économie verte paraît être plus englobante – considérant l'économique comme enchâssé, non pas seulement dans le social, mais également dans l'écologique – et plus conséquente – proche des préoccupations sociales et environnementales de l'heure – que l'économie populaire, ou sociale et solidaire. Sous ce rapport, il est insuffisant de lui reprocher de n'être qu'un verdissement de la croissance en optant pour « une manière écologique de faire des affaires » (Duterme 2013). Encore qu'une manière écologique de faire des affaires constitue déjà une bifurcation paradigmatique sensible si on tient compte de ce que signifie « faire des affaires » dans le cadre de l'actuelle économie de marché.

Un des avantages de la notion d'économie verte consiste à considérer les activités de production/reproduction dans une perspective écosystémique. Une telle perspective renvoie à l'interconnexion des dimensions dont la prise en charge est assignée au développement durable à savoir : l'écologique, le social, l'économique et la dimension transversale de la gouvernance. L'économie verte est dans une certaine mesure une reformulation du développement durable fondée sur l'articulation de quatre principes de base : le principe de responsabilité axé sur l'objet de la préservation écologique, le principe de précaution qui se dédie à la question des rejets polluants liés aux activités économiques, le principe d'atténuation (ou principe de la mitigation) qui prend en charge l'enjeu de la transition énergétique et le principe de l'incitation qui structure les éléments de régulation en vue d'une économie verte et d'une justice sociale. C'est pourquoi il n'est pas exagéré de la considérer comme un creuset d'innovations sociales, si on convient avec Yao Assogba qu'est innovation sociale « toute initiative prise par des acteurs sociaux dans un contexte sociétal donné dans le but d'apporter des réponses inédites à un certain nombre de problèmes sociaux (exclusion sociale, pauvreté, décrochage scolaire, etc.). » (Assogba 2007:15)

Au demeurant, il ne s'agit pas de verser dans les travers d'un optimisme béat qui conduirait à voir dans l'économie verte la panacée attendue pour juguler les crises multiformes qui rythment nos sociétés. Cet appel à la précaution est valable particulièrement pour l'Afrique en général où l'économie verte, du fait de sa nature, offre peut-être plus qu'ailleurs des opportunités pour asseoir un développement socio-économique vécu. En effet, pour les États africains, l'économie verte laisse entrevoir de meilleures possibilités de « concilier économie et écologie [par] la valorisation du capital naturel (estimé à 23 pour cent de la richesse du continent contre 2 pour cent pour les pays de l'OCDE), par le recours aux technologies vertes [...] et en faisant appel aux ressources des fonds spécialisés (FEM, fonds carbone, MDP, fonds vert...) » (Jacquemot 2013:421). Malgré tout, il ne conviendrait pas, croyons-nous, de voir dans l'économie verte plus qu'une modalité relativement nouvelle d'organisation sociale de la subsistance à laquelle il est opportun de donner la chance de se déployer. Car elle ne sera que ce que les hommes et les femmes qui produisent quotidiennement la société en feront. Et c'est justement pour percevoir ce que les femmes des quartiers de la SICAP à Dakar et celles des villages de Toubacouta à Fatick en font que nous nous sommes rendu attentif à leurs interprétations de la réalité en la matière.

Économie verte, économie populaire et économie sociale et solidaire : ce qu'en font les femmes de la SICAP à Dakar et celles de Toubacouta à Fatick

Lorsque l'on rapporte les éléments de débat théorique évoqués ci-dessus aux expériences pratiques des femmes interrogées sur nos terrains de recherche, des leçons importantes ressortent et éclairent les schèmes d'interprétation des réalités locales et les modalités locales d'actions sur ces dernières, notamment en matière de production et de reproduction. Il en ressort par exemple que les actrices locales rencontrées à Dakar et à Toubacouta ne font aucune distinction idéologique entre économie verte, économie populaire ou économie sociale et solidaire. Ce constat n'est pas surprenant si l'on tient compte du niveau d'instruction ordinairement bas des femmes au Sénégal. Cette situation pousse d'ailleurs certains chercheurs ou décideurs à conclure à une détermination causale entre le défaut d'instruction de ces femmes et l'indistinction entre ces trois types d'économies. Mais une telle conclusion nous paraît hâtive et elle occulte la complexité contenue dans ce qui peut se laisser interpréter comme une confusion de la part de ces actrices locales.

En effet, s'il est vrai que la majorité de ces actrices locales a un niveau d'instruction bas, sinon inexistant, ces femmes sont pour l'essentiel formées sur le plan intellectuel grâce à des sessions de formation ou d'alphabétisation, à des campagnes de sensibilisation et à des ateliers de renforcement de capacités. Ces sessions, campagnes et ateliers sont « des moments importants pour nous car ils nous donnent l'occasion d'apprendre pour acquérir à la fois des connaissances et des compétences en vue d'améliorer notre quotidien » (P. Diop, femme, 36 ans). Ces propos sont renforcés par ceux du mari, lequel soutient : « Ma femme aujourd'hui est mieux formée que moi. Elle m'aide à réfléchir sur les actions à mener à la maison et sur les faits de société. » (A. B. Diop, homme, 47 ans). Hormis ces occasions de formation et de renforcement de capacités pratiques et intellectuelles, ces moments constituent également pour les bénéficiaires le lieu de discussions importantes qui passent en revue les modalités collectives de création de richesses dans leurs localités afin de les confronter, de les comparer et de décider des options à prendre. Les discussions sont en général animées et organisées par des hommes et des femmes (acteurs de base, porteurs de projet ou experts) sensibilisés envers les implications théoriques, idéologiques et pratiques des modalités économiques discutées. On voit dès lors que les actrices locales, malgré un niveau général d'instruction faible, sont pour la plupart au fait des grands présupposés de base qui portent les différents types d'économies ici discutés. C'est dire que l'explication du fait qu'elles ne font pas de différenciation entre ces types (notamment dans leurs actions de tous les jours) doit être recherchée ailleurs.

Une des pistes tient dans les dires de cette interviewée qui soutient que : « ce n'est pas le contenu philosophique ou politique du concept qui fait qu'on y adhère ou pas. C'est surtout les opportunités de création économique et de réalisation sociale qu'il porte qui nous parlent » (F. B. Ndiaye, femme, 50 ans). Cette interlocutrice exprime un sentiment généralement partagé par les femmes interrogées à Dakar et à Toubacouta, qui pensent que l'économie, c'est d'abord des pratiques d'organisation sociale et locale de la subsistance. Pour elles, l'économique au quotidien se refuse à être emprisonné dans un concept ; il représente une modalité du lien social. Autrement dit, les activités économiques sont, pour les femmes rencontrées sur nos terrains de recherche, des occasions pour faire du lien ; pour nouer, dénouer et renouer du social. On peut alors soutenir que les schèmes d'interprétation des réalités locales et les modalités d'action sur ces dernières que déploient les femmes des quartiers de la SICAP et des villages de Toubacouta transcendent les divergences théoriques, philosophiques et idéologiques qui nourrissent les querelles intellectuelles entre promoteurs de types économiques. Les femmes s'approprient les concepts qui leur sont proposés ou imposés. Elles les chargent de contenus locaux dynamiques pour les destiner à prendre en charge les besoins et les intérêts qui sont véritablement les leurs dans leurs contextes particuliers.

L'économie verte au Sénégal à travers deux initiatives illustratives

Au Sénégal l'économie verte est devenue en quelques années, un domaine émergent, s'institutionnalisant dans les politiques socioéconomiques de l'État. En témoigne l'attention dont elle fait l'objet au sein du ministère de l'Environnement et du Développement durable, où la Direction des financements verts et des partenariats (DFVP) est dédiée à la concrétisation de programmes et projets promouvant cette orientation. Toutefois, rares sont les Sénégalais à savoir donner à l'économie verte un contenu opératoire. Cet apparent paradoxe tient à la combinaison de facteurs conjoncturels et structurels comme : le sentiment d'urgence du vert imposé à toutes les sociétés par la nouvelle orthodoxie du développement que représente le développement durable ; l'éloignement de la grande majorité de la population sénégalaise d'avec la problématique écologique ; le manque de politiques nationales vigoureuses en matière d'économie verte, ainsi que le défaut de promotion, par des mécanismes importants de financement dynamiques et innovants, des opportunités et des compétences spécifiques dans ce secteur.

Le sentiment d'urgence du vert en question ici se perçoit très nettement au niveau du cadrage institutionnel, technique et même financier des multiples programmes nationaux de développement aujourd'hui compilés dans une vision appelée le Plan Sénégal émergent (PSE). Ces programmes sont en général articulés autour des deux incontournables que sont le genre et le développement durable : les nouvelles principales conditionnalités de l'aide publique au développement (APD). Parallèlement, les décideurs locaux n'ont plus la possibilité de fuir la question du changement climatique tant les effets de celui-ci pèsent sur le quotidien des Sénégalais (dégradations des terres arables, cycles de sécheresse rapprochés, raréfaction des ressources halieutiques, déperdition de la biodiversité, pollution de tous ordres, inondations répétitives des villes côtières, érosion côtière, salinisation des terres, enjeux énergétiques, etc.). Quant à l'éloignement de la grande masse d'avec la problématique écologique, il procède des effets combinés du manque d'instruction et d'ouverture sur les grands débats du monde contemporain, de l'accaparement de la problématique environnementale par les universitaires et par les développeurs professionnels, et de la pauvreté endémique qui contraint la plupart des Sénégalais à d'autres questionnements.

Pourtant le pays est riche de niches potentielles d'emplois verts dont l'exploitation pourrait s'avérer bénéfique pour la résorption des déséquilibres écologiques et sociaux. Hormis les tensions environnementales spécifiques qui rendent inévitable, aujourd'hui au Sénégal, l'inflexion du paradigme économique dominant, la démultiplication des secteurs d'activité dans lesquels les emplois verts sont possibles, voire nécessaires, dans le pays constitue un véritable appel à faire le pas de la transition. Ceci d'autant plus que l'on se trouve dans un contexte économique où tout est à créer. Les possibilités en matière d'initiatives d'économie verte semblent ainsi largement ouvertes au Sénégal et, en 2011 déjà, une enquête du BIT, du PNUD et de ENDA Tiers-monde avait déterminé, à ce propos, quatre principales filières prioritaires pour l'investissement vert. Il s'agit de la filière énergie et efficacité énergétique, de la filière agriculture, foresterie et pêche, de la filière des métiers du bâtiment et de celle de la gestion des déchets (OIT 2011).

Parallèlement à l'existence de ces filières, l'urgence de nouveaux débouchés pour des demandeurs d'emploi de plus en plus nombreux sur le marché du travail agit comme une injonction à explorer les possibilités d'emplois verts. De plus, l'économie sénégalaise est, comme on le sait, marquée par la présence d'un dynamique secteur informel. Ce dernier est vu comme étant un atout pour les secteurs verts ou ceux dits à potentiel verdissant[7]. Aujourd'hui d'ailleurs, la plupart des initiatives dans le domaine de l'économie verte dans le pays est le fait d'auto-employeurs ou d'acteurs de l'économie dite informelle (les GIE bio ou les recycleurs d'ordures dans la décharge de Mbeubeuss par exemple). En effet, les emplois verts et/ou verdissants, en valorisant de nouveaux secteurs d'investissement économique ouvrent ainsi la voie à de nouvelles opportunités de création de richesses et d'acquisition de pouvoir sur les plans économique et social pour les catégories sociales habituellement dépassées et accablées par les voltiges de la macroéconomie capitaliste. Les deux exemples qui suivent donnent une idée des multiples initiatives d'emplois verts qui ont cours actuellement au Sénégal.

Le projet « setal sama kër sellal sama gox » de l'Entente féminine de la SICAP de Dakar

L'Entente féminine est une association réunissant des femmes des quartiers de la commune des SICAP à Dakar. « Son but est de participer au développement du Sénégal en commençant par les foyers et les quartiers », souligne sa présidente. Créée en 2003, elle œuvre dans des secteurs de développement diversifiés comme : l'éducation et la formation, l'encadrement communautaire, la lutte contre la féminisation de la pauvreté, l'analphabétisme et le chômage des jeunes, la gestion de l'environnement ou le développement durable. L'association s'active ainsi principalement dans les trois grands domaines que sont le social, le religieux et l'économique.

Dans le domaine social, l'impact de l'association se ressent fortement, selon les enquêtes, à travers le renforcement des liens de solidarité sociale entre les familles des quartiers de la SICAP. Une des femmes interviewées soutient à ce propos que : « le premier bénéfice social de l'Entente est le fait d'avoir consolidé les rapports sociaux en nous montrant tout l'intérêt que nous avons, nous couches vulnérables à être solidaires » (A. Ndiaye, femme, 47 ans). Ces propos ont été réitérés par la majorité des personnes interrogées qui ont beaucoup insisté sur le fait que l'Entente a impulsé au sein des quartiers « des dynamiques nouvelles comme l'entre-aide dans l'intendance des foyers, la garde collective des petits enfants, etc. » (P. Ly, femme, 38 ans). L'Entente mène également des activités d'information, de sensibilisation et de prévention sanitaire, des campagnes d'alphabétisation, des activités de formation en direction des jeunes des quartiers concernés de même que des activités de lutte contre la délinquance, la prostitution ou les drogues.

À côté de ces activités, l'Entente organise chaque année une conférence religieuse. Cette conférence revêt toutefois d'importantes dimensions socioculturelles en plus des religieuses. À cette occasion, par exemple, les frais de voyage pour accomplir un pèlerinage à La Mecque sont offerts à des femmes tirées au sort. Ainsi, depuis 2003, plus de trente-cinq femmes ont pu accomplir ce pilier de la religion musulmane. « Il est évident que n'eût été l'Entente, la plupart des femmes de nos quartiers n'auraient jamais pu aller à La Mecque, car le voyage coûte très cher et nous sommes en général bien trop pauvres pour nous le payer toutes seules » soutient L. Faye (femme, 50 ans). Il faut souligner que nous nous trouvons ici dans un contexte majoritairement musulman où le pèlerinage à La Mecque revêt, au-delà de son importance religieuse, une très prégnante dimension de prestige social, occasionnant un changement de « statut socioreligieux » (Cohen 1990).

Dans le domaine économique, l'Entente s'active dans diverses activités comme la mise en place d'un mécanisme de « credit revolving » qui permet aux femmes d'accéder plus facilement à des circuits de financement de leurs activités commerciales, le « Djamra[8] » et le « Lekete[9] » qui peuvent être considérés comme des mécanismes de constitution d'épargne, « la Roue » qui fonctionne comme une caisse de solidarité sociale, entre autres. Pour nos interviewées, toutes ces activités sont orientées vers l'épanouissement et le bien-être des familles. « Car elles visent à aider les femmes, qui sont les tenantes des foyers, à mettre sur pied des activités économiques qui leur permettent de générer des revenus » (F. B. Ndiaye, femme, 50 ans). Selon toutes les personnes enquêtées, les femmes ont un réel bénéfice économique des activités de l'Entente, car elles peuvent désormais développer des activités professionnelles susceptibles de leur procurer une indépendance financière grâce à laquelle « elles peuvent subvenir à leurs besoins, à ceux de leurs familles et être des acteurs de développement » (I. Diop, homme, 45 ans). C'est, semble-t-il, ce désir de représenter des acteurs importants du développement socio-économique du Sénégal qui a poussé les membres de l'Entente à investir les nouvelles opportunités de création économique constituées par les champs de l'économie verte. Ainsi, l'association s'investit depuis 2014 à mettre en place des initiatives d'emplois verts dont la plus aboutie aujourd'hui est le projet « setal sama kër sellal sama gox ».

Ce projet constitue une initiative d'auto-emploi vert mise en place par des acteurs féminins de base. Il s'inscrit dans la filière de gestion des déchets ménagers. C'est une initiative de type non industrielle qui se situe à l'échelle des solidarités microterritoriales. Le projet s'articule autour d'une gestion intégrée et durable des déchets ménagers avec comme idée de base : une maison propre aboutit à un cadre communautaire de vie sain. Il vise ainsi à équiper chaque ménage de la localité de poubelles (une poubelle au moins) pour un conditionnement des ordures ménagères. Il faut noter qu'on se trouve dans un contexte socioculturel dans lequel l'usage des poubelles, tout comme le tri et le conditionnement des ordures domestiques, n'est pas systématique. Habituellement, les ordures sont rassemblées dans divers réceptacles et empilées dans un coin en attendant de s'en débarrasser dans la rue ; les services de voirie étant insuffisants et insuffisamment équipés. Cette situation engendre une pollution des espaces et constitue un facteur de risque permanent pour la santé des populations.

Le projet de l'Entente féminine a effectivement démarré en janvier 2015 avec sept cent vingt poubelles placées dans les ménages de la localité. Aujourd'hui, près de trois mille familles sont équipées. Il cherche à résorber une partie du chômage des jeunes et des femmes de la commune de SICAP qui sont ainsi recrutés pour vendre (à des prix subventionnés et/ou à crédit) les poubelles dans les ménages et pour faire le suivi du conditionnement des ordures. Le plastique ou le métal sont récupérés et vendus dans les circuits locaux habituels de récupération et de recyclage tandis que les matières organiques sont utilisées pour créer du compost qui est stocké en vue d'être vendu ou répandu dans des jardins entretenus par des jeunes et/ou des femmes. Ce projet « est un important moyen de participer à réaliser un développement durable du Sénégal » (F. Diop, femme, 38 ans). Une telle idée est largement partagée par la plupart des femmes qui ont été interrogées. Son orientation sensible à l'environnement lui vaut d'être soutenu par la Direction des financements verts et partenariats du ministère de l'Environnement et du Développement durable de l'État du Sénégal.

Le projet participatif de gestion de la forêt de Sangako de l'association *Nebeday* de Toubacouta

Nebeday est une association sénégalaise, créée en 2011, qui a pour objectif principal de promouvoir la gestion communautaire intégrée et la valorisation des ressources naturelles par et pour les populations locales. Son appellation fait référence au nom wolof donné au Moringa Oleifera, arbre auquel sont prêtées d'importantes vertus alimentaires et curatives. Depuis sa création, l'association s'est dédiée au développement économique de certaines localités du centre centre-ouest du Sénégal, spécifiquement la zone du delta du Saloum, caractérisée par un écosystème extrêmement riche et varié, mais fragile et largement menacé par, entre autres périls, la pression anthropique. En effet, les Sérères et les Socès qui vivent dans cette zone sont particulièrement dépendants des ressources naturelles qui les entourent. Entre autres actions entreprises sur place, Nebeday appuie l'entrepreneuriat féminin local à travers la mise en place de différents projets de génération de revenus comme l'apiculture, la construction et la diffusion de foyers améliorés, etc. C'est dans cette perspective que s'inscrit le projet de gestion participatif et intégré de la forêt classée de Sangako qui occupe une superficie d'à peu près deux mille cent quarante hectares (2 140 ha).

La forêt de Sangako abrite des richesses naturelles diversifiées. Elle bénéficie des effets des politiques étatiques de conservation du patrimoine naturel à la faveur de son statut de forêt classée. Toutefois, de sérieuses menaces pèsent sur ses écosystèmes constitutifs, car cette forêt polarise plus de quinze villages dont « les habitants vivent principalement de l'exploitation de richesses naturelles qui les entourent » (D. Sarr, homme, 41 ans). En sus des effets liés à la densité de l'extraction des ressources de la forêt, la biodiversité y décline progressivement en raison de la disparition de plusieurs espèces de la faune comme de la flore. « D'où la nécessité des programmes de régénération provoquée de la biodiversité pour accompagner la régénération naturelle », comme le souligne le même interlocuteur.

Le projet de gestion participatif et intégré de la forêt classée de Sangako de Nebeday se veut porté par une dynamique participative qui associe les populations qui vivent dans les villages environnants, principalement les femmes. Tout comme le projet de l'Entente féminine précédemment vu, ce projet constitue une initiative d'emplois verts qu'il convient de situer également à l'échelle des solidarités microterritoriales. Son objectif est double. Il s'agit d'une part de promouvoir une gestion communautaire intégrée de la forêt en travaillant à obtenir de l'autorité centrale le transfert aux populations locales des pouvoirs de régulation de cet établissement classé et, d'autre part, de structurer et de dynamiser les mécanismes d'un développement économique local basé sur la valorisation et la protection des ressources naturelles locales. Dans cette perspective, l'association accompagne les populations locales, à travers principalement des groupements féminins (un par village pour un total de quinze villages) organisés en une structure associative dénommée Jappo Ligguey[10], pour mettre en place des activités génératrices de revenus et attentives au respect des équilibres écosystémiques locaux. Pour l'essentiel, les initiatives d'entrepreneuriat féminin orientées vers une exploitation écologiquement responsable des richesses de la forêt classée de Sangako relevées dans la zone d'intervention de Nebeday tournent autour de la transformation des produits du baobab, de l'apiculture, de la production de charbon de paille (création du label Kerïn Naatange), de la culture et de l'exploitation du Moringa Oleifera, de l'exploitation des produits de l'anacardier, etc.

Les femmes de Jappo Ligguey se montrent très concernées par les campagnes locales de sensibilisation qu'elles mènent et par les opportunités extérieures de promotion des produits de leurs activités. « Nous sommes présentes à toutes les foires pour présenter nos produits et montrer aux autres femmes que nos ressources locales sont d'une richesse infinie et leur exploitation peut améliorer sensiblement notre quotidien » disait à ce propos A. Diouf (40 ans), une de nos interlocutrices à Toubacouta. Elles travaillent activement à la professionnalisation de leur filière et à l'élargissement des débouchés pour leurs produits grâce notamment aux possibilités offertes par l'industrie touristique, qui est très développée dans le delta du Saloum.

Les deux exemples présentés illustrent des initiatives d'emplois verts qui se situent à l'échelle des solidarités micro-territoriales[11]. Il convient toutefois de souligner qu'il existe, au Sénégal, d'autres exemples d'initiatives en économie verte et que l'on peut situer à l'échelle industrielle. Un cas illustratif est la *Laiterie du Berger* qui est implantée à Richard-Toll au nord du pays et qui s'active dans la collecte de lait de vache chez les éleveurs locaux et le conditionnement industriel en yaourt et produits laitiers divers pour la revente dans tout le pays.

Des emplois verts à l'autonomisation sociale et économique des femmes au sénégal

Il s'agit ici de questionner les initiatives d'emplois verts ici présentés au prisme de la problématique de l'autonomisation sociale et économique des femmes. La difficulté de ce questionnement réside dans le fait que l'autonomisation est un processus relationnel qui engage tant les hommes que les femmes. De plus, il nécessite un certain volontarisme, ce qui suppose une problématisation de la situation vécue et un engagement théorique et pratique à aller dans le sens de sa transformation. Or si l'on peut se résoudre à l'idée selon laquelle l'économie verte est un creuset d'innovations sociales, par les emplois verts notamment, rien ne permet d'affirmer qu'elle se veut un modèle de transformation sociale articulé à des schèmes politiques comme celui de l'autonomisation sociale et économique des femmes. Dans les lignes qui suivent, nous discutons de ce qu'il en est pour les femmes de l'Entente féminine à Dakar et pour celles de *Jappo Ligguey* à Toubacouta.

La transformation sociale : enjeu de l'autonomisation sociale et économique des femmes

La multiplicité des mutations sociétales marquantes observées de nos jours témoigne de l'ampleur des dynamiques de rupture et de reconstruction en cours dans nos sociétés. Ces dynamiques, qui révèlent parfois des velléités de repli identitaire, idéologique, ou confessionnel, sont globalement portées par l'esprit d'une société ouverte qui se montre de plus en plus capable de faire de la place aux conditions de sa propre transformation. C'est le cas au Sénégal où l'actuel foisonnement des innovations sociales constitue un révélateur des transformations qui traversent aujourd'hui tout le tissu social. C'est dire qu'il existe une sorte de connexion qui lie les innovations sociales aux dynamiques de transformation sociale en faisant des premières des leviers importants pour les secondes. En effet, les innovations sociales sont porteuses de transformations sociales (Klein & Harrisson 2006). Et cette potentialité se voit renforcée si elles reposent sur :

> un processus collectif d'apprentissage et de création permettant une (re)prise de pouvoir sur l'existence des individus et des communautés […] sur une interaction entre les acteurs concernés laissant place au dialogue et au compromis afin que l'innovation puisse s'inscrire dans une dynamique de construction de « nouveaux sentiers[12] ».

L'économie verte, en valorisant des secteurs et des acteurs habituellement ignorés par l'économie de marché, ouvre justement un « processus collectif d'apprentissage et de création » des nouvelles modalités du vivre ensemble. Elle le fait spécifiquement au travers de la prise en charge de l'articulation entre les déséquilibres écologiques et l'accentuation des vulnérabilités écosociales. Ce faisant, elle propose un changement de perspective en ce qui concerne les modes et les modalités de production économique et de reproduction sociale. Aussi les innovations sociales dont l'économie verte est féconde peuvent-elles être vues comme des facteurs décisifs de changement social par la transformation à la fois des rapports de production économique et des rapports de reproduction sociale. Or ce type de transformation sociale s'appuie, en sus des opportunités réelles qui doivent le concrétiser, sur des acteurs sociaux dont les destins peuvent être qualitativement impactés par les changements apportés. C'est le cas des jeunes et des femmes au Sénégal qui, du fait qu'ils sont considérés comme les « cadets sociaux », se satisfont le moins du statu quo patriarcal. Ils représentent d'ailleurs les principaux leviers du dynamique mouvement de changement social en cours dans le pays. Pour ce qui concerne les femmes en particulier, l'enjeu majeur est d'arriver à leur autonomisation sociale et économique. Alors, dans quelle mesure les initiatives en économie verte dans lesquelles s'investissent les femmes des quartiers de la SICAP à Dakar et des villages de Toubacouta à Fatick leur ouvrent-elles des sentiers d'autonomisation ?

Avant d'apporter des éléments de réponse à cette question, nous soulignons qu'à propos de l'autonomisation sociale et économique des femmes, ce travail s'inscrit dans la perspective des travaux de Naila Kabeer (1999, 2000, 2003, 2008) qui ont largement été consacrés à problématiser ce concept. Ces travaux rendent sensible au fait que l'autonomisation sociale et économique des femmes est éminemment un enjeu de genre. En effet, elle implique des processus et des mécanismes d'émergence et de promotion de la capacité d'agir des femmes (aux niveaux social, économique, politique, symbolique, etc.) dans le but de conquérir du pouvoir et d'élargir leurs champs de manœuvre. On est donc là au cœur de la négociation des rapports sociaux de pouvoir et dans cette optique, l'autonomisation est à la fois une fin et un moyen. C'est un processus global qui impacte l'ensemble des dimensions de l'expérience sociale des femmes. C'est pourquoi elle ne peut pas être considérée du seul point de vue économique, même si le renforcement de l'indépendance économique des femmes y est fortement recherché.

L'autonomisation sociale et économique des femmes de Toubacouta (Fatick) et de la SICAP (Dakar) en question : opportunités et contraintes

Les éléments recueillis lors de cette recherche nous permettent de soutenir que les deux projets étudiés à Dakar et à Toubacouta présentent des opportunités d'autonomisation sociale et économique des femmes qui s'y activent. Toutefois, ces opportunités sont drastiquement limitées par les conditions du patronage patriarcal de la société sénégalaise et par les conditions du marché local de la production économique. On retrouve là l'idée de la « Sainte-Alliance » entre le patriarcat et le capitalisme néolibéral, telle que développée par Fatou Sow (2010:248). Cette solide alliance met en difficulté, voire en péril, les acquis et les opportunités en matière d'autonomisation des femmes. Dans le contexte du projet « *setal sama kër sellal sama gox* », tout comme dans celui du projet de gestion communautaire et intégrée de la forêt classée de Sangako, se vit une situation à double enjeu dans laquelle se déploie la tension entre des aspirations à une participation citoyenne (économique, écologique, social, politique, etc.) plus active, plus innovante et plus libre et les réalités locales d'une mécanique socioculturelle et économique conservatrice. L'exposé de certains facteurs clés permet de s'en faire une idée.

Un premier facteur qui conforte l'idée que les initiatives d'économie verte ici étudiées peuvent constituer des opportunités d'autonomisation sociale et économique des femmes tient dans le fait que la participation au projet n'exige pas d'avoir acquis des compétences préalables, de type scolaire par exemple. Cet aspect est d'importance lorsqu'il s'agit de s'adresser à la catégorie sociale des femmes au Sénégal, marquée par un niveau de scolarisation sensiblement bas. Cette idée est résumée dans les propos suivants : « Beaucoup de projets sont passés par là, mais je ne me suis pas toujours sentie concernée, car pour y participer il fallait savoir lire, écrire ou avoir un diplôme. Or je n'ai pas fait des études » (B. Badiane, femme, 43 ans). I. Diop renforce ces propos lorsqu'il nous confie « Je réfléchis depuis toujours à une activité à proposer à ma femme, mais je n'ai rien trouvé, car elle n'a ni métier ni diplôme. Je rends grâce à Dieu, aujourd'hui avec ce projet elle a du travail et pourra me soulager dans la maison » (homme, 45 ans). Ces points de vue, entre autres, permettent de déduire que les projets, du fait de leur orientation inclusive, sont adaptés aux profils de leurs destinataires, à savoir les femmes comme catégorie sociale vulnérable.

Ce facteur peut être mis en relation avec le fait qu'il n'y a pratiquement pas d'investissement de départ pour participer aux projets, contrairement aux habitudes de demande d'apports personnels, souvent conséquents. Les responsables de l'Entente féminine des SICAP expriment la même idée lorsqu'elles expliquent que l'acquisition d'une poubelle est facilitée par une subvention acquise grâce à des partenaires au développement et par la possibilité de l'achat à crédit étalé sur six mois. Dans les villages de Toubacouta, « la seule condition pour être actrice à part entière des projets en place, c'est d'être membre d'un groupement féminin villageois » (S. Ndour, femme, 36 ans). Cet état de fait contribue à désinhiber la participation féminine aux activités économiques. En effet, du fait de leur situation de non-emploi, les femmes de ces localités sont en général sans revenus et dépendent financièrement des hommes. Dès lors, tout projet qui nécessite des apports personnels est susceptible de renforcer le contrôle de la participation économique des femmes par les hommes ; ce qui aboutit, selon les enjeux du moment, à une moindre ou à une non-participation des femmes.

On peut souligner également que le fait que la participation aux différentes activités liées aux projets étudiés ne nécessite pas une absence prolongée du domicile familial constitue aussi un facteur d'opportunité. En effet la plupart des femmes concernées sont des mères de famille, essentiellement des ménagères. Dans les contextes patriarcaux, cette situation engendre l'endossement systématique par ces femmes de la charge de travail domestique. Ce qui a comme conséquence de les maintenir davantage dans les foyers « qu'elles tiennent comme de véritables chefs d'entreprise » (S. Faye, femme, 36 ans). Ayant ainsi la contrainte de « l'assignation domestique » (Le Quentrec 2014), la plupart de ces femmes n'ont d'autre choix que de décliner les offres d'emploi qui les éloignent des maisons. Ceci d'autant plus que leur éloignement du domicile est en général mal vu dans la société sénégalaise où la morale populaire soutient que « Jigueen dafay gatt tank ». Ainsi les projets, parce qu'ils permettent un travail à domicile, représentent « un grand plus pour nous car nous travaillons sans quitter nos cuisines, nos enfants et nos maris » (A. Fall, femme, 40 ans). Si les propos de cette interviewée renferment des éléments de morale socioculturelle qui donnent à réfléchir à propos de la prégnance de l'asymétrie des relations de pouvoir dans les ménages, ils laissent apparaître l'importance du fait que les projets, dans ces différents contextes, donnent la possibilité aux femmes de travailler depuis chez elles, faisant ainsi entrer, dans une certaine mesure, la sphère productive dans la reproductive.

Dans le même sillage, le travail des femmes est valorisé dans les circuits économiques au travers des revenus générés par le conditionnement des déchets, par les emplois créés ou par la transformation des ressources forestières. Comme le souligne cette enquêtée, « aujourd'hui les femmes peuvent gagner de l'argent avec leur travail et participer ainsi à dynamiser l'économie du pays en devenant des créatrices de richesses » (L. Faye, femme, 50 ans). La même idée est revenue dans la quasi-totalité des entretiens réalisés à Dakar comme à Toubacouta et est corroborée par les observations sur le terrain. Il en ressort clairement que le fait pour les femmes d'avoir une source régulière de revenus joue un rôle important dans la négociation du pouvoir au sein des ménages et donc dans la redéfinition des statuts et places de ces femmes dans leurs cadres sociaux.

À côté de ces facteurs susceptibles de promouvoir l'autonomisation des femmes de l'Entente et de *Jappo Ligguey*, d'autres ont des effets de blocage. Ils tiennent par exemple à la multiplicité des dimensions de l'autonomisation, qui peut être intellectuelle, politique, économique, sociale, culturelle, religieuse, etc. Or les projets étudiés, même s'ils ambitionnent d'impacter toutes les dimensions de la vie des bénéficiaires, demeurent très axés sur la question de la conquête du pouvoir économique. B. Badiane, en insistant sur le fait que « des sessions de formation en leadership féminin pourraient apporter un grand plus à nos activités dans le projet et nous permettre de mieux les valoriser » (femme, 43 ans) suggère, à ce propos, d'avoir une vision plus englobante. La même demande est revenue plusieurs fois, notamment à travers l'idée que l'économique est enchâssé dans le social. S'il en est ainsi, pensent la plupart de nos interviewés, il faut actionner les leviers de l'autonomisation des femmes à tous les niveaux au lieu de ne miser que sur un aspect particulier, quel que soit le poids de cet aspect par ailleurs. Cela exige, entre autres, un véritable travail de plaidoirie.

D'autres facteurs de blocage de l'autonomisation des femmes tiennent dans l'utilisation des revenus générés par leur travail. Dans la totalité des cas rencontrés, les revenus sont utilisés dans les circuits traditionnels de création de richesse et d'entretien du prestige social. Autrement dit, les circuits de réinvestissement de l'argent gagné par les femmes ne sont pas encore suffisamment structurés et encadrés dans une perspective d'autonomisation sociale et économique. Il en est ainsi autant pour ce qui concerne les activités liées au projet de gestion communautaire de la forêt de Sangako que pour celles relevant du projet « *setal sama kër sellal sama gox* ». Or les circuits traditionnels locaux d'investissement économiques sont marqués par des logiques de réciprocité et des logiques de domination favorables au maintien et au renforcement du pouvoir patriarcal. Sans compter que dans les contextes en question, le prestige social qui accompagne la conquête du pouvoir économique est un « bien collectif encore fondamentalement dépendant du jugement social » (F. Diack, femme, 51 ans).

Les facteurs d'opportunités et de contraintes exposés permettent de conclure sur la complexité des dynamiques locales de transformation sociale qui engagent les femmes de l'Entente et celles de *Jappo Ligguey*. En effet si les projets dans lesquels elles s'activent leur ouvrent de réelles possibilités d'investissement de créneaux économiques innovants, ils n'en constituent pas pour autant des leviers déterminants pour favoriser leur autonomisation sociale et économique, vue dans la perspective globale. En effet, les retombées économiques dégagées par les activités de ces initiatives d'emplois verts sont encore trop peu conséquentes pour permettre aux femmes bénéficiaires de conquérir des champs économiques féconds et d'asseoir un véritable pouvoir économique dans leurs ménages et dans leurs localités. De plus, les circuits de réinvestissement des revenus gagnés, parce qu'encore structurés par la domination masculine, ne permettent pas de faire fructifier les acquis politiques. Par ailleurs, les secteurs d'activité concernés (gestion des déchets ménagers, conditionnement et transformation de ressources naturelles pour l'essentiel) sont de nature à consolider la traditionnelle division sexuelle du travail ayant cours dans ces localités et ainsi à confiner davantage les femmes dans les sphères reproductives, c'est-à-dire les sphères ménagères habituelles.

La complexité des dynamiques locales ayant cours sur nos terrains de recherche renseigne sur l'ambiguïté de la question de l'autonomisation sociale et économique pour les femmes interrogées. En réalité, il semble que pour elles, c'est la situation de sujets des transformations sociales qui est ambiguë. Ces femmes, en général, ont un rapport ambivalent avec l'enjeu de l'autonomisation. En effet, en même temps qu'elles aspirent à se réaliser matériellement et sociosymboliquement, elles craignent les ruptures sociales qui pourraient survenir à la faveur des mouvements de promotion féminine enclenchés. D'où l'intérêt de rappeler les propos d'Isabel Rauber :

La personne qui est exploitée, parce qu'elle est exploitée, n'est pas nécessairement intéressée par le fait de changer sa situation d'exploitation ; il lui faut dans un premier temps prendre conscience de sa condition d'exploitée, comprendre qui sont ceux qui l'exploitent et pourquoi, et cela ne suffit toujours pas. Il faut qu'elle veuille inverser cette situation et la modifier en sa faveur (selon ses désirs, ses aspirations, ses rêves et ses intérêts). C'est seulement alors que se pose la question des changements auxquels elle aspire, la question de leur possibilité et la recherche de moyens pour les réaliser. Ainsi, la notion de sujet implique l'existence d'une prise de conscience concrète de la nécessité de changement, l'existence de la volonté de changement et la capacité à construire ces changements (dialectique de vouloir et pouvoir). (2003:52-53)

Conclusion

Au terme de ce travail, nous proposons de retenir que depuis son apparition sur la scène internationale, l'économie verte s'est imposée comme le paradigme innovant du développement durable. De sorte qu'elle est devenue, en peu de temps, le slogan d'un modèle économique supposé en rupture avec celui du capitalisme, car considéré comme plus vertueux et plus soucieux des équilibres écologiques et de l'inclusion sociale. Or la confrontation entre les discours de rupture et les pratiques économiques quotidiennes qui font le développement durable ne justifie pas toujours l'enthousiasme que suscite le concept (ATTAC 2012 ; Duterme 2013). D'où un scepticisme légitime à son endroit.

Cependant, ce travail montre que, malgré tout, l'économie verte, dans son principe, introduit une rupture significative dans le débat sur les modes de production économique et de reproduction sociale. Ce faisant, elle ne doit pas être délégitimée de prime abord, car elle mérite de se confronter aux vécus des populations locales qui l'investiront de sens. C'est le cas notamment chez les femmes des quartiers de la SICAP et des villages de Toubacouta que nous avons rencontrées durant nos recherches. Chez elles, les initiatives d'emplois verts ont été explorées du point de vue de leur capacité à enclencher des dynamiques locales d'autonomisation sociale et économique. L'intérêt de cette exploration est à mettre en relation avec le fait que la question de l'autonomisation des femmes est très peu problématisée au Sénégal. Cette situation est peut-être due à l'influence du patriarcat ; laquelle se ressent jusque dans la priorisation des problématiques généralement soumises à la recherche scientifique dans le pays.

D'autre part, cet intérêt se distingue au travers des données recueillies sur le terrain ; lesquelles montrent que la relation entre économie verte et autonomisation des femmes au Sénégal est complexe à plus d'un titre. En effet, un des présupposés forts de l'économie verte est qu'elle concoure, mieux que l'économie classique, à résoudre le problème des vulnérabilités sociales et économiques. Ce faisant, elle serait de nature à permettre l'éclosion d'activités économiques à fort impact social et politique pour les catégories sociales habituellement vulnérables, particulièrement pour les femmes. Cette recherche montre que pour les localités qui nous ont accueilli, si on ne peut pas soutenir de manière tranchée que tel n'est pas le cas, des efforts importants restent à être fournis pour que les changements qualitatifs postulés puissent voir le jour dans les expériences et le vécu quotidien des actrices locales.

Notes

1. Expression wolof qui peut être traduite par : « Nettoyer ma maison, assainir ma localité ».
2. Nebeday est une déformation locale de l'expression anglaise « Never die ». Cette déformation est utilisée pour nommer le Moringa Oleifera, en référence à sa capacité de résistance aux conditions difficiles et à ses facultés à « renaître ». Le Moringa Oleifera est l'arbre symbole de l'association Nebeday ; l'essentiel des activités de cette association tourne autour de cette plante.
3. Pour rappel, selon le PNUE, l'économie verte est une économie qui « entraîne une amélioration du bien-être humain et de l'équité sociale tout en réduisant de manière significative les risques environnementaux et la pénurie des ressources. Elle est faiblement émettrice de carbone, préserve les ressources [naturelles] et est socialement inclusive. » (2011:2)
4. Tiré de la présentation de l'économie sociale et solidaire disponible sur le site Internet suivant : http://www.lelabo-ess.org/?+-ESS-
5. Selon la perspective de l'économie écologique.
6. Selon la perspective de l'économie de l'environnement.
7. Un emploi vert est un emploi à finalité environnementale. C'est-à-dire qu'il contribue à prévenir, à maîtriser et à corriger les impacts des activités de production économiques sur les écosystèmes. Un emploi verdissant est un emploi qui tout en n'ayant pas une finalité environnementale valorise cependant des compétences permettant d'intégrer significativement les dimensions écologiques dans les activités de production.
8. Une variante des tontines traditionnelles.
9. Terme wolof qui signifie calebasse. C'est également une variante des tontines traditionnelles.
10. Terme wolof que l'on peut traduire par « s'unir pour travailler en solidarité ».
11. Nous entendons ici les systèmes de solidarités mis en place à l'échelle des quartiers ou des villages (groupements de classe, tontines, etc.) et qui se caractérisent par les liens communautaires qui y unissent les parties prenantes.
12. « La transformation sociale par l'innovation sociale », Appel à contribution, Calenda, Publié le jeudi 18 juillet 2013, http://calenda.org/255659
13. « Être femme en Afrique subsaharienne : la fin des « cadets sociaux » ? », Appel à contribution, Calenda, Publié le mercredi 25 juin 2014, http://calenda.org/287461
14. Littéralement : « La femme doit avoir le pied court ». Cela signifie que la femme ne doit pas beaucoup sortir de la maison.

Références

AQOCI, 2012, *L'accompagnement des partenaires à l'intégration du genre. L'autonomisation économique des femmes*, Fiche CdP « Genre en pratique ».

Assogba, Y., 2007, *Innovation sociale et communauté. Une relecture à partir des sociologues classiques*, Alliance de recherche université/communauté/innovation sociale et développement des communautés (ARUC-ISDC), Série Recherches N° 5, Université du Québec en Outaouais.

ATTAC, 2012, *La nature n'a pas de prix. Les méprises de l'économie verte*, Paris, Les liens qui libèrent.

Barbier, E., 2010, *A Global Green New Deal*, Cambridge, Cambridge University Press.

Berini *et al.*, 2012, *Introduction aux études sur le genre*, 2ᵉ ed. Louvain-la-Neuve, Éditions De Boeck.

Bourdieu, P., 1998, *La domination masculine*, Paris, Seuil. Coll. Liber.

Cohen, M., 1990, Le « GER » biblique et son statut socioreligieux », *Revue de l'histoire des religions 207 (2)*, 131-158.

Diop, A. B., 2012 [1981], *La société wolof. Tradition et changement : les systèmes d'inégalité et de domination*, Paris, Karthala.

Duterme, B., 2013, Économie verte : marchandiser la planète pour la sauver ? *Alternatives Sud 20 (7)*, 7-20.

Flam, M., 2010, *L'économie verte*, Paris, Presses universitaires de France. Federici, S., 2014, *Caliban et la sorcière*, Paris, Entremondes.

Gueye, M. S. D., 2009, *Genre et Gouvernance urbaine au Sénégal. La participation des femmes à la gestion urbaine*, Louvain-la-Neuve, Presses universitaires de Louvain. Jacquemot, P., 2013, *Économie politique de l'Afrique contemporaine*, Paris, Armand Colin.

Kabeer, N., 2008, *Paid work, women's empowerment and gender justice : critical path- ways of social change*, Pathways Working Paper 3, Brighton, IDS.

— , 2003, *Mainstreaming gender in poverty eradication and the Millennium Development Goals*, London, Commonwealth Secretariat/IDRC Publication.

— , 2000, *The power to choose: Bangladeshi women and labour market decisions in London and Dhaka*, London and New York, Verso.

— ,1999: « Resources, agency, achievements : reflections on the measurement of women's empowerment », *Development and Change*, Vol 30, p. 435-464.

Kergoat, D., 2001, « Division sexuelle du travail et rapports sociaux de sexe », in J. Bisilliat & C. Verschuur (Éds) *Genre et économie : un premier éclairage*. Cahiers genre et développement n° 2. Paris, L'Harmattan, 79-86.

Klein, J.-L. & D. Harrisson, 2006, *L'innovation sociale. Émergence et effets sur la transformation des sociétés*, Québec, Presses universitaires du Québec.

Le Quentrec, Y., 2014, « Heurts et bonheurs des militantes : le travail syndical face au travail domestique », *Nouvelle revue de psychosociologie 2 (18)*, 147-161.

Levy, C., 1996, « The process of institutionalising gender in policy and planning : the « web » of institutionalisation », University College London, Development Planning Unit, *Working Paper* n° 74.

Meadows, D. *et al.*, 1972, *The Limits to Growth*, 1972, New York, Universe Books.

Negura, L., 2006, « L'analyse de contenu dans l'étude des représentations sociales », SociologieS [En ligne], Théories et recherches, consulté le 11 février 2015. URL : http://sociologies.revues.org/993

Pearce, D. W., A. Markandya & E. Barbier, 1989, *Blueprint for a green economy, Earth- scen,* Cambridge, Cambridge University Press.

Poisson, Y., 1983, « L'approche qualitative et l'approche quantitative dans les recherches en éducation », *Revue des sciences de l'éducation 9* (3), p. 369-378.

OIT, 2011, Analyse des potentialités de création d'emplois verts dans les régions de Kolda, Matam et Saint Louis. Migration, développement local et potentialités.

PNUE, 2011, « Vers une économie verte : Pour un développement durable et une éradication de la pauvreté – Synthèse à l'intention des décideurs ». www.unep.org/gree-

Rauber, I., 2003, *Movimientos sociales y representaciòn polìtica*, La Havane, Ed. Ciencias sociales, p. 45-61

Sarria, I. A. M. & Tiriba, L., 2006, « Économie populaire », in J.-L. Laville & A. D. Cattani (Éd), *Dictionnaire de l'autre économie*, Paris, Gallimard, Folio actuel, p. 259-268.

Sow, F., 2010, « Idéologies néolibérales et droits des femmes en Afrique », in J. Falquet *et al.* (Éds), *Le sexe de la mondialisation. Genre, classe, race et nouvelle division du travail,* Paris, Presses de Sciences Po, p. 243-257.

7

Reproduction des inégalités au Sénégal

Abdoul Alpha Dia

Introduction

La question des inégalités a toujours occupé une place centrale dans les sciences sociales. Au cœur des préoccupations de ces dernières, se trouvent en effet l'analyse des écarts de répartition des ressources socialement valorisées et relativement rares, mais aussi l'étude des causes de ces écarts ainsi que des mécanismes socioéconomiques et institutionnels permettant de les réduire, ou, au contraire contribuant à les creuser. Parmi les thèmes importants figurent l'analyse des inégalités du point de vue des revenus, des conditions de vie, de l'accès à la formation et aux diverses positions professionnelles, et l'étude des discriminations. L'examen de la mobilité sociale et de la pauvreté fait partie également des questions classiques en sciences sociales, de même que l'étude des politiques publiques ayant des répercussions sur ces phénomènes. Enfin, l'analyse des processus contribuant à la production et à la reproduction des inégalités entre différentes catégories sociales (hommes/femmes, jeunes/vieux, etc.) constitue un thème récurrent de recherche.

Comme l'ont écrit Bihr et Pfefferkorn (1999:356), « les inégalités forment un système, c'est-à-dire qu'elles constituent un processus cumulatif au terme duquel les privilèges s'accumulent à l'un des pôles de l'échelle sociale, tandis qu'à l'autre pôle se multiplient les handicaps ». Plus particulièrement montrent-ils, le système des inégalités repose sur trois mécanismes principaux : les interactions entre les inégalités, leur cumul et leur reproduction. C'est à ce dernier mécanisme que nous allons nous intéresser.

L'existence d'un système des inégalités implique que les destins des individus soient plus ou moins déterminés à l'avance, puisque les inégalités se reproduiraient de génération en génération. Ainsi, pour un grand nombre d'individus, la chance ou la probabilité d'améliorer les conditions sociales de départ serait particulièrement faible. Autrement dit, peu d'individus pourraient accéder à des catégories sociales supérieures soit à celles de leurs parents, soit à celles dans lesquelles ils auraient fait leur entrée dans la vie active. L'existence d'un tel système contredit l'idée d'une société ouverte, ainsi que les principes de démocratie et de liberté, désormais considérés comme des valeurs ou des aspirations quasi universelles.

Au Sénégal, les études consacrées à la reproduction sociale ont surtout privilégié les approches historiques ou sociologiques. De ce fait, elles se sont focalisées sur la transmission héréditaire des fonctions sociales, et en particulier sur le phénomène des castes (Diop 1960 ; Diop 1971 ; Diop 1981 ; Mbow 2000). Si l'immobilisme social généré par le système des castes ne laisse guère de place au doute, son caractère inégalitaire a cependant été discuté. Ainsi, selon C. A. Diop, « pour chaque caste, inconvénients et avantages, aliénations et compensations s'équilibrent » (1960:11), tandis que A. B. Diop (1981) conteste l'idée d'une interdépendance socioéconomique s'expliquant par la division du travail et milite pour un développement des rapports de castes dans le sens d'une dépendance des castes inférieures vis-à-vis des castes supérieures.

À la question de savoir quelle est désormais la place occupée par le phénomène des castes dans la société sénégalaise contemporaine, les points de vue sont tout aussi nuancés : pour les uns, il continue à jouer un rôle important dans la sphère de la modernité (Mbow 2000), tandis que pour les autres, tel n'est plus le cas (Diop 1981). Quoi qu'il en soit, le système de reproduction des inégalités va au-delà du seul phénomène des castes.

Au Sénégal, la transmission des fonctions sociales a été davantage étudiée que la mobilité sociale1. De même, l'accent a été davantage mis sur la mobilité intragénérationnelle (autrement dit, la mobilité professionnelle, ou encore la mobilité au cours d'une vie pour un individu), et beaucoup moins sur la mobilité intergénérationnelle (c'est-à-dire le changement d'une position sociale d'une génération à l'autre, du père au fils, par exemple).

La rareté, sinon l'inexistence, des travaux consacrés à la transmission intergénérationnelle des niveaux de revenus ou celle des catégories socioprofessionnelles s'explique principalement par la difficulté de construire (faute de données longitudinales) des tables de mobilités. En comparant la situation socioprofessionnelle des fils par rapport à celle occupée par leurs pères, ces tables permettent en effet d'apporter des réponses précises aux deux questions fondamentales suivantes : (i) comment les personnes issues d'une catégorie donnée sont-elles réparties entre les différentes catégories sociales (sens père/fils) ? (ii) de quelles catégories sociales viennent les personnes composant une catégorie sociale déterminée (sens fils/père) ?

La question de la transmission intergénérationnelle de la pauvreté est un champ faiblement documenté au Sénégal, et en particulier, les données ou les estimations chiffrées font défaut2. Quelques travaux se sont néanmoins intéressés aux déterminants de ce système de reproduction des inégalités. Par exemple, Cissé et Doucouré (2011) estiment que la transmission de la pauvreté est d'abord active et directe, et qu'elle résulte principalement d'une combinaison de facteurs économiques (situation des parents sur le marché de l'emploi, niveaux de revenus, etc.), professionnels (chômage de longue durée, précarité des emplois, faiblesse des rémunérations, etc.), résidentiels (lieux d'habitation), démographiques (taille des ménages, etc.), géoclimatiques (allongement des périodes de sécheresse, baisse de la pluviométrie, etc.), culturels (faibles niveaux de capital humain et de capital culturel, etc.). Autrement dit, la transmission de la pauvreté découle surtout de la faiblesse des transferts des ressources matérielles des générations ascendantes vers les autres générations (dans un contexte de forte dépendance de ces dernières). Cissé et Doucouré identifient par ailleurs d'autres mécanismes de transmission, opérant plus lentement et selon un principe accumulatif : d'abord à travers l'immobilité sociale (contraction d'unions dans la même catégorie socioéconomique, qui joue comme mécanisme de transmission lente et différée de la pauvreté) et ensuite via l'isolement social (mécanisme progressif d'affaiblissement   du lien social, et à ce titre phénomène de transmission rampante de la pauvreté). En définitive, Cissé et Doucouré suggèrent d'une part que l'immobilité sociale l'emporte sur la mobilité sociale, et d'autre part que l'hérédité sociale est avant tout le produit d'un système d'héritage (du capital économique et du capital culturel) et de facteurs sociodémographiques. La fluidité sociale serait donc faible, et par conséquent, la position sociale des individus serait fortement déterminée par leur origine sociale.

Lambert (2014) a mis en évidence des liens intergénérationnels importants, à travers notamment de fortes corrélations entre les secteurs d'occupation des parents et des enfants. Elle trouve cependant que les transferts de propriété (c'est-à-dire le fait d'hériter des terres et des logements) contribuent très peu à l'inégalité globale. Par contre, les autres formes d'héritage, les niveaux d'éducation, ainsi que les caractéristiques des parents jouent un rôle beaucoup plus important, et en particulier affectent davantage les niveaux de revenus ou de consommation des adultes.

Les travaux consacrés à la mobilité sociale (Vallet 1999) ont montré que cette dernière, qu'elle soit ascendante ou descendante, concerne surtout les groupes socialement contigus. Autrement dit, les trajets longs (ascension d'une catégorie populaire vers une catégorie dominante, ou inversement chute d'une catégorie dominante vers une catégorie populaire) sont extrêmement rares3. S'il existe des échelles favorisant le passage entre catégories proches, un véritable fossé sépare cependant les catégories extrêmes. Par conséquent, c'est parmi les catégories moyennes, qui offrent la double possibilité d'une ascension ou d'une chute, que la mobilité serait la plus forte. Assisterait-on au Sénégal à davantage de mobilité ascendante ou descendante ?

La « classe moyenne », dont l'émergence en Afrique avait été observée dans les années 1960 dans les milieux urbains (Balandier 1965), a eu tendance à se paupériser au Sénégal à partir des années quatre-vingt, du fait notamment de la crise économique (Diop 1992 ; Durufle 1994 ; Diagne & Daffé 2002 ; Moguerou 20114). Quelques travaux menés à Dakar ont d'ailleurs montré que le phénomène de pauvreté s'est étendu jusque dans les quartiers favorisés, et qu'il touchait de plus en plus des ménages de la classe moyenne naguère à l'abri des vicissitudes de la conjoncture économique (Diop 1992 ; Dimé et Calvès 2006). Une telle évolution témoigne plus globalement de ce que certains ont appelé une « moyennisation » des classes sociales supérieures (Antoine & Fall 2002).

La question est maintenant de savoir si ces tendances constatées à l'échelle d'une génération, ont également été observées d'un point de vue intergénérationnel. Autrement dit, du point de vue du « déclassement » ou du « descenseur social », c'est-à-dire le fait pour les individus d'occuper un statut social inférieur à celui de leurs parents (Chauvel 2006 ; Maurin 2006, 2009 ; Peugny 2009)5, qu'en est-il au Sénégal ? À notre connaissance, aucune étude approfondie n'a été menée sur cette question au Sénégal : par conséquent, si la question de l'ascenseur social est parfois évoquée, on en sait toutefois très peu sur le déclassement intergénérationnel. Néanmoins, d'un point de vue général, ce que l'on sait, c'est par exemple que la paupérisation des classes moyennes implique qu'elles auront désormais du mal à sécuriser leurs positions dans la génération suivante. Autrement dit, les enfants issus de ces classes moyennes courent un grand risque de retomber dans la pauvreté dont sont sortis peut-être leurs parents.

L'analyse de cette question de la reproduction des inégalités serait incomplète si elle n'abordait pas le rôle ou la responsabilité de l'école. En effet, l'école fonctionne de manière juste si elle donne leurs chances à tous ceux qui ne sont pas des « héritiers » (Bourdieu et Passeron 1964), autrement dit si ses classements finaux bouleversent les classements initiaux (Duru-Bellat 2002). C'est donc en fabriquant une nouvelle inégalité, sur une base méritocratique cette fois-ci, autrement dit en assurant une l'égalité des chances, que l'école assure la mobilité sociale.

De nombreuses études ont souligné, et parfois dénoncé, le rôle des systèmes d'enseignement dans la perpétuation des inégalités de classe (Coleman 1966 ; Bourdieu & Passeron 1964, 1970 ; Bell 1972 ; Jencks 1972 ; Baudelot & Establet 2009). Ces études concluent que l'école est davantage une instance de socialisation dont le but est d'assurer la reproduction sociale et de faire reconnaître comme légitime la sélection scolaire.

Qu'en est-il sur cette question au Sénégal ?

Dans un travail mené à Dakar, Moguérou (2011) a croisé les catégories socioprofessionnelles des individus avec les niveaux d'études de leurs parents. Trois catégories professionnelles sont en particulier identifiées dans cette étude.

La première catégorie regroupe les postes de l'administration publique et de l'encadrement (politiques, intellectuels, ingénieurs, cadres supérieurs) ainsi que les employés qualifiés du secteur public et les agents de la sécurité publique. Ce premier groupe (CSP1), qui rassemble les salariés de l'État et des entreprises publiques occupant des fonctions d'encadrement ou des postes qualifiés. Quant au second groupe (CSP2), qui rassemble les travailleurs permanents et non manuels, il concerne les employés non qualifiés exerçant principalement dans le secteur public (entreprises nationalisées) et plus rarement dans le secteur privé. Enfin, les petits commerçants, les artisans, les agriculteurs-pêcheurs et les autres professions constituent la troisième et dernière catégorie (CSP3), caractérisée par des revenus irréguliers et un très faible capital culturel. Les résultats obtenus après croisement des variables sont les suivants :

- en ce qui concerne le groupe CSP1, 22,8 pour cent des pères sont diplômés de l'enseignement supérieur, 47,5 pour cent possèdent un titre du secondaire et 29,7 pour cent un certificat d'études primaires.

- en ce qui concerne le groupe CSP2, le niveau scolaire est hétérogène : 46,4 % des pères n'ont jamais été scolarisés, 22,2 pour cent ont arrêté leurs études en primaire, et plus d'un tiers (41,2 pour cent) d'entre eux a atteint le secondaire.

- en ce qui concerne le groupe CSP3, près des trois quarts des pères (72,5 pour cent) n'ont jamais fréquenté l'école et seuls 8,6 pour cent ont été scolarisés en secondaire.

Globalement, il est donc montré ici que les niveaux d'études des pères influent fortement sur l'appartenance aux catégories extrêmes (CSP1 et CSP3).

Ces résultats doivent être mis en perspective avec d'autres travaux qui montrent que des disparités importantes du point de vue de la qualité des apprentissages existent par rapport à l'origine sociale (mesurée à travers le niveau d'instruction scolaire ou le niveau de revenus des parents) ou à la localisation géographique (Diagne et al. 2006). Ainsi, les résultats des élèves dont les parents ont un niveau supérieur ou égal au collège sont significativement supérieurs à ceux des autres élèves dont les parents ne sont pas instruits ou n'ont pas atteint le collège. Les élèves issus de familles riches ont également en moyenne des résultats significativement supérieurs à ceux des élèves issus de ménages pauvres. Enfin, les élèves issus du milieu urbain ont, en moyenne, des scores plus élevés que ceux du milieu rural.

Les travaux de Cissé et al. (2004) sur les inégalités dans l'accès à l'éducation au Sénégal apportent également un éclairage précieux sur les mécanismes ou les modalités à travers lesquels l'école au Sénégal favoriserait la reproduction sociale. En particulier, ils montrent que l'inégalité des chances dans l'accès aux études (et plus précisément aux diplômes supérieurs) est de nature à entraîner une reproduction plus accentuée des élites politiques. L'accès des enfants à chacun des niveaux d'enseignement (mesuré par les taux bruts de scolarisation) est d'autant plus faible que les ménages sont pauvres. En effet, alors qu'au niveau élémentaire, le taux de scolarisation des enfants des 20 pour cent de ménages les plus riches est près de 3 fois supérieur à celui des enfants des 20 pour cent de ménages les plus pauvres (ces taux sont en effet de respectivement 34,3 pour cent et 94,4 pour cent), ce même rapport se chiffre à environ 16 dans l'enseignement moyen et à 20 dans le secondaire. Par ailleurs, les dépenses publiques en éducation profitent d'autant moins aux élèves que ces derniers sont pauvres. Ainsi, pour les quatre niveaux d'enseignement confondus (élémentaire, moyen, secondaire et supérieur), les 20 pour cent des ménages les plus pauvres ne perçoivent que 11 pour cent des dépenses publiques, tandis que les 20 pour cent les plus riches en reçoivent 37 pour cent. Pour ce qui est uniquement de l'enseignement élémentaire, bien que les enfants appartenant aux ménages les plus pauvres représentent plus du quart (27,6 pour cent) des effectifs, ils ne bénéficient que de 16,8 pour cent des ressources publiques, tandis que les ménages les plus riches, qui comptent deux fois moins d'enfants en âge de scolarisation primaire (12,6 pour cent), reçoivent 21,1 pour cent de ces mêmes dépenses publiques. Pour ce qui est du collège, les ménages les plus riches, qui comptent une fois et demie moins d'enfants que les ménages pauvres, bénéficient de dix fois plus des ressources. Le même constat peut être fait pour l'enseignement secondaire où le quintile 5 reçoit seize fois plus de ressources que le quintile 1, alors que l'un représente 15,9 pour cent des effectifs et l'autre 20,8 pour cent. Dans l'enseignement supérieur, alors que le quintile des ménages les plus riches reçoit 73 pour cent des ressources publiques disponibles, les ménages les plus pauvres n'ont presque pas accès à ce niveau. De même, si la part des 40 pour cent de ménages les plus défavorisés est seulement de 1 pour cent des dépenses attribuées au supérieur, celle des deux quintiles les plus riches dépasse les 90 pour cent.

En définitive, ce qui peut être retenu ici, c'est que beaucoup d'efforts restent à faire au Sénégal pour que les enfants issus des ménages défavorisés accèdent et réussissent à l'école.

Conclusion

En Afrique en général et au Sénégal en particulier, il serait difficile de dire que les politiques de lutte contre la pauvreté ont véritablement connu un succès. En effet, malgré l'institutionnalisation par les pouvoirs publics des stratégies de réduction de la pauvreté, malgré la multiplication de projets et de programmes destinés à combattre la pauvreté, le constat demeure : le nombre de pauvres augmente sans cesse. Ainsi, c'est aujourd'hui en Afrique subsaharienne que le nombre de pauvres est le plus important au monde : d'après la Banque mondiale (2015), environ 400 millions d'Africains – soit près de 45 pour cent de la population totale de la région – vivent dans l'extrême pauvreté. Au Sénégal, les estimations les plus récentes indiquent que 46,7 pour cent de la population vivent en dessous du seuil de pauvreté, et près de 18 pour cent sont dans une situation d'extrême pauvreté (ANSD 2012). Au cours de la décennie écoulée, on a noté très peu de progrès autour de cette question de la lutte contre la pauvreté.

Dans ces conditions, il est légitime de s'interroger sur le pourquoi de l'échec des politiques publiques et des stratégies nationales de lutte contre la pauvreté.

L'une des explications, qui est aussi à l'origine de ce travail, c'est qu'il y a un préalable à la lutte contre la pauvreté, et il s'agit de la lutte contre les inégalités. En effet, de notre point de vue, on ne comprend rien, ou alors pas grand-chose, à la pauvreté si on la déconnecte de la question des inégalités. L'Afrique, ce n'est pas seulement le continent de la pauvreté massive, c'est aussi celui qui affiche les inégalités de revenu les plus élevées au monde.

Cependant, les inégalités ne font pas l'objet en Afrique de l'attention qu'elles mériteraient. Certes, on constatera leur existence, on tentera de les mesurer parfois, et en particulier lorsqu'il est question de croissance ou de lutte contre la pauvreté, mais dans la plupart des pays africains, et le Sénégal n'y échappe pas, il n'existe pas véritablement de politiques ou de stratégies visant spécifiquement à lutter contre le système des inégalités. Car en réalité les inégalités forment un système, et s'il en est ainsi, c'est parce qu'elles interagissent entre elles, se cumulent et se reproduisent. Il s'agit donc d'un processus cumulatif au terme duquel les privilèges ou les handicaps s'accumulent (Bihr & Pfefferkorn 1999).

Or en Afrique, on a tendance à considérer que la croissance ou la lutte contre la pauvreté vont automatiquement résoudre le problème des inégalités. On préférera donc d'une part établir des relations ou calculer des formules liant la croissance à la réduction de la pauvreté, et d'autre part estimer les taux de croissance pour atteindre les objectifs de développement (au sein desquels figure systématiquement la réduction de la pauvreté, mais rarement celle des inégalités). Au final, on en saura bien peu sur le système des inégalités, ainsi que sur ses conséquences ou ses effets, tant au niveau individuel qu'à l'échelle macro-économique.

L'une des raisons de cet état de fait est que si les inégalités forment un système, elles sont rarement abordées ou étudiées en Afrique comme telles. En effet, les études et analyses consacrées aux inégalités en Afrique privilégient rarement une approche systémique. Autrement dit, l'analyse des inégalités sur le continent est souvent parcellaire, segmentée, fractionnée, et cela empêche de saisir à leur juste valeur ou de traiter comme il se doit les questions liées aux interactions, au cumul et à la reproduction des inégalités.

Cette absence de systématisation de la recherche autour des inégalités a également son équivalent du point de vue de la conduite des politiques publiques. En effet, sur le continent africain, la lutte contre les inégalités est rarement institutionnalisée, autrement dit, elle est peu ancrée dans les politiques publiques. Les documents stratégiques nationaux restent globalement évasifs autour des inégalités, et très souvent, ils se limitent d'une part à reconnaître l'existence des inégalités, et d'autre part à proclamer leur attachement aux principes d'égalité ou de justice sociale. L'analyse détaillée des politiques publiques effectivement mises en œuvre ne révélera cependant rien, ou alors pas grand-chose, concernant spécifiquement les inégalités. Par conséquent ces politiques publiques laissent accroire que les inégalités sont de nature à se résorber toutes seules, d'où l'absence de mesures concrètes. Une analyse rapide du cadrage macro-économique permet d'ailleurs de se rendre compte que la lutte contre les inégalités est loin d'être une priorité. Pour accélérer la croissance, différentes stratégies seront préconisées (ouverture économique, réforme de la fiscalité) et pour y arriver, seront proposées différentes mesures dont les conséquences ne feront que renforcer les inégalités. Sur le plan fiscal par exemple, on assistera à un accroissement du taux de la taxe sur la valeur ajoutée, ainsi qu'à une baisse du taux d'imposition sur les bénéfices des entreprises, toutes choses qui accroissent la pression fiscale sur des catégories peu favorisées et déjà fortement mises à contribution.

Pourtant, au niveau international, et contrairement à ce qui est constaté pour l'Afrique, la question des inégalités est devenue un objet de préoccupation majeure, et elle est même au cœur des débats politiques, économiques et sociaux. S'il en est ainsi, c'est parce que leur accroissement ces dernières années a été confirmé sur la période récente par de nombreux travaux (Piketty 2008, 2013 ; Stiglitz 2012, 2015 ; OXFAM 2014, 20156) et qu'une large part de l'opinion le perçoit comme tel. Et comme le rappelle fort justement Piketty (2008) :

> Les désaccords sur la forme concrète ou l'opportunité de la lutte contre les inégalités ne sont pas nécessairement dus à des principes contradictoires de justice sociale, mais plutôt à des analyses contradictoires des mécanismes économiques et sociaux qui produisent les inégalités.

Par conséquent, conclut-il :

> Seule une analyse minutieuse des mécanismes socio-économiques produisant l'inégalité permettrait effectivement d'accorder leur part de vérité à chacune des visions de la redistribution et de l'équité, et contribuerait également à la mise en place d'une redistribution plus juste et plus efficace.

C'est dire donc tout l'intérêt non seulement de multiplier les études sur les inégalités en Afrique, mais aussi – afin de mieux en appréhender la complexité – de privilégier les approches systémiques, et donc de décloisonner la recherche autour des inégalités.

Au-delà, il convient également de documenter davantage des questions telles que la transmission intergénérationnelle des inégalités, les inégalités intra-catégorielles, le cumul et le renforcement mutuel entre les inégalités économiques et celles à caractère social, etc.

Du point de vue du système des inégalités, le patrimoine est fondamental, et pour plusieurs raisons. D'abord, il est très inégalement réparti, du fait qu'il se transmet par héritage. Le patrimoine est ensuite cumulatif, dans la mesure par exemple où le patrimoine immobilier permet de toucher des loyers et donc de réaliser des plus-values. Au niveau international, plusieurs études ont montré non seulement que les inégalités de patrimoine sont beaucoup plus fortes que les inégalités de revenus[7], mais aussi que les inégalités de patrimoine ont fortement augmenté ces vingt dernières années[8]. Au Sénégal, des études et des enquêtes complémentaires sur ces patrimoines sont d'autant plus importantes à mener qu'ils échappent encore en grande partie au système fiscal, ce qui pose problème du point de vue notamment de l'équité fiscale ou de l'efficacité de la politique de redistribution[9].

Quant à la transmission intergénérationnelle des inégalités, on a vu qu'elle était encore très mal documentée au Sénégal. Or il s'agit ici d'une question centrale puisque les inégalités économiques et sociales, en se cumulant et en se renforçant[10], expliquent pourquoi le statut social, bien qu'il soit acquis, peut néanmoins se transmettre d'une génération à une autre. On est ici en présence d'un cercle vicieux, qui peut être illustré simplement de la façon suivante : les inégalités de revenus engendrent des inégalités face à l'école qui débouchent elles-mêmes sur des inégalités devant l'emploi. Ainsi, les plus favorisés, en cumulant les avantages, peuvent transmettre plus facilement leur position sociale[11]. Au-delà de la transmission, il y a également lieu de s'intéresser davantage au déclassement, c'est-à-dire au fait pour les individus d'occuper un statut social inférieur à celui de leurs parents. Certes, quelques études ont suggéré une paupérisation des classes moyennes (Diop 1992 ; Dimé & Calvès 2006) ou une « moyennisation » des classes supérieures inférieures (Antoine & Fall 2002). Toutefois, les données chiffrées et en particulier les séries longues manquent pour pouvoir analyser finement ces phénomènes.

La recherche autour des inégalités, en Afrique en général et au Sénégal en particulier, gagnerait également à dépasser les analyses classiques en termes de classes sociales et de catégories socioprofessionnelles, et donc à intégrer les nouvelles formes d'inégalité entre les hommes et les femmes, entre les classes d'âge et les générations, entre les nationaux et les étrangers, entre les « indigènes » et les « allogènes », entre les « connectés » et les « non-connectés », etc. La nouveauté n'est pas due ici aux inégalités en tant que telles (ces dernières, dans leur majorité, sont en effet relativement anciennes), mais plutôt à l'apparition de nouvelles luttes (lutte des femmes, des jeunes[12], des minorités, etc.). L'intensité de ces nouvelles formes d'inégalité conduit d'ailleurs à s'interroger sur la pertinence des stratifications anciennes en termes notamment de professions et de catégories socioprofessionnelles. Par ailleurs, la prise en compte des inégalités intra-catégorielles constitue un angle intéressant d'élargissement ou de renouvellement des analyses consacrées aux inégalités. En effet, au sein de groupes ou de catégories traditionnellement considérées comme homogènes, les niveaux et les conditions de vie sont de plus en plus disparates, sous l'influence de facteurs liés notamment à des trajectoires professionnelles ou personnelles. Pour toutes ces raisons, et pour bien d'autres, la mesure des inégalités à un instant « t » devient vite erronée ou caduque, d'où la double nécessité d'une part de suivre « la carrière » des individus et d'autre part de mesurer les inégalités sur différentes cohortes ; en définitive, c'est seulement en étudiant par exemple l'ensemble des revenus perçus que des comparaisons pertinentes pourraient être établies.

L'analyse des inégalités à l'échelle du continent africain, entre régions et États, constitue également un terrain d'étude fort intéressant. L'aspiration à l'émergence balaie aujourd'hui toute l'Afrique, et elle pourrait impliquer un risque de creusement des inégalités sur le continent. Ces inégalités pourraient également se renforcer entre les pays stables et les États fragiles ou en conflit, entre les pays détenteurs de ressources naturelles et ceux faiblement pourvus, entre les territoires côtiers et ceux enclavés[13]…

En définitive, analyser les inégalités, c'est aussi chercher à contribuer à leur réduction ou à leur résorption. Assurément, ce n'est pas chose aisée, puisque, comme cela a été rappelé, les inégalités en interagissant entre elles, se déterminent réciproquement. Elles ne peuvent donc s'expliquer et se comprendre qu'à travers leurs relations, puisqu'elles sont mutuellement causes et effets les unes des autres. Comment lutter contre le système des inégalités dès lors qu'il est aussi complexe ? Exercice périlleux sans doute que de chercher à réduire la force ou l'emprise d'un tel système. Mais le Sénégal et plus globalement les pays africains ont-ils seulement le choix ? En effet, à tous points de vue, les inégalités font peser des risques sur la société. Piketty rappelait fort justement que la répartition des richesses constitue un problème politique fondamental pour la stabilité des sociétés démocratiques modernes. D'un point de vue philosophique ou moral, estimait Mandela, « l'indigence et l'inégalité criante sont des fléaux si épouvantables de notre époque […] qu'elles ont leur place aux côtés de l'esclavage et de l'apartheid[14] » (Mandela 2012:90).

Le Sénégal ambitionnant non seulement de renforcer sa démocratie, mais aussi d'être un pays émergent, on peut légitimement s'interroger sur la compatibilité de ces dernières aspirations avec un système économique et social fortement inégalitaire, et in fine provoquant une transmission du statut social d'une génération à une autre. À la suite d'Amartya Sen, on peut en effet considérer que les moyens concrets d'exercice des libertés fondamentales ont autant d'importance que ces libertés elles-mêmes. Autrement dit, il est heureux que l'égalité ait été érigée au Sénégal en principe constitutionnel15, mais cela reste insuffisant tant qu'une large proportion des citoyens ne dispose pas des moyens d'en jouir effectivement. Certes il ne s'agit pas non plus de verser dans un égalitarisme abstrait, qui donnerait notamment à croire que les rapports de production ou les hiérarchies sociales pourraient rapidement et facilement être effacés. Mais il est vrai aussi que de nombreuses inégalités sont la conséquence de choix politiques ou économiques réversibles. Autrement dit, elles résultent de ce que Bihr et Pfefferkorn (1999), à la suite de Gramsci, ont appelé « des compromis institutionnels ». Dans le cas du Sénégal, la politique fiscale, et en particulier la forte fiscalisation des revenus tirés du salaire, est illustrative de ces compromis institutionnels.

Aussi, il revient en premier lieu à l'État – s'il veut donner du contenu au « contrat social » et s'il ambitionne également de relever les défis de l'émergence ou du développement – de promouvoir un cadre favorable à la réduction des inégalités. Le fait-il suffisamment, ou le fait-il bien au Sénégal ? La question mérite en tout cas d'être posée. Au-delà du seul Sénégal, ce sont tous les États qui sont interpellés, puisque les inégalités sont aujourd'hui mondiales.

Mais ce ne sont pas seulement les États qui sont interpellés par les inégalités. Les sciences sociales le sont également, plus que tout autre champ disciplinaire. En effet, ce sont elles qui couvrent le mieux la pluridimensionnalité des inégalités, et qui donc sont également le mieux capables d'en rendre compte ou de les analyser. Mais pour les sciences sociales, le défi n'est pas seulement celui-là, lorsqu'il est question des inégalités. Il s'agit aussi d'opérer de manière pluri voire interdisciplinaire, et donc de réunir dans de mêmes travaux des économistes, des sociologues, des démographes, des historiens, des statisticiens, etc. Chacune de ces disciplines dispose de ses propres orientations méthodologiques et approches théoriques, lesquelles ne rendent toutefois compte que partiellement de la réalité. Par conséquent, si l'on veut saisir au mieux la pluridimensionnalité des inégalités ainsi que la complexité du système des inégalités, il est nécessaire de confronter ces différentes orientations et approches. Un dernier défi qui se pose aux sciences sociales, africaines cette fois-ci, c'est de parvenir à développer autour des inégalités des analyses, des approches, et des théories qui rendent davantage compte des spécificités (sociales, culturelles, économiques, politiques, etc.) africaines. Par exemple, l'étude des inégalités en termes de classes, fortement inspirée par l'analyse marxiste, n'est certainement pas des plus appropriées pour rendre compte des dynamiques africaines. De même, l'Afrique dispose de formes de solidarités qui, lorsqu'elles ne sont pas prises en compte ou sont mal intégrées dans l'analyse, pourraient conduire à surestimer la portée ou l'effet des inégalités apparentes, c'est-à-dire celles qui sont révélées par les données brutes (c'est par exemple le cas pour les inégalités de revenus). Finalement, c'est peut-être un travail de déconstruction des inégalités qui est attendu des sciences sociales africaines. Vaste défi sans doute, mais que les chercheurs africains, nous n'en doutons pas, sauront relever.

Notes

1. Les premiers travaux consacrés à la mobilité sociale sont l'œuvre de Pitirim Sorokin (1927). Pour ce dernier, la mobilité sociale correspond au déplacement d'individus dans l'espace social ; autrement dit, c'est le fait de changer de catégories socioprofessionnelles ou de classes sociales soit au cours d'une vie, soit d'une génération à l'autre. La mobilité est ascendante lorsque l'individu grimpe dans la hiérarchie sociale, et dans le cas contraire, elle est descendante. Par ailleurs, si la mobilité sociale a été surtout analysée du point de vue de ses enjeux sociaux ou politiques, ses enjeux économiques ne doivent pas être ignorés. En effet, appréhendée comme le résultat d'une sélection des individus par différentes instances (la famille, l'école, les entreprises, etc.), elle permettrait d'opérer des choix efficaces, puisque chaque individu serait affecté à une certaine place en fonction de ses capacités et de ses mérites. Les meilleurs étant sélectionnés à tous les étages des organisations, l'économie en sera alors nécessairement plus performante.
2. La force du lien entre origine et position peut être mesurée via par exemple la méthode du rapport de chances relatives pour accéder aux « bonnes positions » plutôt qu'aux « mauvaises » (odds-ratio). Ce rapport devrait être de 1 dans une société totalement fluide. Ainsi, en France, les estimations des odds-ratio ont montré que les enfants de cadres ont 30,5 fois plus de « chances » que ceux d'ouvriers d'accéder aux bonnes places plutôt qu'aux mauvaises (Vallet 1999).
3. Ces travaux montrent en effet que les enfants des classes populaires ont une plus forte probabilité d accéder aux classes moyennes (soit dans la catégorie la plus proche) qu'aux classes supérieures, tandis que les enfants de cadres tombent plus fréquemment dans les classes moyennes que dans les classes populaires. Deux ou trois générations sont par ailleurs nécessaires pour parcourir le chemin qui mène des catégories inférieures aux catégories supérieures.
4. Pour faire face à la crise, les programmes d'ajustement structurel ont été initiés, et les mesures auxquels ils ont conduit (plafonnement de la masse salariale de la fonction publique, réduction du nombre de fonctionnaires à travers notamment un programme dit de « départ volontaire », limitation des transferts et des appuis aux entreprises tant publiques que privées, arrêt des subventions aux producteurs ou aux consommateurs, etc.) ont été plus durement ressenties par les catégories sociales inférieures ou intermédiaires que par les supérieures.
5. Ce déclassement social peut être lié à « l'effet de lignée » : un fils de cadre supérieur dont le grand-père était lui-même cadre a en effet plus de chance de rester cadre lui-même qu'un fils de cadre supérieur d'origine modeste.
6. Selon OXFAM, 7 personnes sur 10 au monde vivent dans un pays dans lequel l écart entre les riches et les pauvres est plus grand aujourd'hui qu'il y a 30 ans. Autrement dit, dans une grande majorité de pays, une minorité riche se partage une part sans cesse plus importante des revenus nationaux.
7. En France par exemple, le patrimoine moyen des 10 % les plus riches (1,2 million d'euros) est 920 fois supérieur au patrimoine moyen des 10 % les plus pauvres (1 350 €) alors que l'inégalité entre le niveau de vie moyen des 10 % les plus riches et celui des 10 % les plus pauvres n'est que de 1 à 9 (INSEE 2011).

8. Toujours en France, le patrimoine moyen des 10 % les plus riches a augmenté de 400 000,00 € alors que celui des 10 % les plus pauvres n'a progressé que de 114 € (INSEE *op. cit.*).

9. Selon Piketty, si l'on souhaite limiter la hausse des inégalités, il est nécessaire de mettre en place des évaluations précises des hauts patrimoines.

10. C'est d'ailleurs cela qui fait dire à Stiglitz (2012) que la politique et l'économie ne peuvent être séparées nettement, puisqu'un nœud se crée entre les deux : « l'aggravation de l'inégalité économique se traduit en inégalité politique ; cette inégalité politique accroît l'inégalité économique » (p. 15).

11. L'homogamie (c'est-à-dire la tendance à se marier dans un milieu social identique au sien) joue ici un rôle important.

12. En Afrique, la question de la jeunesse est devenue incontournable. Avec près de 200 millions d'habitants âgés de 15 à 24 ans, le continent détient en effet la population la plus jeune du monde, et celle-ci s'accroît à vive allure (le nombre de jeunes en Afrique doublera par exemple d'ici 2045). Dans un tel contexte, il y a un grand intérêt non seulement à mieux appréhender les inégalités dont sont victimes ces jeunes, mais aussi à y apporter des solutions.

13. Plus généralement, ces inégalités pourraient être étudiées sur le continent sur la base de facteurs territoriaux (ou géographiques), linguistiques, culturels, économiques, politiques, etc.

14. Ci-après les principaux passages de la Constitution du Sénégal (adoptée suite au référendum du 20 mars 2016) évoquant les inégalités (dans l'ancienne constitution, les mêmes principes figuraient, sous des formulations toutefois légèrement différentes) : Préambule : « Le Peuple du Sénégal souverain (…), proclame (…) le rejet et l'élimination, sous toutes leurs formes de l'injustice, des inégalités et des discriminations ». Article premier : « La République du Sénégal est laïque, démocratique et sociale. Elle assure l'égalité devant la loi de tous les citoyens, sans distinction d'origine, de race, de sexe, de religion. »

Références

Agence nationale de la statistique et de la démographie, 2001, *Deuxième enquête de suivi de la pauvreté au Sénégal*, ESPS-II, Dakar, ministère de l'Économie et des Finances, 122 p. (+ Annexe).

Agence nationale de la statistique et de la démographie, Situation économique du Sénégal (SES), Dakar, ministère de l'Économie et des Finances, Éditions 2007 à 2013.

Antoine, P. & A. S. Fall (Éd.), 2002, « *Crise, passage à l'âge adulte et devenir de la famille à Dakar* », Rapport d'étape pour le Codesria, Mars, Dakar, IRD-IFAN, 118 p. (+22 p. annexes).

Banque mondiale, 1995, *Senegal : An assesment of living conditions*, Rapport n° 12517/SN, Washington, Banque mondiale, 88 p.

Banque mondiale, 2007, *Sénégal. À la Recherche de l'Emploi – Le Chemin vers la Prospérité*, Mémorandum économique sur le pays, Rapport 40344/SN, Washington, Banque mondiale, 122 p. (+ annexe).

Baudelot, C. & R. Establet, 2009, *L'élitisme républicain. L'école française à l'épreuve des comparaisons internationales*, Paris, Seuil, coll. « La république des idées », 117 p.

Bihr, Alain & Roland Pfefferkorn, 1999, *Déchiffrer les inégalités*, 2ᵉ édition, Alternatives économiques, Paris, Syros, 420 p.

Bihr, Alain & Roland Pfefferkorn, 2008, *Le système des inégalités*. Paris, La Découverte, Coll. «Repères sociologie», 122 p.

Bihr, Alain & Roland Pfefferkorn, 2014 (Éds), *Dictionnaire des Inégalités*, Paris, Armand Colin, 442 p.

Bourdieu P. & J.-C. Passeron, 1964, *Les héritiers. Les étudiants et leurs études*, Paris, Éditions de Minuit, 192 p.

Chauvel, L., 2006, *Les classes moyennes à la dérive*, Paris, Seuil, Coll. « La république des idées », 108 p.

Cissé Fatou, Gaye Daffé, Abdoulaye Diagne, 2004, « Les inégalités dans l'accès à l'éducation au Sénégal », *Revue d'économie du développement*, Vol. 12, N° 2, p. 107-122.

Cissé Rokhaya & Bakary Doucouré, 2011, « Transmission intergénérationnelle de la pauvreté », in A.S. Fall *et alii*, *Les Dynamiques de la Pauvreté au Sénégal. Pauvreté chronique, pauvreté transitoire et vulnérabilités*. Dakar, IFAN/LARTES, p. 128-158.

Cogneau, Denis, 2007, *L'Afrique des inégalités : où conduit l'histoire ?*, Collection du cepremap (centre pour la recherche économique et ses applications), Paris, Éditions Rue d'Ulm/Presses de l'École normale supérieure, 64 p.

Cogneau, Denis, T. Bossuroy, P. De Vreyer, C. Guenard, V. Hiller, P. Leite, S. Mesple-Somps, L. Pasquier-Doumer & C. Torelli, 2006, *Inégalités et équité en Afrique*, Document de travail DT/2006-11. Paris, IRD/DIAL, 43 p.

Cohen J., 1984, *La TVA, un impôt inégalitaire mal connu*, Consommation n° 1, Paris, CREDOC.

Coleman, J. S., E. Q. Campbell, C. J. Hobson, J. McPartland, A. M. Mood, F. D. Weinfeld & R. L. York, 1966, *Equality of Educational Opportunity*, Washington D.C., U.S. Government Printing Office.

De Soto, H., 2000, *Le mystère du capital*, Paris, Flammarion, 303 p.

Diagne A. & G. Daffé, 2002, *Le Sénégal en quête d'une croissance durable*, Paris, Karthala, 278 p.

Diagne A., I. Kafando & M. H. Ounteni, 2006, *Déterminants des apprentissages dans l'éducation primaire au Sénégal*, Working Paper Series, Secretariat for Institutional Support for Economic Research in Africa, Dakar, CREA, 44 p.

Diagne Abdoulaye, François Joseph Cabral, Fatou Cissé, Mamadou Dansokho, Samba Dimé, M. & A. Calvès, 2006, « Du jamonoy twist au jamonoy xoslu : le basculement dans la précarité de ménages de la classe moyenne à Dakar », *Revue canadienne des études africaines*, vol. 40, N° 3, p. 401-425.

Diop M.-C., 1992, *Sénégal. Trajectoires d'un État*, Dakar, CODESRIA, 500 p.

Diop M.-C. & A. Ndiaye, 1998, « Les études sur la pauvreté au Sénégal : un état des lieux », *Africa : Rivista trimestrale di studi e documentazione dell'Istituto italiano per l'Africa e l'Oriente*, Anno 53, n° 4, p. 459-478.

Diop, Abdoulaye Bara, 1981, *La société wolof. Les systèmes d'inégalité, de changement et de domination*, Paris, Karthala, 358 p.

Diop, Cheikh Anta, 1960, *L'Afrique noire précoloniale, étude comparée des systèmes politiques et sociaux de l'Europe et de l'Afrique noire, de l'Antiquité à la formation des États modernes*, Paris, Présence Africaine, 278 p.

Diop, Majmout, 1971, *Histoire des classes sociales dans l'Afrique de l'Ouest*, tome II, *Le Sénégal*, Paris, L'Harmattan, 125 p.

Direction de la Prévision et des Statistiques, 1995, *Première enquête sénégalaise auprès des ménages*, ESAM-I, Dakar, ministère de l'Économie et des Finances, 153 p.

Duru-Bellat, Marie, 2002, *Les Inégalités sociales à l'école, genèses et mythes*, Paris, PUF, 250 p.

Durufle G., 1994, *Le Sénégal peut-il sortir de la crise ?*, Paris, Karthala, 224 p.

Fall A. S. (Éd.), 2011, *Les Dynamiques de la Pauvreté au Sénégal. Pauvreté chronique, pauvreté transitoire et vulnérabilités*, Dakar, IFAN/LARTES, 310 p.

Fall, Alsim & Serigne Moustapha Sène, 2010, *Taxation optimale des ménages et reformes fiscales au Sénégal*, Direction de la prévision et des études économiques, document d'étude n° 18, Dakar, ministère de l'Économie et des Finances, 36 p.

INSEE, 2011, *Les inégalités de patrimoine s'accroissent entre 2004 et 2010*, INSEE Première, n° 1380, novembre, 4 p.

Lambert S., M. Ravallion & D. van de Walle, 2014, « Intergenerational Mobility and Interpersonal Inequality in an African Economy », *Journal of Development Economics*, Vol. 110(C), p. 27-344.

Mandela, Nelson, 2012, *Pensées pour moi-même*, Paris, Points, 290 p.

Maurin, E., 2006, *La nouvelle critique sociale*, Paris, La République des idées. Éd. du Seuil-Le Monde, 124 p.

Maurin, E., 2009, *La peur du déclassement. Une sociologie des récessions*, Paris, Seuil, Coll. « La République des idées », 96 p.

Mbow, Penda, 2000, « Démocratie, droits humains et castes au Sénégal », *Journal des africanistes*, Tome 70, fascicule I-2, p. 71-91.

Moguérou Laure, 2011, « La démocratisation de l'école à Dakar : les enseignements d'une enquête biographique », *Autrepart*, vol. 3, n° 59, p. 91-108

OXFAM, 2014, *À Egalité ! Il est temps de mettre fin aux inégalités extrêmes*, Résumé, Londres, OXFAM-GB, 35 p.

OXFAM, 2015, *Insatiable richesse : toujours plus pour ceux qui ont déjà tout,* Rapport thématique, janvier, Londres, OXFAM-GB, 14 p.

Peugny, C., 2009, *Le déclassement*, Paris, Grasset, 175 p.

Piketty, Thomas, 2008, *L'Économie des inégalités*, 6e édition, Paris, La Découverte, Coll. « Repères », 128 p.

Piketty, Thomas, 2013, *Le Capital au XXIe siècle*, Paris, Le Seuil, Coll. « Les Livres du Nouveau Monde », 976 p.

Projet sur la capacité de la recherche et de plaidoyer pour une fiscalité équitable, 2013, *Éléments de diagnostic pour l'élaboration d'une fiscalité équitable au Sénégal,* Dakar, CRAFT, 129 p.

République du Sénégal, 2006, Deuxième document de stratégie de réduction de la pauvreté (DSRP-II, 2006-2010), Dakar, Gouvernement du Sénégal, 102 p.

République du Sénégal, 2008, Stratégie nationale d'extension de la couverture du risque maladie des Sénégalais, Dakar, ministère de la Santé et de la Prévention.

République du Sénégal, 2012, Code général des impôts. *Journal officiel* n° 6706 du 31.12.2012, Dakar, Gouvernement du Sénégal.

République du Sénégal, 2014, Évaluation quantitative du DSRP-II : dynamique de la pauvreté monétaire, note technique thématique pour le Groupe consultatif du Sénégal, Dakar, Gouvernement du Sénégal, 16 p.

Sen Amartya, 2001, *Repenser l'inégalité*. Paris, Le Seuil, Coll. «L'histoire immédiate», 281 p.

Sorokin, P. A., 1927, *Social mobility*, New York, Harper & Brothers [rééd. en 1959, *Social and cultural mobility*, Glencoe, Free Press].

Stiglitz, Joseph, 2012, *Le prix de l'inégalité*, Paris, Les liens qui libèrent, 515 p.

Stiglitz, Joseph, 2015, *La grande fracture. Les sociétés inégalitaires et ce que nous pouvons faire pour les changer*, Paris, Les liens qui libèrent, 448 p.

Vallet, Louis-André, 1999, « Quarante années de mobilité sociale en France », *Revue française de sociologie*, vol. 40, n° 1, p. 5-64.

8

Inégalités sociales et accès à la scolarisation et à la formation au Sénégal : cas des lycées Lamine Guèye et Seydou Nourou Tall, et des instituts supérieurs ITECOM et ISM à Dakar

Souleymane Gomis

La question des inégalités sociales d'accès à la scolarisation et la formation reste un thème prégnant dans les politiques publiques. À cet effet, le gouvernement du Sénégal a, depuis 2001, mis en place des politiques éducatives pour répondre aux besoins de la scolarisation de base, d'accès, de gestion et de qualité dans le système. C'est dans cette perspective que le présent travail essaie d'étudier les disparités sociales qui existent dans le système éducatif sénégalais en prenant l'exemple de deux établissements d'enseignement publics secondaires et deux instituts privés du supérieur dans la région de Dakar.

L'enseignement secondaire public au Sénégal se caractérise par deux types de formations, dispensés par des établissements à cycle complet, allant de la sixième à la terminale, et par ceux à cycle incomplet, allant de la seconde à la terminale. Notre choix s'est porté sur deux établissements secondaires de Dakar avec un cycle complet d'enseignement, les lycées Thierno Seydou Nourou Tall et Lamine Guèye. Le premier est situé dans le quartier du point E et le second dans celui du plateau.

Le lycée Thierno Seydou Nourou Tall du nom de l'illustre et vénéré guide religieux est un lycée d'enseignement général. Il se signale par son statut d'établissement d'application où toutes les filières sont représentées. Ce statut en fait un établissement de grande renommée dans lequel on observe un accès permanent à l'information des élèves.

Dans le même esprit, les Instituts d'enseignement supérieur, l'Institut supérieur de management (ISM) et l'Institut technique de commerce (ITECOM) ont été choisis pour des études de cas.

L'ITECOM a été créé en 2001 à l'initiative d'un groupe de jeunes professeurs de l'enseignement professionnel ayant capitalisé chacun plus d'une quinzaine d'années d'expérience dans le secteur de la formation professionnelle. L'établissement, situé sur le boulevard de la Gueule Tapée à Dakar, est une référence dans le domaine de la formation professionnelle ; il fait partie des premiers instituts d'enseignement supérieur dans le secteur de la formation professionnelle.

L'ISM est un établissement privé d'enseignement supérieur professionnel, situé au Point E à côté du boulevard de Ziguinchor à Dakar. Il a été créé en 1992. Il est l'un des premiers instituts supérieurs de management à dispenser des formations dans les filières professionnelles, dans les domaines du management et de la gestion au Sénégal. Il est aujourd'hui reconnu sur le plan national et international comme une référence en matière de formation professionnelle.

Population cible

Notre recherche se déroule dans la région de Dakar et, notamment, dans les quatre établissements précités.

Les élèves constituent notre cible principale du fait qu'ils sont les premiers concernés par le choix de la filière et du type d'enseignement à suivre ; ensuite viennent les enseignants parce que ce sont eux qui dispensent les enseignements, évaluent élèves et étudiants. Ils participent aussi aux conseils de classe. Enfin, les autorités scolaires, les agents de l'administration et les psychologues conseillers, contribuant à examiner les dossiers scolaires et participant à l'orientation sociopédagogique des élèves. D'où la nécessité de diversifier et de choisir les méthodes et les instruments de collecte et de traitement des données.

Méthodes de collecte et outils de traitement des données

Afin d'atteindre nos objectifs, nous avons fait usage de diverses méthodes de collecte et d'outils de traitement de l'information recueillie. Il est, à cette étape, nécessaire de préciser que la présente étude suit la logique d'une approche mixte. Les données recueillies sont à la fois quantitatives et qualitatives. À ce propos, les méthodes et techniques de collecte, l'analyse documentaire, le questionnaire, l'entretien et l'observation sont utilisés simultanément sur le terrain.

Nous avons d'abord recouru à une analyse de la littérature existante sur les inégalités sociales d'accès à l'école et à la formation de manière générale et au Sénégal en particulier. Nous avons ainsi pu examiner les thèses de nombre d'auteurs ; les courants de pensée et les propositions qui circulent dans le domaine des inégalités sociales face à l'école et à la formation. Ensuite, nous nous sommes servi de l'observation participante dans les différents établissements. Une technique complexe, mais très utile qui nous a aidé à la triangulation et à la vérification des informations sur les comportements des acteurs ainsi que de leur environnement par rapport à leurs discours.

Des entretiens individuels ont été menés à travers le modèle d'entretien semi-directif auprès des enseignants et des agents de l'administration pour approfondir davantage les informations relatives aux inégalités sociales d'accès à la scolarisation et à la formation.

On a aussi eu recours à la méthode quantitative, notamment avec le questionnaire administré aux élèves et aux étudiants. À cet effet, 200 questionnaires ont été administrés à raison de 100 questionnaires pour les lycées et 100 autres pour les étudiants des instituts privés d'enseignement supérieur. La répartition a été faite comme suit : 50 questionnaires par établissement.

Concernant les lycées, les cinquante élèves (filles et garçons) sont choisis entre les classes de seconde, première et terminale dans toutes les filières confondues que compte l'établissement. Pour ce qui est des instituts d'enseignement supérieur, nous avons administré aussi 50 questionnaires dans chaque institut. Les choix ont concerné les étudiants de la Licence 1, Licence 2 et Licence 3 et ceux du Master 1 et 2 dans les filières de gestion, de management, de marketing et de la comptabilité.

Déroulement de l'enquête et difficultés rencontrées

Les enquêtes se sont déroulées comme indiqué au début de cette étude dans quatre établissements du département de Dakar. Sur le terrain, nous avons rencontré d'énormes difficultés dans la recherche documentaire. L'accès aux bibliothèques et centres de documentation était très limité à cause de la période qui coïncidait avec les vacances scolaires et universitaires (août, septembre et octobre).

Sur le terrain de l'enquête, nous avons procédé selon les établissements à la fois à des administrations directes et indirectes du questionnaire. Au lycée Lamine Guèye, nous avons d'abord rencontré le censeur pour lui exposer l'objet de l'étude. C'est à la suite de cette brève rencontre qu'il nous a accordé une autorisation et nous a mis en rapport avec les surveillants généraux et les enseignants pour l'administration des questionnaires aux élèves et la réalisation des entretiens. Pour ce qui est du déroulement des interviews avec les enseignants et les membres de l'administration, nous avons eu des difficultés liées à l'indisponibilité des enseignants, qui étaient très souvent dans les classes ; et même quand ils étaient là, ils étaient réticents à collaborer.

Le ramassage des questionnaires administrés indirectement aux élèves nous a également causé d'énormes difficultés du fait que certains d'entre eux les oubliaient à la maison ou ne les remplissaient pas du tout. Malgré cela, 50 questionnaires ont pu être récupérés. Nous avons aussi réalisé 3 entretiens, dont 2 avec les enseignants et un troisième avec le censeur. Il est à noter que ces entretiens se sont déroulés dans la salle des professeurs et au bureau du censeur.

En ce qui concerne le lycée Seydou Nourou Tall, il a fallu également rencontrer la proviseure et lui soumettre une demande d'autorisation d'accès pour l'enquête dans son établissement. Elle nous a accueilli et autorisé l'accès dans son lycée pour la réalisation de l'étude. Ainsi nous avons pu administrer directement 19 questionnaires aux élèves de la classe de terminale le premier jour. Quelques jours plus tard, nous nous sommes entretenus avec le censeur et deux enseignants. Nous avons par la suite administré indirectement une trentaine de questionnaires aux élèves. Ce qui explique le total des 49 questionnaires obtenus dans cet établissement. Nous devons aussi signaler que les entretiens dans ce lycée se sont déroulés dans la salle des professeurs et au bureau du censeur.

En ce qui concerne les instituts d'enseignement supérieur, nous avons fait plusieurs déplacements à l'ITECOM avant de rencontrer le responsable chargé de la pédagogie. Nous lui avons expliqué le but de notre visite. Au-delà de l'explication orale du projet, nous lui avons également adressé une demande manuscrite pour la réalisation de l'enquête. La démarche a duré au moins une semaine. Toutefois, nous avons pu administrer 50 questionnaires aux étudiants grâce au responsable chargé de la pédagogie qui nous a mis en rapport avec son assistant pour faciliter la distribution des questionnaires aux étudiants. Par contre, nous n'avons interviewé qu'un seul enseignant dans cet institut. Cela s'explique par le fait que la plupart des enseignants de cet institut sont des vacataires et n'y viennent que pour dispenser leurs cours et repartir immédiatement.

À l'ISM, l'administration du questionnaire nous a été facilitée par les professeurs et les chefs de service. Toutefois, la démarche a duré plus de cinq jours pour matérialiser le travail. Nous avons, à l'instar des autres établissements, adressé une demande d'autorisation d'enquête et attendu d'avoir l'accord des autorités pour réaliser l'enquête. Le mode d'administration a été indirect et le ramassage des questionnaires s'est étendu sur deux jours. Quant aux entretiens avec les enseignants, nous en avons réalisé trois. En résumé, l'on doit retenir que malgré les désagréments enregistrés au cours de l'enquête, les élèves, les enseignants et les personnels administratifs des lycées et instituts ont dans l'ensemble coopéré.

Analyse et interprétation des données

Présentation et analyse des données qualitatives

À la question de savoir quels sont les critères de sélection pour chacune des filières ou séries des instituts d'enseignement supérieur et/ou des établissements d'enseignement secondaires, M. D., 42 ans, enseignant et directeur adjoint en gestion dans un institut d'enseignant supérieur privé justifie que son institution ne pratique aucune discrimination en affirmant ceci :

Les étudiants, quel que soit leur baccalauréat d'origine peuvent s'inscrire là où ils veulent et faire l'apprentissage pour l'obtention du diplôme requis. On n'écarte aucun bachelier dans une filière, cependant nous procédons à des tests oraux et écrits spécifiques à chaque filière lors du recrutement des candidats. Et à l'issue du test on sélectionne ceux qui sont aptes pour cette filière bien définie. Et si on voit que vous n'êtes pas aptes à faire cette filière, on vous propose alors une autre filière. Si vous l'acceptez, vous vous inscrivez, sinon, on vous recommande d'aller chercher une autre école.

L'on peut à ce stade, relever que le recrutement des candidats dans les filières de formation de cet institut d'enseignement supérieur privé, n'est pas fonction de la série du Baccalauréat ou d'une quelconque source sociale, mais dépend plutôt des aptitudes ou compétences intellectuelles de l'élève ou de l'étudiant manifestées lors du test d'admission. Notre interlocuteur reconnaît par ailleurs l'existence des inégalités sociales dans le contexte de l'apprentissage au sein de l'établissement :

Bien sûr que l'on a des inégalités sociales même si elles n'apparaissent pas toujours et partout. Il y a des étudiants sénégalais dont les parents sont hypernantis et c'est ici le cas pour une grande majorité. Ils assurent la scolarité de leurs enfants sans difficulté. Nous avons également beaucoup d'étudiants étrangers qui viennent des pays comme la Côte d'Ivoire, le Mali, le Burkina, le Gabon, le Tchad, la Centrafrique, etc. Et ces étudiants ne sont pas issus de familles pauvres. La plupart de nos étudiants nationaux comme étrangers sont socialement à l'aise et ont très rarement des difficultés financières. […] dans le lot des étudiants inscrits à l'institut, se trouvent tout de même certains dont les parents sont de classe moyenne avec des revenus modestes. Cependant, ces étudiants sont systématiquement bénéficiaires d'une bourse offerte par l'institution dès la 1re année s'ils ont obtenu la mention au baccalauréat.

Concernant cette question de sélection des candidats dans les différentes séries ou filières, L. S., 48 ans, professeur de philosophie depuis plus de 23 ans dans l'enseignement secondaire, affirme que :

La sélection est axée sur la performance des élèves ; car pour permettre à un élève d'aller en S1, S2, L1 ou L2, le conseil de classe se fonde sur ses performances dans les matières prédisposant à chacune de ses filières. On ne peut pas orienter quelqu'un dans une filière sans savoir s'il a le profil au préalable. Il faut avoir le profil, c'est comme à l'université, on ne peut choisir d'emblée une matière sans avoir les prédispositions pour y aller.

S'agissant des inégalités sociales d'accès à la scolarisation et de la formation, B. S., 45 ans et professeur de français depuis environ 20 ans rappelle que l'État du Sénégal dans sa politique éducative développe l'idée selon laquelle « l'école reste une et indivisible et la scolarisation est laïque. Que l'on a instauré ou initié le port de l'uniforme à l'école à un certain moment. Pratiquement depuis plus de 5 ans, le gouvernement dans sa politique éducationnelle a suggéré que les élèves portent des uniformes dans les écoles publiques comme dans celles privées. »

L'on peut admettre que l'introduction du port de l'uniforme dans les écoles soit une manière de masquer, d'atténuer, de corriger ou de dissiper les inégalités sociales. Il est vrai que l'école n'a pas à faire une différence de sexe, de religion, d'option politique, de confession religieuse, de tradition ou de culture. L'école sénégalaise est républicaine et laïque.

Il s'est créé également dans la plupart des établissements des associations d'anciens élèves qui viennent en aide aux plus jeunes qui seraient dans le besoin sur le plan matériel et parfois même financier. Le censorat des Lycées comme le bureau de la vie pédagogique et sociale des instituts servent à ce propos de cadres d'échange et de matérialisation des relations intergénérationnelles entre apprenants.

Au-delà des services sociaux d'assistance instaurés officiellement dans la plupart des établissements, les autorités des écoles et les structures associatives d'élèves ou d'étudiants réussissent à développer des formes nouvelles d'entraide pour épauler les élèves les plus démunis. C'est ce qui ressort de ce propos de B.T., 53 ans, responsable administratif dans une école qui déclare que :

> Nous avions ici à l'école en classe de terminale un de nos élèves qui tous les jours prenait un sandwich et une boisson comme repas quotidien. Le soir, il se réfugiait dans une mosquée où il passait la nuit. Quand nous l'avons su, nous lui avons vite trouvé un tuteur dans une famille aisée. Il a obtenu son baccalauréat d'office à la fin de l'année. Vous comprenez donc que la réussite scolaire ou universitaire dépend tout d'abord de la volonté ou détermination de l'individu et ensuite de sa condition sociale de vie.

L'on doit aussi souligner que les enseignants ne sont pas en reste dans cette stimulation de l'élève à la réussite, car nous constatons que beaucoup d'entre eux assurent des cours de renforcement de capacité à la fois aux élèves pouvant payer et à ceux qui ne le peuvent pas. S'agissant de l'effet établissement, un de nos enquêtés du lycée Seydou Nourou Tall, soutient que son institution est différente des autres par la qualité de son corps professoral et l'organisation intelligente de son administration. Il déclarera même que :

> Les autorités du ministère de la scolarisation nationale se sont inspirées de notre exemple pour lancer le concept « ubitey jangtey » car ici les cours ont toujours démarré le jour même de la rentrée scolaire des élèves. Donc le credo est ici de commencer le travail dès le premier jour de la rentrée. Les professeurs sont également sélectionnés dans ce lycée selon leur compétence, leur durée et expérience dans le métier. Pour accéder à un poste d'enseignant dans ce lycée, les dossiers de candidature sont soumis aux spécialistes ou formateurs de l'ancienne école normale (actuelle FASTEF) qui examinent les dossiers et procèdent au classement et à la sélection des enseignants dans toutes les matières. Ce n'est pas n'importe qui que l'on affecte ici à Seydou Nourou Tall.

À l'image de pays comme la France, le Canada, l'effet établissement constitue donc une réalité dans la construction des parcours scolaires des élèves à Dakar puisque certains lycées se permettent, au-delà de la sélection de leurs élèves, de sélectionner également leur corps professoral.

On se pose dès lors la question de savoir si nous sommes dans un système scolaire démocratique ou élitiste ? Il y a des établissements qui sélectionnent les meilleurs élèves et les meilleurs enseignants en vue de faire de meilleurs résultats aux examens et concours. En revanche, il y en a d'autres qui acceptent tous types d'élèves et d'enseignants par souci de démocratie et d'humanisme. À ce propos, un de nos interlocuteurs énonce clairement que les différences ou inégalités sociales entre les élèves apparaissent dans le choix de l'établissement et à travers le moyen de transport des élèves.

Vous trouverez une voiture 4X4 qui vient juste déposer et prendre un seul gosse tous les jours du lundi au vendredi. Alors qu'il y a des tas d'enfants de pauvres qui ne trouvent même pas de quoi se payer le transport dans les bus et « cars rapides » et qui marchent en permanence.

Présentation et analyse des données quantitatives

Tableau 8.1 : Croisement – Profession du père et du lieu de résidence de l'élève/ étudiant (en pourcentage)

Profession du père/ Lieu de résidence	Dakar plateau	Grand Dakar	Alma-dies	Oua-kam	Yoff	Sicap	Parcelles assainies	Les maristes	Mermoz-Sacré coeur	Pikine	Guédia-waye	autres à préciser	Total
Non réponse	0,00	0,00	0,00	0,00	0,00	0,00	0,00	0,00	100	0,00	0,00	0,00	100
Expert-Comptable	16,70	0,00	0,00	0,00	16,70	16,70	0,00	0,00	8,30	8,30	0,00	33,30	100
Economiste	0,00	0,00	0,00	0,00	0,00	0,00	0,00	0,00	0,00	0,00	0,00	100	100
Médecin	0,00	0,00	0,00	11,10	0,00	22,20	0,00	22,20	33,30	0,00	0,00	11,10	100
Pharmacien	0,00	0,00	0,00	0,00	0,00	0,00	0,00	0,00	0,00	0,00	0,00	0,00	0,00
Infirmier	0,00	0,00	0,00	0,00	0,00	0,00	0,00	0,00	0,00	0,00	0,00	0,00	0,00
Aide-Soignant	0,00	0,00	0,00	0,00	0,00	0,00	0,00	0,00	0,00	0,00	0,00	100	100
Magistrat	0,00	0,00	33,30	0,00	0,00	0,00	0,00	66,70	0,00	0,00	0,00	0,00	100
Avocat	25,00	0,00	0,00	25,00	25,00	25,00	0,00	0,00	0,00	0,00	0,00	0,00	100
Greffier	0,00	0,00	0,00	0,00	0,00	0,00	0,00	0,00	100	0,00	0,00	0,00	100
Professeur d'université	0,00	0,00	0,00	50,00	0,00	0,00	0,00	0,00	0,00	50,00	0,00	0,00	100
Professeur de lycée ou collège	20,00	20,00	0,00	0,00	0,00	20,00	10,00	0,00%	20,00	0,00	0,00	10,00	100
Instituteur	0,00	0,00	0,00	0,00	0,00	50,00	0,00	0,00	0,00	50,00	0,00	0,00	100
Ingénieur	6,30	6,30	6,30	6,30	31,30	6,30	0,00	6,30	6,30	0,00	0,00	25,00	100
Ouvrier qualifié	20,00	0,00	0,00	0,00	0,00	0,00	20,00	0,00	0,00	0,00	20,00	40,00	100
Manœuvre	100	0,00	0,00	0,00	0,00	0,00	0,00	0,00	0,00	0,00	0,00	0,00	100
Commerçant	19,00	4,80	0,00	0,00	4,80	0,00	0,00	4,80	4,80	4,80	14,30	42,90	100
Artisan	0,00	0,00	0,00	0,00	0,00	0,00	0,00	0,00	0,00	0,00	0,00	0,00	0,00
Officier de l'armée	0,00	0,00	0,00	50,00	0,00	0,00	0,00	0,00	0,00	0,00	50,00	0,00	100
Soldat	0,00	0,00	0,00	100	0,00	0,00	0,00	0,00	0,00	0,00	0,00	0,00	100
Retraité	7,10	2,40	0,00	9,50	7,10	4,80	9,50	4,80	9,50	7,10	4,80	33,30	100
Chômeur	0,00	0,00	0,00	0,00	0,00	0,00	0,00	0,00	0,00	0,00	20,00	80,00	100
Autres à Préciser	10,00	1,70	1,70	0,00	3,30	10,00	10,00	0,00	8,30	5,00	5,00	45,00	100
TOTAL	10,50	3,00	1,50	5,00	7,00	8,50	6,00	4,00	9,50	5,00	5,50	34,50	100

Dans le Tableau 8.1, en croisant la profession (statut social) du père avec le lieu de résidence de l'élève ou de l'étudiant, nous tentons de saisir l'influence de la première variable sur la seconde et par ricochet son impact sur la situation sociale et scolaire de l'apprenant.

L'on s'aperçoit à la lecture de ce tableau que sur les 200 répondants au total, 22 pour cent des enfants dont le père est médecin habitent au Mariste, 22 pour cent logent à la Sicap et 33 pour cent à Mermoz Sacré-Cœur. Nous enregistrons seulement 11 pour cent qui habitent à Ouakam et 11 pour cent en banlieue.

L'on peut déduire que la plupart des enfants de cadres supérieurs et/ou moyens logent dans des quartiers résidentiels et périurbains. Une position géographique du logement parental qui certainement n'est pas sans incidence sur la situation scolaire de l'élève/étudiant.

Tableau 8.2 : Croisement – Profession du père et du niveau d'étude de l'élève/étudiant (en pourcentage)

Profession Du Père/ Niveau d'étude	Se-conde	Pre-mière	Ter-minale	1ère année Licence (L1)	2ème année Licence (L2)	3ème année Licence (L3)	Master I	Master II	autres à préciser	Total
Non réponse	0,00	0,00	0,00	0,00	100	0,00	0,00	0,00	0,00	100
Expert comptable	8,30	8,30	33,30	16,70	8,30	25,00	0,00	0,00	0,00	100
Economiste	0,00	0,00	0,00	0,00	100	0,00	0,00	0,00	0,00	100
Médecin	11,10	55,60	0,00	22,20	0,00	11,10	0,00	0,00	0,00	100
Pharmacien	0,00	0,00	0,00	0,00	0,00	0,00	0,00	0,00	0,00	0,0
Infirmier	0,00	0,00	0,00	0,00	0,00	0,00	0,00	0,00	0,00	0,0
Aide soignant	0,00	0,00	0,00	100	0,00	0,00	0,00	0,00	0,00	100
Magistrat	0,00	0,00	33,30	0,00	33,30	33,30	0,00	0,00	0,00	100
Avocat	25,00	75,00	0,00	0,00	0,00	0,00	0,00	0,00	0,00	100
Greffier	0,00	0,00	100	0,00	0,00	0,00	0,00	0,00	0,00	100
Professeur d'université	0,00	0,00	50,00	0,00	0,00	50,00	0,00	0,00	0,00	100
Professeur de lycée ou collège	10,00	30,00	40,00	10,00	10,00	0,00	0,00	0,00	0,00	100
Instituteur	0,00	0,00	0,00	50,00	50,00	0,00	0,00	0,00	0,00	100
Ingénieur	0,00	18,80	25,00	0,00	37,50	18,80	0,00	0,00	0,00	100
Ouvrier qualifié	0,00	0,00	20,00	40,00	0,00	40,00	0,00	0,00	0,00	100
Manœuvres	0,00	0,00	100	0,00	0,00	0,00	0,00	0,00	0,00	100
Commerçant	14,30	19,00	23,80	14,30	23,80	4,80	0,00	0,00	0,00	100
Artisan	0,00	0,00	0,00	0,00	0,00	0,00	0,00	0,00	0,00	0,0
Officier De l'armée	0,00	50,0	0,00	50,00	0,00	0,00	0,00	0,00	0,00	100
Soldat	0,00	0,00	0,00	100	0,00	0,00	0,00	0,00	0,00	100
Retraité	2,40	21,40	16,70	23,80	14,30	19,00	2,40	0,00	0,00	100
Chômeur	0,00	40,00	0,00	40,00	20,00	0,00	0,00	0,00	0,00	100
Autres à préciser	16,70	20,00	16,70	23,30	11,70	10,00	0,00	1,70	0,00	100
TOTAL	9,00	21,50	19,50	20,00	16,00	13,00	0,50	0,50	0,00	100

Le tableau 8.2 croise la profession du père et le niveau d'étude de l'élève/ou de l'étudiant. Ici nous vérifions le degré d'influence entre les deux variables. L'on s'aperçoit très vite que dans l'enseignement secondaire et supérieur, les enquêtés dont les parents sont cadres supérieurs et/ou moyens atteignent massivement les niveaux d'étude les plus élevés comme la classe de Terminale dans le secondaire et la Licence 3 dans le supérieur.

Nous constatons également sur ce tableau que 33 pour cent des répondants dont le père est comptable atteignent le niveau de la classe de Terminale dans le secondaire et 25 pour cent arrivent en Licence 3 dans l'enseignement supérieur. Ce constat est aussi valable pour les élèves/étudiants de père magistrat (33 % qui arrivent en classe de Terminale et 33 pour cent qui atteignent la Licence 3 dans le supérieur), idem pour les élèves/étudiants de père professeur d'université qui enregistrent 50 pour cent en classe de Terminale et 50 pour cent en Licence 3.

La surprise viendra des élèves/étudiants de père ouvrier qualifié qui seront 20 pour cent à atteindre le niveau de la classe de Terminale et 40 pour cent à arriver en Licence.

Tableau 8.3 : Relation entre la profession du père et le type de filière d'étude fréquenté par l'élève/étudiant (en pourcentage)

Profession du père/Filière d'inscription	Non réponse	L'1	L2	S1	S2	G	Gestion	banque assurance	marketing	GRH	informatique	autres à préciser	Total
Non réponse	0,00	0,00	0,00	0,00	0,00	0,00	0,00	0,00	0,00	100	0,00	0,00	100
Expert comptable	0,00	8,30	25,0	8,30	16,70	0,00	25,00	16,70	0,00	0,00	0,00	0,00	100
Economiste	0,00	0,00	0,00	0,00	0,00	0,00	50,00	0,00	0,00	0,0	0,00	50,00	100
Médecin	0,00	0,00	55,6	0,00	11,10	0,00	22,20	0,00	0,00	0,00	0,00	11,10	100
Pharmacien	0,00	0,00	0,00	0,00	0,00	0,00	0,00	0,00	0,00	0,00	0,00	0,00	0,00
Infirmier	0,00	0,00	0,00	0,00	0,00	0,00	0,00	0,00	0,00	0,00	0,00	0,00	0,00
Aide soignant	0,00	0,00	0,00	0,00	0,00	0,00	0,00	100	0,00	0,00	0,00	0,00	100
Magistrat	0,00	33,30	0,00	0,00	0,00	0,00	33,30	0,00	33,30	0,00	0,00	0,00	100
Avocat	0,00	0,00	50,0	0,00	0,00	0,00	25,00	0,00	0,00	0,00	0,00	25,00	100
Greffier	0,00	0,00	0,00	0,00	100	0,00	0,00	0,00	0,00	0,00	0,00	0,00	100
Professeur d'université	0,00	0,00	0,00	0,00	50,00	0,00	0,00	50,00	0,00	0,00	0,00	0,00	100
Professeur de lycée ou collège	0,00	20,00	50,0	0,00	10,00	0,00	20,00	0,00	0,00	0,00	0,00	0,00	100
Instituteur	0,00	0,00	0,00	0,00	0,00	0,00	0,00	50,00	0,00	0,00	0,00	50,00	100
Ingénieur	0,00	0,00	43,8	0,00	6,30	0,00	18,80	6,30	6,30	6,30	0,00	12,50	100
Ouvrier qualifié	0,00	20,00	0,00	0,00	0,00	0,00	20,00	40,00	0,00	0,00	0,00	20,00	100
Manoeuvre	0,00	0,00	100	0,00	0,00	0,00	0,00	0,00	0,00	0,00	0,00	0,00	100
Commerçant	0,00	9,50	19,0	4,80	19,00	0,00	23,80	9,50	0,00	0,00	0,00	14,30	100
Artisan	0,00	0,00	0,00	0,00	0,00	0,00	0,00	0,00	0,00	0,00	0,00	0,00	0,00
Officier de l'armée	0,00	0,00	50,0	0,00	0,00	0,00	0,00	50,00	0,00	0,00	0,00	0,00	100
Soldat	0,00	0,00	0,00	0,00	0,00	0,00	0,00	100	0,00	0,00	0,00	0,00	100

Retraité	0,00	7,10	19,0	7,10	11,90	0,00	19,00	28,60	4,80	0,00	0,00	2,40	100
Chômeur	0,00	0,00	40,0	0,00	0,00	0,00	0,00	60,00	0,00	0,00	0,00	0,00	100
Autres à préciser	1,70	5,00	18,3	3,30	21,70	0,00	21,70	13,30	3,30	3,30	0,00	8,30	100
TOTAL	0,50	6,50	24,5	3,50	14,50	0,00	20,00	17,50	3,00	2,00	0,00	8,00	100

Le tableau 8.3 met en relation la profession du père et le type de filière d'étude fréquentée par l'élève/étudiant. On voit clairement que 50 pour cent des répondants dont le père est économiste fréquentent la filière gestion contre 50 pour cent qui font autre chose, 55 pour cent des répondants dont le père est médecin sont dans la filière L2 contre 22 pour cent en gestion. 50 pour cent des élèves/étudiants enquêtés de père professeur de lycée ou collège sont orientés en L2 contre 20 pour cent en L1, 20 pour cent en gestion et 10 pour cent en S2.

On relève également que 50 pour cent des répondants de père avocat se trouvent en filière S2 contre 25 pour cent en gestion et 25 pour cent dans d'autres filières non précisées. Les répondants de père commerçant sont 9,2 pour cent à être orientés en L1 contre 19 pour cent en L2, 4.8 pour cent en S1, 19 pour cent en S2, 23,8 pour cent pour cent en gestion, 9,5 pour cent en banque assurance et enfin contre 14,3 pour cent qui sont dans d'autres filières non précisées. En se fondant sur les statistiques ci-dessus, on peut déduire que la profession du père influence considérablement la filière d'orientation de l'élève/étudiant.

Tableau 8.4 : Croisement – variable profession du père et motifs du choix de la filière d'étude de l'élève/étudiant (en pourcentage)

Profession du père/Motifs du choix de la filière	Non réponse	Pour les problèmes de débouché	par amour à cette filière	pour la qua-lité des ensei-gnements	pour satisfaire les parents	autres à préciser	TOTAL
Non réponse	0,00	0,00	0,00	100	100	0,00	100
Expert comptable	0,00	25,00	66,70	0,00	25,00	0,00	100
Economiste	0,00	50,00	50,00	50,00	0,00	0,00	100
Médecin	11,10	44,40	33,30	22,20	22,20	0,00	100
Pharmacien	0,00	0,00	0,00	0,00	0,00	0,00	0,00
Infirmier	0,00	0,00	0,00	0,00	0,00	0,00	0,00
Aide soignant	0,00	100	0,00	0,00	100	100	100
Magistrat	0,00	0,00	0,00	66,70	0,00	66,70	100
Avocat	25,00	25,00	75,00	0,00	0,00	0,00	100
Greffier	0,00	0,00	0,00	100	0,00	0,00	100
Professeur d'université	0,00	0,00	100	0,00	0,00	0,00	100
Professeur de lycée ou collège	10,00	20,00	40,00	10,00	30,00	20,00	100
Instituteur	0,00	0,00	50,00	0,00	50,00	0,00	100
Ingénieur	0,00	18,80	68,80	6,30	12,50	6,30	100
Ouvrier qualifié	0,00	20,00	60,00	0,00	0,00	40,00	100
Manoeuvre	0,00	100	100	100	0,00	0,00	100
Commerçant	0,00	9,50	76,20	19,00	23,80	0,00	100
Artisan	0,00	0,00	0,00	0,00	0,00	0,00	0,00
Officier de l'armée	0,00	0,00	50,00	0,00	50,00	0,00	100

Soldat	0,00	0,00	100	0,00	0,00	0,00	100
Retraité	2,40	33,30	54,80	19,00	16,70	4,80	100
Chômeur	0,00	0,00	40,00	20,00	60,00	20,00	100
Autres à préciser	1,70	21,70	55,00	20,00	25,00	6,70	100
TOTAL	2,50	23,00	56,50	17,50	22,00	7,50	100

Au tableau 8.4, le croisement des variables profession du père et motifs du choix de la filière d'étude par l'élève/étudiant, nous semble pertinent dans la mesure où cela permet de voir comment la première influence la seconde. L'on constate par exemple que sur les 14 répondants (élèves et étudiants) de père expert-comptable, 66,7 pour cent ont choisi leur filière d'étude par amour contre 25 pour cent qui l'ont fait pour des raisons de débouché ou encore pour satisfaire leurs parents.

Et chez les enfants et étudiants dont le père est ingénieur, ils sont 68,8 pour cent à choisir leur filière également par amour contre 18,8 pour cent pour les problèmes de débouchés et enfin 12,5 pour cent pour satisfaire leurs parents. 75 pour cent des élèves et étudiants de père avocat disent également avoir choisi leur filière par amour contre 25 pour cent qui l'ont fait pour des raisons de débouchés.

L'élément surprenant de ce tableau réside dans les réponses des élèves et étudiants dont le père est commerçant. Dans cette catégorie, il ressort que sur les 27 répondants, 76,2 pour cent ont déclaré choisir leur filière par amour contre 19 pour cent qui ont choisi la leur pour la qualité des enseignements et enfin 28,8 pour cent qui disent avoir choisi leur filière d'étude pour faire plaisir aux parents. Le poids économique, culturel ou intellectuel du père ne semble pas influencer ici l'orientation des enfants en termes de choix de filière d'étude.

Tableau 8.5 : Croisement – Profession du père et niveau de connaissance préalable des filières de formation par l'élève/étudiant (en pourcentage)

Profession du père/ Connaisssance des filières de formation	Non réponse	L 1	L2	S1	S2	G	Gestion	banque assurance	marketing	GRH	informatique	autres à préciser	Total
Non réponse	0,00	0,00	0,00	0,00	0,00	0,00	100	100	100	100	100	100	100
Expert comptable	0,00	41,70	58,30	50,00	75,00	41,70	83,30	50,00	75,00	25,00	50,00	8,30	100
Economiste	0,00	0,00	0,00	0,00	50,00	50,00	100	100	100	50,00	100	0,00	100
Médecin	11,10	33,30	33,30	33,30	33,30	22,20	44,40	44,40	55,60	11,10	33,30	22,20	100
Pharmacien	0,00	0,0	0,00	0,00	0,00	0,00	0,00	0,00	0,00	0,00	0,00	0,00	0,00
Infirmier	0,00	0,00	0,00	0,00	0,00	0,00	0,00	0,00	0,00	0,00	0,00	0,00	0,00
Aide soignant	0,00	0,00	0,00	0,00	0,00	0,00	100	100	100	100	0,00	100	100
Magistrat	0,00	66,70	66,70	33,30	33,30	0,00	66,70	66,70	66,70	33,30	33,30	0,00	100
Avocat	0,00	50,00	50,00	50,00	50,00	50,00	50,00	50,00	25,00	0,00	75,00	0,00	100
Greffier	0,00	100	100	100	100	0,00	0,00	0,00	0,00	0,00	0,00	0,00	100
Professeur d'université	0,00	50,00	50,00	50,00	50,00	50,00	50,00	50,00	100	50,00	50,00	0,00	100
Professeur de lycée ou collège	10,00	50,00	60,00	30,00	30,00	20,00	40,00	40,00	50,00	0,00	40,00	10,00	100
Instituteur	0,00	0,00	0,00	0,00	0,00	0,00	50,00	100	100	50,00	100	50,00	100

Ingénieur	6,30	18,80	56,30	37,50	37,50	31,30	81,30	50,00	68,80	37,50	56,30	6,30	100
Ouvrier qualifié	20,00	40,0	20,00	0,00	0,00	20,00	40,00	40,00	80,00	60,00	80,00	0,00	100
Manoeuvre	0,00	100	100	100	100	100	100	0,00	0,00	0,00	0,00	0,00	100
Commerçant	0,00	47,60	42,90	28,60	42,90	28,60	71,40	42,90	57,10	33,30	47,60	4,80	100
Artisan	0,00	0,00	0,00	0,00	0,00	0,00	0,00	0,00	0,00	0,00	0,00	0,00	0,00
Officier de l'armée	0,00	50,00	50,00	50,00	50,00	50,00	100	50,00	100	50,00	100	0,00	100
Soldat	0,00	0,00	100	0,00	0,00	0,00	0,00	100	100	100	100	0,00	100
Retraité	0,00	28,60	38,10	21,40	33,30	16,70	61,90	59,50	64,30	38,10	59,50	0,00	100
Chômeur	0,00	40,00	40,00	20,00	20,00	0,00	60,00	100	40,00	40,00	20,00	0,00	100
Autres à préciser	1,70	33,30	33,30	30,00	38,30	31,70	53,30	51,70	58,30	41,70	60,00	13,30	100
TOTAL	2,50	35,00	41,00	29,50	38,00	26,50	61,00	53,50	62,00	35,50	55,50	8,50	100

Le tableau 8.5 montre le croisement de la profession du père et le niveau de connaissance préalable des filières de formation par l'élève/étudiant. Il résulte de la lecture de ce tableau que 83,3 pour cent des répondants de père comptable déclarent connaître la filière gestion contre 75 pour cent la filière marketing et 75 pour cent la filière S2. Ils sont 60 pour cent de répondants de père professeur de lycée ou collège à déclarer connaître la filière L2 et 50 pour cent la filière L1 avant de les choisir. 71,4 pour cent des enquêtés de père commerçant sont plus nombreux à connaître la filière gestion contre 57,1 pour cent la filière marketing et 47,6 pour cent la filière informatique.

Les élèves/étudiants de père ingénieurs disent à 81,3 pour cent connaître la filière gestion contre 50 pour cent la filière banque assurance, 68,8 pour cent la filière marketing et 58,3 pour cent la filière informatique.

Tableau 8.6 : Croisement – profession du père et statut des informateurs en pourcentage

Profession du père/statut des informateurs sur la filière	Non réponse	Les parents	les frères et soeurs	les professeurs	les amis	moi-même	les conseillers psychologues	autres à préciser	Total
Non réponse	0,00	0,00	0,00	0,00	0,00	100	0,00	0,00	100
Expert comptable	0,00	41,70	41,70	16,70	25,00	33,30	0,00	0,00	100
Economiste	0,00	50,00	0,00	50,00	50,00	50,00	0,00	0,00	100
Médecin	11,10	44,40	22,20	11,10	11,10	22,20	22,20	0,00	100
pharmacien	0,00	0,00	0,00	0,00	0,00	0,00	0,00	0,00	0,00
infirmier	0,00	0,00	0,00	0,00	0,00	0,00	0,00	0,00	0,00
aide soignant	0,00	0,00	0,00	0,00	0,00	0,00	100	100	100
magistrat	0,00	33,30	33,30	0,00	33,30	66,70	0,00	0,00	100
avocat	0,00	25,00	0,00	25,00	25,00	75,00	0,00	25,00	100
greffier	0,00	0,00	0,00	0,00	100	0,00	0,00	0,00	100
Professeur d'université	0,00	50,00	50,00	50,00	0,00	50,00	0,00	0,00	100
professeur de lycée ou collège	20,00	30,00	10,00	10,00	30,00	30,00	0,00	10,00	100
instituteur	0,00	50,00	0,00	0,00	0,00	50,00	0,00	0,00	100
ingénieur	6,30	25,00	43,80	18,80	31,30	56,30	12,50	0,00	100
ouvrier qualifié	0,00	0,00	20,00	20,00	40,00	60,00	0,00	40,00	100
manoeuvre	0,00	0,00	0,00	100	100	0,00	0,00	0,00	100

commerçant	0,00	9,50	38,10	23,80	42,90	61,90	9,50	0,00	100
artisan	0,00	0,00	0,00	0,00	0,00	0,00	0,00	0,00	0,00
officier de l'armée	0,00	0,00	0,00	0,00	50,00	50,00	0,00	0,00	100
soldat	0,00	0,00	0,00	0,00	0,00	100	0,00	0,00	100
Retraité	0,00	26,20	26,20	16,70	26,20	38,10	2,40	9,50	100
chômeur	0,00	20,00	40,00	20,00	60,00	80,00	20,00	20,00	100
autres à préciser	1,70	35,00	26,70	26,70	18,30	55,00	5,00	8,30	100
TOTAL	2,50	28,00	27,50	20,50	27,00	49,00	6,00	7,50	100

Au niveau du tableau 8.6 en croisant ici les deux variables « profession du père » et « statut des informateurs » sur la filière d'étude de l'élève/étudiant, nous cherchons à vérifier si le fait de disposer de l'information au moment opportun par une quelconque source contribue ou non à aider l'élève/étudiant à mieux opérer son choix de la filière. On s'aperçoit que les 19 répondants de père expert-comptable, déclarent à 41,7 pour cent que les principaux informateurs sur les filières sont leurs parents, ensuite leurs frères et sœurs à 41,7 pour cent puis eux-mêmes à 33,3 pour cent et enfin leurs amis à 25 pour cent.

Par contre chez les 39 répondants de père commerçant, ils sont seulement 9,5 pour cent à être informés par leurs parents, 38,1 pour cent par leurs frères et sœurs, 23,8 pour cent par leurs professeurs, 42,9 pour cent par leurs amis, 69,1 v par eux-mêmes et enfin 9,5 v par les conseillers psychologues. On constate les mêmes variations chez les répondants de père ingénieurs et chez ceux de père médecin.

On peut en déduire que les parents des répondants, comme leurs frères et sœurs, contribuent d'une façon ou d'une autre à influencer le choix de la filière ou parcours scolaire des élèves/étudiants par le biais des informations qu'ils leur apportent régulièrement sur ces filières.

Le tableau 8.7 met en rapport la profession du père et les suggestions d'amélioration de la filière proposées par les élèves/étudiants. L'on constate que les répondants dont le père est comptable sont 83,3 pour cent à demander que l'on revoie le mode d'organisation des cours, Ils sont également 50 pour cent à souhaiter que l'on renforce les modules d'enseignement pratique, 50 pour cent à demander que l'on encourage des travaux pratiques, 41,7 pour cent à solliciter enfin que l'on mette en place une politique régulière de communication et d'information sur les filières. On retrouve chez les enquêtés dont le père est commerçant 57,1 pour cent qui soutiennent la première modalité, 61,9 pour cent pour la seconde, encore 61,9 pour cent qui défendent la troisième et enfin 38,1 pour cent qui sont pour la quatrième modalité.

On conclut ici que les enquêtés, toutes catégories sociales confondues, s'accordent sur la nécessité de réaliser de grands changements en termes d'innovation pédagogique, de communication et d'information sur les différentes filières de formation.

Tableau 8.7 : Rapport entre la profession du père et les suggestion d'amélioration de la filière proposées par les élèves/étudiants (en pourcentage)

Profession du père/Suggestions d'amélioration de la filière	Non réponse	Revoir le mode d'orga-nisation des cours	renfor-cer les modules pratiques	encourager les travaux d'équipe	avoir une politique régulière de communi-cation et d'information sur la filière	autres à préciser	Total
Non réponse	0,00	0,00	100	0,00	100	0,00	100
Expert comptable	0,00	83,30	50,00	50,00	41,70	0,00	100
Economiste	0,00	0,00	100	50,00	50,00	0,00	100
Médecin	0,00	33,30	33,30	55,60	33,30	33,30	100
Pharmacien	0,00	0,00	0,00	0,00	0,00	0,00	0,00
Infirmier	0,00	0,00	0,00	0,00	0,00	0,00	0,00
Aide soignant	0,00	100	0,00	0,00	100	0,00	100
Magistrat	0,00	66,70	66,70	33,30	0,00	0,00	100
Avocat	0,00	25,00	75,00	75,00	50,00	0,00	100
Greffier	0,00	100	100	100	0,00	0,00	100
Professeur d'université	0,00	100	50,00	50,00	50,00	0,00	100
Professeur de lycée ou collège	0,00	50,00	60,00	40,00	40,00	10,00	100
Instituteur	0,00	100	0,00	0,00	50,00	0,00	100
Ingénieur	0,00	50,00	43,80	50,00	50,00	0,00	100
Ouvrier qualifié	0,00	80,00	40,00	40,00	60,00	0,00	100
Manoeuvre	0,00	100	100	100	100	0,00	100
Commerçant	4,80	57,10	61,90	61,90	38,10	0,00	100
Artisan	0,00	0,00	0,00	0,00	0,00	0,00	0,00
Officier de l'armée	0,00	100	0,00	0,00	0,00	0,00	100
Soldat	0,00	0,00	0,00	100	0,00	0,00	100
Retraité	7,10	47,60	38,10	38,10	42,90	2,40	100
Chômeur	0,00	100	60,00	80,00	60,00	0,00	100
Autres à préciser	3,30	58,30	53,30	60,00	50,00	6,70	100
TOTAL	3,00	57,00	49,50	51,50	45,00	4,50	100

Tableau 8.8 : Croisement – profession du père et point de vue des élèves/étudiants (en pourcentage)

Profession du père/ Démocratisation de la filière	Non réponse	Pas du tout favorable	peu favorable	Favorable	Très favorbale	Autres à préciser	Total
Non réponse	0,00	0,00	100	0,00	0,00	0,00	100
Expert comptable	0,00	8,30	50,00	25,00	16,70	0,00	100
Economiste	0,00	50,00	0,00	50,00	0,00	0,00	100
Médecin	0,00	0,00	33,30	44,40	22,20	0,00	100
Pharmacien	0,00	0,00	0,00	0,00	0,00	0,00	0,00
Infirmier	0,00	0,00	0,00	0,00	0,00	0,00	0,00
Aide soignant	0,00	0,00	0,00	0,00	0,00	100	100
Magistrat	0,00	33,30	66,70	0,00	0,00	0,00	100
Avocat	0,00	25,00	0,00	50,00	25,00	0,00	100
Greffier	0,00	0,00	0,00	0,00	0,00	100	100

Professeur d'université	0,00	0,00	0,00	50,00	50,00	0,00	100
Professeur de lycée ou collège	0,00	0,00	40,00	10,00	30,00	20,00	100
Instituteur	0,00	0,00	50,00	50,00	0,00	0,00	100
Ingénieur	0,00	18,80	25,00	43,80	12,50	0,00	100
Ouvrier qualifié	0,00	0,00	80,00	0,00	20,00	0,00	100
Manoeuvre	0,00	0,00	0,00	100	0,00	0,00	100
Commerçant	4,80	9,50	28,60	42,90	14,30	0,00	100
Artisan	0,00	0,00	0,00	0,00	0,00	0,00	0,00
Officier de l'armée	0,00	0,00	50,00	50,00	0,00	0,00	100
Soldat	0,00	0,00	100	0,00	0,00	0,00	100
Retraité	7,10	7,10	28,60	45,20	7,10	4,80	100
chômeur	0,00	0,00	40,00	0,00	60,00	0,00	100
autres à préciser	5,00	16,70	33,30	31,70	11,70	1,70	100
TOTAL	3,50	11,00	33,50	34,50	14,00	3,50	100

Dans le tableau 8.8, nous avons croisé la profession du père et le point de vue des élèves/ étudiants sur la démocratisation des filières de formation. Il s'agit pour nous d'observer le degré d'acceptation des uns et des autres, selon leur origine, du processus de démocratisation des filières de formation. On constate que chez les enquêtés dont le père est comptable 50 pour cent sont peu favorables, 25 pour cent sont favorables, 16,7 pour cent sont très favorables et seulement 8,3 pour cent ne sont pas du tout favorables.

La tendance demeure presque la même lorsque l'on examine le point de vue des répondants dont le père est commerçant. On enregistre pour les opinions favorables à la démocratisation des filières, 14,3 pour cent des répondants qui sont très favorables, 42,9 pour cent qui sont favorables, 28,6 pour cent peu favorables et enfin 9,5 pour cent qui ne sont pas du tout favorables.

On s'aperçoit clairement ici que les apprenants eux-mêmes ne souhaitent pas voir leur filière s'ouvrir à un large public. Les élèves/étudiants veulent préserver leur filière des effets de la massification dans un souci de protéger leur futur emploi sans doute.

Tableau 8.9 : Croisement profession du père et avis des répondants (en pourcentage)

Profession du père/La nature sélective de l'établissement1	Non réponse	Pas d'accord du tout	Plutôt pas d'accord	Plutôt d'accord	Tout à fait d'accord	autres à préciser	TOTAL
Non réponse	0,00	0,00	0,00	100	0,00	0,00	100
Expert comptable	0,00	16,70	33,30	41,70	8,30	0,00	100
Economiste	0,00	50,00	0,00	0,00	50,00	0,00	100
Médecin	0,00	11,10	11,10	33,30	44,40	0,00	100
Pharmacien	0,00	0,00	0,00	0,00	0,00	0,00	0,00
Infirmier	0,00	0,00	0,00	0,00	0,00	0,00	0,00
Aide soignant	0,00	0,00	0,00	0,00	0,00	100	100
Magistrat	0,00	33,30	0,00	33,30	0,00	33,30	100
Avocat	0,00	0,00	0,00	50,00	50,00	0,00	100
Greffier	0,00	0,00	0,00	100	0,00	0,00	100
Professeur d'université	0,00	0,00	0,00	100	0,00	0,00	100
Professeur de lycée ou collège	10,00	20,00	0,00	30,00	30,00	10,0	100
Instituteur	0,00	0,00	100	0,00	0,00	0,00	100
Ingénieur	6,30	6,30	12,50	37,50	31,30	6,30	100

Ouvrier qualifié	0,00	20,00	40,00	20,00	20,00	0,00	100
Manœuvre	0,00	0,00	0,00	100	0,00	0,00	100
Commerçant	9,50	0,00	14,30	33,30	38,10	4,80	100
Artisan	0,00	0,00	0,00	0,00	0,00	0,00	0,00
Officier de l'armée	50,00	0,00	0,00	0,00	50,00	0,00	100
Soldat	0,00	0,00	0,00	100	0,00	0,00	100
Retraité	11,90	9,50	9,50	40,50	23,80	4,80	100
Chômeur	0,00	0,00	20,00	40,00	40,00	0,00	100
Autres à préciser	5,00	11,70	13,30	31,70	33,30	5,00	100
TOTAL	6,50	10,00	13,50	36,00	29,00	5,00	100

Dans le tableau 8.9 ci-dessus, nous avons croisé la profession du père et les avis des répondants sur la politique sélective de l'établissement de l'élève/étudiant. On constate que sur les 12 répondants de père comptable par exemple, 16,7 pour cent disent qu'ils ne sont pas du tout d'accord avec cette politique, 33,3 pour cent déclarent qu'ils ne sont plutôt pas d'accord, 41,7 pour cent sont plutôt d'accord et enfin 8,3 pour cent sont entièrement d'accord.

Chez les enquêtés de père ingénieur, nous enregistrons des résultats suivants : 6,3 pour cent ne sont pas du tout d'accord, 12,5 pour cent ne sont plutôt pas d'accord, 37,5 pour cent plutôt d'accord, 31,3 pour cent entièrement d'accord. Et chez les répondants de père commerçant 14,3 pour cent affirment qu'ils ne sont pas d'accord, 33,3 pour cent sont plutôt d'accord et 38,5 pour cent sont entièrement d'accord.

On peut conclure que la politique sélective développée par certains lycées et instituts d'enseignement supérieur de formation est beaucoup plus critiquée par les élèves/étudiants de père cadre supérieur (expert-comptable) que par ceux de père commerçant. Par exemple 33,3 pour cent des enquêtés de père comptable condamnent cela contre 38,1 pour cent des répondants de père commerçant qui se montrent favorables.

Tableau 8.10 : Relation entre profession du père et degré de satisfaction des élèves/étudiants (en pourcentage)

Profession du père/Satisfaction du choix de la filière	Non réponse	Oui	Non	Plus ou moins	Ne sais pas	Autres à préciser	TOTAL
Non réponse	0,00	0,00	0,00	100	0,00	0,00	100
Expert comptable	8,30	58,30	0,00	25,00	8,30	0,00	100
Economiste	0,00	100,00	0,00	0,00	0,00	0,00	100
Médecin	0,00	66,70	0,00	22,20	0,00	11,10	100
Pharmacien	0,00	0,00	0,00	0,00	0,00	0,00	0,00
Infirmier	0,00	0,00	0,00	0,00	0,00	0,00	0,00
Aide soignant	0,00	0,00	0,00	100	0,00	0,00	100
Magistrat	0,00	66,70	0,00	33,30	0,00	0,00	100
Avocat	0,00	50,00	25,00	25,00	0,00	0,00	100
Greffier	0,00	100,00	0,00	0,00	0,00	0,00	100
Professeur d'université	0,00	100	0,00	0,00	0,00	0,00	100
Professeur de lycée ou collège	0,00	70,00	10,00	20,00	0,00	0,00	100
Instituteur	0,00	0,00	50,00	50,00	0,00	0,00	100

Ingénieur	0,00	68,80	0,00	31,30	0,00	0,00	100
Ouvrier qualifié	0,00	80,00	0,00	20,00	0,00	0,00	100
Manœuvre	0,00	100	0,00	0,00	0,00	0,00	100
Commerçant	4,80	85,70	0,00	9,50	0,00	0,00	100
Artisan	0,00	0,00	0,00	0,00	0,00	0,00	0,00
Officier de l'armée	0,00	50,00	0,00	50,00	0,00	0,00	100
Soldat	0,00	100	0,00	0,00	0,00	0,00	100
Retraité	2,40	83,30	2,40	7,10	4,80	0,00	100
Chômeur	0,00	80,00	0,00	20,00	0,00	0,00	100
Autres à préciser	3,30	68,30	3,30	21,70	1,70	1,70	100
TOTAL	2,50	72,50	3,00	19,00	2,00	1,00	100

Au tableau 8.10, nous avons mis en relation la profession du père et le degré de satisfaction des élèves/étudiants au sujet des infrastructures et du matériel pédagogique de leur établissement ou institut d'attache. À la lecture des résultats de ce tableau, nous avons 41,7 pour cent des répondants de père expert-comptable qui déclarent qu'ils ne sont pas du tout satisfaits, 33,3 pour cent qui ne sont plutôt pas satisfaits, 16,7 pour cent qui sont satisfaits et enfin 8,3 pour cent qui disent être entièrement satisfaits.

Sur les 21 répondants de père commerçant, 19 pour cent déclarent qu'ils ne sont pas du tout satisfaits, 28,6 pour cent ne sont plutôt pas satisfaits, 19 pour cent disent être plutôt satisfaits et enfin 23,8 pour cent se montrent totalement satisfaits.

On peut en déduire que le degré de satisfaction concernant les infrastructures et le matériel pédagogique chez les élèves/étudiants n'est pas influencé par la profession du père, car les taux obtenus ici se valent pratiquement aussi bien chez les enquêtés de père expert-comptable que chez ceux de père commerçant.

Tableau 8.11 : Relation entre profession du père et les recommandations formulées par les élèves/étudiants (en pourcentage)

Profession du père/ Recommandations aux futurs candidats1	Non réponse	De bien s'informer avant de s'inscrire	De redoubler d'effort et de s'autodiscipliner	De se préparer mentalement et physique à l'endurance	D'aimer la compétition tout en intégrant l'esprit d'équipe	Autres à préciser	Total
Non réponse	0,00	100	100	0,00	0,00	0,00	100
Expert comptable	16,70	75,00	8,30	16,70	16,70	0,00	100
Economiste	0,00	50,00	100	50,00	50,00	0,00	100
Médecin	0,00	66,70	22,20	22,20	33,30	22,20	100
Pharmacien	0,00	0,00	0,00	0,00	0,00	0,00	0,00
Infirmier	0,00	0,00	0,00	0,00	0,00	0,00	0,00
Aide soignant	0,00	100	0,00	0,00	0,00	0,00	100
Magistrat	0,00	66,70	0,00	0,00	66,70	0,00	100
Avocat	0,00	50,00	0,00	25,00	50,00	0,00	100
Greffier	0,00	100	0,00	0,00	0,00	0,00	100
Professeur d'université	0,00	100	0,00	50,00	50,00	0,00	100
Professeur de lycée ou collège	20,00	70,00	10,00	10,00	20,00	20,00	100
Instituteur	0,00	50,00	50,00	0,00	100	0,00	100

Ingénieur	6,30	68,80	18,80	12,50	43,80	0,00	100
Ouvrier qualifié	0,00	80,00	20,00	0,00	60,00	20,00	100
Manoeuvre	0,00	100	0,00	0,00	0,00	0,00	100
Commerçant	4,80	90,50	19,00	9,50	19,00	9,50	100
Artisan	0,00	0,00	0,00	0,00	0,00	0,00	0,00
Officier de l'armée	0,00	50,00	0,00	50,00	50,00	50,00	100
Soldat	0,00	100	0,00	0,00	0,00	0,00	100
Retraité	7,10	61,90	26,20	16,70	19,00	9,50	100
Chômeur	0,00	80,00	0,00	20,00	20,00	0,00	100
Autres à préciser	11,70	70,00	20,00	13,30	33,30	10,00	100
TOTAL	8,00	71,00	19,50	14,50	29,50	9,00	100

Le tableau 8.11 met en relation la profession du père et les recommandations formulées par les élèves/étudiants à l'endroit des futurs candidats à l'inscription dans les différentes filières. Il résulte de leurs réponses les résultats suivants : 75 pour cent des enquêtés de père expert-comptable recommandent aux futurs candidats de bien s'informer sur les filières avant de s'inscrire, 8,3 pour cent leur conseillent de redoubler d'effort et de s'autodiscipliner dans le travail, 16,7 pour cent leur suggèrent de se préparer mentalement et physiquement à l'endurance et enfin 16,7 pour cent leur recommandent d'aimer la compétition tout en intégrant l'esprit d'équipe.

Les taux de réponses sur ce croisement sont de nouveau presque similaires chez les enquêtés de père commerçant et chez ceux de père comptable. Nous enregistrons 90 pour cent qui recommandent aux futurs candidats de bien s'informer sur les filières avant de s'inscrire, 19 pour cent de redoubler d'effort et d'autodiscipline dans le travail, 9,5 pour cent de se préparer mentalement et enfin 19 pour cent d'aimer la compétition et d'avoir l'esprit de groupe.

À la lumière de ce qui précède, on voit que les réponses des enquêtés convergent vers les mêmes recommandations malgré l'origine familiale différente.

Conclusion générale

L'examen des inégalités sociales d'accès à la scolarisation et à la formation dans les deux établissements d'enseignement secondaire et deux instituts d'enseignement supérieur de la région de Dakar a servi de prétexte pour une compréhension des rapports sociaux qu'entretiennent les acteurs autour des enjeux éducatifs. L'on est tenté de croire que l'école poursuit sa noble mission d'égalisation des chances entre les individus partout et tout le temps.

Cependant, quand on se réfère aux faits et à la complexité du jeu des acteurs du système éducatif sénégalais, on finit par admettre que l'école n'éradiquera jamais les inégalités sociales d'accès à la scolarisation et à la formation mais contribuera sans doute à les réduire, les atténuer grâce à la massification et à la scolarisation progressive des filles.

Les groupes sociaux dominants poursuivent ou maintiennent toujours leur domination en investissant considérablement dans la scolarisation de leur progéniture à travers les choix des meilleurs établissements et filières d'enseignement et de formation. Les couches sociales moyennes et défavorisées ayant vite compris l'importance de la scolarisation et de la formation ont choisi d'investir dans les études de leurs enfants en ciblant également les meilleures écoles et filières de formation.

III

DYNAMIQUES SOCIALES, RELIGIEUSES ET CULTURELLES

9

Art africain et monde globalisé

Babacar Mbaye Diop

Introduction

La notion d'art africain, comme celle d'artiste africain, est une notion floue : ses traits caractéristiques varient selon qu'il s'agisse de l'art traditionnel ou de l'art contemporain de l'Afrique. C'est qu'identifier quelque chose comme de l'art ou comme une conduite artistique « suppose une projection de nos propres concepts ». Si l'artiste traditionnel était très enraciné dans sa culture africaine pour réaliser ses œuvres à partir de systèmes de pensée religieux et magiques proprement africains, l'artiste contemporain vit entre le local et le global, entre l'enracinement et l'ouverture. Le premier utilisait le plus souvent des matériaux de la nature pour produire des objets d'art avec les feuilles et les racines des arbres et des plantes, du charbon et de l'huile, du sang et de la pierre, il fabriquait lui-même ses propres couleurs. Le second recourt certes à ces techniques traditionnelles, mais utilise aussi des matériaux et des supports nouveaux le plus souvent importés ou fabriqués selon des procédés industriels occidentaux. On assiste ainsi à un renouvellement des productions artistiques africaines s'ouvrant à la modernité. Qu'on veuille l'entendre ou pas, ses créations, qui sont beaucoup plus au goût des galeries de Londres, Paris, Bruxelles, New York, Berlin, s'adressent davantage au public occidental qu'aux Africains.

L'art africain d'aujourd'hui est un art hybride. Il renvoie en général au postcolonialisme et à la modernité universelle qui sont tous les deux liés à la question de l'identité de l'art et de l'artiste africains. Les artistes africains sont, en effet, dans une nouvelle quête identitaire et réfléchissent sur le phénomène du métissage et de l'hybridité. Parler de l'identité des artistes africains d'aujourd'hui, c'est s'interroger sur leur identité nationale, africaine, géographique, mais aussi sur l'identité d'exil des artistes africains immigrés en Occident. Leur identité est plurielle, elle est en mouvement et en devenir. Avec l'émigration de masse et les déplacements de population, de nouveaux récits sont en train de s'écrire à propos des arts de l'Afrique noire. Par conséquent, on ne peut plus les réduire à un contexte national, régional ou continental. Il faut aussi imaginer l'Afrique ailleurs que sur le continent. Elle n'est plus une idée exclusivement continentale – ce qu'elle n'a jamais été du reste. Ce qui est en cause aujourd'hui, c'est l'intensification des opérations de métissage et des transactions.

Quelle est la représentation de l'art africain des pays postcoloniaux au sein du marché international de l'art ? Comment penser l'Africain dans sa modernité artistique ? Comment comprendre l'artiste et l'art africain d'aujourd'hui dans le nouvel ordre mondial, dans ce contact et cette rencontre des cultures ?

Les évolutions modernes brouillent et révisent continuellement toute visée de définition. De ce brouillage participent d'une part, les trajectoires des artistes qui, eux-mêmes, refusent de se laisser enfermer dans des définitions et ne se reconnaissent d'autre identité que celle, imprévisible, de leur manière de négocier avec la réalité d'un monde un et fait de brassages ; cela étant accentué par les migrations, délocalisations, et le fait que l'Afrique et les Africains ne sont plus seulement en Afrique. De ce brouillage participe, d'autre part, le marché avec ses exigences : s'il est encore inexistant ou balbutiant en Afrique même, il est en développement sur le plan international pour ce qui concerne les œuvres africaines.

Cette tension est au cœur de mon propos. Il s'agira de rendre compte de manière précise de cette écologie et de ses multiples variations et territoires, une des caractéristiques de la mondialisation/globalisation.

Ce travail manifeste non seulement la nature de la recherche académique que je mène, mais aussi mon expérience à la tête de la Biennale de Dakar – j'ai coordonné et dirigé moi-même la onzième édition de la Biennale de Dakar du 8 mai au 9 juin 2014. Ce sera l'occasion ici de revisiter les différentes éditions de la Biennale pour retracer une évolution vers une situation où l'exigence est de sortir d'une « africanité » qui pouvait être nécessaire au début, mais qui demande aujourd'hui à être dépassée. Cette partie du travail consacrée à la Biennale de Dakar sera la plus longue, car elle permet de lire les évolutions importantes qui ont eu lieu dans le domaine de l'art africain et en Afrique.

Les questions de l'identité de l'art africain et de l'artiste africain sont aujourd'hui à l'épreuve concrète des questions de sélection et d'organisation des biennales (celle de Dakar tout particulièrement) et des questions de valeur sur le marché international de l'art. Il s'agira de réfléchir sur la nécessité de penser ensemble les notions que sont « la modernité », l'identité en mouvement et les évolutions du marché de l'art.

Ce papier a pour objectif de définir l'artiste et l'art africains dans « une situation mondialisée » où toutes les cultures deviennent de plus en plus globalisées, dans « une situation de mixage[1] » qui nous montre que définir l'art africain n'est pas facile, et enfin dans « une situation de marché » où les pays occidentaux comme les États-Unis, l'Allemagne, la Grande-Bretagne, la France, l'Italie et la Suisse jouent un rôle central dans l'exposition des artistes contemporains et sont, par conséquent, les lieux par excellence du marché de l'art.

Art africain : du colonialisme au postcolonialisme

Le régime colonial et postcolonial a affecté, de manière profonde, la plupart des artistes africains contemporains. L'art postcolonial désignerait des créations dont l'émergence varierait en fonction de l'accession à l'indépendance des pays concernés. Les arts, précolonial, colonial et postcolonial participent de la fabrication de l'art africain contemporain. Le réseau – l'atelier, l'apprentissage et l'expérience – dans lequel s'insère la création artistique est semblable à celui mis en place avant le colonialisme, auquel s'est ajouté le modèle colonial d'enseignement de l'art, qui accorde de nouveau une grande considération aux pratiques précoloniales.

Les expériences artistiques en Afrique relèvent de deux catégories bien distinctes : celle de la formation académique ou universitaire, selon le modèle occidental des écoles des Beaux-arts, et celle de la formation privée dispensée par des artistes européens qui s'efforcent d'intervenir le moins possible dans la création artistique. Dans les deux cas, l'occidentalité de ces expériences persiste dans *la formule* (école des Beaux-arts, Académie), *les techniques et les outils* (peinture sur chevalet, peinture à l'huile, à la gouache, pinceaux, etc.), *les matières et les matériaux* (toiles, papier, couleurs, tissus, etc.) Même après les indépendances, les créations artistiques africaines n'ont pas perdu ce caractère occidental : « aujourd'hui encore, tout ou presque, vient de l'Occident : les outils, les matières d'œuvres, les matériaux, les accessoires ; c'est-à-dire la toile et le papier, les pinceaux et les brosses, les crayons et les couleurs[2]. »

Parler donc de la création plastique africaine d'aujourd'hui, c'est, comme le dit très justement Simon Injami dans le catalogue de l'exposition *Africa Remix*, « exposer des artistes aux formations et aux univers très différents. Sculpteurs, vidéastes, designers ou plasticiens, certains sont autodidactes, d'autres ont suivi une formation artistique, parfois en Occident, et tous ne vivent pas forcément sur le sol africain ». Leurs productions artistiques sont généralement achetées par des Occidentaux, même si de nos jours, de plus en plus de nationaux africains tels que les collectionneurs et les institutions commencent à acquérir des œuvres d'art. Mais l'essentiel est occupé par des Occidentaux résidents ou de passage en Afrique. C'est que l'art africain d'aujourd'hui concerne encore très peu les sociétés africaines parce qu'il est destiné à la contemplation et au plaisir esthétique et sans fonction utilitaire, alors que l'art africain ancien était destiné prioritairement aux cérémonies culturelles. C'est pourquoi, en introduisant ces pratiques artistiques un peu partout en Afrique, les Occidentaux inauguraient une nouvelle tradition plastique, inconnue jusque-là en Afrique.

C'est en partie cette mise en perspective qui est présente dans le terme
« postcolonialisme » qui désigne la continuité avec la période coloniale et les
réinventions par transactions et sédimentations de ressources précoloniales et
contemporaines. Jean-François Bayart dans *Les études postcoloniales. Un carnaval
académique* montre que les tenants du postcolonialisme voient « dans la « situation
coloniale » et dans sa reproduction l'origine et la cause des rapports sociaux
contemporains, qu'ils soient de classe, de genre ou d'appartenance communautaire,
tant dans les anciennes colonies que dans les anciennes métropoles[3] ». Mais pour
Bayart, les identités n'existent pas. Il n'y a pas d'identité nationale, mais des
processus d'identification qui définissent la géométrie variable de l'appartenance
nationale et citoyenne.

Les auteurs de *La fracture coloniale*, Nicolas Bancel, Pascal Blanchard et
Sandrine Lemaire, « montrent aussi que la situation contemporaine n'est
pas une reproduction à l'identique du « temps des colonies » : elle est faite de
métissages et de croisements entre des pratiques issues des colonies et des enjeux
contemporains ». On ne peut postuler de telles continuités linéaires, et on ne peut
pas non plus apprécier des situations contemporaines comme des reproductions de
la situation coloniale. Il n'y a pas de rupture catégorique entre périodes coloniale
et postcoloniale. Le terme « postcolonial » signifie à la fois *après* les colonisations
et *au-delà* de celles-ci.

Edward Saïd, dans la préface de *L'Orientalism*e, suite au choc des civilisations
de Huntington, affirme :

> Loin d'un choc des civilisations préfabriqué, nous devons nous concentrer sur le
> lent travail en commun de cultures qui se chevauchent, empruntent les unes aux
> autres et cohabitent de manière bien plus profonde que ne le laissent penser des
> modes de compréhension réducteurs et inauthentiques[4].

Plus loin dans l'ouvrage, il ajoute :

> Les cultures sont hybrides et hétérogènes, et [...] comme je l'ai exposé dans
> *Culture et impérialism*e, les cultures et les civilisations sont si reliées entre elles
> et si interdépendantes qu'elles défient toute description unitaire ou simplement
> délimitée de leur individualité[5].

Le postcolonialisme correspond à une période où l'Occident avait encore du mal
à concilier les rapports entre « *universalité en devenir et maintien des singularités* ».
Mais l'avènement du fameux « *village planétaire* » et l'usage de l'Internet ont
totalement bouleversé ce rapport.

Les artistes africains, pour être reconnus sur le plan international, ont accepté
de nouvelles règles de création. Et très souvent, ils ne se reconnaissent pas dans
les critères de choix des experts et des commissaires d'exposition. Lorsque
l'artiste Hassan Musa (soudanais) reçoit une invitation de Jean Hubert Martin,
commissaire de la 5e biennale de Lyon, il accepte d'exposer, mais en faisant part

de son ressenti dans une lettre ouverte aux organisateurs. Pour lui, l'art africain contemporain est « un art pensé en Europe par les Européens pour les Africains ». Cet art n'aurait donc de valeur qu'aux yeux de l'Europe et ne trouverait pas de définition semblable en Afrique :

> Moi, artiste né en Afrique (ça, c'est une catégorie !), je pense que ce qu'on appelle l'art africain contemporain n'est qu'une évolution possible de la tradition européenne, et que si, à notre époque, on favorise la production artistique des Africains au lieu de celle des Esquimaux ou celle des Amérindiens, cela ne tient pas à la qualité artistique de cette production africaine, mais plutôt aux circonstances de l'évolution de la pensée esthétique européenne. Le jour viendra où l'esthétique européenne tournera le dos à l'art africain pour d'autres catégories plus aptes à porter ses attentes[6].

Il ajoute :

> Je ne dirais pas que j'ai deux cultures, je n'en ai qu'une ! Elle est complexe car c'est la même que tout le monde partage : il s'agit de la culture de marché, celle d'une société de consommation qui a construit ses repères dans la logique du marché capitaliste international, avec quelques éléments de la tradition méditerranéenne, chrétienne, etc., ce qu'on appelle l'Occident. Le cliché habituel, c'est dire que j'ai d'un côté une culture arabomusulmane, orientale ou africaine, et de l'autre, une culture occidentale. Je pense que c'est une aberration de penser les cultures comme ça car il n'y a qu'une seule culture qui a dominé et vampirisé toutes les autres[7].

Musa Hassan dit la mondialisation dans ses œuvres ; il ne pense pas faire de l'art africain, mais de l'art tout court. L'art africain est entré dans une nouvelle ère, après les périodes de revendications des racines puis de dénégation. Entre le repli sur soi et l'héritage colonial, les artistes africains déconstruisent les exotismes et les critères artistiques. Avec l'émergence de nouveaux pôles de définition de l'art tels que la Biennale de Dakar, ils opèrent un renversement des valeurs.

La Biennale de l'art de Dakar : attracteur culturel et vitrine des artistes africains

Nous assistons, depuis le début des années quatre-vingt-dix, à une multiplication des biennales sur un rythme effréné. Parmi les plus connues, on peut citer : Venise la doyenne (1895), São Paulo (1951), Kassel (1955), Sydney (1973), La Havane (1984), Istanbul (1987), Lyon (1991), Dakar (1992), Gwangju (1995), Shanghai (1996). Le monde de l'art vit au rythme des biennales d'art contemporain. Son esprit, ou son « gaz » pour parler comme Yves Michaud dans *L'art à l'état gazeux* (2003), se propage à une vitesse telle qu'il y en a plus de 200 dans le monde.

> Cette extension des biennales d'art contemporain, envisagée comme une mondialisation du phénomène, contribue naturellement à accroître la visibilité de l'art et des artistes contemporains. Cette multiplication des biennales répond

peut-être aussi – et en partie – à une demande non formulée du public désireux d'accéder à l'art de son époque[8].

Le travail de l'artiste est reconnu grâce à sa mise en circulation. En effet, c'est cette circulation qui donne plus de visibilité à sa création.

La Biennale de Dakar est placée sous l'égide du ministère chargé de la Culture de la République du Sénégal. La première édition est organisée en 1990. Elle est d'abord établie comme « Biennale de Dakar des Arts et des Lettres », dans le but d'alterner tous les deux ans une édition consacrée à la littérature et une édition consacrée aux arts visuels.

Depuis la seconde édition de 1992, avec une interruption en 1994, la Biennale, encore appelée Dak'Art, rassemble une sélection des « meilleurs » artistes africains. C'est à partir de 1996 qu'elle fut définitivement consacrée à la création africaine contemporaine. L'événement réunit autour de diverses manifestations des artistes africains et de la diaspora, ainsi que des professionnels de l'art contemporain du monde entier. Il a pour rôle de révéler au grand public la richesse de la création artistique africaine, la valoriser et la promouvoir.

L'édition de 1992 était internationale et ouverte à des participants provenant de tous les continents. Le Salon international intitulé *Arts et regards croisés sur l'Afrique* a eu lieu dans le nouveau pavillon du Musée d'art de l'IFAN et présente 109 artistes de 37 pays et 4 continents.

La Biennale de Dakar de 1996 est la première et la seule biennale au monde consacrée à l'art africain contemporain. Cette édition offre des expositions d'art, de créativité et de design textile, d'artisanat, ainsi que des discussions sur le marché de l'art, des projections de films, des stands de publications, des ateliers d'art pour les élèves des écoles du Sénégal, des concerts et des spectacles de théâtre.

La photographie apparaît pour la première fois lors de la biennale de 1998 ; des installations sont présentées et des artistes de la diaspora africaine participent eux aussi à l'événement (dans des Expositions individuelles). Pour la première fois, on organise le MAPA (une exposition de vente d'art africain contemporain qui montre aussitôt de nombreuses faiblesses) et des débats sur le thème *Le management de l'art africain contemporain*.

Celle de 2000 est consacrée aux *Tendances, styles et créativité dans l'art africain à l'orée du IIIe millénaire*. C'est à partir de cette édition que les organisateurs ont décidé d'allonger la durée de l'événement qui passe désormais d'une semaine depuis sa création à un mois ; et ceci a permis d'accroître le nombre de visiteurs dans les expositions. Il y a davantage d'expositions officielles et les initiatives privées sont de plus en plus nombreuses.

En 2002, la biennale présente le Salon du Design et deux nouvelles expositions : l'Exposition rétrospective de Dak'Art et l'hommage à l'artiste Gora Mbengue, l'un des artistes sous-verre les plus célèbres du Sénégal. Le catalogue présente pour la première fois une série de contributions : des essais critiques sur l'histoire de la biennale et sur l'art africain contemporain : Ousmane Sow Huchard, Yacouba Konaté, Jean Loup Pivin, Sylvain Sankale et Daniel Sotiaux. Les *Rencontres et échanges* sont particulièrement riches et accompagnés par une série de forums.

La Biennale de 2004 présente trente-trois artistes et cinq designers sélectionnés venus de 16 pays d'Afrique et de la diaspora. On organise des rencontres et des questionnements autour des arts numériques, de l'esthétique urbaine, des lieux de culture qui émergent en Afrique. Les grands moments de cette édition sont : l'Exposition internationale, le Salon du design, les Expositions individuelles, les Rencontres et échanges, Dak'Art_Lab, le Forum sur le design, le Dak'Art OFF, manifestations qui accueillent des initiatives privées organisées en groupe ou individuellement.

Celle de 2006 était très ambitieuse : 87 artistes de 27 pays, 7 artistes de la diaspora issus de 3 pays et 15 designers de 7 pays, 4 lieux pour les expositions IN. La sélection pour l'Exposition internationale, le Salon du design et l'exposition Diaspora est effectuée par le directeur artistique Yacouba Konaté et 7 commissaires associés. Le thème choisi était « Afrique : entendus, sous-entendus et malentendus ».

Dak'Art 2006 a présenté de nombreux événements : l'Exposition internationale (87 artistes de 27 pays), le Salon du design (15 artistes de 7 pays), l'exposition Diaspora (7 artistes de 4 pays), les Rencontres pendant la 1re semaine, le Dak'Art_ Lab et les Arts numériques africains en collaboration avec l'UNESCO Digit'Arts, les expositions Dak'Art Off dans toute la ville et dans les régions.

La huitième édition, en 2008, comporte 35 artistes et 11 designers sélectionnés par le comité de sélection ainsi que 2 expositions d'artistes invités. Par rapport à la grosse Biennale de Dakar de 2006, le nombre des artistes et l'épaisseur du catalogue se réduisent de moitié.

En 2010, *Dak'Art* regarde en avant et en arrière avec le titre *Dak'Art 1990-2010 : Rétrospectives-Perspectives*. Il y a eu trois expositions principales : l'une avec les œuvres d'artistes qui n'ont jamais participé à la biennale (sélection de 26 artistes sur plus de 300 candidatures), de nouvelles œuvres des neuf artistes qui ont gagné le premier prix Léopold Sédar Senghor dans les éditions de 1992 à 2008 et l'exposition d'artistes invités haïtiens à la Galerie nationale : Mario Benjamin, Maksaens Denis, Céleur Jean Herard, Barbara Prezeau.

Pendant l'édition de 2010, le off s'est déplacé en banlieue à Pikine, Guédiawaye, Camberène, Parcelles Assainies ; mais aussi dans les villes de Mbao, Rusfisque, Thiès, Saly, Mbour, Ziguinchor, Kafountine, Saint-Louis, Dagana.

L'édition de 2012 regroupe 42 artistes de 21 pays africains et de l'Île de la Réunion, retenus pour l'exposition internationale de Dak'Art 2012 (sur 329 dossiers de candidatures). Les commissaires sont Christine Eyene, Nadira Laggoune, Riason Naidoo. Il y a 143 expositions dans le Off à Dakar et en région et Saint-Louis est à l'honneur avec 41 expositions à l'occasion du festival « fleuve en couleur ».

La onzième édition de la Biennale de Dakar, qui a eu lieu du 9 mai au 8 juin 2014, est jusque-là la plus ambitieuse. Elle a regroupé au total 122 artistes venant d'Afrique et des autres continents. Il y a eu plusieurs événements et expositions : l'exposition internationale regroupant artistes africains et issus de la diaspora, les expositions d'artistes invités venant du monde entier, les expositions hommages, le salon de la sculpture africaine et Dak'Art au Campus, projet alliant art et environnement dans le cadre d'une collaboration entre artistes et étudiants. Le Off a reçu plus de 270 expositions d'artistes de divers horizons à Dakar et à Saint-Louis.

L'influence du local et du global dans le monde de l'art se concrétise de plus en plus dans les biennales d'art. C'est cette caractéristique qui a été au cœur de la proposition du collège des trois commissaires de la 11e édition de la Biennale de Dakar. Ils ont construit l'exposition officielle sur le thème « produire le commun ». Dans une démarche active et engagée, ils ont défendu l'idée « qu'être en commun est le seul horizon de l'humanité ». L'art rapproche les peuples en ce sens qu'il est un lieu de dialogue culturel. Ils expliquent cette multitude des biennales, non pas comme étant l'expression de la globalisation, ou « une répétition d'expositions d'art contemporain dans une course à la nouveauté », mais plutôt « comme une tentative d'une « mondialité », ou pour dire la même chose, « un désir commun de produire dans chaque lieu le « Tout monde » » tel que l'entend Édouard Glissant, c'est-à-dire « notre univers tel qu'il change et perdure en échangeant et, en même temps, la « vision » que nous en avons[9] ». S'approprier ce que les artistes africains se partagent entre eux en prenant en compte ce qui les affecte tous en même temps, voilà leur cadre de réflexion. L'exposition est montée « dans des espaces de « communauté d'œuvres » sans séparations entre les travaux des artistes » afin de constituer une « addition des différences » (Élise Atangana) ou une « multiplicité reliée » (Abdelkader Damani).

C'est l'exposition « Anonymous », création d'une œuvre commune, qui symbolise le plus cette notion de « produire le commun ». Chaque artiste a proposé un projet de son choix et l'ensemble est signé collectivement : une identité artistique partagée par tous. Ce « produire en commun » est un produire ensemble. C'est un devenir commun.

Tous les deux ans, Dakar devient le centre névralgique de l'art africain contemporain. La ville accède pour 30 jours au statut de capitale africaine de l'art. Espace de convergence, par-delà les frontières nationales, la Biennale de Dakar « est un lieu de développement et de rayonnement pour la création[10] ».

La Biennale de Dakar, à l'instar de toutes les autres biennales du monde, avec son rôle principal de promotion de l'art africain, est aujourd'hui un passage obligé pour tout artiste africain qui veut se faire connaître sur le continent. La participation à la biennale de Dakar constitue une forme de consécration pour tout artiste africain. Dak'Art est devenue aujourd'hui la carte africaine de l'art. Pendant un mois, l'événement transforme la ville de Dakar en une carte artistique africaine. Il réunit autour de diverses manifestations des artistes africains et de la diaspora, ainsi que des professionnels de l'art contemporain du monde entier. Les initiatives privées sont de plus en plus nombreuses et vont mettre en place Dak'Art off : des expositions individuelles ou collectives sont organisées par des galeristes ou des artistes.

La Biennale de Dakar joue un rôle important dans la promotion de la création artistique africaine contemporaine. Nous le savons, les artistes africains sont peu présents sur le marché international de l'art. Leurs créations restent dominées par l'Occident qui fixe les règles du marché de l'art.

La Biennale donne la possibilité aux artistes peu connus sur le plan international – et c'est là son rôle principal – de promouvoir leurs œuvres sur le continent. C'est un espace de légitimation de la création plastique africaine en ce sens qu'elle est un lieu de rencontres et de questionnements théoriques autour des arts et de l'esthétique africains. Elle permet donc aux Africains d'élaborer leurs propres discours sur leurs arts, d'apprécier l'état de la création artistique négro-africaine, de mettre en place des moyens qui permettront aux artistes de produire des œuvres de qualité et de réunir les conditions nécessaires pour promouvoir leurs créations. Des tables rondes, des conférences et des ateliers sont organisés et permettent aux professionnels de l'art d'analyser les moyens et les conditions de vulgarisation de leurs œuvres. Ces journées de réflexion, de débats, de rencontres et d'échanges occupent une place importante dans la biennale.

De 1996 à 2012, les organisateurs ont inconsciemment ghettoïsé les artistes africains au moment où les artistes s'ouvrent au monde entier. Une Biennale qui se veut internationale doit être ouverte à tous les artistes. Les artistes locaux pourraient ainsi avoir d'autres échanges. Avec la mondialisation des échanges culturels, les voyages, les artistes se créent une identité plurielle à partir de leurs différentes rencontres. À mon sens, la Biennale de Dakar pourrait bien être ouverte aux artistes du monde entier, tout en privilégiant bien sûr les artistes africains : ce sera une rencontre beaucoup plus intéressante pour le brassage des cultures. L'artiste Ndary Lô le dit à juste titre en parlant de la Biennale : « nous avons eu dix ans pour nous [Africains]. Maintenant il faut qu'elle devienne internationale ».

L'origine ou la nationalité d'un artiste est secondaire par rapport à ce qu'il peut apporter au patrimoine culturel universel. Une sélection d'artistes européens ou asiatiques serait un facteur de progrès, en ce sens qu'elle participe à la rencontre des peuples qui doivent former un seul village planétaire uni et indivisible pour échapper à la destruction. L'art est sans frontière.

Art africain contemporain et modernité universelle

C'est à partir de la fin des années 1980 que l'art africain contemporain trouve le chemin des expositions et des galeries du monde occidental. Du 18 mai au

29 août 1989, a eu lieu l'exposition « Les magiciens de la terre » au Musée national d'art moderne, au Centre Georges Pompidou et à la Grande halle de la Villette à Paris. Une cinquantaine d'artistes africains y étaient invités, parmi lesquels : Sunday Jack Akpan (Nigéria), Dossou Amidou (Bénin), Frédéric Bruly Bouabre (Côte d'Ivoire), Séni Awa Camara (Sénégal), Mike Chukwukelu (Nigéria), Chéri Samba (République démocratique du Congo), Henry Munyaradzi (Zimbabwe), Twin Seven Seven (Nigéria).

En 1991, l'exposition Africa Exploresse tient en même temps au New Museum of Modern Art et au Center for African Art à New York. L'exposition *Africa Remix* (2005) qui a d'abord eu lieu à Düsseldorf et Londres, puis à Paris au Centre Pompidou, a achevé son itinéraire à Tokyo. En 2000, l'exposition *Partage d'exotismes* a lieu à Lyon.

La Biennale de Venise consacra en 2007 un nouveau pavillon à l'art contemporain d'Afrique. En 2002, la onzième édition de la Documenta de Cassel a été confiée au Nigérian Okwui Enwezor, qui était aussi le Commissaire général de la Triennale d'art contemporain de 2012 au Palais de Tokyo et dans plusieurs autres lieux à Paris et en région parisienne. Il a une position postcolonialiste à propos des arts africains. Parmi les autres commissaires postcolonialistes, on peut citer Salah Hassan et Olu Oguibe.

La 56e édition de la Biennale d'art contemporain de Venise qui s'est déroulée du 9 mai au 22 novembre 2015 était confiée à Okwui Enwezor. L'Afrique était bien là. Sur les 136 artistes invités, 16 sont d'origine africaine. Ils s'appellent Barthélémy Toguo (Cameroun), Massinissa Selmani (Algérie), Sammy Baloji (République démocratique du Congo), Adel Abdessemed (Algérie), John Akomfrah (Ghana), Karo Akpokiere (Nigéria), les Sud-Africains Marlene Dumas et Joachim Schönfeldt, les Sénégalais Cheikh Ndiaye et Fatou Kandé Senghor, Emeka Ogboh (Nigéria). Leurs créations se jouent des tensions identitaires à l'échelle internationale.

C'est que l'art africain s'est inscrit dans un récit postmoderne depuis l'avènement du « village planétaire ». Les artistes veulent s'adapter à la modernité occidentale et inventent en même temps leur propre modernité africaine. L'art africain d'aujourd'hui est lié à cet espace sans frontière qu'on appelle « la modernité universelle ». Cette dernière est occidentale et les artistes africains sont consommateurs de modernité.

L'artiste contemporain est le fruit de rencontres : il vit dans un mouvement global qui ne saurait se limiter à ses origines ou à son territoire. Son art renvoie à une altérité plurielle où l'ailleurs et l'ici se côtoient. Il vit dans un « *métissage culturel* », ou dans un brassage ou un « branchement[11] » des cultures. Senghor écrit à ce propos, dans *Liberté I,* que « notre milieu n'est plus ouest-africain, il est aussi [...] international[12] ». Notre monde d'aujourd'hui se dirige vers l'extérieur ; il n'est plus structuré en termes de relations de centre/périphérie. C'est un ensemble de lieux et d'espaces à la fois différents et liés les uns aux autres. Les artistes les plus passionnants, pense-t-il, sont ceux qui vivent conjointement dans le centre et à la périphérie.

Ce que j'appelle « modernisme » dans l'art africain est un phénomène né après la Seconde Guerre mondiale, au milieu du XXe siècle. Cette période est, en effet, dominée en Afrique par des transformations sociales, culturelles et artistiques liées aux processus coloniaux et aux luttes pour la décolonisation. Les indépendances ont coïncidé, presque partout en Afrique, avec la naissance d'un art nouveau, un art de revendication et de revalorisation d'une culture proprement africaine qui constitue un moment important pour la modernité en Afrique – c'est le cas de l'esthétique de la négritude et d'autres courants panafricanistes qui avaient pour la plupart une orientation internationaliste.

Un artiste comme Romuald Hazoumè du Bénin, ne peut affirmer une identité artistique indépendante des cultures des autres continents. Il s'est fait connaître à travers le monde avec ses masques sculptés dans des bidons d'essence. Il ne les fabrique ni en bois ni en cuir ou en tissu comme les sculpteurs de l'art africain traditionnel, mais à partir de matériaux de récupération. Ses œuvres sont présentées au Grand Palais à Paris dans la rétrospective Picasso mania du 7 octobre 2015 au 29 février 2016. Elles figurent parmi celles d'artistes internationaux inspirés par Picasso, qui, lui-même, a été très influencé par le rythme des formes de la sculpture africaine.

Parlant de cet artiste, Roger Somé écrit :

> Hazoumé est le symbole en exemple de chacun de ces évènements et pratiques. Ses œuvres sont, en conséquence, la pièce d'identité de rencontres multiples dont celle de l'Afrique avec l'Occident. Alors ses œuvres ne sont véritablement ni africaines ni occidentales, mais l'un et l'autre à la fois sans dissociation possible[13].

L'auteur affirme ici l'idée qu'on ne peut déterminer l'identité spécifique du travail d'un artiste comme Hazoumé quand on sait que son travail n'est pas seulement africain ni exclusivement occidental, mais africain et occidental à la fois.

Ndary Lô, plasticien sénégalais, est une autre figure marquante du modernisme africain. Le fer est son matériau de base. Il ramasse des objets, les recycle dans un ensemble pour leur donner une « nouvelle vie ». Pour lui, ces objets récupérés racontent des choses. Il donne un autre pouvoir, une autre utilité à un matériau qui a déjà servi. Outre le fer, qui est sa matière de prédilection, il utilise divers matériaux de récupération : os, bois, tissus, fer, filets, plastique, pour les métamorphoser en figures surprenantes, comme dans les *Échographies*.

Créée en 1999, *Échographies* est une série de trois de sculptures sur la femme enceinte. Un jour, un de ses amis lui avait montré les échographies de sa femme enceinte. Il s'est aussitôt émerveillé de la nature et s'est posé beaucoup de questions sur les mystères de la naissance : ovulation, fécondation, implantation de l'œuf, le cordon ombilical, les battements du cœur, le développement du cerveau, le fœtus, etc. Cela l'a inspiré et il a commencé cette série de femmes enceintes et un ventre dans lequel sont entassées des petites têtes de poupées-fœtus. Puisqu'elle ne connaît pas encore le visage de son futur enfant, la femme enceinte donne à ce dernier plusieurs visages, des plus aimables aux plus fantasmagoriques. C'est seulement à la naissance qu'elle découvre le vrai visage de son enfant et passe ainsi du fantasme à la réalité. Parmi ses multiples têtes dans l'imaginaire de la femme, une seule parvient à l'être. Ndary Lô a développé une philosophie unique basée sur les principes de l'hybridité et des continuités culturelles. Il est évident que son art a évolué au sein des préoccupations qu'il partage avec les autres artistes qu'il a rencontrés un peu partout dans le monde.

Ces deux artistes, pris à titre d'exemple parmi tant d'autres, ont contribué d'une manière très significative au mouvement moderniste dans les arts visuels africains. Leur travail peut être situé dans le local et le global en ce que leurs créations offrent de nombreuses possibilités pour interroger le modernisme africain dans le contexte du modernisme universel. Une pensée créatrice et intellectuelle remarquable, un vocabulaire plastique innovant, un style spectaculaire leur ont permis de former le modernisme africain dans les arts visuels d'une manière puissante. Ils ont développé un art moderne et pertinent pour leur propre société et le monde en général. Leurs préoccupations esthétiques ne sont pas isolées des courants du modernisme mondial. Ils développent tous les deux un art à la fois autochtone, mondial et moderne.

La place de l'art africain contemporain dans le marché international de l'art

Il est encore prématuré de parler d'un marché de l'art contemporain africain à l'intérieur du continent. La Biennale de Dakar draine beaucoup de monde venant de tous les horizons, mais n'a pas encore débouché sur une vraie économie de l'art africain. Il y a certes des artistes bien encadrés, qui arrivent à franchir les frontières et vivre de leur art. Mais le marché de l'art africain contemporain est inexistant en Afrique si l'on se réfère à l'acception économique du terme : un système d'échanges où se rencontrent l'offre et la demande.

On parle de marché de l'art parce qu'il y a un marché sur lequel s'échangent des œuvres d'art. Ce marché n'existe presque pas en Afrique ou s'il existe il est encore très timide. Et même à l'intérieur du continent, les expatriés occidentaux achètent plus que les Africains. Jusqu'à la fin des années quatre-vingt-dix, l'art contemporain africain trouvait peu d'amateurs au niveau international. Aujourd'hui, l'art africain contemporain se vend de plus en plus. Depuis ces cinq dernières années, de nombreuses ventes aux enchères lui sont consacrées. Mais malgré les records enregistrés pour certains artistes, il faut souligner que la réussite de ces ventes est partielle. Parmi les maisons qui présentent des ventes autour de l'art contemporain africain, il y a : Bonhams et *Africa now* (10 mars 2010), Phillips de Pury avec sa vente thématique Africa (15 mai 2010), Gaïa et *Afriques* (31 mai 2010), Artcurial et *Africa scenes 1* (24 octobre 2010), Graham's Fine Art Auctioneers…

Selon le rapport de Jean-Philippe Aka de 2014 sur le marché de l'art africain contemporain, parmi le Top 100 des artistes africains les plus côtés, les dix premiers sont par ordre : El Anatsui (Ghana), Julie Mehretu (Éthiopie), William Kentridge (Afrique du Sud), Irma Stern (Afrique du Sud), Yinka Shonibare (Nigeria), Marlene Dumas (Afrique du Sud), Wangechi Mutu (Kenya), David Goldblatt (Afrique du Sud), Roger Ballen (Afrique du Sud), Cheri Samba (RDC).

Dans ce classement, seule figure un artiste francophone, Chéri Samba et il est 10e. Son œuvre *J'aime la couleur* (une série particulièrement appréciée), a été vendue en salle chez Phillips de Pury pour 80 000 $. Chez Gaïa, son œuvre *Dans la tempête du désert, la prudence s'impose partout,* a été vendue pour 26 000 €.

L'œuvre de l'artiste sud-africaine Marlène Dumas, *The visitor*, a été vendue en 2008 à 2 820 000 € à Sotheby's, Londres. En 2010, son compatriote l'artiste William Kentridge, vend son œuvre *Drawing for the Film Stereoscope* à 209 400 € chez Stephan Weltz & Co, en Afrique du Sud et Bicycle Kick à 45 000 $ chez Phillips de Pury. L'œuvre de l'artiste kényane Wangechi Mutu, *Untitled* (2005) est vendue à 68 000 € à Londres.

Sur les 100 noms, on voit une nette domination de l'Afrique du Sud (40 %), suivie par le Nigeria (12 %). Il y a donc plus d'artistes anglophones que francophones dans le marché international de l'art africain. Parce que ce sont des artistes qui bougent beaucoup et qui s'imprègnent réellement de ce qui se fait comme art dans le monde. Ils savent ce qui se vend dans le marché de l'art et ils s'y adaptent. Leurs créations sont liées aux évolutions du marché alors que les artistes francophones sont encore trop restés dans le local. Ils ont de la créativité aussi bien que les anglophones, mais cela ne suffit pas pour figurer parmi les artistes les mieux cotés sur le continent. Il faut d'abord savoir ce qui marche au niveau international. Et pour cela, il faut beaucoup de curiosité aux artistes francophones, il faut qu'ils voyagent et fassent des rencontres et échanges avec leurs homologues du monde entier. Et surtout, il faut qu'ils soient bien encadrés par des agents et affiliés à de grandes galeries du monde qui peuvent proposer leurs œuvres à des ventes aux enchères ou à des foires d'art contemporain.

Dans les pays anglophones, on assiste à un renouvellement des productions artistiques s'ouvrant à la globalisation. Maintenant, le danger, c'est que leurs créations sont beaucoup plus au goût des galeries de Londres, Paris, Bruxelles, New York, Berlin ; donc au public occidental qu'aux Africains.

Dans un pays francophone comme le Sénégal, un pays pourtant très connu dans le milieu de l'art contemporain, seuls trois artistes figurent dans ce rapport, Ousmane Sow (36e) et Soly Cisse (51e) et Seyni Awa Camara (77e). Cette dernière est d'ailleurs prise pour une Ivoirienne dans le rapport alors qu'elle est bien Sénégalaise. Une erreur que Jean Philippe Aka devrait rectifier.

En 2009, l'œuvre d'Ousmane Sow *Couple de lutteurs aux bâtons* est acquise chez Christie's pour 73 000 €, et *Guerrier debout*, œuvre créée en 1989 faisant partie de la série des Massaï, emportée pour 121 000 €. L'ensemble de ses sept sculptures monumentales intitulé *Zoulous* est adjugé à 528 695 € à François Pinault.

Soly Cissé a marqué de son empreinte « Africa Remix » au Centre Pompidou à Paris. De multiples rencontres l'ont mené à la Biennale de São Paulo en 1999 et de La Havane en 2000. Il a obtenu à Ottawa le prix spécial pour les arts plastiques et le prix de la francophonie. Il est affilié à la Galerie M.I.A Gallery (North America) et expose aussi à la galerie Tornabuoni Art de Paris.

Seyni Awa Camara, sculptrice et potière vivant en Casamance, fut découverte au niveau international en 1989 lors de l'exposition collective *Les Magiciens de la Terre* au centre Georges Pompidou à Paris. Depuis lors, ses œuvres sont exposées partout et en 2001 c'est la consécration avec une exposition à la 49e Biennale de Venise en Italie, la plus grande biennale au monde. Elle est très connue au niveau international.

D'autres artistes sénégalais tels que feus Moustapha Dimé, Souleymane Keïta, Jacob Yacouba et Papa Ibra Tall, El Hadj Sy et Ndary Lo (lauréat du Grand Prix Léopold Sédar Senghor du Dak'art en 2002 et en 2008), ne sont pas dans ce classement, mais ont une notoriété internationale ; leurs œuvres sont très prisées par les collectionneurs et marchands d'art.

Conclusion

Le contexte actuel, ancré dans la mondialisation et l'immigration, incite certains artistes africains à se situer dans une nouvelle quête identitaire : la modernité universelle. Mais en créant pour le goût des Occidentaux, on cède à la passivité et on finit ainsi par présenter un art qui répond plus à l'attente d'un monde occidental qu'à celui de l'Africain. Or il faut qu'il ait une différence africaine dans cette situation de flux, de brouillage ; car c'est la tonalité propre de la « présence africaine » dans le monde de l'art qui en fera la valeur. Et que l'on ne se trompe pas, cette modernité universelle cache d'autres réalités pas toujours plaisantes. Car, d'une part, même avec la mondialisation, on cherche toujours à mettre des étiquettes identitaires sur les artistes pour montrer que le particularisme est encore présent. D'autre part, certes, les échanges internationaux favorisent les rencontres entre les peuples, mais on assiste de plus en plus au développement des inégalités. Certains pays comme les États-Unis, l'Allemagne, la Grande-Bretagne, la France, l'Italie et la Suisse jouent un rôle central dans l'exposition des artistes contemporains et laissent peu de place aux artistes des pays en voie de développement.

Notes

1. J'ai emprunté ces expressions à Yves Michaud dans son article « Profils de l'artiste à l'heure d'aujourd'hui », *Catalogue de la 11ᵉ édition de la Biennale de l'art africain contemporain de Dakar*, p. 312.
2. Abdou Sylla, « Art africain contemporain. Une histoire plurielle », *Diogène*, n° 184, Gallimard, 1998, p. 53.
3. Cf. *Les études postcoloniales. Un carnaval académique*, Karthala, 2010, p. 8.
4. Edward Saïd, *L'Orientalisme*, Préface de 2003, p. IX.
5. *Ibid.*, p. 376.
6. Musa Hassan, « Lettre à Jean-Hubert Martin », in Catalogue de l'exposition *Partage d'exotismes*, 5ᵉ Biennale de Lyon, 2000.
7. *Ibid.*
8. In-Young Lim, « Les politiques des biennales d'art contemporain de 1990 à 2005 », *Marges* [En ligne], 05/2007, p. 9-21
9. Élise Atangana, Smooth Ugochukwu Nzewi, Abdelkader Damani, « Produire le commun », in *Catalogue de la 11ᵉ édition de la Biennale de Dakar*, p. 20, 2014.
10. Benoît Blanchard, *La dynamique des frontières. Biennales d'art contemporain*, L'Harmattan, 2016, p. 69
11. J'ai emprunté le mot à Jean-Loup Amselle, dans son ouvrage *Branchements. Anthropologie de l'universalité des cultures*, Paris, Flammarion, 2001.
12. Senghor L. S., *Liberté 1, Négritude et Humanisme*, Paris, Seuil, 1964, p. 14.
13. Roger Somé, « Qu'est-ce que la mondialisation », *Revue Africaine*, n° 01, Fikira, L'Harmattan, 2006, p. 32.

Bibliographie

Bancel Nicolas, Blanchard Pascal, 2007, « La fracture coloniale : retour sur une réaction », *Mouvements* 2007/3 (n° 51), p. 40-51.

Barro Abdoulaye, 2009, « Le post-colonialisme africain : un miroir brisé », *Controverses*, n° 11, mai 2009, p. 55-67.

Bayart Jean-François, 2010, *Les études postcoloniales. Un carnaval académique*, Paris, éditions Karthala.

Blanchard Benoît, 2016, *La dynamique des frontières. Biennales d'art contemporain*, Paris, L'Harmattan.

Bogumil Jewsiewicki, 1991, « Le primitivisme, le postcolonialisme, les antiquités « nègres » et la question nationale », *Cahiers d'études africaines*, vol. 31, N° 121-122, La Malédiction, p. 191-213

Busca Joëlle, 2000, *Perspectives sur l'art contemporain africain*, Paris, L'Harmattan.

Busca Joëlle, 2001, *L'art contemporain africain : du colonialisme au postcolonialisme*, Paris, L'Harmattan.

Bill Ashcroft, Gareth Griffith & Helen Tiffin, 2012, *L'Empire vous répond : théorie et pratique des littératures postcoloniales*, Traduction de Jean-Yves Serra et Martine Mathieu-Job, Pessac, Presses universitaires de Bordeaux.

Catalogue exposition, 2009, *La modernité dans l'art africain d'aujourd'hui*, « 2ᵉ Festival Culturel panafricain d'Alger », Alger, 1ᵉʳ au 4 juillet 2009.

Combe Dominique, 2009, « Théorie postcoloniale, philologie et humanisme. Situation d'Edward Saïd », *Littérature* 2009/2 (n° 154), p. 118-134.

Dagen Philippe, 2005, « Existe-t-il un « art africain » ? », *Critique d'art* [En ligne], 26 | Automne 2005, mis en ligne le 3 février 2012, consulté le 27 novembre 2015. URL : http://critiquedart.revues.org/1114.

Diadji Iba Ndiaye, 2002, *L'impossible art africain*, Dakar, Dëkkando.

Lim In-Young, 2007, « Les politiques des biennales d'art contemporain de 1990 à 2005 », *Marges* [En ligne], 05/2007, p. 9-21.

Jamal Mahjoub, 2007, « Quel espace pour parler d'ailleurs ? », in Marie-Claude Smouts (Éd.), *La situation postcoloniale*, Paris, Presses de Sciences Po.

Murphy Maureen, Zahia Rahmani, Todd Shepard, Elvan Zabunyan & Rémi Labrusse (Éds), 2012, « Arts, violences, identités : l'apport des études postcoloniales », *Perspective* 1, p. 56-69.

Edward Saïd, 2005, *L'Orientalisme,* traduction française, Seuil.

Roger Somé, 2006, « Qu'est-ce que la mondialisation », *Revue africaine*, n° 01, Fikira, L'Harmattan.

10

Norme linguistique et altérité au Sénégal : d'une norme exclusive à une norme inclusive

Khadimou Rassoul Thiam

Introduction

L'ambition du Sénégal de bâtir une nation unie, une société égalitaire, enracinée et ouverte vers l'extérieur positif, de mettre en place un enseignement de qualité, résolument orienté vers les STEM ne peut être atteinte sans que la question linguistique soit réglée au préalable. À l'instar de plusieurs pays africains, le Sénégal, au lendemain des indépendances, a choisi le français comme seule langue officielle, utilisée dans toutes les instances administratives et juridiques, mais, également et surtout, comme langue d'enseignement et de vulgarisation de la science.

Or, dans son *Rapport annuel sur la langue française* de 2014, l'Observatoire de la langue française affirme que moins de 30 pour cent de la population sénégalaise parlent le français (OLF 2014). Ce constat soulève beaucoup de questions qui mettent en jeu le devenir de toute une République : comment administrer un peuple dans une langue que l'essentiel de la population ne comprend pas ? Comment utiliser une langue d'enseignement qui n'est pas un véhiculaire dans le pays ? Comment dire la justice dans une langue incomprise de plus de 70 pour cent de la population ? Cette série d'interrogations, non exhaustive, prouve à suffisance toutes les implications relatives à la question linguistique au Sénégal.

Ce retard manifeste du français dans l'usage est accompagné par une montée en puissance du wolof qui, étant parlé par plus de 80 pour cent de la population, devient ainsi le principal véhiculaire utilisé pour l'intercompréhension entre locuteurs d'ethnies différentes dans presque l'ensemble du territoire.

Sous ce rapport, face à cette situation complexe, une solution de rupture suscite beaucoup de passions aujourd'hui : utiliser les langues nationales, et principalement le wolof, comme langue d'enseignement, voire comme langue administrative et judiciaire.

Cependant, après plusieurs décennies d'expérimentations, on est toujours à la case de départ : aucune mesure radicale et pérenne n'a été prise, essentiellement pour diverses raisons : le multilinguisme et la sensibilité des questions linguistiques étroitement liées aux revendications identitaires ; la problématique de la normalisation ; le problème du déficit terminologique qui affecte en profondeur la quasi-totalité des langues nationales africaines, et la problématique de l'ouverture vers l'international, que les langues nationales ne peuvent garantir pour le moment.

Ces différentes entraves doivent être appréhendées comme autant de défis qu'il faudra lever pour faire des langues nationales de véritables langues scientifiques.

Mais ce travail ne saurait occulter une réflexion de fond qu'il faut opérer sur le français, qui demeure à l'heure actuelle le seul vecteur de l'administration dans les rapports formels. En effet, le français est fondamentalement ancré dans l'histoire et le quotidien sénégalais : quasiment toutes les ressources administratives et juridiques sont véhiculées en français, l'enseignement formel se fait essentiellement en français, des ressources littéraires riches et variées sont exprimées dans cette langue et il constitue quasiment la langue la plus utilisée dans les TIC, garantissant ainsi la connexion avec le reste du monde. Ces différentes raisons nous font croire que, malgré toutes les critiques dont il fait l'objet, quelle que soit la politique linguistique qui sera mise en œuvre, le français aura un rôle important à jouer.

Aussi avons-nous jugé crucial, en parallèle des questions afférant aux langues nationales sur lesquelles réfléchissent plusieurs spécialistes, de questionner à nouveau, en partant des chiffres fournis par l'OLF, la problématique du français au Sénégal en plaçant au cœur de notre réflexion la question de la norme linguistique.

En effet, si comme le disait Kateb Yacine (1966), le français est pour les Africains un « butin de guerre », il serait important de se demander pourquoi seulement 30 pour cent de la population sénégalaise ont accès à ce « butin » international. Quels sont les facteurs bloquants qui font que 70 pour cent de la population ne s'expriment pas en français si l'on sait que parler une langue ne relève pas du génie ? L'usage du français ayant cours au Sénégal et les normes qui le sous-tendent prennent-ils en charge les réalités profondes des populations sénégalaises ? Peut-on se demander aujourd'hui si le français est réellement devenu une langue sénégalaise ?

C'est cette double problématique qui nous conduit à mettre au cœur de notre réflexion le concept de norme linguistique face à l'altérité au Sénégal.

Notre optique est de partir d'une analyse actualisée du paysage linguistique sénégalais qui, en rapport avec les modernités, a beaucoup évolué depuis les travaux de Dumont (1983, 2008) et de Daff (1988), pour analyser la configuration linguistique actuelle du Sénégal à la lumière des facteurs liés aux normes, avant de poser une réflexion sur la question : quelle(s) norme(s) du français pour le Sénégal d'aujourd'hui ?

Problématique de la norme du français : historique et statut du français au Sénégal

Poser une réflexion critique sur les normes rigides multiséculaires qui régissent la langue française passe nécessairement par la désacralisation de ces principes longtemps figés et conçus comme des dogmes (cf. les controverses issues de la réforme de l'orthographe en France et en particulier la réaction de la secrétaire perpétuelle de l'Académie française) pour les analyser, comme tout objet scientifique, à l'aune de l'évolution historique, géographique et sociale. Ce positionnement pourrait nous permettre de montrer que la norme, sur le plan historique, a des origines et des fondements très arbitraires ; sur le plan social, elle constitue un cadre d'imposition des pratiques d'une catégorie sociale, et par ricochet d'exclusion sociale ; enfin en n'intégrant pas le principe d'altérité, elle peut être source d'insécurité linguistique.

Historique de la normalisation du français

Il est impossible d'appréhender une norme sans interroger les différents événements socio-politiques qui l'ont fixée et pérennisée dans l'histoire. Dans une très large mesure, l'évolution de la norme du français se confond avec l'évolution de la langue française et les moments forts de l'histoire de la France. En partant des *Serments de Strasbourg* du 14 février 842, le français a connu un cheminement extraordinaire qui lui a permis d'acquérir plusieurs statuts : dialecte, langue nationale, langue internationale. Dans cette longue aventure, quatre périodes charnières méritent une attention particulière sur le plan normatif : il s'agit des XVIe, XVIIe, XIXe et XXe siècles.

Le XVIe siècle : officialisation du français

Il est principalement marqué par deux décisions politiques majeures de François 1er qui élève le français au statut de langue officielle de la France. Il s'agit des ordonnances de Villers-Cotterêts de 1537 et 1539 qui consacrent le français successivement comme langue de l'administration conjointement au latin, puis comme seule langue des institutions administratives et juridiques, au détriment du latin, désormais réservé au domaine ecclésiastique, et des autres parlers qui n'ont plus droit de cité dans la cour. En prenant cette décision forte d'élever le principal véhiculaire du royaume au statut de langue officielle, les autorités n'ont fait que répondre aux exigences de la masse : la langue de la majorité dominante est imposée comme langue officielle, contre la langue de l'élite minoritaire et les autres parlers des peuples minoritaires. Cette décision de faire de cette langue populaire un outil de travail administratif, juridique et scientifique est accompagnée d'une ouverture sur le plan normatif pour favoriser l'enrichissement terminologique afin d'élever cette jeune langue au niveau des langues anciennes comme le grec et le latin. Le XVIe siècle est ainsi un siècle de « libéralisme » normatif pour cette jeune langue, avec une ouverture du lexique qui a permis l'enrichissement terminologique scientifique de la langue.

Toutefois, cette ouverture et cette flexibilité de la norme ont eu les conséquences négatives suivantes : la langue était devenue instable, ses limites imprécises allant même jusqu'à menacer l'intercompréhension. C'est pourquoi le siècle qui va suivre est marqué par une tendance inverse de normalisation très forte.

Le XVIIe siècle : le diktat de la grammaire prescriptive

La normalisation du français a été véritablement opérée au XVIIe siècle. C'est à cette période que les principes qui fondent et régissent le fonctionnement de la langue française sont fixés. Plusieurs objectifs ont sous-tendu cette forte politique de normalisation et de standardisation. Il y a d'abord une volonté de fixer et d'unifier l'usage du français en stabilisant le fonctionnement de la langue et en épurant le vocabulaire par le cloisonnement des frontières linguistiques. Cette volonté d'épuration de la langue a conduit à la définition du bon usage (Vaugelas 1647) par la mise en place d'une norme exclusive et élitiste : l'usage en cours dans la cour royale est érigé en modèle absolu. D'autre part, la normalisation du français relevait aussi d'une volonté politique forte de la monarchie. Le roi Louis XIV, avec la monarchie absolue qu'il a instaurée, a voulu marquer son règne par l'unification du royaume à travers l'imposition des valeurs du centre et le rayonnement de la France. Cette double ambition devait passer par les arts, les lettres et une langue forte et standardisée. C'est dans ce contexte que l'Académie française a été créée en 1634 par Richelieu pour garantir le bon usage conforme au français parlé à la cour. On assiste à la même période à la naissance des premiers dictionnaires pour stabiliser et fixer le lexique conformément au parler de la cour. Cette norme de l'élite aristocratique s'impose pendant des siècles et sera le support de l'enseignement de la langue, de la grammaire en particulier, même si au XIXe le centre de référence se déplace vers l'usage de la bourgeoisie.

Le XIXe siècle : le français moderne

Les grands bouleversements politiques, sociaux et artistiques du XIXe siècle n'ont pas épargné la norme du français. La remise en question de la monarchie absolue, la montée en puissance de la bourgeoisie et l'émergence des romantiques vont impulser un changement de l'usage de référence ; à l'image de la victoire des modernes sur les anciens en littérature, la bourgeoisie va aussi imposer son usage. Il ne s'agit pas d'une remise en question des principes fondamentaux de la langue, il s'agit plus de la modernisation du lexique par le bannissement progressif de certains usages anciens considérés désormais comme des archaïsmes et l'intégration de termes nouveaux ayant trait aux réalités nouvelles. Il s'agit de ce qu'on appelle aujourd'hui le français moderne et qui sera exporté à l'international. Ce processus d'internationalisation, qui atteindra son summum au XXe siècle, implique d'autres problématiques liées au contact du français avec d'autres cultures.

Le XXe siècle : le français face à l'hétérogénéité du corps social

Le processus d'internationalisation du français, qui a connu un tournant décisif au XIXe siècle à travers la colonisation et qui a véritablement abouti au XXe siècle, provoque une variation de l'objet linguistique. En effet, avec le décloisonnement géographique, qui implique une diversification de l'usage, le français est mis à l'épreuve d'autres réalités et d'autres cultures. Cette nouvelle donne rend plus complexe la notion de norme telle qu'originellement conçue en rapport aux réalités politiques et aux représentations socioculturelles spécifiques et contextuelles. À partir du moment où on note plusieurs usages d'une même langue à travers des aires géographiques et culturelles différentes, la norme mise en place pour un état de langue spécifique est-elle un levier pertinent pour régir et décrire les autres variantes venues a posteriori ? Cette nouvelle donne a conduit à des « rébellions » contre les normes du français hexagonal. Dans des pays comme la Côte d'Ivoire et le Canada, où l'on note des usages locaux singuliers du français, émergent des revendications de plus en plus assumées de normes endogènes. C'est donc dire que la norme est devenue très problématique avec le processus d'internationalisation du français.

Le français au Sénégal : statut et représentation sociale

Le Sénégal est officiellement la première colonie française de l'Afrique de l'Ouest : la colonie est fondée dès 1659. Le français est devenu langue officielle depuis cette période coloniale et les régimes qui ont succédé aux indépendances l'ont perpétué et pérennisé. C'est donc dire que le français a pénétré le Sénégal très tôt et que cette pénétration s'est faite par le sommet (du haut vers le bas), par le canal officiel. De façon générale, le français n'est pas une langue maternelle au Sénégal, la majorité des Sénégalais l'acquiert à l'école. Ces deux dynamiques font qu'il suit deux tendances : une tendance protocolaire, la langue institutionnelle par excellence, et une tendance élitiste, la langue des intellectuels, la langue d'enseignement. En arrière-plan, le français cohabite avec plusieurs langues nationales, idiomes des différentes communautés ethniques. Beaucoup de ces langues ont de loin dépassé les frontières des communautés ethniques. C'est le cas notamment du wolof qui a pris des proportions extraordinaires : langue maternelle de 40 pour cent de la population, mais parlée par près de 80 pour cent de la population (DAFF 1988). L'hégémonie du wolof suscite les réflexions de plusieurs linguistes qui y voient une tendance glottophagique qui « menace » les autres langues nationales dans leurs derniers retranchements.

L'usage du français aussi est à l'épreuve de cette progression du wolof qui le concurrence jusque dans certaines administrations, à l'Assemblée nationale, dans les établissements scolaires, dans les campus... Si le français demeure la principale langue utilisée dans les communications écrites et formelles, le wolof s'est imposé comme la langue qui est massivement utilisée dans la communication orale notamment, et dans presque toutes les formes de communication non formelles. Même dans l'administration sénégalaise, les administrateurs et les fonctionnaires n'utilisent le français que dans des cadres formels et protocolaires quand ils veulent notamment incarner une certaine autorité.

Tous ces facteurs peuvent justifier la mauvaise appropriation du français par les masses. Or, si une langue officielle, utilisée par toutes les instances officielles et étatiques, est minorisée et n'est pas un véhiculaire, un fossé entre élite et masse, administrateurs et administrés se creuse, avec des répercussions multiformes :

– Sur le plan didactique : la problématique de la langue d'enseignement dans le système éducatif sénégalais suscite beaucoup de débats. Beaucoup de spécialistes pensent qu'il est incohérent d'utiliser comme langue d'enseignement une langue « étrangère » avec laquelle les apprenants n'entrent en contact qu'au début de la scolarisation et qu'ils n'utilisent que pour une durée très réduite coïncidant avec les moments de cours. Dans la mesure où le français n'est pas la langue véhiculaire au Sénégal, l'enfant sénégalais, généralement, n'a aucune base sur la langue d'enseignement et le rapport direct avec la science ne peut être établi immédiatement. Aussi, il a besoin au moins d'une année d'initiation au français avant de commencer à étudier la science, sans que la maîtrise de la langue soit pour autant garantie, car il cesse de s'exprimer en français dès qu'il quitte la classe. Dans cette même logique, nous avons constaté aujourd'hui que certains enseignants en classe ont recours au wolof ou aux autres langues nationales, justifiant ainsi le faible taux d'usage du français et remettant en question son utilisation comme médium exclusif dans l'enseignement. C'est ainsi que l'idée d'utiliser les langues nationales comme langues d'enseignement de départ est expérimentée depuis un certain temps, mais beaucoup de Sénégalais y sont encore réticents.

Au niveau de l'enseignement supérieur, le problème se pose avec plus d'acuité : l'absence d'une langue d'usage commune aux chercheurs et aux populations auxquelles ces recherches sont logiquement destinées a fini de déconnecter les universités de la communauté nationale. On assiste à un cloisonnement des universités qui se manifeste à deux niveaux : d'une part, des ressources humaines et matérielles locales importantes, parfois d'une richesse insoupçonnée, sont laissées en rade par la recherche ; d'autre part, les populations n'ont pas accès aux résultats de la recherche et aux avancées scientifiques et technologiques (le problème de la réception des résultats de la recherche).

– Sur le plan administratif : le faible taux de locuteurs du français, surtout en milieu rural, constitue un facteur de cloisonnement de l'administration. À plusieurs niveaux, les populations n'ont accès aux services administratifs que par le biais d'intermédiaires, de courtiers, ce qui favorise la corruption et l'escroquerie. Sur le plan institutionnel, comprenant que le français comporte très peu de locuteurs, l'autorité centrale, après une allocution en français, donne souvent une version en wolof, ce qui va à l'encontre des textes législatifs fondés sur un système monolingue consacrant le français comme seule langue officielle du pays (article 1 de la Constitution 2001).

L'Assemblée nationale a mis en place un système plurilingue qui a rapidement mené à un véritable imbroglio. Les textes autorisent les députés à utiliser le français ou une parmi les langues nationales. Cette disposition entraîne de graves problèmes d'intercompréhension, car hormis le wolof qui est le véritable véhiculaire du pays, tous les membres de l'Assemblée ne maîtrisent pas forcément les mêmes langues nationales. Cette situation a également suscité des réflexes identitaires : chaque député se sentant « obligé » de parler la langue de sa propre communauté, sans se préoccuper des compétences linguistiques de ces interlocuteurs (députés, ministres). C'est cette situation qui a conduit à l'utilisation d'un système de traduction dans la deuxième institution du pays entre Sénégalais.

Dans les instances juridiques aussi, le problème se pose quotidiennement. L'usage exclusif du français dans les textes juridiques remet en cause ce principe fondamental de la justice : « nul n'est censé ignorer la loi ». Les Sénégalais, à cause de ce problème linguistique, cumulé au fait que la langue de la justice et du droit soit une langue spécialisée, ne maîtrisent pas leur système judiciaire. À tous les niveaux du système surviennent beaucoup d'incompréhensions dans les procédures qui ne sont faites qu'en français. Dans plusieurs affaires juridiques, surtout en milieu rural, les principaux concernés sont souvent exclus de leurs propres affaires. C'est cette situation qui fait que le code des procédures pénales donne la possibilité au juge de requérir un interprète quand le mis en cause et le juge ne partagent pas le même médium. Hormis ce cas du Code pénal, le français est exclusivement de rigueur.

– Sur le plan culturel : l'absence d'un usage populaire du français et l'omniprésence du wolof affectent sensiblement le rayonnement international de l'art et de la culture sénégalais. L'essentiel de la production artistique et cinématographique sénégalaise est fait en wolof qui, certes, ancre les productions dans l'univers socio-culturel sénégalais spécifique, mais ne garantit pas une ouverture internationale. Aussi, l'art sénégalais la musique, le théâtre… a tendance à se confiner dans le local, les grands artistes de la musique sénégalaise parviennent difficilement à s'imposer dans la scène internationale. Les rares musiciens qui ont réussi à percer sur la scène internationale (Youssou Ndour, Baba Maal, Positive Black Soul) ont su intégrer dans leurs albums internationaux des titres en français et en anglais. Les films sénégalais aussi sont relativement absents des grandes chaînes de diffusion internationales, et les grands comédiens sénégalais, malgré leur vaste talent, ont une renommée purement nationale.

– Sur le plan social : si on se réfère aux chiffres de l'OLF, le français constitue une source d'exclusion sociale. Dans la mesure où le français est la langue institutionnelle, la langue de l'administration et des instances juridiques, c'est quasiment l'essentiel de la population qui, de fait, est marginalisé dans les prises de décision. La communication État/population passe difficilement et les incompréhensions ne manquent pas. Ainsi, les stratégies de communication ayant trait au fonctionnement urbain ou aux questions de civisme ont du mal à atteindre les masses du fait principalement de la barrière linguistique. L'appropriation des symboles de la nation, devise, hymne national, n'est pas effective au sein des masses non instruites, ce qui a un impact très négatif sur le civisme, le patriotisme, le respect de l'environnement.

Ces considérations soulèvent un grand pessimisme sur la place du français au Sénégal, sur sa capacité à servir de médium à l'enseignement et à l'administration, sur sa capacité à devenir populaire à côté des langues nationales, en un mot sur sa capacité à être une langue sénégalaise. Même si la politique linguistique du Sénégal semble claire et cohérente depuis l'indépendance : harmoniser la coexistence des langues nationales et du français pour assurer à la fois la paix sociale, le développement économique du pays et l'ouverture vers l'international, la dynamique linguistique est tout autre : le français semble de plus en plus isolé dans les communications interpersonnelles et de masse, face à la montée en puissance du wolof, il semble progressivement confiné dans une fonction protocolaire et internationale.

Ce recul du français dans l'usage populaire est la conséquence d'une représentation très négative chez les Sénégalais non scolarisés, il est toujours considéré comme une langue étrangère, la langue de la colonisation qui marque la distance entre élite et masse, entre intellectuels et populations non instruites.

Toutefois, une actualisation des données socioculturelles et éducatives peut nuancer et relativiser sensiblement ce constat.

Nouvelle configuration linguistique du Sénégal : langue française et modernités

La configuration linguistique du Sénégal, avec les mutations sociales, a fondamentalement évolué, impliquant de nouvelles perspectives pour l'avenir du français considéré dans l'optique d'une appropriation de la langue officielle par les masses. Il s'agit entre autres de la scolarisation universelle, « l'école pour tous » (EPT), la révolution numérique avec l'accès généralisé aux TIC, l'éclatement des frontières géographiques, l'émigration.

- La scolarisation universelle : l'École est le principal lieu d'acquisition du français au Sénégal. De ce point de vue, le nombre de locuteurs du français, à quelques limites près, dépend du taux d'alphabétisation. Sous ce rapport, si le taux de locuteurs en français est assez faible actuellement, la politique de la scolarisation universelle (l'école pour tous) pourrait renverser la tendance d'ici quelques années. En effet, dans la mesure où l'unique langue d'enseignement demeure le français, même si certaines langues nationales sont en train d'être expérimentées, nous pouvons penser que d'ici quelques décennies, la scolarisation universelle, indépendamment du rapport qualitatif, pourrait fondamentalement participer à reconfigurer le paysage linguistique sénégalais sur le plan quantitatif, l'essentiel de la population pourrait ainsi parler ou au moins comprendre le français.

- Révolution numérique, TIC, réseaux sociaux : le nouveau millénaire au Sénégal coïncide avec une véritable explosion du numérique qui a inondé tous les coins du territoire. Lexander affirme à ce propos : « Depuis 1999, toutes les grandes villes du Sénégal sont connectées à l'Internet et grâce aux émigrés, même des villages isolés ont accès à la téléphonie cellulaire » (2007). Même si Microsoft a traduit son système d'exploitation en wolof et s'il existe une version wolof du moteur de recherche Google, fondamentalement le français est la langue du web et d'Internet mobile dans le paysage numérique sénégalais. L'explosion des réseaux sociaux avec Facebook, Twitter, Instagram, met les Sénégalais en contact quotidien et permanent avec le français. Aussi, même si la langue du « chat » est dominée par le code switching, mixte français/wolof (Lexander 2007), et même si on note beaucoup d'emprunts au lexique anglais, nous pouvons avancer que l'essentiel des Sénégalais qui sont sur Internet, qui fréquentent les réseaux sociaux d'une manière ou d'une autre sont des usagers du français : ils s'expriment ou au moins se débrouillent en français pour pouvoir naviguer sur Internet.

Par ailleurs, Internet est fondamentalement un outil de décloisonnement. Il a, dans une très large mesure, connecté les Sénégalais vivant au Sénégal avec les Sénégalais de la diaspora et avec le reste du monde. Dans ces rapports de communication, même si l'anglais et l'arabe sont moyennement utilisés, le français s'impose largement, car il constitue la principale langue qui permet aux Sénégalais de s'ouvrir à l'international.

- Problème de renouvellement terminologique du wolof face aux modernités : le renouvellement terminologique du wolof face aux modernités pose problème. Face aux réalités des nouvelles technologies et du contexte du nouveau monde, le wolof n'est pas dans une dynamique de renforcement et de réadaptation de sa terminologie pour être en phase avec les modernités. Systématiquement, les termes de la langue française ou anglaise sont adoptés quand une réalité émerge. Aujourd'hui, même les outils technologiques banals comme téléphone, ordinateurs, Internet n'ont pas de nom en wolof, ou s'il existe un terme wolof se référant à cette réalité, ce qui reste à prouver, il est d'un usage rare, voire nul. La dynamique de création terminologique et lexicale est en réel recul face aux modernités, l'essentiel des ressources des modernités est exprimé en français. Aussi, le code switching n'est pas fondamentalement un choix pour beaucoup de locuteurs wolof, mais plutôt une obligation discursive pour combler les vides terminologiques. Cette dynamique linguistique est doublement perçue : pour d'aucuns, en recourant systématiquement aux emprunts français, le wolof est fondamentalement menacé dans sa cohésion, mais également dans son espace linguistique naturel ; d'autres perçoivent cette dynamique comme une évolution, un processus d'adaptation aux réalités nouvelles par le principe de coopération et de transaction linguistiques avec souvent des distorsions phonétiques qui ne sont que la résultante du choc entre deux systèmes phonologiques différents.

En définitive, ces tendances prouvent qu'on est en phase de dépassement de la représentation dichotomique du français ayant trait aux oppositions élite/masse, intellectuels/non scolarisés. Force est de constater, contrairement au pessimisme qui se dégage de beaucoup de travaux sur le français au Sénégal, qu'il y a un environnement socioculturel qui peut favoriser le regain de cette langue, un regain plus que salutaire qui pourrait favoriser un nouvel équilibre, l'émergence d'une société égalitaire et ouverte. Dans cette nouvelle configuration linguistique, c'est plutôt le wolof classique qui est en train de mourir pour donner naissance à un nouveau wolof très métissé, le code switching en est une preuve concrète. Aujourd'hui, dans les grands centres urbains, il est très difficile de trouver un Sénégalais capable de parler un wolof pur sans recourir au code switching où le français a tendance à dominer. Dans le domaine commercial, par exemple, il est rare de trouver des Sénégalais dans les centres urbains qui maîtrisent les chiffres en wolof, les jours, les mois, etc.

De ce point de vue, il est crucial de réinterroger le concept de norme à l'aune de cette nouvelle donne sociolinguistique pour voir comment le Sénégal pourrait se positionner face à cette nouvelle configuration linguistique.

Norme et représentations sociopolitiques : de la norme exclusive élitiste à la norme inclusive

Norme exclusive élitiste

Une norme relève toujours d'un contexte hétérogène, voire concurrentiel. Elle permet de régir, de mettre de l'ordre dans un ensemble disparate d'usages (variantes de la même langue ou contact avec d'autres langues). Cette normalisation est souvent opérée, selon des critères socioculturels et/ou politiques, par élévation (promotion) et relégation, rejet. Un usage est élevé comme modèle de référence, « le bon usage », tandis que d'autres sont rejetés pour non-conformité à la norme.

Lorsque l'érection d'un modèle d'usage se fait sur des bases unilatérales, on parle de norme exclusive. La norme exclusive renvoie à une norme unique imposée, qui est fondée sur la domination d'un usage érigé en modèle exclusif et absolu. Elle repose fondamentalement sur le principe d'exclusion, la norme se définit et se justifie sans cesse par l'antinorme, les éléments exclus par la norme permettent de définir les éléments qui sont dans la norme. Ces usages exclus relèvent souvent d'usages périphériques ou d'usages des masses, du bas peuple. Ainsi, la norme exclusive est souvent corrélée au concept de norme élitiste dans la mesure où le choix de l'usage de référence est guidé par des critères élitistes, de domination, liés à des soubassements politiques et sociaux : le plus souvent, c'est l'usage de la classe dominante qui est imposé comme unique référence. L'évolution de la langue française au cours de l'histoire confirme cette imbrication voire fusion entre norme exclusive et norme élitiste avec notamment le XVIIe siècle (l'usage de la cour royale) et le XIXe siècle (l'usage de la bourgeoisie). Cette norme exclusive a pendant très longtemps marqué le français, elle a même défié les limites historico temporelles et géographiques, car c'est elle qui sera exportée hors de l'hexagone, dans d'autres contrées comme les pays africains. Elle est érigée en norme exogène qui régit le français international.

Hors de l'Hexagone, le français standard cohabite avec des usages locaux du français qui s'écartent dans une certaine mesure de la norme exogène, mais également avec les langues locales, plus en phase avec les réalités socioculturelles des communautés en question. Dès lors, on se retrouve dans des configurations linguistiques hétérogènes en rapport avec des dynamiques sociales et urbaines nouvelles qui remettent en question les fondements traditionnels de la norme exclusive. C'est ainsi que depuis quelques décennies, les revendications pour une norme ouverte prenant en compte l'altérité se généralisent hors de l'hexagone.

Norme inclusive : le français face à l'hétérogénéité du corps sociolinguistique

Dans le processus d'internationalisation du français, on peut constater que partout dans le monde francophone, le français standard se trouve alternativement dans une situation de cohabitation soit avec une autre variante du français fortement teintée de la couleur locale ou marquée par les modernités, soit avec des langues nationales, langues des communautés autochtones. Ce qui fait dire à Salah Mejri : « Lutte et coexistence sont les deux formes de rapport qui régissent l'évolution des situations linguistiques diversifiées » (2001:74). Dans ces situations de diglossie, force est de constater que le français standard est en net recul face à des usages plus à même d'exprimer les réalités spécifiques à certaines communautés (langues nationales ; français locaux) et des modernités actuelles (français locaux à l'étranger, français urbain en France). Dans les banlieues françaises, au Canada, dans les pays africains, de nouveaux usages très populaires, plus conformes aux modernités, émergent et sont massivement adoptés par les masses francophones, surtout les jeunes. Cette situation fait que, dans plusieurs pays francophones, le français standard est confiné dans un rôle protocolaire. En effet, la cohabitation entre français standard et usage local ou langue nationale dans un même espace se fait dans un rapport de distribution fonctionnelle complémentaire : le français standard est réservé aux situations officielles, protocolaires et administratives, tandis que le français local, le français urbain devient la langue de la convivialité, des rapports chaleureux, amicaux, familiaux... Sous ce rapport, la norme inclusive devient une impérieuse nécessité face à la norme standard qui ne garantit pas une ouverture et qui laisse peu de place aux innovations linguistiques pouvant permettre d'intégrer les réalités nouvelles et les realia, ce qui peut être source d'insécurité linguistique. La norme inclusive, de par son caractère intégral, peut participer au dynamisme et à la vivacité de la langue dans un contexte de globalisation, d'internationalisation et de concurrence linguistique. Elle repose sur le principe d'ouverture avec une perspective descriptive qui prend le pas sur la perspective normative. Elle permet la prise en charge, sans considération péjorative, des réalités nouvelles issues des modernités et des realia. Fondamentalement, la norme doit opérer dans la diversité dans un processus d'homogénéisation conventionnelle d'une situation hétérogène. C'est dans cette logique que Salah Mejri affirme que : « La diversité est au cœur de toute norme : de la diversité naît toute norme et dans la diversité fonctionne chaque norme » (2001:69). Sous ce rapport, la norme inclusive, au-delà des concepts de variation et de particularités lexicales, qui renvoient dans leur essence à l'idée de centre et de périphérie, est donc une norme appréhendant le français face à l'éclatement de l'objet linguistique lié au processus d'internationalisation. Il s'agit, dans une perspective d'acceptation, de reconnaissance et d'intégration de la diversité, d'une dynamique inclusive qui permet de prendre en compte les apports provenant d'ailleurs, non pas comme des particularités ou des variations, mais comme des éléments intégraux. Cette dynamique d'intégration pourrait être salutaire pour le français, comme le soutient Gendreau-Massaloux :

> Si une langue n'était que le reflet de son histoire passée, elle deviendrait, comme le latin ou le grec, une langue morte. Au contraire, là où la langue se métisse, là où elle remet en question un canon, là où elle redéfinit, à chaque pas, sa relation aux autres langues, cette langue est vivante : cela veut dire qu'elle change. (2001:15)

Loin de l'idée des normes endogènes qui pourraient favoriser les créolisations du français et menacer l'intercompréhension dans le cadre de la francophonie, la norme inclusive pourrait rendre compte, dans un cadre élargi, de toutes les possibilités du français ; la norme du français standard étant considérée comme « la norme par défaut » (Gendreaux-Massaloux 2001:9). Cette tendance constitue un moyen de renforcer les compétences linguistiques des locuteurs, de renforcer le répertoire terminologique de la langue en transcendant les espaces géoculturels et les realia, sans entraver l'homogénéité de la langue, d'où la pertinence du fameux discours d'Hélène Carrère d'Encausse à l'Académie française, « Halte à la complainte du français perdu » :

> Si chacun a le droit de s'approprier sa langue, de la faire vivre et de vivre avec, celle-ci ne doit pas pour autant l'isoler, mais plutôt favoriser l'échange, le dialogue, la coopération en tous domaines, car c'est là une condition essentielle du développement d'une identité commune qui n'annule pas les identités nationales, mais les rassemble et s'en nourrit (Académie française 2008).

Une telle attitude d'ouverture, de souplesse et d'intégration pourrait permettre de combattre la stigmatisation linguistique et l'insécurité linguistique afférant au purisme.

La norme du français au Sénégal : statuts et perspectives

Langue apprise vs langue acquise

Imposé au Sénégal par le sommet (colonisation, puis État), du haut vers le bas, le français, après plusieurs siècles de présence dans le pays, se trouve toujours dans une situation de langue apprise et non de langue acquise. Dans la mesure où l'école constitue le principal lieu de transmission, il n'est ni une langue première ni une langue maternelle, encore moins une langue véhiculaire au Sénégal ; il demeure toujours une langue seconde, malgré son statut de langue officielle.

C'est ce qui explique le fait que la référence linguistique a toujours été la norme hexagonale enseignée par l'école. Les règles d'usage qui fondent cette norme unique, la seule admise, sont scrupuleusement respectées. Elles laissent très peu de place à l'inventivité, aux spécificités culturelles et sociétales locales, ce qui met le locuteur sénégalais de fait dans une insécurité linguistique.

En effet, la norme unique, élitiste et exclusive fait qu'au Sénégal l'appropriation du français par les masses n'est pas effective. On est dans une configuration linguistique dichotomique : langue nationale vs français. Il n'existe pas un usage du français populaire qui pourrait mener vers un statut de langue acquise tout en servant de véhiculaire et d'intermédiaire entre langue nationale et français normé. Cette situation découle de la rigidité de la norme linguistique et des représentations sociales péjoratives attachées à la notion de faute en français.

Norme et stigmatisation linguistique au Sénégal

La norme élitiste est souvent liée à des représentations sociales péjoratives qui font que les locuteurs, incapables d'aligner leur usage à la référence de qualité, sont stigmatisés et disqualifiés sur le plan socioprofessionnel.

L'usage du français au Sénégal est très élitiste, les Sénégalais ont une conception très « sacrée » des normes grammaticales. Les entraves à la norme sont très mal perçues. Paradoxalement, la maîtrise des normes du français constitue un indicateur majeur du niveau intellectuel du locuteur ; sans fondement logique, le niveau d'expression en français est mis en corrélation avec le niveau intellectuel. Commettre une faute de langue est un pur sacrilège qui peut discréditer son auteur. Les locuteurs maladroits en français sont clairement stigmatisés. Cette stigmatisation linguistique est un phénomène qui a des proportions extrêmement importantes. Les fautes de langue, surtout les fautes liées au genre, font bien rire les Sénégalais.

Ces considérations sont certainement liées à des représentations sociales remontant à la période coloniale, période durant laquelle le français était la langue de la promotion socioprofessionnelle, les rares Sénégalais qui savaient lire et écrire en français étaient promis à des fonctions administratives importantes. La stature du premier président de la République, Léopold Sedar Senghor, premier Africain agrégé en grammaire, qui était considéré comme le garant et la figure représentative du purisme, y a aussi beaucoup joué. C'est donc dire que, dans la société sénégalaise, le français est plus qu'un simple moyen de communication, il constitue un moyen de promotion sociale, un critère de nivellement et de catégorisation intellectuels. S'exprimer en français, ce n'est pas seulement exprimer banalement sa pensée, c'est montrer, par sa maîtrise, ses capacités intellectuelles ou, a contrario, dévoiler ses lacunes intellectuelles en commettant des fautes.

Cette posture trop dogmatique à l'égard des règles et principes grammaticaux fait que la norme constitue une source d'insécurité linguistique. Le locuteur n'a pas beaucoup de choix : soit il utilise un français normé, pur ; soit il utilise le wolof ou sa langue maternelle, sans aucune contrainte normative. On comprend bien dès lors pourquoi le wolof s'est imposé en constituant la langue par défaut des Sénégalais.

Aussi, il serait d'un grand intérêt pour le Sénégal de dépasser la norme unique exclusive pour une norme plurielle, inclusive des réalités spécifiques sénégalaises, qui pourrait décomplexer les usages et les usagers.

Norme inclusive au Sénégal : justifications et modalités

Au regard des considérations émises en amont, nous pensons que les normes françaises doivent être analysées dans le cadre de l'évolution sociohistorique et géographique. En effet, dans tous les secteurs, notamment dans le domaine juridique, les normes et les lois sont toujours relatives aux réalités spécifiques des pays où elles sont exercées.

Dans cette partie de notre travail, nous avons essayé d'aller au-delà des chiffres fournis par le rapport d'OLF, pour voir sur le plan qualitatif ce qui pourrait expliquer les chiffres de ce rapport alarmant en termes de représentations sociales et d'attitude des populations par rapport au français. Dans cette optique, nous avons choisi des entretiens directifs et semi-directifs qui permettent, en sciences humaines, de compléter, de préciser et d'approfondir des résultats d'une analyse quantitative.

Analyse des données

Nous avons procédé à des entretiens avec une cible composée en majorité de marchands ambulants, d'ouvriers susceptibles de ne pas être locuteurs du français. Nous avons greffé à cet échantillon une population composée d'élèves de terminale et d'étudiants en première et deuxième années de français pour faire varier les points de vue. Pour les questions, nous avons essayé d'aller au-delà des dichotomies locuteur versus non-locuteur en intégrant la notion de locuteur passif pour toucher des populations qui ont un certain degré de compréhension du français, mais qui ne le pratiquent pas pour diverses raisons, parmi lesquelles le poids de la norme, avant d'orienter la quête d'information vers les facteurs de blocage et des pistes de solutions.

Tout d'abord, nous avons essayé de voir dans la population des marchands ambulants et autres supposés non-locuteurs du français, ce que révèle de façon plus approfondie le concept de non-locuteur du français. S'agit-il de non-locuteur total, qui ne parle pas et ne comprend pas le français, ou de ce que nous appelons locuteur passif, qui ne parle pas bien le français, mais qui est capable de comprendre le français basique et qui peut même parfois se débrouiller dans cette langue ?

Tableau 10.1 : locuteurs et maîtrise du français

Individu	Locuteur	Locuteur passif	Justification
A1	+	-	Je l'ai appris depuis le primaire
A2	-	+	Je n'ai pas été à l'école mais souvent il m'arrive de comprendre
A3	+/-	+	Parce que j'ai été à l'école

A4	+	+	Parce que c'est un pays francophone
A5	+/-	+	Parce que j'ai été à l'école et mon travail m'y oblige parfois
A6	+	+	Parce que j'ai un peu étudié en Guinée
A7	-	+	Chaque jour on entend les mêmes mots
A8	-	+	Parce que quand on est commerçant on a affaire avec de gens, les clients nous parlent parfois français et on se débrouille
A10	+/-	+	Je comprends le sens de certains mots
A11	+	+	Quand on me parle j'arrive à comprendre
A12	+	+	Je parle le français avec beaucoup de fautes
A13	+	+	Je l'écris correctement, je le parle comme il le faut
A14	+/-	+	Je comprends certains mots français
A15	+/-	+	Parce que j'étais élève
A18	+/-	+	Chez nous en Guinée Conakry on parle le français même si on n'a pas fréquenté l'école
A19	+ /-	+	J'ai un peu appris le français à l'école
A20	-	-	Je n'ai pas été à l'école française
A22	-	+	J'ai fait l'école coranique
A23	+/-	+	Parfois on rencontre des clients qui ne parlent que français, ça nous pousse à nous débrouiller
A25	+/-	+	J'ai étudié jusqu'en 3ème
A26	+/-	+	Quand on parle en français je comprends
A32	+	+	Parce que j'ai été jusqu'en 1ère
A33	+/-	+	Je le parle pour les affaires
A35	+/-	+	Je le parle en cas de nécessité, sinon c'est le wolof la plupart du temps
A38	+	+	Je suis habitué à cette langue
A39	-	-	Je suis analphabète, je n'ai pas été à l'école française
A40	-	+	Parce que je comprends certains mots qui me sont familiers, aussi tout le monde les utilise
A41	+/-	+	Il faut se débrouiller toutes les langues sont importantes

A42	-	+	Parce qu'il me permet de régler certains cas dans le commerce
A43	+/-	+	Je comprends un peu et je le parle des fois
A46	-	+	Parce que je comprends les mots qui me permettent de communiquer par rapport à mes besoins
A48	-	+	Je comprends le sens de certains mots

+/- plus ou moins

- : non

+ : oui

Ce tableau permet de constater d'une part qu'il y a très peu de locuteurs réels qui ont une parfaite maîtrise du français au sein de nos cibles. Beaucoup justifient cette situation par le fait qu'ils n'ont pas fréquenté l'école française jusqu'à un niveau élevé, ce qui confirme que la maîtrise du français est l'apanage de l'élite. Cependant, une interprétation plus poussée permet de voir que parmi ces non-locuteurs, certains parviennent à comprendre un discours en français. Si certains se justifient par le fait qu'ils ont connu une scolarisation interrompue, d'autres soutiennent qu'ils sont souvent dans des situations liées à leurs activités où ils sont obligés de se « débrouiller » en français, car si le wolof domine leur environnement socioprofessionnel, le français y est aussi bien présent. C'est donc dire que le français fait partie de l'environnement des Sénégalais, quelle que soit leur catégorie socioprofessionnelle.

Ainsi, nous avons tenté d'interroger nos cibles sur les facteurs de blocage qui font que les masses sénégalaises, de façon générale, ne pratiquent pas le français comme dans certains pays voisins : « *Chez nous en Guinée Conakry on parle le français même si on n'a pas fréquenté l'école* » (A18). Le tableau 2 où nous avons intégré des cibles élèves et étudiants permet de sérier quelques facteurs de blocage :

Tableau 10.2 : L'usage du français – facteurs de blocage

Langue compliquée	Stigmatisation/complexe linguistique	Environnement wolofisé	Autres
Moi j'ai étudié mais il y a beaucoup de règles que je ne maîtrise pas	j'ai le complexe de le parler.	dans mon entourage, il y a peu de gens qui parlent français	je n'ai pas été à l'école
le français est une langue conservatrice. Il y a trop de règles	pour certain ce n'est pas les règles, mais le complexe surtout lié à leur milieu de vie on n'a pas l'habitude de le parler.	la langue est bien enseignée à l'école, mais sa pratique trouve des difficultés au niveau des relations sociales	parfois quand on est devant nos supérieurs, on a peur de faire des fautes
ce sont ces règles qui empêchent beaucoup de gens à parler le français.	On fera moins de fautes si on n'a pas peur de se faire corriger à chaque fois qu'on parle. Tout le monde sera à l'aise de le parler, comme en Côte d'Ivoire et en Guinée Conakry	ns le marché, ici, tout le monde parle wolof.	Dans la foule, j'ai peur de parler français.
Ce n'est pas comme l'anglais et les autres langues, il y a trop de choses à respecter.	J'ai honte aussi que les autres se moquent de moi	au Sénégal tout le monde parle wolof	
j'ai étudié cette langue mais jusqu'ici j'ai du mal à la parler correctement	Quand on parle français, les gens rient de nous donc on fait des fautes, si on le parle comme les Ivoiriens eh bien, ça arrange tout le monde	je ne parle que le wolof avec les clients, les amis et les clients	
au Sénégal, tout le monde parle wolof, les gens ne parlent pas le français de peur de faire des fautes.	certaines personnes qui ne maîtrisent pas les règles ont ce complexe de s'exprimer	la langue dominante du marché est le wolof	
c'est difficile de s'exprimer en français sans faire de fautes	parfois on a peur que ton interlocuteur te corrige (rire)	La famille, la domination de langue nationale	
si on prend l'anglais, on pourrait plus rapidement le parler que le français, car il y a trop de règles avec une grammaire rigoureuse…		les gens ne s'intéressent pas beaucoup au français c'est le wolof qui domine	
Il y a beaucoup de conventions à respecter (grammaire, conjugaison, orthographe)		Les Sénégalais aiment parler plus le wolof que le français et même chez les intellectuels	

Il ressort de ces différents points de vue trois facteurs de blocage majeurs. Il s'agit d'abord de l'environnement sociolinguistique qui est marqué par une domination du wolof. Il est omniprésent dans les rapports familiaux, dans les rapports amicaux et il constitue même, selon un enquêté, la langue la plus utilisée par les intellectuels. Le deuxième facteur de blocage le plus évoqué est relatif à la complexité des règles d'usage du français. Pour la grande majorité de nos enquêtés, la complexité des normes du français, leur caractère impératif qui ne laisse pas beaucoup de choix aux locuteurs font que l'essentiel des Sénégalais préfère se limiter à la langue nationale, principalement le wolof. Certains locuteurs citent, à titre de comparaison, l'exemple de l'anglais qui leur paraît bien plus tolérant que le français sur le plan normatif et donc plus accessible. Le troisième facteur de blocage avancé est la conséquence de cette intolérance normative : il s'agit de la stigmatisation linguistique et du complexe qui s'y rattache. Beaucoup d'enquêtés montrent du doigt la stigmatisation très sévère dont sont victimes les locuteurs maladroits comme cause majeure du faible taux d'usagers en français. Aussi réclament-ils plus de tolérance et d'ouverture pour décomplexer l'usage du français, à l'image de ce qui existe en Côte d'Ivoire et en Guinée Conakry.

Dans cette dynamique, nous avons interrogé nos cibles sur les règles grammaticales qui leur posent le plus problème :

Tableau 10.3 : Règles grammaticales à problème

	Genre (féminin)	Problème avec les accords syntaxiques	Conjugaison	Autres (Pronom, phonologie, vocabulaire…)
Cibles	17	15	15	20

Trois grandes catégories sont évoquées : il s'agit du système de genre, des accords syntaxiques et de la conjugaison. D'autres catégories sont évoquées de manière moins fréquente, c'est la raison pour laquelle nous les avons rangées dans la rubrique « autres » : problèmes de vocabulaire, de prononciation (phonologie) et de pronominalisation. On constate que ces points concernent des catégories syntaxiques qui relèvent des particularités systémiques des différentes langues. Chaque langue a son propre système de genre, d'accord syntaxique et de conjugaison. Aussi, dans le contexte multilingue sénégalais où le français n'est qu'une langue seconde, on comprend aisément que bon nombre de Sénégalais ont du mal à passer du code de leur langue maternelle au système diamétralement opposé du français. Nous pouvons ainsi concevoir que certains locuteurs sénégalais puissent avoir tant de difficultés avec le genre en français. Aussi, il convient de relativiser les normes linguistiques, de les appréhender en prenant en compte les spécificités culturelles locales, et de combattre la stigmatisation.

Perspectives et recommandations : tolérance linguistique et norme inclusive

Au regard de ces différentes considérations, nous pouvons remarquer que la référence à une norme exogène unique et exclusive constitue un facteur de blocage majeur pour l'appropriation du français par les masses sénégalaises. Le purisme linguistique défendu par certains intellectuels francophiles, qui va à l'encontre du principe d'intégration de la diversité dans l'espace francophone, avec la stigmatisation linguistique qui s'y rapporte, ne laisse aucune place aux usagers qui ne maîtrisent pas parfaitement les normes linguistiques. Ce dogmatisme normatif constitue un facteur d'exclusion linguistique et, par ricochet, un facteur d'exclusion sociale dans la mesure où le français est la langue administrative, juridique et scientifique. Les données d'enquête que nous avons exploitées nous permettent de nuancer sur le plan qualitatif les chiffres alarmants fournis par l'OLF en ce sens que beaucoup de Sénégalais supposés non-locuteurs du français ont une compréhension acceptable de cette langue. Beaucoup de nos sources révèlent qu'ils comprennent l'essentiel d'un discours en français et se sentent capables de se débrouiller en français « comme les Ivoiriens » – sauf qu'ils se heurtent à la rigidité des règles grammaticales, à la stigmatisation linguistique et à la difficulté d'exprimer leur environnement dans cette langue aux normes inflexibles.

Sous ce rapport, dans un contexte de mutations profondes où le français constitue la principale langue qui connecte les Sénégalais avec le reste du monde, il est crucial d'opérer un changement d'attitude radical pour impulser une dynamique d'appropriation populaire du français par les masses sénégalaises. Fondamentalement, il s'agit de rompre avec le purisme linguistique exagéré qui a toujours cloisonné le français dans le cercle restreint de l'élite intellectuelle par la mise en place d'une norme inclusive, intégratrice des réalités culturelles spécifiques et des dynamiques sociales nouvelles. Dans les conclusions des *États généraux de l'Éducation et de la Formation* (1981) de Dakar, figurait dans les différentes mesures préconisées la nécessité d'abandonner l'élitisme. Abandonner l'élitisme requiert une norme ouverte et flexible pour accueillir les usages nouveaux dans une dynamique intégrale qui permettrait de prendre en compte le pluralisme et le multilinguisme des pays africains.

Concrètement, la mise en place d'une norme inclusive requiert plus de tolérance normative envers les usages dans les cadres non formels pour ne favoriser que l'aspect purement communicatif, pragmatique de la langue. Ce qui passera nécessairement par un changement de posture et d'attitude à travers plusieurs mesures fortes à différents niveaux :

– Relativiser et ne pas châtier systématiquement certains écarts liés à certaines règles grammaticales arbitraires, qui ne peuvent être maîtrisées que par une fréquence d'usage. Nous pouvons penser à certains points cités plus haut comme le problème du genre, ou ceux de l'accord et de la conjugaison. En réalité, il s'agit de concéder au locuteur sénégalais ce qui est tacitement admis dans d'autres horizons, même en France.

– Nuancer certains paradigmes linguistiques qui ont trait aux spécificités culturelles des peuples concernés. Fondamentalement, il y a des paradigmes morphosyntaxiques qui sont intrinsèquement liés à la culture et de fait compliqués à transposer dans une autre culture. Nous pouvons entre autres citer les interjections, la prosodie, la phonologie, certaines expressions et proverbes relatifs aux realia, les métaphores… Autant d'éléments spécifiquement liés à chaque communauté socioculturelle qui pourraient être intégrés de façon crue dans les usages locaux pour que les locuteurs puissent s'exprimer en étant en « sécurité linguistique ». Si nous prenons l'exemple des interjections, il faut admettre qu'elles varient pour l'essentiel en fonction des différentes communautés ; face aux différentes émotions (joie, colère, surprise, tristesse, admiration, douleur, etc.), les cultures utilisent des mots différents en fonction de leur environnement spécifique. Ces interjections étant souvent spontanées et réflexives, il est très difficile pour les locuteurs issus d'une autre culture de s'y adapter. On peut également prendre le cas pertinent de la phonologie française, qui pose beaucoup de problèmes aux locuteurs hors Hexagone, car elle est conçue comme un inventaire fermé. Beaucoup de locuteurs sénégalais sont souvent victimes de moqueries et de stigmatisation, car ils ont des difficultés à prononcer les phonèmes [v], [ʃ] et [ʒ] qui ne font pas partie du système phonologique de leur langue maternelle. Les spécificités phonologiques des locuteurs non français ne sont pas prises en compte dans le système phonologique du français dont le référentiel remonte à très loin dans l'histoire et est spécifique à une aire géographique particulière. Aussi, le projet de Phonologie du français contemporain trouve toute sa pertinence en termes d'ouverture et d'évolution phonologique du français. Dans cette dynamique, il serait important que les Sénégalais aient l'opportunité d'enrichir le répertoire phonologique du français par leurs phonèmes spécifiques pour pouvoir y exprimer leurs propres marques. Dans cette logique, il faudrait que le cours de phonologie française dispensé dans les universités sénégalaises ne soit plus limité à l'inventaire très restreint des phonèmes franco-français, mais qu'il intègre certains phonèmes particuliers au Sénégal.

– Combattre la stigmatisation linguistique pour décomplexer les usages est une impérieuse nécessité. Une telle posture n'est pas contre la norme dans la mesure où seule la fréquence de l'usage permet de s'élever progressivement au niveau de la norme standard. Dans l'essentiel des pays francophones où l'usage du français est élevé, il y a toujours un usage non élitiste et populaire moins contraignant du point de vue normatif qui permet de définir la norme. Avec la stigmatisation linguistique, les Sénégalais ont dû mal à se libérer de certaines représentations sociales liées aux normes du français qui font que l'on a toujours une langue élitiste, impopulaire, la plupart des locuteurs préférant s'exprimer librement en langue nationale à cause de la phobie des fautes. Pour se libérer de ce lourd héritage colonial et postcolonial, une opération de démystification devient nécessaire pour des raisons communicationnelles, culturelles, didactiques et politiques. À cet effet, les linguistes, mais également les politiques doivent œuvrer pour une nouvelle conscience linguistique par la sensibilisation. Sur le plan culturel, les producteurs et les acteurs sénégalais doivent exploiter le français hybride qui leur permettrait d'avoir une ouverture internationale tout en restant ancrés dans les réalités sénégalaises.

— Sur le plan éducatif, les normes doivent être enseignées, tout autant l'épistémologie de la norme, pour mettre en évidence les problématiques qu'elle soulève, son caractère géoculturel et toutes les représentations sociales qu'elle englobe. Décomplexer les usages pourrait conduire à utiliser la méthode communicative à l'entame de la scolarité avec une tolérance sur les écarts normatifs. Libérer les apprenants de l'épée de Damoclès que constitue la norme, c'est encourager l'usage massif du français. L'enseignement de la norme qui partirait de l'usage, des compétences communicatives (niveau 1 vers niveau 2 et 3) serait plus aisé que celui qui aurait pour point de départ un autre code, un système différent (niveau 0 vers niveau 2 et 3).

— Dans le domaine de la recherche, si le français standard, normé, a toujours occupé le champ de la recherche au Sénégal, il est aujourd'hui crucial de réorienter certains travaux dans la perspective de la linguistique urbaine pour décrire avec exactitude la réalité linguistique. La linguistique urbaine, en rendant compte des dynamiques linguistiques en corrélation avec les dynamiques urbaines, peut permettre de mieux orienter les politiques linguistiques afin qu'elles ne s'appuient plus sur des données en déphasage avec la réalité sociale. Concernant par exemple la problématique de la langue d'enseignement, si à la suite de l'UNESCO qui recommande que la langue maternelle soit la première langue de contact de l'enfant avec la science, beaucoup de spécialistes ont opté pour les langues nationales comme langues d'enseignement ; au-delà de la problématique du multilinguisme, la question d'un standard de référence se pose : dans les grands centres urbains, qui peut dire aujourd'hui que le wolof authentique, le pulaar ou le sérère est la langue maternelle des jeunes ?

En définitive, nous pensons qu'une attitude d'ouverture pourrait permettre au locuteur sénégalais de se libérer du purisme bloquant en se départant de ses carcans normatifs pour pouvoir s'exprimer en français en se sentant Sénégalais. Certains spécialistes pourraient craindre qu'une telle perspective ne soit contre l'universalité de la langue et surtout ne pose des problèmes didactiques. Pour le premier aspect, nous pouvons paraphraser Claude Poirier pour dire qu'en réalité « ce qui risquerait de changer, c'est la perception purement parisienne de cette langue » (2001:29). Pour l'aspect ayant trait à la didactique du français, nous pensons qu'une telle dynamique pourrait favoriser l'émergence d'un français populaire à la portée des masses, une langue qui s'écarterait certes de certaines normes rigides ; mais il serait plus facile pour l'école de combler cet écart, moins important que le grand écart qui sépare langue nationale et français normé.

Une telle perspective est possible si la stigmatisation linguistique est annihilée. Pour cela, il faudra combattre les idées reçues pour donner au locuteur sénégalais le droit de parler « mal » le français, droit que les locuteurs ont en France, au Canada, en Côte d'Ivoire. Après tout, parler mal une langue, c'est juste la parler autrement, c'est la dompter et non se laisser dompter par elle pour en faire sa propre langue.

Conclusion

Si après plusieurs siècles de présence au Sénégal, avec un statut privilégié de langue officielle, le français n'est parlé que par une infime partie de la population, il y a lieu de repositionner le débat sur le français au Sénégal, enfermé sous l'angle didactique, vers des horizons plus fertiles. C'est cette optique qui nous a conduit à porter notre réflexion sur la norme linguistique qui a toujours été sacralisée et conçue comme un dogme au Sénégal. En rupture avec ce positionnement, une analyse critique du concept à l'aune des réalités actuelles révèle son caractère arbitraire et son incapacité à servir de véhicule, dans le contexte de l'internationalisation du français, aux réalités et cultures des pays hors Hexagone, raison pour laquelle nombre de pays francophones sont dans un processus d'ouverture qui mène vers une norme inclusive.

Au Sénégal, la norme exclusive, avec les règles rigides qui la sous-tendent dans un contexte de dynamisme social et de modernités, pose problème à plus d'un titre. Elle est fondée sur une perspective élitiste et sur le principe d'exclusion : exclusion linguistique et par ricochet exclusion sociale dans la mesure où le français est la langue de l'administration.

Aussi, adopter une norme inclusive, intégratrice des réalités et spécificités sénégalaises, pourrait impulser une dynamique d'appropriation par les masses du français, qui pourrait ainsi passer à une situation de langue acquise au lieu d'être une langue apprise. Il s'agit dans les faits de casser les carcans du purisme linguistique par une relativisation des normes linguistiques et une rupture par rapport à la stigmatisation linguistique, pour un usage éclaté, accessible aux masses. À cet effet, il est capital que le Sénégal se dote d'une instance, d'un conseil sur la langue française indépendant de l'Académie française, qui pourrait normaliser le français en conformité avec les réalités et les préoccupations sénégalaises. La réforme de l'orthographe, décision unilatérale prise par le haut conseil supérieur sur la langue française sans concertation avec l'écrasante majorité des pays francophones, prouve la nécessité de normaliser le français à l'interne, car les questions linguistiques relèvent de la souveraineté de chaque pays. Une telle dynamique pourrait permettre aux locuteurs sénégalais d'utiliser le français en l'imprégnant de leurs marques identitaires sénégalaises.

Bibliographie

Blonde, J., 1976, « Français d'Afrique noire, norme et enseignement du français », *Réalités Africaines et langue française*, Dakar, CLAD, p. 9-33.

Calvet, L. J., 1988, *Une ou des normes ? Insécurité linguistique et normes endogènes en Afrique francophone*, Paris, Agence de la francophonie.

Dabre, C., 1982, « Parler français-là même, c'est quoi ? » *Anthropologie et Sociétés, V6*, p. 17-26.

Daff, M., 1998, « L'aménagement linguistique et didactique de la coexistence du français et des langues nationales au Sénégal », *DiversCité Langues*, vol. III. (http://www. uquebec.ca/diverscite), 25 octobre 2015.

Dumont, P., 2008, « Regard interculturel sur les particularités lexicales du français d'Afrique », *Tréma n° 30* p. 75-86.

Dumont, P., 2001, « Diversité linguistique et culturelle », *Colloque Diversité culturelle et linguistique : Quelles normes pour le français ?*, Liban, Université Saint-Esprit de Kaslik, p. 43-48.

Gendreau-Massaloux, M., 2001, « La norme, par défaut », *Colloque Diversité culturelle et linguistique : Quelles normes pour le français ?*, Liban, Université Saint-Esprit de Kaslik, p. 7-15.

Observatoire de la langue française/OIF, 2014, *Rapport sur La Langue française dans le monde*, Paris, Nathan.

Mejri, S., 2001, « Normes et contre-normes : fonction identitaire et renouvellement du système », *Colloque Diversité culturelle et linguistique : Quelles normes pour le français ?*, Beyrouth, Université Saint-Esprit de Kaslik, p. 69-76.

Ndao, P. A., 2001, « Le français au Sénégal : une approche polynomique », *Sudlangues* n° 1, (http://www.sudlangues.sn/spip.php?rubrique5), 25 octobre 2015.

Poirier, C., 2001, « Vers une nouvelle pratique de la lexicographie du français » *Colloque Diversité culturelle et linguistique : Quelles normes pour le français ?*, Beyrouth, Université Saint-Esprit de Kaslik, p. 19-39.

Signaté D., 1994, « La Norme et l'usage », *Annales des Lettres et Sciences humaines n° 24*, Dakar, UCAD.

11

L'Islam dans l'espace universitaire au Sénégal : le cas de l'université Cheikh Anta Diop de Dakar (UCAD)

El Hadji Malick Sy Camara

Introduction

« L'islam est partout ». Nous empruntons cette expression au professeur Souleymane Bachir Diagne[1]. Le surgissement de l'islam à tous les niveaux de la vie constitue l'une des données majeures de l'histoire contemporaine. Objet d'interrogations, l'islam fait désormais partie de l'actualité (Mérad 2007). Le fait islamique s'impose plus que jamais dans l'espace universitaire. Contrairement aux prophéties qui présageaient la perte du pouvoir structurant de la religion sous l'effet de la modernité (Lambert 1985) qui aurait des effets dissolvants sur celle-ci (Willaime 2005), l'islam habite le monde (Garaudy 1981). L'expression de la religion, telle qu'elle se donne à voir dans l'espace universitaire, semble invalider l'idée d'une sécularisation et témoigner d'« un réenchantement du monde » et du « retour du religieux » (Goussault 1990).

Le paysage de l'université Cheikh Diop Anta de Dakar (UCAD) est dans un processus de mutation sans précédent. Avec la montée en puissance du phénomène religieux depuis la fin des années 1970, la jeunesse estudiantine est en train de développer un militantisme islamique qui supplante les traditions révolutionnaires du mouvement étudiant et remet en cause le caractère laïc de l'espace universitaire. Cette mutation est d'autant plus saisissante que, depuis sa création en 1957, l'université de Dakar a été un lieu où les idéologies révolutionnaires avaient une forte emprise (Bathily 1992 ; Bathily, Diouf & Mbodj 1992). Elles s'exprimaient principalement à travers les courants communistes qui irriguaient la pensée et les actions des premières générations d'étudiants. Ces derniers se sont généralement rangés du côté de l'intelligentsia de gauche et ont utilisé les syndicats des étudiants comme un moyen de contourner l'espace du jeu politique de la classe dirigeante (Diop 1992 ; Thioub 1992). Pourtant, les textes réglementaires, qui fixaient le statut et la fonction de ces organisations estudiantines, insistaient sur leur caractère apolitique et laïc. Par exemple, l'article 6 du décret n° 68-860 du 24 juillet 1968 relatif aux associations d'étudiants de l'enseignement supérieur stipule :

> L'Union générale des étudiants de l'université ne peut être constituée que sous forme de fédération d'associations corporatives de facultés ou d'écoles légalement constituées […] Elle a pour objet exclusif la défense des intérêts matériels et moraux des étudiants auprès des autorités universitaires et gouvernementales. Elle interdit toute activité contraire à sa vocation apolitique ainsi que toute prise de position en matière religieuse. (UCAD 1995)

Empiriquement, le principe d'un mouvement étudiant apolitique et areligieux n'a jamais véritablement prévalu. Les étudiants ont toujours occupé l'espace public universitaire en y projetant les idéaux et principes qui dominent leurs manières de penser et d'agir. Si les pôles politique, sportif, culturel et religieux étaient constitutifs du mouvement étudiant, le premier en était le principal foyer d'animation (Ndiaye 2007). Dans la mesure où le mouvement étudiant était plus enclin à s'impliquer dans les luttes idéologiques et politiques, le campus était connu pour ses traditions de rejet de toute expression du religieux de 1957 à 1970 (Ndiaye 2007:118). Mais aujourd'hui, les idéologies révolutionnaires et laïques se disputent l'espace avec la religion, vecteur d'un idéal fondé sur la foi en Dieu. Nous assistons ainsi à la création d'associations religieuses musulmanes et chrétiennes dans les campus sénégalais. L'on peut, à juste raison, se demander pourquoi et comment la religion a pu prendre aujourd'hui une place importante dans l'espace universitaire. Plus précisément, comment la jeunesse estudiantine a pu développer un militantisme islamique qui s'est affermi au détriment des idéologies révolutionnaires et laïques ?

Cet article explore l'expérience spécifique de l'affirmation du fait religieux islamique à l'université Cheikh Diop Anta de Dakar (UCAD) et met l'accent sur les étudiants en tant que catégorie sociale qui est de plus en plus fascinée par l'islam. L'objectif est de montrer pourquoi et comment la laïcité et les idéologies révolutionnaires ont progressivement perdu leurs capacités à structurer la sphère universitaire au moment où l'islam et les organisations islamiques émergent comme d'imposants acteurs.

Notre principale hypothèse est que l'affirmation de l'islam à l'UCAD est la conséquence de « l'adoption d'une attitude décomplexée » des étudiants par rapport à l'appartenance religieuse (c'est-à-dire son émancipation à travers les étudiants qui ont réussi à surmonter le complexe d'être musulman dans un espace universitaire dominé par les idéologies révolutionnaires et laïques) et la « communautarisation » de l'espace universitaire qui a résulté du déclin des idéologies révolutionnaires et laïques. Autrement dit, au fur et à mesure que les idéologies révolutionnaires et laïques perdent du terrain, le religieux s'affirme et conquiert l'espace universitaire. Il convient de souligner que ce que d'aucuns ont appelé le « mouvement islamique » s'est progressivement constitué comme une critique des deux idéologies structurantes de l'époque, le capitalisme et le communisme. À cela s'ajoutent les manifestations des premières crises du contrat social avec l'État colonial et ensuite postcolonial qui était en train de donner des signes d'essoufflement. Les confréries faisaient donc face à l'exigence d'une adaptation à une économie politique qui n'était plus dominée par l'arachide.

Par « l'adoption d'une attitude décomplexée », il faut entendre le processus par lequel un ou plusieurs groupes religieux construisent leur identité dans l'environnement universitaire. Elle est un processus d'affirmation dans le temps et dans l'espace par le biais d'activités religieuses singularisant l'identité individuelle et/ou collective des étudiants dans l'expression publique de leur foi religieuse. L'« adoption d'une attitude décomplexée » passe alors de la simple présence ou figuration du religieux à son affirmation, sans complexe, dans l'espace universitaire. Elle est aussi un moment où les étudiants qui se réclament de l'islam s'assignent une identité de combat et se lancent dans la compétition pour le recrutement des étudiants. « L'adoption d'une attitude décomplexée » conduit souvent à ce qu'il convient d'appeler la « communautarisation[2] » de l'espace. Cette communautarisation conduit à l'émergence de nouvelles formes de solidarité groupale et à l'invention d'un espace de socialisation secondaire (ou doctrinale) qui joue un rôle important dans le processus « d'adoption d'une attitude décomplexée ». Parallèlement, elle conduit à une certaine parcellisation de l'islam en sous-groupes confrériques ou doctrinaux ayant chacun ses caractéristiques propres. Ces fractures semblent traduire le passage d'une communauté musulmane à des communautés qui sont des fragments de celle-ci qui rivalisent entre elles et avec les autres groupes présents au campus. Cette déclinaison marque et prouve leur décloisonnement (Ramadan 2009). Cette fragmentation de l'islam tend, dans une certaine mesure, à remettre en cause l'idéal du vivre-ensemble qui est le fondement de la citoyenneté nationale.

Nous avançons, une seconde hypothèse, que l'adoption d'une attitude décomplexée et la communautarisation en cours dans l'espace universitaire reflètent la gestation d'une citoyenneté en transition dans la société sénégalaise. Cette transition prend la forme d'une dialectique tensions/négociations entre ce que Le Blanc (2009) appelle une « citoyenneté nationale » qui correspond à un statut juridique dans une République dont les institutions sont restées laïques et une « citoyenneté culturelle » inspirée par « l'Islam sénégalais[3] » en tant que mode de vie d'une population majoritairement musulmane. La « citoyenneté nationale » correspond au statut du citoyen sénégalais qui jouit de droits politiques (droit de voter, de se présenter à une élection, de bénéficier d'un égal accès à l'emploi, etc.) et qui est acquis aux valeurs traditionnellement attachées à la citoyenneté (le civisme, la tolérance et la solidarité) qui lui permettent de prendre part à la vie publique. Quant à la « citoyenneté culturelle », elle se caractérise par l'action des acteurs religieux qui font recours à l'expression culturelle islamique pour revendiquer leurs droits politiques et négocier leur participation à l'action publique et citoyenne (Mbow 2007: 49-50 ; Fall 1993).

Si la revendication d'une citoyenneté culturelle (ou de nouvelles formes de citoyenneté) est initialement portée par ceux qu'il est convenu d'appeler la « contre-élite » constituée de lettrés en langue arabe (Coulon 1983:70 ; Fall 1993 ; Kane 2003), elle fait de plus en plus objet d'une appropriation par une nouvelle élite francophone musulmane formée dans les universités laïques comme l'UCAD. Cette dernière, comme d'ailleurs la « contre-élite », cherche à s'extirper des situations de « citoyenneté de seconde classe » et à revendiquer son appartenance à la citoyenneté nationale. Sa démarche, quoique critique vis-à-vis de l'État et de ses institutions laïques, ne s'exprime pas en dehors du cadre institutionnel existant et du contrôle étatique. Au contraire, dans l'expression de leur droit civique et politique, ces citoyens musulmans ont tendance à adopter les règles du jeu démocratique pour faire valoir leur projet de « société islamique » et contester l'hégémonie des élites occidentalisées et laïques qui ont dirigé le Sénégal depuis les indépendances.

Pour rendre compte des changements de l'espace public sénégalais en général, dans le contexte actuel marqué par un regain de religiosité (expression publique de la foi), nous avons jugé pertinent de mettre l'accent sur l'université Cheikh Anta Diop de Dakar, qui est une sorte laboratoire social. Le choix de l'université est motivé par trois raisons. La première est d'ordre historique. En effet, l'Université de Dakar est la plus vieille université francophone d'Afrique de l'Ouest. Ses origines remontent en 1918 avec la création de l'École de médecine de Dakar par l'administration coloniale française. Devenue Université de Dakar le 24 février 1957 et officiellement inaugurée le 9 décembre 1959, elle fut la 18e université publique française rattachée à l'université de Bordeaux (Chimoun 2008:78). Le 30 mars 1987, l'Université de Dakar a été baptisée « université Cheikh Anta Diop de Dakar » (UCAD). Elle est restée la seule université publique au Sénégal jusqu'à la création, en janvier 1990, de l'université Gaston Berger (UGB) et celle de trois autres universités publiques à partir de 2007 et 2008.

La deuxième raison qui a motivé le choix de l'UCAD est le rôle pivot qu'elle a joué dans la formation des élites africaines postcoloniales et sénégalaises en particulier. Depuis sa création, jusqu'en octobre 1970, l'université de Dakar a gardé sa vocation panafricaniste (Chimoun 2008). Elle recevait, en plus des étudiants sénégalais, ceux venus des ex-colonies d'Afrique-Occidentale française (AOF) et d'Afrique-Équatoriale Française (AEF). Aussi fut-elle l'espace d'organisation de la gauche clandestine dans son projet de remise en cause de l'hégémonie de la classe dirigeante (Diop 1992:434) et, aujourd'hui, le lieu d'émergence d'une élite francophone musulmane qui tend à contester la domination des élites occidentalisées et laïques (Ndiaye 2007). La troisième et dernière raison est d'ordre démographique. L'UCAD comptait 1 316 étudiants à son inauguration en 1959. Depuis, les effectifs ont grimpé de manière exponentielle. Par exemple, entre 2002 et 2011, ces effectifs sont passés de 28 585 à 56 773, soit une croissance de plus de 100 pour cent en près de dix ans. Aujourd'hui, l'UCAD compte plus de 85 000 d'étudiants venant des treize régions du Sénégal et d'autres pays africains. Entre 2001 et 2010, les effectifs des étudiants dans cette université sont, en moyenne, dix fois plus importants que ceux de l'UGB (la deuxième plus grande université publique du pays). Pour analyser les transformations de l'environnement universitaire, nous nous sommes appuyé sur des enquêtes auprès des associations islamiques à l'UCAD, des sources secondaires, notamment les livres, thèses, mémoires et articles de presse. Ces sources ont permis de capturer l'évolution du mouvement étudiant dans ses moments de grandeur et de décadence, mais aussi le processus d'émergence de l'islam comme un imposant acteur dans l'espace universitaire. Nous avons mis à contribution notre parcours à l'université[4] qui nous a permis non seulement de nous familiariser avec les structures estudiantines, mais aussi d'identifier et de décrire – à travers les observations in situ – les symboles identitaires, le port vestimentaire et la « territorialisation » du campus social[5] avec des groupes qui revendiquent et/ou s'approprient certains espaces, etc. Cet article est donc le fruit d'une triangulation d'approches afin de rendre compte des mutations que vit l'UCAD.

Dans les sections qui suivent, nous allons, dans un premier temps, discuter les péripéties qui ont émaillé l'émergence du phénomène religieux dans le campus en montrant comment les choix politiques et idéologiques du mouvement étudiant ont été déterminants. Ensuite, nous allons mettre en exergue les facteurs locaux et internationaux qui ont favorisé l'affirmation du religieux dans l'espace universitaire avant de discuter les manifestations empiriques de l'adoption d'une attitude décomplexée par rapport à l'identité religieuse islamique et la communautarisation de l'espace universitaire. Enfin, il sera question de comprendre dans quelle mesure l'université fonctionne comme un lieu d'expression localisée des transformations sociales et comment l'élite francophone musulmane formée dans les écoles laïques a fait sienne la revendication ambiante pour une citoyenneté culturelle en vue de formuler la demande d'une citoyenneté nationale plus inclusive.

De l'ascendance des idéologies révolutionnaires et laïques à l'affirmation du religieux dans l'espace universitaire

Les mutations de l'environnement universitaire ne sont pas indépendantes des changements d'orientation opérés par le mouvement étudiant au cours de son histoire. Ces orientations, généralement influencées par les contextes politique, économique, social, peuvent être résumées en deux types : les choix idéologiques et politiques et les choix corporatistes. Si les premiers choix ont, dans une certaine mesure, renforcé le pôle revendicatif du mouvement étudiant, les seconds ont précipité son déclin et contribué à l'affirmation de l'islam comme principal pôle d'animation culturelle et cultuelle dans l'espace universitaire.

Les choix idéologiques et politiques du mouvement étudiant

La naissance du mouvement étudiant dans les années 1930 a d'abord pris la forme d'une rupture avec l'ordre colonial. Cette démarche était incarnée, entre autres, par les étudiants regroupés autour de la Fédération des étudiants d'Afrique noire en France – FEANF (Traoré 1984 ; Dieng 2003). Dans les colonies françaises d'Afrique noire, l'Université de Dakar fut un des espaces de contestation du colonialisme classique et – après les indépendances – du néocolonialisme incarné par les élites politiques locales. L'Association générale des étudiants de Dakar (AGED), créée en 1950 et devenue l'Union générale des étudiants d'Afrique-Occidentale (UGEAO) en 1957, fut l'un des premiers cadres qui cristallisaient les revendications des étudiants pendant les premières années de l'indépendance (Diop 1992:442 ; Thioub 1992). L'UGEAO se caractérisait tant par « la largesse de sa base de recrutement que par la consistance de son discours internationaliste, anticolonialiste et anti-impérialiste » (Diop 1992:442). Dans la mesure où le mouvement estudiantin avait tendance à afficher des objectifs qui étaient contraires aux intérêts de la classe dirigeante, le régime de Senghor (le premier président du Sénégal) a constamment fait recours à la répression et au contrôle idéologique dans le but d'étouffer toute velléité de contestation au système de domination. Dans ce contexte, l'engagement politico-syndical du leadership de l'UGEAO a conduit à la dissolution de cette structure en novembre 1964. Même si une année plus tard, en février 1965, l'Union générale des étudiants sénégalais (UGES) fut créée, celle-ci ne durera pas longtemps puisqu'elle sera dissoute à son tour (Diop 1992:442 ; Bathily et al. 1992) au profit des organisations d'étudiants acquises à la cause du régime en place. Il s'agit notamment de la Fédération nationale des étudiants de l'UPS, de l'Union nationale des étudiants sénégalais (UNES) et de la Fédération des étudiants libres de Dakar (FELD).

De 1966 à 1974, le destin du mouvement étudiant était intrinsèquement lié à celui des partis de gauche. Au cours de cette période, la vie politique au Sénégal fut marquée par l'existence d'un régime relativement autoritaire qui avait confiné l'opposition politique dans la clandestinité. Dans son élan de contestation de l'État néocolonial et de son assujettissement aux intérêts des puissances impériales, cette opposition politique – essentiellement composée des partis de la gauche – s'est organisée autour du marxisme et des différentes variantes du nationalisme pour s'opposer à la classe dirigeante. Aussi a-t-elle fait des syndicats de travailleurs, d'enseignants et d'étudiants ses principaux canaux d'expression.

Le rôle du mouvement étudiant dans le projet anti-hégémonique de la gauche est d'ailleurs éloquemment mis en exergue par Diop (1992:435), lorsqu'il écrit : « L'activisme étudiant s'est rangé du côté des forces nationalistes, c'est pourquoi il a constamment bénéficié du soutien de l'intelligentsia de gauche ».

Déjà en 1966, les étudiants réagissent à la domination du mouvement par les structures affiliées au régime en créant respectivement l'Union des étudiants de Dakar (UED) et l'Union démocratique des étudiants sénégalais (UDES). Ces luttes estudiantines, à la fois idéologiques et politiques, se sont accentuées à la fin des années 1960 et s'articulaient autour de la résistance contre le modèle éducatif assimilationniste. Les deux syndicats sont devenus les catalyseurs des premières grandes luttes du mouvement étudiant dans la période postcoloniale avant leur dissolution en février 1971. Elles font la jonction avec les efforts de la gauche en vue de perturber la construction de l'hégémonie de Senghor et la crise économique, qui a éprouvé les conditions de vie de la petite bourgeoisie urbaine (Diop 1992:437). La crise qui en a résulté en mai 1968 opposait ainsi le régime de Senghor aux forces syndicales qui mêlaient revendications politiques et corporatistes[6]. Cette crise témoigne, selon Bianchini (1988), d'une œuvre de la décolonisation culturelle qui avait du mal à prendre corps jusqu'alors. Aussi marque-t-elle le début du basculement de l'orientation du mouvement étudiant vers des revendications de types corporatistes.

Les choix corporatistes du mouvement étudiant

Les choix corporatistes s'inscrivent, à certains égards, dans un processus de dépolitisation (Bianchini 2004) et de « repli corporatiste » du mouvement étudiant. Ce basculement est précipité par la combinaison de trois facteurs majeurs. Le premier est la libéralisation politique en cours depuis la fin des années 1970. En effet, la transition du Sénégal d'un système de parti unique (de 1960 à 1974) à un multipartisme limité (de 1974 à 1981), puis au multipartisme intégral dans les années 1980, a contribué à la déliquescence du mouvement étudiant. Le deuxième facteur est la fragmentation du mouvement étudiant qui, en vérité, ne reflétait que les frictions idéologiques au sein de la gauche sénégalaise (Diop 1992:439). Au sein de l'espace universitaire, ces divergences prenaient la forme d'une bataille politique pour le contrôle du leadership étudiant. Elles rendaient particulièrement difficile la réorganisation du mouvement à la fin des années 1970. Par exemple, l'Union nationale patriotique des étudiants du Sénégal (UNAPES) est créée en mars 1979 sous l'influence du parti politique And-Jëf/Mouvement révolutionnaire pour une démocratie nouvelle (AJ/MRDN) qui se réclame du maoïsme. Moins d'une semaine avant la tenue de la première assemblée générale constitutive de l'UNAPES prévue le 23 mars 1980, une autre structure – l'Union nationale démocratique des étudiants du Sénégal (UNDES) – est créée par des étudiants et dissidents proches du Parti africain pour l'indépendance (PAI), un parti de gauche communiste alors dans la clandestinité. Le troisième facteur qui a précipité la transition vers les revendications de types corporatistes est la démarche répressive du régime de Senghor, la crise de l'institution universitaire et les réactions subséquentes de survie financière. À ce propos, Diop (1992:472) écrit :

> La répression qui s'accentue depuis 1968 a favorisé l'émergence d'un leadership décidé et qui abandonne progressivement la ligne anti-impérialiste explicite et les mythologies révolutionnaires traditionnelles pour s'engager dans des luttes beaucoup plus collées aux réalités (améliorations des conditions de vie et d'études).

Le mouvement étudiant africain a toujours essayé de réconcilier la lutte pour les « intérêts matériels et moraux » et la « conscience politique. ». Il s'agit d'« être politiquement conscient et techniquement compétent ». Mais depuis 1981, le mouvement étudiant n'est que l'ombre de lui-même (Sy 2011), surtout après l'éclatement de l'Union générale des étudiants de Dakar (UGED) en 2004, sur fond de querelles de leadership. Les multiples tentatives de le restaurer n'ont pas abouti à des résultats concluants. Par conséquent, la fragmentation de ce qui devait être une structure centrale forte, capable de poser les problèmes des étudiants de façon méthodique et efficace, a conduit inévitablement à des revendications sectorielles menées par des associations corporatives de facultés ou d'écoles. Ces dernières abandonnent les revendications générales au profit des revendications propres à leurs facultés respectives. Bref, la faiblesse du pôle revendicatif du mouvement étudiant et sa dépolitisation au profit des revendications corporatistes ont accéléré le processus d'adoption d'une attitude décomplexée par les organisations religieuses qui ont déjà commencé à émerger au milieu des années 1970. Aussi ces organisations ont-elles trouvé un espace abandonné qu'elles ont investi, répondant ainsi à une crise existentielle beaucoup plus profonde que la crise politique.

Ces dernières s'imposent de plus en plus comme une alternative aux idéologies révolutionnaires et laïques qui ont perdu leur capacité à structurer l'espace universitaire. Plusieurs facteurs ont contribué à l'affirmation du religieux comme un acteur principal dans l'environnement universitaire. Mais il convient de souligner qu'après la restauration du multipartisme intégral, l'espace politique est solidement investi par les partis politiques, qui ont de moins besoin des organisations estudiantines comme substitut et relais.

Les facteurs ayant favorisé l'affirmation du religieux dans l'espace universitaire

Deux facteurs principaux ont milité en faveur de l'adoption d'une attitude décomplexée par rapport à l'appartenance religieuse islamique à l'UCAD. Le premier est le contexte religieux international symbolisé par la révolution islamique en Iran de 1979 qui, selon certains auteurs, a contribué au renouveau de l'islam au Sénégal. Toutefois, il convient de ne pas accorder une audience démesurée à l'impact du climat d'effervescence religieuse au plan international dans la reconfiguration du champ religieux sénégalais. À l'évidence, la révolution islamique en Iran a accentué le sentiment d'appartenance religieuse, mais ne l'a pas créé (Diop & Diouf 1990:72). Deux raisons sous-tendent cet argument. Premièrement, l'islam au Sénégal n'est pas d'orientation chiite ; il est essentiellement confrérique. Par ailleurs, certaines confréries (comme la confrérie mouride) ont amorcé leur processus de renouveau bien avant la Révolution iranienne. En effet, le renouveau mouride est essentiel pour comprendre la nouvelle situation avec la volonté du Khalif Abdou Lahat Mbacké de renégocier le contrat social et d'assurer une autonomie de la confrérie vis-à-vis de l'État sans remettre en cause leur alliance. L'arrivée sur le campus, c'est aussi le début de l'affirmation d'une modernité confrérique devenue francophone, mais sous le contrôle du leadership traditionnel. L'espace universitaire ne pouvait donc pas échapper à cette logique d'émancipation et de compétition. Deuxièmement, les types d'acteurs susceptibles d'être influencés par l'évènement de la Révolution iranienne7 sont les organisations islamiques réformistes qui, il faut le signaler, sont restées foncièrement sunnites et d'inspiration plus ou moins wahhabite. Si cet islam réformiste a pu gagner en visibilité et a pénétré certaines couches de la société sénégalaise, c'est en partie grâce aux actions et financements des États pétroliers arabes et des organisations caritatives musulmanes sunnites qui se sont investis dans la construction des écoles, des centres islamiques et des mosquées. Par contre, la révolution iranienne a suscité, dans une certaine mesure, « une prise de conscience du potentiel révolutionnaire de l'islam comme système politique et idéologique » (Bianchini 2004:201). Aussi se manifestait-il dans la percée timide du mouvement religieux à l'UCAD, symbolisé par la lutte pour la construction d'une mosquée sur le campus social en 1986. Cette percée inaugure l'ère d'autres groupements religieux d'obédience non confrérique qui viennent s'ajouter à la liste des associations confrériques dans l'espace universitaire.

Le deuxième facteur qui a favorisé l'affirmation du phénomène religieux à l'UCAD est la variable économique. Du début des années 1970 à la fin des années 1990, le Sénégal a traversé une situation économique difficile. Les chocs pétroliers et la sécheresse au début des années 1970, doublés des crises de l'arachide et des phosphates au cours de la même période, ont engendré une baisse importante des recettes d'exportation et de profonds déséquilibres intérieurs et extérieurs (Diouf 2002:58-59). Cette crise économique est favorisée par le « renouveau » de la confrérie Mouride, considéré comme une forme de réponse aux difficultés du monde rural. En effet, les difficultés économiques ont provoqué la déchéance progressive du secteur agricole. Cette situation oblige certains chefs religieux qui avaient fondé leur influence sur la culture de l'arachide à bâtir une nouvelle légitimité à partir de l'émigration. Cette reconversion de ceux que Copans (1980) qualifie de « marabouts de l'arachide » en « marabouts de l'émigration » (Tall 2009:147), s'est manifestée sous forme d'expansion de « la mentalité confrérique » mouride hors des centres ruraux originels qui l'ont vue naître (Diagne 1992:290). Ainsi, si traditionnellement les principaux adeptes de cette confrérie furent des paysans, l'idéologie mouride ne tardera pas à déborder la sphère des milieux ruraux pour investir la ville. Les ruraux, dans leur effort de recherche d'emploi, ont colporté l'idéologie mouride dans les centres urbains et l'ont entretenue grâce à des formes des solidarités sociales dans les Dahira8 et économiques dans le secteur informel urbain (Diop 1981 ; Diagne 1992:290). Cette « reterritorialisation » de la confrérie va se poursuivre dans certaines sphères comme l'université et susciter l'intégration d'une bonne partie de l'élite intellectuelle au sein du mouridisme (Diop & Diouf 1990:80-81). Ce fut alors le début de la présence et de l'expression remarquées de la religion au sein du campus symbolisé par la création de la Dahira des étudiants mourides (DEM) en 1975.

La présence du religieux à l'UCAD va s'accentuer davantage avec la récession économique, qui a atteint des proportions alarmantes dans le courant des années 1980. Cette situation est consécutive aux politiques d'ajustements structurels (PAS) de la Banque mondiale (BM) et du Fonds monétaire international (FMI), suivies de la dévaluation du franc CFA, intervenue en 1994 (Banque mondiale 1992). Les rigueurs de ces PAS ont eu pour corollaire la réduction considérable des dépenses publiques, le démantèlement des structures économiques locales et l'exacerbation des difficultés des secteurs sociaux, au premier rang desquels l'éducation, qui est entrée dans une phase de crise à répétition (Sy 2011:282). Il y a également la détérioration des conditions de vie et d'étude des étudiants, mais aussi des enseignants à partir de 1971, en plus de la terrible répression qui s'abat sur les organisations estudiantines et le démantèlement du leadership. À l'UCAD, la paupérisation des étudiants et les grèves cycliques déclenchées par les enseignants et les apprenants ou le personnel administratif ont accentué le malaise profond que traverse l'institution, surtout au début des années 2000. Sur le plan social, les étudiants protestent contre leurs conditions d'existence précaires. Même si l'on note une certaine augmentation de l'effectif des boursiers depuis 2000, la majorité des étudiants se contentent d'une aide annuelle de 60 000 FCFA (soit approximativement 92 €) par an. À cet inconfort économique s'ajoutent les difficultés liées à l'hébergement et à la prise en charge médicale. En effet, chaque année, des milliers de nouveaux bacheliers débarquent à l'université alors que les infrastructures d'accueil ne suivent pas le flux massif des étudiants.

C'est pourquoi les mêmes revendications sociales sont brandies chaque année par les étudiants, qui demandent entre autres l'amélioration de la qualité des repas, leur prise en charge par le service médical du Centre des œuvres universitaires (COUD), la réduction des prix du loyer des chambres et des tickets (Sy 2011). Sur le plan pédagogique, la question du sureffectif des étudiants se pose avec une lancinante acuité. La massification de l'institution se poursuit sans qu'au fil des années, les budgets affectés à l'université ne connaissent de hausse subséquente. La création de nouvelles universités entre 2007 et 2008 n'a pas permis de désengorger l'université de Dakar qui souffre de surpeuplement. Ainsi, la fuite répétée des cerveaux qui s'ensuit, les frustrations et la désillusion profonde des étudiants, les échecs avoisinant 80 pour cent dans certains cycles (UCAD 2016:4) ne sont pas les moindres maux qui chargent l'université. Ce qui finit par provoquer des agissements, notamment de la part de ceux qui, au terme de leurs études, n'ont qu'une formation générale et se retrouvent tels des exclus potentiels du marché de l'emploi. Il n'est donc pas surprenant que les étudiants se rabattent sur des formes de solidarité qui leur permettent de venir à bout de leur précarité. Les problèmes précités ont été à l'origine de l'organisation de la Concertation nationale sur l'avenir de l'enseignement supérieur (CNAES) en 2013.

La multiplication des associations religieuses dans le campus doit être alors analysée comme une réponse à un besoin d'identité, mais surtout de recherche d'une couverture sociale et psychologique face à une situation universitaire précaire. Dans cette perspective, le mouvement religieux ne peut être analysé isolément des facteurs qui sont à l'origine du foisonnement d'associations identitaires (régionales, ethniques, etc.) qui peuplent le campus (voir Diop 2010:47). Les associations islamiques apparaissent aujourd'hui comme la catégorie la plus visible, offrant aux étudiants les possibilités de se regrouper et développer des formes de solidarités à même d'atténuer leur inconfort matériel, social et psychologique. Une telle situation laisse entrevoir les signes d'une « islamisation » progressive de l'espace universitaire, phénomène qui s'accompagne en même temps d'une compétition entre organisations religieuses pour la « conquête » de cet espace. Cette islamisation, qui a commencé timidement à la fin des années 1970, va s'accélérer au cours des années 1990 avec l'ouverture démocratique qui accrut la présence des religieux dans l'espace public en général et le déploiement de leur action dans les milieux scolaire et universitaire. Elle renvoie à l'adoption d'une attitude décomplexée par rapport à l'identité religieuse islamique permettant aux étudiants de revendiquer leur identité de musulmans et d'exprimer publiquement leur citoyenneté culturelle islamique dans un espace naguère dominé par les idéologies révolutionnaires et laïques.

L'adoption d'une attitude décomplexée et les logiques d'accaparement de l'espace universitaire

Il y a deux éléments qui ont contribué à la progression et au dynamisme du phénomène religieux dans l'espace universitaire. Le premier est le développement d'organisations estudiantines au sein des confréries religieuses. Comme nous l'avons mentionné plus haut, la naissance du *Dahira* des étudiants mouride (DEM) en décembre 1975 à l'UCAD en est le moment historique pivot. Créé sous le khalifat de Cheikh Abdoul Ahad Mbacké (Dramé 2011), ce Dahira a connu plusieurs évolutions qui lui ont permis de devenir l'une des organisations religieuses estudiantines les plus dynamiques à l'UCAD. Lors de l'assemblée générale de 1983, le DEM (dont la direction était composée majoritairement de non-étudiants) reprécisa ses orientations et recentra son action sur le campus (Kane 1998:151). Le 19 janvier 1992, le Dahira devient le *Hizbou Tarkyya*, prônant ainsi le « culte de l'excellence » et visant à « assurer une victoire culturelle au mouridisme » (Dramé 2011:108). Il faut préciser que le militantisme religieux estudiantin n'était pas l'apanage des étudiants qui se réclamaient du mouridisme. Il était également incarné par les étudiants tidianes qui créèrent, en 1980, le Dahira des étudiants tidianes (DET) avec l'autorisation de Serigne Abdoul Aziz Sy junior, l'actuel porte-parole de la branche Sy de la tidianyya. Tirant sa légitimité de sa collaboration avec le Khalife général, la DET se singularisait par sa conformité aux instructions provenant du centre religieux de Tivaouane et son observance à la ligne doctrinale de la confrérie (Kane 1998:151-152).

Le deuxième élément qui témoigne du dynamisme religieux dans l'espace universitaire est la construction de la mosquée dans le campus social de l'UCAD en 1986 que nous avons abordée plus haut. Gérée exclusivement par l'Association des étudiants musulmans de l'université de Dakar (AEMUD), cette mosquée est devenue le symbole de l'islam réformiste à l'UCAD9. En 1993, une autre association réformiste a vu le jour, parrainée par la Jama'atou Ibadou Rahmane (une des organisations réformistes les plus influentes au Sénégal). Il s'agit de l'Association des élèves et étudiants musulmans du Sénégal (AEEMS) qui a investi les écoles et universités du Sénégal (Ba 2008:79-80). C'est d'ailleurs dans ce contexte d'effervescence de groupements religieux dans les années 1990 que les étudiants catholiques se mobilisent en créant eux aussi plusieurs associations. On peut citer, entre autres, l'Association des étudiants catholiques du campus (AECC), le Groupement des étudiantes catholiques de la cité Aline Sitoé (GECCAS), la jeunesse estudiantine catholique universitaire (JECU), l'Amicale des normaliens catholiques du campus (ANOC), Présence chrétienne. Mais toutes ces associations sont affiliées à la Coordination des étudiants catholiques de Dakar (CECD), l'organe fédérateur dont le siège se situe à la paroisse Saint Dominique, en face de l'université (Tamba 2005).

Ces évolutions ont fait basculer le mouvement religieux dans une phase de progression (Ndiaye 2007:121). Elles ont participé à la transformation du visage de l'UCAD et à l'accélération de la dynamique de l'adoption par les étudiants d'une attitude décomplexée par rapport à leur appartenance à l'islam. Les dynamiques s'expriment aujourd'hui de deux manières. Premièrement, elles prennent la forme d'un marquage ou plutôt d'une territorialisation de certains espaces du campus social et pédagogique qui sont transformés en lieux de culte propres aux différents groupements religieux. La territorialisation (pour faire écho à Di Méo & Buléon 2005) est donc « l'action d'un individu ou d'un groupe d'individus qui agissent individuellement ou collectivement. Elle est porteuse de sa subjectivité, de ses discours et représentations. C'est le rapport privilégié que les acteurs entretiennent avec leur espace » (Diagne 2014:147). C'est le processus par lequel des groupes s'approprient un ou plusieurs espaces territoriaux pour structurer leur mode de vie et de gouvernance (Diagne 2014:91).

Ainsi, la mosquée devient le fief des étudiants de la mouvance réformiste (ceux de l'AEMUD) communément appelée « *Ibadou Rahman*[10] » tandis que les rez-de-chaussée des pavillons[11] B et D accueillaient, jusqu'à une date récente, respectivement les « *Thiantacounes* »[12] de Cheikh Béthio Thioune et les talibés Tidianes. Quant aux halls des pavillons A et N, ils étaient aménagés pour abriter les récitals de « *Khassaide*[13] » des adeptes mourides et des chants des Baye Fall. Ces derniers (les Baye Fall) ont d'ailleurs fait de l'espace vert situé devant la Direction du centre des œuvres universitaire (COUD) leur prieuré, où l'on peut même voir la photo de leur guide gravée sur le baobab des lieux. Quant au campus social féminin (la cité Aline Sitoé Diatta), elle abrite une salle dénommée « Salle Coran » gérée par l'Association des élèves et étudiants musulmans du Sénégal (AEEMS) – une organisation réformiste. Des dizaines d'étudiantes y sont formées chaque année à la vie morale et religieuse. Depuis quelques années, la cité des filles, Alioune Sitoé Diatta, vit au rythme des chants religieux des associations confrériques à l'image du campus social des hommes. À la cité Aline Sitoé Diatta, espace qui abrite les étudiantes, nous pouvons remarquer le daara d'oustaze Lamine Ndiaye qui, à côté de la Salle Coran, est devenu le réceptacle de plusieurs étudiantes pour l'initiation à la lecture de l'arabe et l'apprentissage du Coran. Cette salle, nichée au rez-de-chaussée d'un pavillon de la cité Aline Sitoe Diatta, accueille aussi des travailleurs (ouvriers en général) employés par le COUD. Aujourd'hui, plus d'une centaine d'étudiantes y sont alphabétisées en arabe et initiées à la lecture du Coran. C'est d'ailleurs l'ampleur et la ruée des étudiantes vers ce lieu d'apprentissage qui a suscité, depuis cinq ans, l'idée d'organiser une conférence de fin d'année au cours de laquelle les étudiantes, comme les manœuvres, vont réciter des versets du Coran et des hadiths.

À ces lieux de culte s'ajoutent d'autres espaces aménagés, cette fois-ci au campus pédagogique, et qui font office de lieux de prières. C'est le cas, par exemple, de la devanture de la bibliothèque universitaire (BU), le hall de la faculté des sciences et techniques, la devanture de la faculté des sciences économiques et de gestion et l'entrée (est) de la faculté des sciences juridiques et politiques. Cette ferveur religieuse est ainsi exprimée à travers les discours :

> « Aujourd'hui, à l'université, un peu partout, nous voyons qu'il y a des gens qui prient dans les amphis. Auparavant cela n'existait pas. Il y avait seulement la grande mosquée. Mais maintenant au niveau même des facultés, il y a petites mosquées que les gens sont en train de mettre en place parce qu'ils sentent qu'un besoin, une demande qui est là. À chaque fois, aux heures de prières, les étudiants sortent de leur salle de classe ou bien de leurs salles de lectures pour venir prier. Au niveau même de la BU, bibliothèque centrale de l'université, on avait voulu

interdire aux gens là-bas de prier mais ils n'ont pas pu parce qu'ils ont vu qu'il y a une forte demande. Finalement ils ont aménagé un espace pour ça. Et un partout dans différentes facultés comme à la FASEG, à la FSJP, à la faculté des sciences, des espaces sont aménagés pour permettre aux gens de prier et de respecter leur religion. (Président de la section universitaire de l'AEEMS, septembre 2015) »

La deuxième expression de l'adoption d'une attitude décomplexée de la part des étudiants est la conquête des organisations syndicales estudiantines qui étaient jusqu'alors sous le contrôle exclusif des étudiants se réclamant des idéologies révolutionnaires et laïques. Une telle évolution est la conséquence logique de l'absence d'animation politique du mouvement étudiant et de l'affaiblissement du pôle revendicatif dans une université en crise et dont le fonctionnement est devenu complexe pour la grande majorité des étudiants. Confrontés à la précarité des conditions sociales et pédagogiques et ne pouvant pas identifier les repères multiples (personnes, circuits d'informations, services, etc.) dont ils ont besoin pour apporter des réponses à toutes les difficultés auxquelles ils font face, les étudiants se tournent vers les organisations communautaires pour trouver un confort social et psychologique (Diop 2010:48). Ces organisations communautaires jouent, en effet, un rôle social et d'intégration à travers les dons de ticket de restaurant, les systèmes de tutorat et les activités culturelles. Dans la mesure où elles contribuent à l'animation des différents campus, ces structures communautaires gagnent en importance et en visibilité au fur et à mesure que les syndicats des étudiants cessent de jouer leur rôle d'interface entre les étudiants (dont ils sont censés défendre les intérêts) et les autorités universitaires et étatiques. Évidemment, ces instances de représentation formelle furent le pilier central de la vie politique et idéologique étudiante jusqu'à la fin des années 1970 et l'unique support corporatiste réaliste de la communauté étudiante à partir des années 1980. Toutefois, leurs leaders – eux-mêmes faisant face à la précarité qui prévaut sur le campus et la rigueur du marché de l'emploi au Sénégal – avaient tendance à utiliser les syndicats des étudiants comme un tremplin pour l'obtention de « bourses d'études ou de responsabilités politico-administratives » dans le gouvernement (Zeilig 2004:53-54).

Selon ce membre du comité des imams de l'AEMUD :

« Depuis la révolution iranienne de 1979, on a vu une nouvelle vision se dessiner. Maintenant la religion occupe une place très importante à l'université ; c'est la raison pour laquelle beaucoup de gens affirment aujourd'hui leur appartenance à la religion sans complaisance ou bien sans complexe. Pour nous, il faut créer un éveil islamique pour que les gens acceptent leur identité islamique. »

Il n'est donc pas étonnant que les associations religieuses et communautaires, dans leurs stratégies de captation des opportunités sociales, cherchent désormais à contrôler les syndicats des étudiants devenus objet de convoitise. Le fait que l'Association des élèves et étudiants musulmans se soit organisée en 2000 pour prendre le contrôle de la présidence de l'Amicale14 des étudiants de la faculté des lettres et sciences humaines (à travers la personne de Mamadou Dieng, connu sous le sobriquet « Dieng Ibadou ») est intéressant pour deux raisons. D'abord, il témoigne d'un souci de moraliser les instances dirigeantes des étudiants en tentant de gérer la chose publique estudiantine au mieux pour tous. Ensuite, il ouvre le chapitre des alliances pour le contrôle des instances dirigeantes des étudiants par lesquelles les organisations religieuses et communautaires positionnent leurs membres et se mobilisent pour les élire comme délégués des étudiants. Ainsi, les élections de renouvellement de l'Amicale des étudiants sont-elles souvent source de tensions (au sein des facultés) entre les différentes forces politiques, religieuses et sociales aspirant à représenter et défendre les intérêts des étudiants. Ces tensions ont atteint leur paroxysme en 2008 lorsque les violences consécutives à l'élection des délégués de l'Amicale des étudiants de la faculté des lettres et sciences humaines (FLSH) ont fait plusieurs dizaines de blessés et causé des dégâts matériels énormes (Diop 2008). Ce conflit a conduit à l'organisation d'une session unique qui était considérée comme le moindre mal étant donné que le spectre d'une année invalide planait à la FLSH. La suppression de toutes les Amicales de facultés qui en a résulté pourrait davantage renforcer le pouvoir d'attraction des organisations religieuses et communautaires qui vont s'imposer comme les seuls cadres d'épanouissement social et culturel des étudiants.

Avant la réforme qui a introduit des changements dans l'octroi des chambres, chaque délégué, membre de la liste ayant remporté les élections avait droit à une chambre. Ce privilège, dans un contexte de déficit, devenait un luxe et un objet de marchandage de surcroît. En effet, tout le pouvoir des représentants (délégués) des étudiants était lié à cette denrée rare ; ce produit de luxe : le logement. Le jeu des alliances permet ainsi à des groupes de « caser » leurs membres. Aussi ces offres leur permettent-elles de fidéliser leurs membres pour qu'ils maintiennent la « liaison structurelle ». Avant la dissolution de la plupart des amicales à l'UCAD, certaines associations islamiques nouaient des alliances avec ce qu'il est convenu d'appeler « les listes » en compétition. L'UCAD, avec son trop-plein d'étudiants, a du mal à loger les apprenants. De ce point de vue, le mérite ne suffit plus pour être logé. Les associations islamiques deviennent ainsi des espaces de sociabilité.

En effet, la plupart d'entre elles disposent d'une commission sociale, véritable cheville ouvrière des associations. Celle-ci se charge généralement de l'accueil des « nouveaux bacheliers », des « œuvres sociales » telles que l'organisation de journées de don de sang, l'assistance aux membres en difficultés, les dons de tickets, le logement de certains membres, etc. Cette commission joue le rôle d'assistance sociale. Une collecte de tickets est organisée tous les mois auprès des membres boursiers qui doivent soutenir les non-boursiers. Il convient de préciser que le taux d'abandon chez les étudiants orientés à l'UCAD, notamment chez les nouveaux bacheliers, reste encore important (Gomis 2013). Ce taux d'abandon est étroitement lié à la surpopulation et aux conditions sociales de l'UCAD.

Vu sous cet angle, il est possible de conclure que le dynamisme du religieux s'alimente de la faiblesse et de la désertion des idéologies révolutionnaires et laïques, mais aussi de la capacité des associations à prendre en charge dans une certaine mesure les préoccupations estudiantines jadis portées par le mouvement étudiant. Des œuvres sociales et des activités pédagogiques sont organisées suivant une certaine périodicité à l'intention des étudiants. Ce sont par exemple des « clubs d'éveil » et des journées scientifiques de l'AEEMS, des cellules pédagogiques dans différents domaines, comme les clubs de médecine, de chimie, de mathématiques, d'anglais, etc., mis en place par l'AEMUD, des cours de renforcement que la DEM organise à l'intention de ses membres, etc.

> « Nous sommes déterminés à former des pôles d'excellence pour, non seulement assurer notre avenir, mais aussi et surtout permettre à notre pays de compter sur des ressources sûres, capables d'accompagner son développement. Nous sommes du peuple et l'avenir se construit avec le peuple et non en marge du peuple (Président national de l'AEEMS 2015). »

Conséquemment, le religieux au campus n'a pas parasité le mouvement étudiant sénégalais. C'est plutôt le processus de « dépolitisation » du mouvement au profit d'une option corporatiste qui a concouru à l'affirmation et la progression du pôle religieux. Ce dernier s'impose de plus en plus comme un foyer d'animation culturelle, cultuelle et sociale de l'environnement universitaire. La conquête et la territorialisation de l'espace universitaire par les associations religieuses ouvrent le chapitre de la communautarisation de l'islam en plusieurs tendances doctrinales parfois rivales. Il convient donc de montrer comment le religieux s'exprime dans l'espace universitaire.

Communautarisation et expression des identités religieuses à l'UCAD

L'environnement religieux islamique à l'UCAD donne une image qui, loin d'être homogène, laisse entrevoir une mosaïque culturelle et doctrinale complexe. Il n'existe pas de données statistiques sur les organisations au campus, encore moins sur l'effectif de leurs membres. Mais l'observation révèle qu'il existe plusieurs « microcosmes religieux » ; chacun se singularise par sa manière de penser et d'agir. Dans la mesure où le champ religieux à l'UCAD reflète la structure du champ religieux sénégalais en général, les associations religieuses au campus peuvent être classées dans deux grandes catégories : le groupe des disciples des confréries et le groupe des organisations réformistes. Le groupe des disciples des confréries est lié structurellement aux grandes confréries soufies qui existent au Sénégal. Dans ce groupe, l'on retrouve des associations confrériques comme celles affiliées au mouridisme. Parmi ces dernières il faut citer : le « *Dahira Hizbut Tarkyya* », le « *Dahira Madjmahoun Noreyni* », le « *Dahira de Cheikh Béthio Thioune*[15] », le « *Dahira Baaye Faal* ». On retrouve aussi dans le groupe des disciples des confréries la Dahira des étudiants tidianes (DET), l'Association des étudiants khadres (AEK), l'Association des étudiants talibés de Baaye (AETBN), l'Amicale des étudiants Layennes (AEL). Le groupe des réformistes, quant à lui, est constitué d'associations qui ne sont affiliées à aucune confrérie. Parmi ces dernières, il faut citer l'Association des étudiants musulmans de l'université de Dakar (AEMUD), l'Association des élèves et étudiants musulmans du Sénégal (AEEMS), le Mouvement des étudiants et élèves de la Jama'atou Ibadou Rahmane (MEEJIR), depuis 2013, Jeunesse unie pour la spiritualité, le travail et l'éthique (JUSTE). Ces associations religieuses s'emploient à rendre visibles l'islam et la culture islamique dans l'espace universitaire.

Ce paysage religieux, manifestement pluriel et complexe, conduit naturellement à être sensible à l'expression des différentes identités religieuses. Il est possible de repérer deux modes d'expression de ces identités. Le premier est l'expression physique et vestimentaire. En effet, le port de signes ostentatoires est devenu un phénomène à l'UCAD. Certains étudiants affiliés aux confréries, par exemple, portent fièrement en médaillon la photo de leur guide spirituel. Du côté des étudiants « *Ibadou Rahmane* », les signes et marqueurs de religiosité sont devenus imposants et visibles à travers le voile islamique, les barbes longues, etc. Le second mode d'expression des identités prend la forme d'une solidarité active et une reproduction de l'imaginaire religieux et symbolique. Les pratiques cultuelles (prières quotidiennes et celle du vendredi, les cours de Coran, les récitals de *Khasaïdes*, les *Guddi ajuma*[16], etc.) et l'organisation d'activités de grande mobilisation (conférence, Thiant, etc.) en sont les expressions les plus manifestes. Elles permettent d'appréhender comment les étudiants reconstruisent, matériellement et symboliquement (dans leurs pratiques religieuses et dans les rituels qu'ils accomplissent) les constructions subjectives du croire qui nourrissent leur identité collective et assurent la continuité de leurs organisations religieuses, perpétuant ainsi la tradition légitimatrice de leur projet culturel ou doctrinal.

Le mode d'expression des identités se présente comme l'une des multiples « réponses » individuelles ou/et collectives face à des réalités universitaires changeantes. Écho de conflits intérieurs provoqués par divers événements psychologiques et interprétations des transformations de l'environnement universitaire, il s'agit également de conflits liés à la tension culturelle ambiante dans la société sénégalaise. Ces tensions, qui ne sont pas forcément physiques, s'expriment par une « compétition culturelle et cultuelle » mettant chaque groupe dans une logique d'extension de son rayon d'influence symbolique dans l'espace universitaire. Cette rivalité qui résulte de la communautarisation de l'espace pose la problématique de la cohésion entre les différentes tendances dans cet espace. Elle contribue aussi à la modification et à la recomposition de l'environnement universitaire qui, elle-même, n'est que le reflet des transformations de l'espace public sénégalais, caractérisé par une revendication grandissante d'une citoyenneté culturelle. En effet :

> Le sentiment d'appartenance convoque des dimensions psychologiques très profondes et parfois complexes. Il se nourrit de divers éléments : l'atmosphère,

les discours politiques, intellectuels et populaires, l'imagerie médiatique, les représentations dans le quotidien, la relation aux voisins, le sentiment d'être reconnu comme une richesse ou, au moins, d'avoir une valeur dans le regard de l'autre (Ramadan 2009).

Cette revendication est en vérité une réponse à une conception hégémonique de la citoyenneté nationale sénégalaise, qui avait tendance à confiner les religieux musulmans et les arabisants sénégalais dans la catégorie de citoyens secondaires. Cette réponse s'inscrit dans les mutations profondes de la société sénégalaise, créant ainsi des revendications identitaires. Ainsi que le note Mamadou Diouf (2013:49) :

> Communautés d'origine, de religion, associations de quartiers ou de classes d'âge, constituent autant de parcelles qui se soustraient à la communauté globale ou tentent de la soumettre à leur seul répertoire, ouvrant des territoires béants à d'autres appropriations identitaires.

Les représentations autour de l'université

Il s'agit dans cette section de montrer comment les étudiants affiliés aux groupes islamiques se représentent l'université en tant qu'institution reconnue pour sa tradition démocratique et laïque. L'université est souvent décrite comme un temple du savoir par les étudiants. Elle est aussi décrite comme le lieu de formation des cadres.

L'université, la crème du savoir

Du point de vue des militants des associations islamiques l'université est considérée comme lieu qui abrite la crème du savoir.

Pour nous, l'université c'est la crème du savoir. C'est là où on forme les cadres du pays. Donc pour nous c'est un cadre vraiment propice pour que l'Islam puisse vraiment faire ses marques. Parce que nous pensons aussi que c'est un cadre très dynamique mais aussi c'est un cadre dynamique de par les ressources humaines de la jeunesse qui s'y trouvent. (Président de l'AEEMS, section UCAD)

Un autre membre du comité des imams de l'AEMUD abonde dans son sens en confiant :

> « Aujourd'hui, nous pensons qu'on ne peut pas aller sans la crème qui est composée d'intellectuels. Donc, nous savons que la connaissance est au cœur de tout ce que nous faisons [...] Donc, nous pensons que l'université est vraiment la meilleure chose à cibler pour que nous puissions avoir cette crème qui puisse demain créer des citoyens responsables et qui savent quelle est leur responsabilité envers Dieu mais aussi envers les hommes pour qu'ils puissent vraiment répondre aux aspirations de notre nation (enquêtes de terrain, octobre 2015). »

L'université reste une institution hautement valorisée par les associations islamiques. De par la qualité de ses ressources, elle reste un espace privilégié. Elle est perçue comme lieu de retrouvaille : « L'université, c'est aussi un lieu de retrouvaille entre frères » (membre de la DET, octobre 2015).

L'université : le Sénégal en miniature

> « L'université nous pouvons dire que c'est le Sénégal en miniature. Donc si on a vraiment une bonne, bonne vision, une bonne mobilisation et des activités pertinentes au sein de l'université, nous pouvons vraiment, facilement réussir notre mission qui est d'agir pour un mieux-être de la jeunesse (Membre de la JUSTE, septembre 2015). »

Toutes les régions sont représentées. Si tu véhicules un message, sache que tout le monde l'a perçu (Membre de l'AEMUD, septembre 2015).

Ce sont donc les représentations autour de l'université qui expliquent le fait que les étudiants deviennent des acteurs très prisés par les groupes religieux qui développement ainsi des stratégies de recrutement et de massification.

Les stratégies et modes de recrutement des associations islamiques

Chaque structure développe ses propres stratégies de recrutement. Dans les stratégies de recrutement, les nouveaux bacheliers (nouveaux arrivants) sont appâtés par des banderoles et des affiches. Nous pouvons ainsi lire sur les affiches et banderoles, tout le long du « couloir de la mort[17] », des messages tels que « l'association X souhaite la bienvenue aux étudiants X ». Les structures se disputent ainsi les étudiants. En effet, l'accueil et l'intégration, parents pauvres du système universitaire, deviennent des niches à exploiter par les structures en présence (associations religieuses, associations de ressortissants de régions et amicales de facultés) qui cherchent à bâtir leur légitimité sur leur capacité à « soulager » les étudiants dont la plupart viennent de découvrir l'université pour la première fois. Aussi, les déficiences de l'UCAD militent-elles en faveur des associations islamiques qui exploitent ce vide qu'elles transforment en opportunité.

> « Chaque année on essaie d'augmenter le nombre d'étudiants au sein du Daara. Donc chaque année on lance un appel aux nouveaux bacheliers et nouvelles bachelières en les renseignant qu'il y a un Daara mouride qui est là, qui est tout près de vous et qui peut vous aider également durant votre carrière au sein du campus (Chargé de l'organisation de la DEM, octobre 2015). »

Chaque début d'année on fait des tracts, des banderoles ; juste pour accueillir les nouveaux bacheliers et faire passer l'information. Donc pour que les nouveaux bacheliers adhèrent dans la structure. On fait du porte-à-porte. Pour juste regarder les étudiants layennes s'ils veulent vraiment adhérer dans la structure. (Président de la commission sociale de l'AMEEL, octobre 2015)

« Par exemple notre commission qui est chargée du partenariat et des relations publiques. Nous avons aussi comme tâche la massification de notre structure… Donc, comment massifier notre mouvement demeure notre principal souci. Quand on organise des activités, on a ce qu'on appelle des fiches de présence. Ceux qui viennent dans nos activités et qui ne sont pas du tout membres, on va assurer maintenant le suivi (Membre de la commission pédagogique de la JUSTE, septembre 2015). »

« S'il y a un frère qui doit venir à l'université je lui dis qu'une fois à l'université il y a un dahira qui est là-bas tu vas essayer de voir un certain… et je lui donne un contact. Cette personne-là, une fois venue, il va directement vers ces gens-là. Il y a des intégrations qui sont directes et des stratégies de massification du moins qui sont plus ou moins indirectes (Membre de la commission sociale de la DET, octobre 2015). »

En réalité :

« L'accueil et l'hébergement des étudiants restent encore un défi à relever pour les universités sénégalaises. Il est regrettable de constater qu'aucune structure dans les universités n'est réservée à l'orientation des étudiants, surtout aux nouveaux bacheliers. Ce vide est occupé par les amicales de facultés et les associations de ressortissants de la même localité qui proposent des services aux nouveaux arrivants (Gomis 2013:145). »

C'est d'ailleurs en fonction des opportunités qu'offrent les associations religieuses que des étudiants font leur « mue doctrinale » ou « reconversion doctrinale » en changeant de groupe d'appartenance (Gomis, Camara & Bodian 2010). Face à la montée en puissance des groupes religieux, les organisations islamiques en question sont acquises à l'idée que l'on ne peut pas exclure l'islam de l'espace universitaire, qui semble être un véritable laboratoire social.

L'université comme laboratoire social

La tendance actuelle à l'islamisation de l'espace universitaire reflète celle de l'espace public sénégalais de manière générale. Il y a, en effet, un mouvement constant entre l'université – lieu de production et/ou de reproduction des idées et des élites dirigeantes de la nation – et la société en tant qu'espace de mobilisation de ces idées et des ressources humaines. Ce double mouvement crée un « effet d'osmose », c'est-à-dire un mécanisme d'aller et retour à travers lequel l'espace social et l'espace universitaire s'influencent et s'alimentent mutuellement. Ainsi, l'effervescence religieuse au sein de l'UCAD doit être conçue à la fois comme le reflet des changements sociaux endogènes (à l'université), mais aussi et surtout comme l'expression localisée des transformations qui affectent le champ religieux et la société sénégalaise de manière générale. Ces transformations prennent la forme d'une renégociation du « contrat social sénégalais » initial et d'une meilleure prise en compte de la culture islamique dans la citoyenneté nationale.

De la renégociation du « contrat social » initial et de l'émergence d'une citoyenneté culturelle à l'UCAD

Il faut rappeler que l'islam au Sénégal est caractérisé par l'existence d'importantes confréries soufies ayant à leur tête un guide religieux communément appelé *Khalife*[18]. Depuis la période coloniale, les leaders confrériques (ou autorités khalifales) ont participé à la reproduction des mêmes élites sécularisées qui, en retour, avaient fait de l'État laïc un espace propice à l'expansion des confréries. Mais cet ordre politico-religieux que Cruse O'Brien (1992:83-93) qualifiait de « contrat social sénégalais » fondé sur le clientélisme va, d'une part, être progressivement bouleversé à cause de l'affaiblissement des capacités financières de l'État depuis la fin des années 1970, de la fragmentation de l'autorité confrérique (Gueye 2005), et de l'émergence d'une tendance que Samson (2005) qualifie de « néo-confrérique ». Les principaux animateurs de cette mouvance – généralement les petits-fils ou descendants des fondateurs des confréries, très nombreux aujourd'hui – cherchent à ériger chacun son rayon d'influence. Ils revendiquent une nouvelle légitimité, à la fois religieuse et politique, bien qu'ils restent attachés à leurs origines soufies. Il existe, à côté de la tendance confrérique, un courant réformiste qui s'est construit en dehors des organisations confrériques, dont les origines remontent de la période coloniale, mais qui a connu un nouveau dynamisme dans les années 1970 (Diouf & Leitchman ; Gomez-Perez 2005). Localisés dans les villes, les adeptes du mouvement réformiste prônent globalement le retour au Coran et à la Sunna. Ils cherchent à bâtir leur leadership dans l'espace religieux islamique en entreprenant un travail de déconstruction permanent du système maraboutique. Il faudrait ajouter à ces deux dynamiques la revendication générale portée par les arabisants. Longtemps exclus du système politico-administratif, une bonne partie de ces derniers demande « la suppression de la laïcité dans la constitution, l'introduction de l'enseignement religieux à l'école [publique], la définition d'un nouveau code de statut personnel fondé sur la Shari'a, l'ouverture de tribunaux musulmans et la création d'un ministère du Culte » (Mbow 2007:49).

Ainsi, se manifeste la construction d'une citoyenneté culturelle, résultat d'une complexification, à travers l'action des acteurs religieux (néo)confrériques, réformistes, et des arabisants qui investissent de plus en plus les milieux populaires et les médias pour engager un véritable travail d'islamisation, et suscitent l'adhésion des jeunes des quartiers populaires, des écoles et universités. Ce travail d'islamisation va créer de nouveaux espaces de socialisation entretenus par la prédication et la propagande islamique. Les organisations religieuses confrériques et réformistes, en rivalisant pour le recrutement d'étudiants dans les universités publiques laïques depuis la fin des années 1970, ont fini par donner naissance à un nouveau profil d'étudiants francophones initiés à la religion. Certes, ces étudiants francophones musulmans s'approprient la revendication d'une citoyenneté culturelle, mais ils ont tendance à l'exprimer de manière exclusive et tendancieuse, au point de remettre en cause l'idéal de la cohabitation pacifique dans la pluralité.

En réalité, l'islam participe d'une dimension constitutive de la vie des Sénégalais. Cette religion transcende les particularités ethniques et régionales et structure de manière ouverte la vie des étudiants, quels que soient leur origine sociale, leur niveau d'instruction, leur appartenance ethnique ou géographique. Mais au rythme actuel de l'islamisation de l'espace universitaire, doit-on espérer voir se développer un communautarisme acceptant le pluralisme religieux et s'éloignant du spectre d'un communautarisme autoritaire exclusif et répulsif qui remettrait en cause les principes de la citoyenneté nationale au sein de l'espace universitaire ? La segmentation identitaire et la multiplicité des identités culturelles exclusives hypothèquent les règles qui gouvernent le fonctionnement harmonieux de l'université pour deux raisons. Premièrement, les étudiants ne se considèrent pas comme appartenant à la communauté des musulmans du campus. Ils se cachent derrière les frontières doctrinales qui les séparent de leurs coreligionnaires. Ainsi, la revendication d'une filiation avec un ordre doctrinal bien déterminé (étudiant-tidiane, étudiant-mouride, étudiant-« ibadou », etc.) l'emporte très souvent sur l'identité de l'étudiant musulman ou du citoyen sénégalais tout court. Deuxièmement, l'étudiant fait un choix délibéré par lequel il échappe à l'observance des traditions citoyennes (de civisme, de justice, et de tolérance) qui devraient être les principes primordiaux de filiation avec les autres étudiants. Il s'agit, dans ce cas de figure, d'une conception restrictive de la « citoyenneté culturelle » qui tendrait à « sectariser l'islam » dans le campus.

Dès lors, la citoyenneté culturelle telle qu'elle est vécue à l'université de Dakar, c'est-à-dire une citoyenneté exclusive, tend à remettre en question la cohabitation entre communautés religieuses. À l'évidence, le cosmopolitisme idéologique ou doctrinal, poussé à certains extrêmes, pourrait rendre problématique l'idéal de la citoyenneté nationale centré sur la paix sociale, la justice et le vivre-ensemble dans cet espace à vocation académique. Même si les rapports entre ces différents groupes religieux ne sont pas toujours conflictuels, il n'en demeure pas moins que certains événements les opposant mettent en exergue une tension ambiante. Le différend entre les étudiants-tidianes et l'Association des étudiants musulmans de l'université de Dakar (AEMUD) au sujet de la gestion de la mosquée de l'UCAD en 1999 en est l'exemple. À côté de ces malentendus, il existe d'autres qui minent le dialogue entre individus appartenant à différentes associations[19].

> « Sur un même pavillon, tu vois deux activités religieuses. La grande mosquée de l'université, juste à côté il y a un pavillon qui abrite des prières ; il y a deux prières par jour, même les fadjr, parce que là les tidjanes n'acceptent où ne veulent pas entrer dans la mosquée, entre parenthèses les ibadous sont dans la mosquée, donc vous voyez ! C'est un peu mal organisé, c'est comme deux religions dans la même religion. Donc ça doit être vraiment organisé (Membre de la JUSTE, septembre 2015). »

En l'absence de mécanisme de gouvernance du pluralisme dans l'espace universitaire, la situation risque de se compliquer davantage dans le contexte actuel où la pluralité religieuse croise les identités ethniques et géographiques20. Toutefois, des initiatives sont notées, malgré les risques de conflits potentiels. Il s'agit des activités organisées conjointement entre l'AEEMS et Présence Chrétienne, d'une part, et d'autre part, des activités organisées par l'ensemble des associations islamiques universitaires comme « la journée de l'étudiant ». En 2011, la section universitaire de l'AEEMS (SECUD), le MEEJIR (actuelle JUSTE), l'AEMUD avaient mis en place un Comité d'action SUDAK, SECUD, AEMUD, CASSA en acronyme.

En résumé, le développement du militantisme religieux à l'UCAD permet, d'une part, de reprendre la réflexion sur la conception traditionnelle de l'université comme un espace franc préservé des influences de l'environnement social. En effet, le principe des libertés académiques et des franchises universitaires (Diouf & Mamdani 1994) qui est censé protéger la communauté universitaire contre les ingérences extérieures et aider à construire un espace de démocratie et de tolérance est de moins en moins garanti. D'autre part, l'activisme religieux à l'université de Dakar est révélateur d'un processus de renégociation de la modernité et de la citoyenneté au Sénégal, à la redéfinition de laquelle les étudiants initiés à la religion dans les universités francophones laïques ont grandement contribué (Ndiaye 2007). Ces derniers ont tendance à s'approprier la demande de citoyenneté culturelle et islamique qui s'est longtemps nourrie de la pression des arabisants et des organisations islamiques pour formuler la demande d'une citoyenneté nationale plus inclusive.

Vers une citoyenneté nationale et inclusive : le rôle de l'élite francophone musulmane

La structure des rapports démocratiques au sein de la société sénégalaise est traditionnellement discutée dans une perspective dichotomique qui met en opposition l'élite formée à l'école occidentale et une « contre-élite » constituée par les lettrés arabes (Fall 1993 ; Mbow 2007). La première, que l'on pourrait qualifier d'« élite francophone laïque» est le produit de l'école sénégalaise qui est d'inspiration française dans son orientation et son contenu. Cette école fut, durant la période coloniale, le vecteur de la politique de l'assimilation ayant favorisé l'émergence des premiers cadres sociopolitiques qui ont dirigé le Sénégal après son accession à la souveraineté internationale. Cette élite socio-politique, généralement acquise à la modernité occidentale, a toujours préservé l'image publique et laïque de l'État et de ses institutions, qui portent encore l'empreinte de l'hégémonie du français – la langue de l'administration. Dans un tel contexte structurel, les citoyens sénégalais formés dans les institutions islamiques ou en langue arabe se voient disqualifiés par rapport à toute participation significative à l'action publique et administrative. Beaucoup d'entre eux ont dû, après leur formation arabo-islamique, ouvrir leurs propres écoles coraniques (Daara) ou jouer sur leur capital symbolique en affirmant leur suprématie et légitimité dans le champ religieux et dans l'espace de la prédication (Bodian & Camara 2010). De plus en plus, ils cherchent à s'extirper de leur situation de « citoyens de seconde zone ». Le fait qu'ils revendiquent l'arabe comme outil de travail et s'expriment dans les médias avec cette langue ou les langues nationales pour discuter des questions qui engagent la vie de la Nation (Mbow 2007:49) est révélateur de l'affirmation élitaire des arabisants qui tendent à questionner l'héritage institutionnel et l'hégémonie du français. Fall (1993:200) décrit habilement les contours de cette revendication d'une citoyenneté culturelle quand il écrit :

> La demande d'Islam, en relation avec l'arabisation, est forte et multiforme : elle porte aussi bien sur l'éducation (qu'on veut conforme aux canons de la morale islamique) que sur la promotion de la langue arabe (langue du sacré car langue du Coran mais que les arabisants souhaitent voir promue langue nationale) ou la critique de la laïcité.

Dans le contexte actuel de réislamisation de la société sénégalaise, la critique vis-à-vis de la citoyenneté nationale21 (désormais émiettée), qui est relativement exclusive, est canalisée par l'élite musulmane formée dans les universités francophones comme l'UCAD. Aussi cette fragmentation de la citoyenneté n'est-elle pas le produit d'une stratégie qui met l'accent sur un emboîtement de territoires et de capacités citoyennes qui ne s'excluent pas forcément. Cette « élite musulmane francophone » partage avec « l'élite musulmane arabophone» le projet de valorisation de la langue arabe et le recours à l'Islam comme alternative politique, économique et sociale. Premièrement, elle a tendance à outrepasser la rivalité entre citoyenneté culturelle versus cultuelle et citoyenneté nationale, mais aussi à épurer la citoyenneté culturelle de ses élans tendancieux. Cet effort de synthèse est incarné par les intellectuels membres du CERID (Centre d'étude et de recherche islam et développement). Cette association regroupe une partie de l'intelligentsia formée à l'école occidentale, mais dont l'ambition est de concilier le progrès avec la défense des valeurs islamiques. Aussi tend-elle « à œuvrer à l'assainissement de l'islam sénégalais en le débarrassant de son caractère « élitiste » et de ses tendances au « régionalisme stérile » et en favorisant son unité, non autour de « certaines familles », mais sur la base du Coran et de la Sunna » (Fall 1993:200). Deuxièmement, « l'élite musulmane francophone », en plus d'évoluer vers une logique de mobilité sociale ascendante à travers le système éducatif, s'inscrit dans une perspective de participation politique par les mécanismes du jeu démocratique. Son entrée dans le jeu politique va inaugurer une nouvelle ère marquée par une compétition entre elle et l'élite politique laïque pour la gestion des affaires publiques. Elle va surfer sur deux registres de légitimité. Le premier, moral, leur est conféré par leur statut de religieux. Le second, politique, est tiré des règles du pluralisme politique. Ils convoquent aussi l'éthique islamique, dont ils disent incarner les principes, et accusent l'élite occidentalisée et laïque d'être responsable des dérives socioéconomiques et du sous-développement du pays.

Conclusion

L'islam est plus que jamais présent dans l'espace universitaire au Sénégal. À travers cet article, nous avons tenté de montrer comment l'affirmation du fait religieux islamique dans l'espace universitaire témoigne de la perte progressive de la capacité des idéologies révolutionnaires et laïques à structurer cet espace. Ce déclin des idéologies a entraîné l'adoption chez les étudiants d'une attitude décomplexée par rapport à l'appartenance religieuse islamique et la communautarisation de l'espace universitaire. Ces deux dynamiques reflètent les changements de l'environnement religieux au Sénégal, caractérisé par une forte demande pour une citoyenneté culturelle en réponse à une citoyenneté nationale dont l'orientation francophone et laïque n'accordait pas une grande place aux lettrés arabes dans l'action publique et dans l'administration.

Espaces de sociabilité, les associations islamiques deviennent de plus en plus imposantes de par la pluralité de leurs offres (œuvres sociales et pédagogiques) qui semblent rencontrer l'adhésion des étudiants. Dans le contexte de l'université Cheikh Anta Diop où la revendication d'une citoyenneté culturelle croise un processus d'affirmation sans complexe du religieux, il se produit deux dynamiques intéressantes. D'une part, les étudiants musulmans, en s'appropriant l'idée d'une citoyenneté culturelle, avaient tendance à renforcer la communautarisation de l'espace au point de diviser l'islam en plusieurs organisations parfois rivales. D'autre part, l'affirmation sans complexe du religieux a sécrété un type de religieux francophone qui tente de réconcilier la citoyenneté nationale et la citoyenneté culturelle et/ou cultuelle en s'appropriant le droit politique et les règles du jeu démocratique. Leur mode d'action, même s'il procède parfois d'un questionnement du système politique (à travers notamment la contestation de la laïcité de l'État et ses institutions), s'inscrit généralement dans une logique de participation. Autrement dit, l'« élite islamique francophone » aspire au contrôle du système, mais pas nécessairement à son rejet. Ces dynamiques témoignent d'une transformation en profondeur de la société sénégalaise. Étant donné que l'implication des acteurs religieux dans l'espace public et dans le champ politique est de plus en plus marquée, il faut envisager une évolution vers des institutions hybrides qui tiennent en compte la demande pour une citoyenneté plus inclusive et intégrative ouverte à la pluralité. Au niveau national, dans un contexte de propositions de réformes institutionnelles par voie référendaire, des voix demandent la refondation des institutions ; ce qui amène non seulement à repenser le caractère laïc de l'État, mais aussi de toutes les institutions publiques héritées de la colonisation.

Notes

1. Souleymane Bachir Diagne, session inaugurale de la retraite de formation sur « Le développement du curriculum et de l'enseignement innovant de sciences sociales et humaines au Sénégal », organisée par le Codesria du 24 au 29 août 2015 à Saly.

2. Nous entendons par communautarisation le processus par lequel les organisations religieuses, mais aussi les associations estudiantines non religieuses, se déploient et s'identifient dans l'espace universitaire. Il s'agit notamment d'une fragmentation identitaire des groupes.

3. D. O'Brien considère que les filières confrériques ont, dès la période coloniale, construit une citoyenneté alternative (d'une société civile) qui leur a permis de coopérer et résister aux administrations coloniales et postcoloniales. Ces opérations ont constitué le « contrat social » et produit une culture politique qui relie marabouts, politiciens et masses.

4. Nous avons passé dix bonnes années à l'université de Dakar et avons tissé des relations particulières avec la plupart des associations islamiques et chrétiennes, à l'instar de l'association Présence Chrétienne.

5. Il se distingue du campus académique. C'est l'espace où résident les étudiants et il constitue un espace de sociabilité.

6. Mai 1968 fut l'un des événements qui ont le plus marqué l'université sénégalaise et le mouvement étudiant. À l'UCAD, les événements ont commencé par des revendications corporatives au mois de mars de la même année. Il s'agissait pour les étudiants de lutter contre le fractionnement des bourses et leur limitation à dix mois.

7. Bien que le chiisme, sous la férule de l'ONG Mozdahir, trouve de plus en plus d'adeptes au Sénégal, il n'existe pas encore, en 2015, de structures estudiantines d'obédience chiite.

8. Le Dahira est une association regroupant les adeptes d'une même confrérie religieuse. On parle ainsi de Dahira Mouride, Tidiane, Niassène, etc.

9. Il convient de souligner le rôle déterminant de Ciré Ly, membre fondateur de l'ONG Action de solidarité islamique (ASI). Ciré Ly était en devant de la lutte pour la solidarité au sein de la Ummah, de la célébration des épopées des savants et penseurs musulmans d'Afrique et du monde et du pèlerinage à La Mecque, sources : http://www.ferloo.com/2015/07/28/dr-cire-ly-fondateur-daction-de-solidarite- islamique-hommage-rendu-a-un-bienfaiteur-a5795.html

10. On retrouve aussi chez eux la critique des confréries traditionnelles et le souci d'établir un nouveau leadership religieux au sein de la communauté.

11. Les pavillons sont les dortoirs des étudiants.

12. Cérémonies hebdomadaires, de chants religieux notamment, que les talibés ou fidèles du Marabout Cheikh Béthio Thioune organisent en honneur de leur guide spirituel.

13. Poème religieux mouride dont la paternité est souvent attribuée au fondateur de la confrérie, Cheikh Ahmadou Bamba.

14. Les Amicales sont les seules structures légales pour la défense de l'intérêt des étudiants.

15. Le mot Cheikh est d'origine arabe. Dans la tradition religieuse islamique et confrérique du Sénégal, le Cheikh est une personnalité qui a réalisé pleinement sa spiritualité. Il

est celui qui est au terme de la Voie et qui peut servir de modèle et guide aux personnes désirant être comme lui et à ses fidèles ou talibés. C'est l'exemple de Béthio Thioune promu au rang de Cheikh par feu Saliou Mbacké (khalife général des mourides) même s'il a toujours affirmé qu'il n'est pas un érudit en islam.

16. Les prières nocturnes qui ont lieu la nuit du jeudi au vendredi.

17. Long corridor qui mène au campus pédagogique. Les oppositions souvent violentes entre étudiants et forces de l'ordre pendant les grèves lui ont valu cette dénomination. Aujourd'hui, le Recteur, dans son discours à l'occasion des journées scientifiques du CAMES tenues à Dakar 23 et 25 décembre, a exprimé sa volonté de le rebaptiser.

18. La confrérie (ou tarîqa en arabe) est un regroupement de musulmans, comptant souvent plusieurs milliers (voire des millions) de membres. Il y a quatre principales confréries au Sénégal : la Tidjaniyya, la Mouridiyya, la Qadiriyya et la Layéniyya.

19. En 2004, par exemple, une querelle entre deux voisins de chambre – un « Ibadou Rahmane » et un talibé mouride – a provoqué des batailles rangées entre groupuscules des deux communautés. Une photo du khalife général des mourides accrochée au mur de la chambre et déchirée par le voisin « Ibadou » serait à l'origine de ces anicroches.

20. On note l'émergence de certaines minorités ethniques, et des ressortissants de régions, villes, villages, etc.

21. Nous entendons par « citoyenneté nationale » le principe constitutionnel qui consacre le statut de citoyen et l'égalité de droit à tous les Sénégalais sans distinction aucune de race, sexe, religion et ethnie. Ce principe s'appuie sur le fond commun à tous les citoyens. Par contre, la citoyenneté culturelle et/ou cultuelle traduit une fragmentation de la citoyenneté nationale en différentes « sous-citoyennetés ».

Bibliographie

Ba, S., 2008, « L'implication des femmes dans les projets de société islamique : le cas des militants de l'Association des élèves et étudiants musulmans du Sénégal (A.E.E.M.S) », Mémoire de maîtrise, Département de sociologie, Université Cheikh Anta Diop de Dakar.

Bathily, A., 1992, *mai 1968 à Dakar*, Paris, Éditions Chaka.

Bathily, A., Diouf, M. & Mbodj, M., 1992, « Le mouvement étudiant sénégalais, des origines à 1989 » in d'Almeida-Topor, H., Georg, O., Coquery-Vidrovitch, C., Guitart F. (Éds), *Les jeunes en Afrique : la politique et la ville* (p. 283-310). T. 2, Paris, L'Harmattan.

Bianchini, P., 1988, *Crises et réformes du système d'enseignement sénégalais (1968-1986) : contribution à une sociologie politique de l'éducation en Afrique noire*, Bordeaux, IEP, Thèse de 3e cycle, 2 tomes.

Bodian, M. & Elh. M. S. Camara, 2010, « Le Rôle des religieux dans l'espace public et dans l'amélioration du débat public sur la bonne gouvernance », in *Islam et engagement au Sénégal*, Centre d'études africaines de l'Université de Leiden, sous la direction de Mayke Kaag, 2011, p. 81-107.

Chimoun, M., 2008, « La recherche scientifique dans les universités africaines : le cas de l'université Sénégalaise », in Bett, S. (Éd.), *La recherche scientifique et le développement en Afrique - Idées nomades* (p. 77-86), Paris-Karthala.

Copans J., 1980, *Les marabouts de l'arachide*, Paris, Le Sycomore.

Cruse O'Brien, D., 1992, « Le contrat social sénégalais à l'épreuve, Politique Africaine, 45 : 9-20 (repris et actualisé sous le titre « Les négociations du contrat social sénégalais », in Cruse O'Brien, D. C, Diop M. C., Diouf M. (Éds), 2002, *La construction de l'État au Sénégal*, p. 83-93, Paris, Karthala.

Diagne M., 2014, *Pouvoir politique et espace religieux au Sénégal*, Paris, L'Harmattan.

Diagne S. B., 1992, « L'avenir de la tradition », in Diop M.-C. (Éd.), *Sénégal. Trajectoires d'un État*, Dakar CODESRIA.

Diané, C., 1990, *La FEANF et les grandes heures du mouvement syndical étudiant noir*, Paris, Chaka.

Dieng, A. A., 2011, *Mémoires d'un étudiant africain. Volume I : De l'école régionale de Diourbel à l'Université de Paris* (1945-1960), Dakar, CODESRIA.

Dieng, A. A. & Amin, S., 2003, *Les premiers pas de la Fédération des étudiants d'Afrique noire en France (FEANF) (1950-1955) De l'Union Française à Bandoung*, Paris, L'Harmattan

Di Méo, G., & P. Buléon (Éds), 2005, *L'espace social. Lecture géographique des sociétés*, Paris, Armand Colin.

Diop, B., 2010, *Le feu sacré de la liberté : Mon combat pour la jeunesse africaine*, Paris, L'Harmattan.

Diop, M.-C. & Diouf, M., 1990, *Le Sénégal sous Abdou Diouf : État et société*, Paris, Karthala.

Diop, M.-C., 1981, « Fonctions et activités des dahira mourides urbains (Sénégal) », in *Cahiers d'études africaines*, Vol. 21, n° 81-83. p. 79-91.

Diop, M.-C., 1992, « Le syndicalisme étudiant : pluralisme et revendications », in Diop, M.-C. (Éd.), *Sénégal. Trajectoires d'un État*, Paris, Karthala, p. 441-477.

Diouf, M., 2013, « Les jeunes dakarois, la scène urbaine et le temps du monde à la fin du XXe siècle », in Diouf M. & Rosalind Fredericks (Éds), *Les arts de la citoyenneté au Sénégal. Espaces contestés et civilités urbaines*, Paris, Karthala, p. 49-91.

Diouf, M. & Mamdani, M., 1994, *La liberté académique en Afrique*, CODESRIA et Karthala.

Diouf, M., 2002, « Culture politique et administrative et réforme économiques », in Cruse O'Brien D. C., Diop M.-C. & Diouf, M. (Éds), *La Construction de l'État au Sénégal*, Paris, Karthala. p. 49-61.

Diouf, M. & Leichtman, M., 2009, *New Perspectives on Islam in Senegal Conversion, Migration, Wealth, Power, and Femininity*, PALGRAVE MACMILLAN.

Dramé, S., 2011, *Le musulman sénégalais face à l'appartenance confrérique*, Paris, L'Harmattan.

Fall, M., 1993, « Les arabisants au Sénégal. Contre-élite ou courtiers ? », in Otayek, R. (Éd.), *Le radicalisme islamique au sud du Sahara* Paris-Talence, p. 197-212. Garaudy, R., 1981, *L'Islam habite notre monde*, Paris, Seuil.

Gomez-Perez, M., 2005, « Généalogie de l'Islam réformiste au Sénégal des années 1950 à nos jours : figures, savoirs et réseaux », in Laurent F., Mary André *et al.* (Éds) *Entreprises religieuses transnationales en Afrique de* l'Ouest, Paris, Karthala, p. 193-222.

Gomis S., Camara Elh. M. & Bodian M., 2013, « Foi et Raison en milieu universitaire », in *Annales de la Faculté des lettres et sciences humaines*, p. 28-48.

Goussault, Y. (dir),, 1990, « Les frontières contestées du politique et du religieux dans le Tiers-Monde », in *Tiers-Monde*, tome 31, n°123, *Religion, pouvoir et société dans le Tiers-Monde*, sous la direction d'Yves Goussault, p. 485-497.

Kane, O., 1998, *Islam Et Islamismes Au sud Du Sahara*, Paris, Karthala.

Kane, O., 2003, « Intellectuels non europhones », document de travail, CODESRIA.

Mbaye, A., 2004, « Crises et violences dans les universités africaines : le cas de l'UCAD », Mémoire de DEA, département de sociologie, université Cheikh Anta Diop de Dakar.

Mbow, P., 2007, « Que signifie être intellectuel en Afrique ? », in Kouvouam,a A. *et al.* (Éds), *Figures croisées d'intellectuels : trajectoires, modes d'action, productions*, Paris, Karthala, p. 41-56.

Ndiaye A. I., 2007, « Le fait religieux dans l'espace universitaire », in *L'Afrique des associations : entre culture et développement*, CRESPO-Karthala, p. 117-128.

Ramadan, T., 2009, *Mon intime conviction*, Presse du Châtelet.

Samson, F., 2005, *Les marabouts de l'Islam politique le Dahiratoul Moustarchidina Wal Moustarchidaty, un mouvement néo-confrérique sénégalais*, Paris, Karthala.

Sy, H., 2011, « Grèves scolaires et universitaires au Sénégal : critique de la raison militante », Liens 14 FASTEF – UCAD.

Tamba, M., 2005, « La pratique religieuse dans un espace institutionnellement laïque : L'exemple de l'Université de Dakar », *Colloque international d'éducation comparée, Éducation, religion, laïcité, quels enjeux pour les politiques éducatives ? Quels enjeux pour l'éducation comparée ?*, 19 au 21 octobre 2005.

Thioub, I., 1992, « Le mouvement étudiant de Dakar et la vie politique sénégalaise : la marche vers la crise de mai-juin 1968 », in d'Almeida-Topor, H. *et al.* (Éds), *Les jeunes en Afrique. La politique et la ville*, T. 2, Paris, L'Harmattan, p. 267-281.

Traoré, S., 1984, *La Fédération des Étudiants d'Afrique noire* (FEANF), Paris, L'Harmattan.

Villaime, J.-P., 2005, *Sociologie des religions, Que sais-je ?*, Paris, PUF.

Zeilig, L., 2004, « En quête de changement politique : la mobilisation étudiante au Sénégal 2000-2004 », *Politique africaine*, n° 96, décembre, Paris, Karthala, p. 39-58.

12

Le code mixte chez les jeunes scolarisés à Ziguinchor : un signe d'urbanité ?

Ndiémé Sow

Présentation de la recherche

Les linguistes et les sociolinguistes s'accordent sur les différences notées entre la norme et les usages au sein d'une même langue. L'on accepte volontiers que la langue, en tant que système, propose des schémas que n'épousent pas forcément les utilisateurs de cette langue. Il se constate ainsi une différence (qui ne se pose pas en termes d'opposition, mais qui est plutôt un rapport de complémentarité). Si la vieille dame qu'est la grammaire accepte, malgré tout, de garder toujours ses règles, c'est parce qu'elle constitue, sans nul doute, le garant du respect des fondamentaux nécessaires à la survie de la langue. La langue, vue sous cet angle, a donc un caractère standard que nous appellerons dans cet article, la norme. Toutefois, la société et la ville, renfermant des entités aussi mouvantes que l'humain (et donc le langage), vont laisser voir que la langue doit être envisagée sous la double polarité qu'est, d'une part, la norme (en tant qu'élément posé et figé) et, d'autre part, l'utilisation que les membres d'une communauté pourraient faire de ces éléments normés. La langue devient, par conséquent, un faisceau de composants où chaque locuteur peut librement puiser aux fins de communiquer.

La deuxième vision de cette bipolarité de la langue fait que plusieurs variables interviennent lorsqu'un locuteur s'exprime : son âge, son sexe, son ethnie, son niveau de scolarisation, son caractère, casanier ou non, etc. Chaque locuteur puise dans ce que lui propose le système pour en faire un usage personnel, que pourraient décoder les autres membres de la communauté. Cela conduit à l'existence de phénomènes liés au contact des langues, comme le mélange ou l'alternance, qu'on appellera ici le code mixte.

Au Sénégal, les questions relatives à ce code mixte ont été analysées par des chercheurs comme Ndiassé Thiam et Papa Alioune Ndao. En décrivant une certaine typologie de la francophonie, Ndao a prouvé que la francophilie sénégalaise ne se sent pas dans les usages quotidiens. Il observe que le français occidental (ou français de France avec ses critères morphosyntaxiques) est différent du français d'Afrique qui, à la limite, revendique « certaines déviances dans les usages1 ». C'est dire que les parlers locaux, en Afrique et au Sénégal, se donnent une certaine particularité, que leur a conféré sans doute la situation de multilinguisme et de plurilinguisme qui caractérise les sociétés et les populations.

En 1995, une recherche avait été menée par Caroline Juillard sur la sociolinguistique urbaine. La vie des langues à Ziguinchor marquait ainsi le point de départ des études portant sur la sociolinguistique dans cette zone, qui était encore sous la tension d'une rébellion atroce. Ces études abordaient la question de la dynamique des langues en zone urbaine et dans plusieurs secteurs d'activité, dont l'école. Y émergeaient les caractéristiques du « rapport entre les langues, les identités collectives et les connotations associées » (Juillard 1995:4).

Ce même terrain d'étude, secoué par l'urbanité et son cortège de conséquences, a sans doute subi des mutations sociales sur lesquelles il serait intéressant de réfléchir. Le concept d'urbanité renvoie à une description des spécificités et des qualités humaines acquises en société et qui sont liées au fait de vivre en ville. Il se distingue de celui d'urbanisation qui s'intéresse au caractère démographique et étudie les dimensions de la concentration de la population dans les villes.

Rappelons à ce niveau que la population de Ziguinchor a connu majoritairement une migration du village vers la ville (exode rural) et cela ne peut pas laisser intacts les usages en matière de choix de répertoires linguistiques.

Nous cherchons donc à analyser la présence d'un code mixte dans le parler des jeunes scolarisés, afin d'en déterminer les rapports avec l'urbanisation croissante de la Casamance. Comment, sur la base de pratiques interactionnelles, perçoit-on le code mixte comme un indice d'urbanité chez les jeunes scolarisés à Ziguinchor ?

Cette question de départ implique une élucidation conceptuelle, en ce sens que certaines notions n'ont pas forcément, ici, la signification que leur attribuerait le sens commun.

Méthodologie

Présentation de la démarche : le travail de terrain

Nous avons adopté une démarche ethnographique qui nous a permis d'observer les pratiques langagières, mais aussi d'étudier les attitudes des acteurs selon les situations d'élocution. L'accent a surtout été mis sur les interactions dans et hors de la classe. Notons à ce niveau que nous avons observé des classes où l'enseignement est bilingue (école Marie Affinko Diatta, établissement-test du programme Élan-

Afrique/OIF à Ziguinchor) et des classes où l'enseignement est classique, c'est-à-dire monolingue (en français).

Notre population d'enquête est constituée d'élèves, d'enseignants et d'administrateurs scolaires que nous avons suivis dans divers espaces (intra et extra-scolaires).

Pour cela, notre recherche s'est appuyée sur le recueil de données in situ et un état des lieux des recherches existant sur le sujet.

Nous avons collecté des données, plus qualitatives que quantitatives, obtenues à la suite d'entretiens et d'observations, afin de déterminer la langue dominante dans les différentes situations où se trouvent les locuteurs.

Tableau 12.1 : Sites visités

Villages visités	Écoles visitées	Quartiers visités
Senghalène	Afinco/Djiringho	Lindiane et Djiringho
Niamone	Saint-sacrement	Goumel et Escale
Babate	École Mingo (Marie Brigitte Lemaire)	Grand Dakar/grand Yoff
	École Néma	

Comme le milieu scolaire est un des champs d'investigation, les données ont été collectées dans les écoles durant la période des cours des vacances d'été 2015 (du 31 août au 18 septembre), puis au début de l'année scolaire 2015-2016, c'est-à-dire du 7 au 19 octobre 2015 (soit une période de 30 jours). Les données hors de l'école ont été collectées concomitamment et durant toutes les vacances scolaires, en vue d'élargir la possibilité de diversification des espaces.

L'enquête a porté sur 36 élèves et 16 adultes choisis en fonction du tissu relationnel d'un élève (BB, 12 ans) que nous avons suivi ; 4 instituteurs ; 3 chefs d'établissement (dont 2 coopératifs), 1 inspecteur de l'enseignement et 8 autres rencontrés dans le cadre familial.

Il est à noter que nous avons travaillé avec des jeunes scolarisés des quartiers de Lindiane, Djiringho, Boudody, Escale, Grand Dakar, Goumel et Grand Yoff. Le choix de ces quartiers s'est opéré de manière aléatoire au rythme d'un suivi de la chaîne relationnelle de l'enquêté principal. Durant la période d'août à septembre, les cours de vacances ont permis d'observer les jeunes de notre échantillon, notamment dans une perspective qualitativiste. Les villages visités sont Senghalène, Babate et Niamone.

À la faveur de ce travail de terrain, nous avons suivi une approche interactionniste et les outils suivants ont été utilisés.

L'observation in situ : les interactions

C'est le fait, pour nous, d'observer les pratiques dans le milieu scolaire et extra-scolaire à Ziguinchor pendant un temps donné. Cette opération a été réalisée grâce à une participation aux diverses activités des acteurs directs (élèves, enseignants et administration) dans divers espaces. La finalité est de caractériser la construction des répertoires langagiers.

Avec sa démarche ethnographique, notre recherche est interactionniste. Nous considérons, à la suite de Coulon (2014), que ce sont les activités interactionnelles qui constituent les faits sociaux. En d'autres termes, nous avons mis l'accent sur les échanges entre la population d'enquête (élèves, enseignants etc.) selon le milieu dans lequel se trouve l'enquêté. Il s'est donc agi pour nous de travailler sur les pratiques linguistiques chez les jeunes scolarisés et de déterminer les situations de mixing et la place de l'urbanité dans ce mélange de langues.

Nous avons décrit l'interaction à l'école : les réactions des apprenants, le comportement de l'enseignant avec les apprenants. À ce niveau, on peut remarquer que c'est l'interaction qui définit la méthode organisationnelle de la classe (Mehan 1979). Cette dernière fonctionne comme une microsociété avec des membres (les élèves) sous la direction d'un chef (l'enseignant). Comme nous l'apprend Marcel Postic dans son compte rendu, Mehan et ses collaborateurs ont étudié pendant une année scolaire, avec des enregistrements audio et vidéo, le fonctionnement d'une classe avec des apprenants d'ethnies et d'âges différents. Ils ont conclu, après avoir observé neuf cours, que c'est le travail d'interaction qui a donné naissance à l'organisation microsociale de cette classe (Postic 1986). D'habitude, au Sénégal, ce qui intéresse les chercheurs concernant l'école, c'est moins ce qui s'y passe que comment on y entre et comment on en sort. Sur le terrain scientifique, une rupture a été marquée par nombre de chercheurs, qui ont ainsi réussi à faire de l'école un objet de recherche, notamment sur le terrain africain, particulièrement sénégalais et Ziguinchorois. Le grand mérite de ces chercheurs réside surtout dans la capacité à faire le lien entre les répertoires linguistiques et les espaces respectifs où se trouvent les locuteurs.

Nous avons relevé 114 séquences qui ont duré au total une heure, 6 minutes et 26 secondes (1 h 6 min 26 s). Ce sont des extraits audio et audiovisuels qui correspondent à des conversations spontanées entre locuteurs de notre population d'enquête. Plusieurs espaces sont concernés :

a) À l'école, nous nous sommes intéressée aux interactions entre élèves ; entre enseignants ; entre élèves et enseignants ; entre enseignants et chef d'établissement ; entre chef d'établissement et élèves.

b) Hors de l'école, nous avons mis l'accent sur le comportement langagier de l'enquêté en ville et au village, suivant son réseau relationnel. Les données concernent ses rapports avec les amis, les parents, les voisins et les étrangers. Dans cette perspective, nous avons diversifié les espaces en comparant les attitudes langagières en zone urbaine et en zone rurale.

Les entretiens semi-directifs

Ce sont des échanges autour de l'école à Ziguinchor. Ils sont issus de milieux sociaux différents (par exemple autochtones ou migrants diola, mandinka, manjak, mancagne etc.). À l'issue de ces échanges, on a mesuré les attitudes des acteurs sur le choix de la langue utilisée dans tel ou tel environnement. L'on a ainsi obtenu et analysé des informations qualitatives et quantitatives, afin de voir si le caractère rural ou urbain exerce une quelconque influence le choix du répertoire langagier chez les jeunes scolarisés. Cela permet également de voir s'il y a des paramètres, autres que l'activité scolaire, qui favoriseraient la dynamique langagière.

L'état des recherches

Juillard et Dreyfus (2001), s'intéressant à la situation sociolinguistique de Ziguinchor et de Dakar, soulignent que « l'étude des répertoires linguistiques contrastés des jeunes et des adultes révèle une grande diffusion du discours mixte wolof-français auprès de la plupart des locuteurs » (Juillard & Dreyfus 2001). Leurs travaux montrent que l'école, espace sociolinguistique en relation avec d'autres espaces, n'échappe pas à ce constat.

La situation sociolinguistique de la Casamance et donc de sa capitale Ziguinchor est cependant différente de celle du nord du pays, du fait d'un plurilinguisme plus grand et plus équilibré que dans les villes du nord. La question des pratiques langagières, y compris à l'école, dépend ainsi de dynamiques sociolinguistiques différentes, les unes et les autres restant cependant à identifier. De même, l'étude des pratiques langagières à l'école et en relation avec d'autres espaces sociolinguistiques reste à étudier, cette piste de travail ayant encore été peu explorée au Sénégal et souvent ailleurs. Or, ces questions intéressent non seulement le linguiste, travaillant sur la description et l'analyse des situations de contacts de langues, mais également le domaine des politiques linguistiques dans lequel les décisions pourraient être éclairées par une meilleure connaissance des situations sociolinguistiques considérées.

Enseignement et apprentissage linguistique à l'école : des questions politiques

Il est unanimement admis que le développement d'un pays ne saurait s'opérer sans la bonne qualité de son enseignement de base. Je dis bien enseignement de base, car on constate que le choix du médium d'instruction à l'école primaire est, depuis peu, une préoccupation nationale. Or, on remarque que l'enseignement du français et en français pose problème chez les apprenants, du fait peut-être des langues pas forcément adaptées au contexte social, mais surtout du fait de problèmes sociolinguistiques résultant du contact des langues (français et langues locales). « Certains jeunes souhaiteraient même un enseignement de toutes les langues à l'école et aimeraient apprendre à écrire le wolof et leur langue d'origine » (Juillard & Dreyfus 1990).

Sow (1998), statuant sur la situation des langues à l'école à Saint-Louis, constatait que « certains enseignants n'hésitent pas à recourir au Wolof dans le processus de transmission du savoir, surtout quand il s'agit d'un enseignement portant sur une réalité locale ». Cela conduit à une analyse des effets du contact des langues en présence. En effet, ayant compris que l'une ne peut aller sans l'autre et que les langues présentes sur la scène enseignante se complètent naturellement afin que les apprenants puissent tirer le maximum de connaissances, des organisations comme l'AFD, l'AUF, l'OIF ont déroulé, jusqu'en 2008, des programmes comme LASCOLAF (les Langues de scolarisation dans l'enseignement fondamental en Afrique subsaharienne francophone). Il en est de même avec l'initiative ÉLAN-Afrique (École et langues en Afrique Noire). Il est ressorti de leurs travaux (effectués par des linguistes, des sociolinguistes et des didacticiens) que le plurilinguisme détient largement sur le milieu scolaire et cela implique une reconsidération de la question des langues utilisées dans le système éducatif sénégalais. En filigrane, le projet a analysé les problèmes liés aux méthodes de transmission des connaissances, aux conditions d'apprentissage et d'acquisition du savoir, etc.

Par ailleurs, différents chercheurs ont porté une attention particulière aux langues utilisées dans le système éducatif. Maurice Houis et Rémy Bole Richard, dans une étude menée en 1977, prônent déjà l'idée d'une nécessité d'intégration des langues africaines dans une politique d'enseignement. Pour eux, l'enseignement est un bel outil pour favoriser la promotion des langues. Auparavant, Dragoljub Najman (1972), reprenant Harold Houghton, affirme que l'éducation africaine connaît de réels problèmes qui ne sauraient être résolus sans une reconsidération de la place et du rôle des langues locales.

Plus tard, Chatry-Komarek (2005) approuve les propos de Skuttnab Kangas qui soutient que les mauvais choix de langue d'enseignement expliquent le fort taux d'analphabétisme en Afrique.

L'étude de la situation sociolinguistique sénégalaise et en particulier des pratiques langagières en milieu scolaire reste cependant un domaine à explorer d'un point de vue à la fois sociolinguistique et didactique.

Nous proposons donc de contribuer à l'éclairage de ces questions en nous intéressant aux pratiques langagières et aux représentations à l'école, en Casamance et en particulier dans la ville de Ziguinchor.

Cadre de l'étude : Ziguinchor comme terrain d'étude : quelques éléments de contextualisation

Capitale de la basse Casamance, Ziguinchor occupe une superficie de 7 339 km2 soit 3,73 pour cent du territoire national et est limitée au Nord par la République de Gambie, au Sud par la République de Guinée Bissau, à l'Est par les régions de Kolda et Sédhiou et à l'Ouest par l'Océan Atlantique. La ville de Ziguinchor qui comporte 276 354 habitants renferme 38,73 pour cent de la population régionale et 82,13 pour cent des citadins de la région.

Certains historiens considèrent l'ethnie Baïnouk comme étant le plus ancien peuplement de la basse Casamance. La région est riche d'une grande diversité ethnique et culturelle, même si on peut identifier des zones propres à certaines ethnies. Les données issues du recensement général de la population et de l'habitat de 2010 renseignent sur cette grande diversité ethnique. En effet, il en est ressorti que les principales ethnies sont : les Diolas (57,8 %) qui sont majoritaires, les Mandingues (11,10 %), le groupe Pulaar (10,5 %), les Wolofs (3,9 %), les Manjacks (3,5 %), les Ballantes (2,9 %), les Sérères (2,70 %) et les Mancagnes (2,4 %). Ce brassage ethnique fait de cette région l'une des plus cosmopolites du Sénégal (ANSD, 2010).

L'enseignement élémentaire est largement dominé par le secteur public. En 2010 la région comptait 413 structures d'enseignement élémentaire dont 381 publiques et 32 privées, pour un total de 108 175 élèves répartis dans 2 804 groupes pédagogiques. La moyenne par groupe pédagogique est de 38,57 élèves.

À Ziguinchor, le multilinguisme et le plurilinguisme sont de mise et les langues du terroir sont le diola, le mandinka, le mancagne, etc. Le wolof y a pris ces derniers temps, une place primordiale et s'impose de plus en plus comme lingua franca dans presque tous les secteurs de la vie quotidienne.

D'ailleurs, Caroline Juillard (2005) nous apprend à ce propos :

> Wolof et Mandinka sont en compétition, en tant que véhiculaires urbains, mais le wolof est la langue du plus grand brassage et celle du centre-ville. La présence accrue dans les interactions citadines du wolof, langue identifiée par les adultes comme la langue du nord, et par les jeunes comme la langue du pays en entier et comme leur langue, est en train de modifier la configuration sociolinguistique urbaine (Juillard 2005).

Tout cela donne un aperçu de la situation sociolinguistique du sud de la ville avec un contact perpétuel des langues dans tous les domaines de la société. Il existe une cohabitation des langues qui s'observe jusque dans le milieu scolaire.

Les travaux de Caroline Juillard et Martine Dreyfus, depuis une vingtaine d'années, présentent des résultats qui en disent long sur l'intérêt de ces questions et sur la fertilité toute particulière du terrain casamançais en matière de linguistique du contact.

En 1987, Juillard découvrait à Ziguinchor que les langues étaient utilisées en fonction des interlocuteurs. Pour elle, le passage d'une langue à une autre s'expliquait par les modifications contextuelles de leurs échanges car :

> les réflexions métalinguistiques des sujets parlants sur leur propre pratique active et passive, sont indicatrices de la pluralité des altérités qu'ils se reconnaissent : dans la représentation du répertoire, les idiomes sont identifiés et délimités par les usagers en fonction des interlocuteurs.

Trois ans après, elle en arrive à la conclusion qu'à Ziguinchor, « L'expansion du wolof, langue « importée » du nord du pays et sa vernacularisation en contexte urbain, pour les jeunes générations et les femmes principalement, manifestent l'émergence d'une identité nouvelle » (Juillard 1990) Autrement dit, même si on relève des langues du terroir à forte présence, le wolof semble être la langue de la jeunesse et, par conséquent, une langue dynamique et fortement utilisée.

Plus tard, Juillard (2005) écrit :

> À Ziguinchor, la langue du groupe d'origine reste très présente entre jeunes gens.
> Elle est la langue de base des mélanges observés chez de jeunes locuteurs scolarisés ;
> le français, le wolof et éventuellement d'autres langues ou dialectes locaux sont les
> langues imbriquées.

La même année, Dreyfus et Juillard (2005) affirment :

> Ziguinchor, grande ville du Sud sénégalais, a évolué d'un plurilinguisme généralisé
> dominé par l'usage des variétés de diola et de mandingue, les principales langues
> régionales, à une configuration où le wolof, langue véhiculaire importée du Nord,
> est au sommet de la hiérarchie linguistique, pour les jeunes et les femmes.

Sous ce rapport, il semble donc pertinent d'interroger les caractéristiques des pratiques langagières et de transmission, d'appropriation des langues. Il s'agira de mettre en regard les pratiques et attitudes langagières à l'école et en dehors, dans différents espaces sociolinguistiques (au marché, à la maison, entre amis, etc.) et, d'autre part, les comportements linguistiques dans l'enceinte de l'école. La finalité étant de montrer que, de ce point de vue, l'espace scolaire peut être conçu en lien avec ces autres espaces.

Il s'agira de montrer certains aspects de la mise en œuvre des pratiques langagières et de la transmission langagière à l'école, mais aussi la façon dont elles sont liées à des pratiques, modèles d'apprentissage dans d'autres espaces de vie. L'attention sera, dans ce cadre, portée sur la façon dont les langues sont employées, sur la variabilité des usages et sur certaines représentations langagières des acteurs de l'espace scolaire.

On pourra également se demander si, outre ces aspects, Ziguinchor présente des pratiques, des attitudes, mais aussi des dynamiques sociolinguistiques nées du code mixte et qui sont différentes de celles qui ont pu déjà être observées dans les autres régions du Sénégal.

Élucidation conceptuelle

Le code mixte

Contrairement à la conception généraliste et généralisante de certains linguistes de la première génération, qui considèrent que le mélange de code implique à la fois le mixing et le switching, nous épousons ici la conception de Marie-Louise Moreau (1997), qui fait la différence entre ces deux notions, surtout en ce qui concerne les pratiques. En effet, par code mixte, nous comprenons bien entendu, aussi bien le mixing que le switching. Toutefois, nous ferons comprendre que le sens que l'on attribue au mixing est surtout lié au mélange codique ou métissage langagier alors que le switching est la superposition de codes. Autrement dit, si, à l'intérieur d'une même séquence, nous relevons une interpénétration des langues, on parlera de mixing. À l'inverse, nous appellerons switching toute situation où les langues sont alternées ou superposées, d'une séquence à une autre.

Pour ce qui concerne le terrain de notre étude c'est-à-dire la Casamance, nous avons souligné plus haut qu'il s'agit d'une zone multilingue où le plurilinguisme est frappant. Par conséquent, les langues sont en contact perpétuel et entretiennent deux types de relation :

– Une relation horizontale qui place les langues locales sur un même pied (joola, mandinka, wolof, etc.)

– Une relation verticale qui voudrait que le français occupe une place de choix et surplombe les langues locales.

Toutefois, pour ce qui est relatif au rapport vertical, il s'opère un renversement de tendances sur le plan des usages. En effet, la place qu'occupait le français (langue de prestige, d'ascension sociale, de promotion sociale, etc.) est progressivement prise par le wolof à Ziguinchor. Dès lors, le français, bien que toujours fortement présent dans les conversations, cesse d'être le référent en termes de norme. Contrairement à ce qui se passe ailleurs en Afrique noire francophone (Togo, Côte d'Ivoire, Bénin, etc.), le « français de France » ou « français occidental » diffère, dans les usages, du « français d'Afrique » (Ndao 2000). Le parler sénégalais ne sort pas intact de cette situation où les langues se côtoient.

Paradoxalement, le Sénégalais est vu comme très ancré dans les prescriptions normatives de la langue française. Bien que moins francophile – dans les pratiques langagières, avec des déviances très nettes dans les usages (Ndao 2000) – que les autres Noirs-Africains francophones, il reste très attaché aux règles syntaxiques et grammaticales. Il voit en la grammaire comme une grand-mère qui n'est jamais ménopausée, qui a toujours ses règles.

Le paradoxe se situe ainsi dans le fait qu'entre ce que la langue propose comme norme et ce que la pratique dénote dans les usages, il y a un fossé. Cela fait que chez les tout jeunes, cette norme des usages que nous appelons (par commodité) « nouvelle norme » est nettement caractérisée par un va-et-vient entre les langues en présence, si bien que le parler perd de sa pureté, amenant les classiques orthodoxes à considérer que les jeunes ne parlent plus ni le français ni les langues locales. Cette hybridation du langage que nous analysons en termes de mixing et switching ne fait-elle pas le charme de l'évolution de la langue et du langage en Casamance ?

Urbanité

La notion d'urbanité est couramment perçue comme le « caractère de ce qui fait une ville ». Il va sans dire que, pour définir le concept d'urbanité, il faut impérativement décrire les particularités de la ville en accordant une importance capitale à son caractère socioculturel. L'urbanité serait ainsi en rapport avec ces relations sociales que les habitants d'une ville entretiennent et perpétuent. Espace où se heurtent objets physiques, idéologiques et spirituels, la ville est ce « laboratoire social » qui offre aux chercheurs de tous les domaines un environnement exploratoire immense où chacun d'eux puise sans risquer de faire tarir la source. Elle est ce lieu d'accueil de migrants qui s'y installent, s'y reproduisent et s'y épanouissent. Ce brassage qui n'est pas que racial et culturel, est, bien entendu, linguistique et langagier dans la mesure où ces produits de la migration se mélangent spontanément aux peuples autochtones qui ont leurs pratiques et usages socioculturels. C'est ainsi que sur le plan langagier, elle devient l'aboutissement d'un long processus de formation de communautés cosmopolites (Werthman & Sanogo 2013). La ville est vue à la fois comme « un lieu de brassage des langues et un lieu d'unification. Telle une pompe, elle aspire du plurilinguisme et rejette du monolinguisme » (Calvet 1994).

En filigrane, nous retenons que le concept d'urbanité reste intimement lié à celui de ville et donc de société. Cependant, le modernisme et son flux de conséquences, comme la globalisation, a entraîné une interconnexion langagière qui rend moins étanche la cloison entre les modèles sociaux des différents occupants de ce même espace qu'est la ville. En effet, si les urbano-urbains (les purs produits de la ville) se distinguent des autres urbains migrants, c'est entre autres, par le canal de certains faits sociaux comme le langage. Par conséquent, le sens de cette notion d'urbanité ne saurait se construire sans une prise en compte de la nature des pratiques langagières de ses occupants.

La Casamance, en tant que zone cosmopolite et zone-tampon située entre trois pays (Sénégal, Gambie et Guinée-Bissau) va donc se présenter suivant une configuration sociale qui n'est pas des moins singulières. Cette « configuration d'une représentation sociale et des représentations sociales entre elles, éclaire la configuration socio-symbolique du tissu urbain » (Hilgers 2009:61-62). La connotation de la notion de norme devrait être reconsidérée à Ziguinchor.

Analyse des données : construction de répertoires plurilingues

Un peu plus haut, dans la description de la méthodologie, nous avons fait remarquer qu'au total 34 acteurs de l'école et 18 acteurs de la famille constituent notre échantillon pour cette recherche plutôt qualitative. BB a donc été suivi dans deux macro-espaces : la ville et le village. Chacun de ces espaces pouvant se diviser en d'autres micro-espaces.

Espaces sociaux relationnels

La zone urbaine

– L'école : BB est l'élève autour de qui nous avons construit notre enquête. Il est en classe de CM1 monolingue à l'école Marie Afinco Diatta (école Djiringho). Il a connu quelques difficultés ayant occasionné à deux reprises des redoublements. Il passe sa deuxième année à l'école publique. Il a toujours fréquenté l'école privée, mais pour des raisons financières, ses parents (ne pouvant plus supporter les frais de scolarité) l'ont mis dans le public. BB n'aime pas trop l'école et cela justifie ses nombreuses absences, qui inquiètent son institutrice. À l'école, BB a été observé dans deux micro-espaces : dans la classe et dans la cour avec ses camarades. Il est très remuant en classe et très taquin dans la cour, il est moins bavard avec nous qu'avec ses amis.

Il pratique outre le français, le wolof et le joola.

– Le domicile familial : BB est un garçon âgé de 12 ans, de parents catholiques avec une mère très pratiquante. Il est l'aîné d'une fratrie de 3 garçons. De père Baïnouk et de mère Joola, BB est plurilingue. Il réside en ville depuis sa naissance, mais fait des déplacements fréquents au village de son père situé à Niamone. C'est un enfant de la migration dans la mesure où ses parents, de condition modeste, sont des acteurs de l'exode rural. En quête du mieux vivre, son père PB a migré vers la capitale régionale en vue de poursuivre ses études secondaires au lycée Djignabo. Faute de moyens, il n'a pu continuer ses études à l'université et se retrouve enseignant formé sur le tas. À ce jour, il exerce en qualité d'enseignant dans une école privée maternelle à Ziguinchor. Quant à PD, la mère de BB, elle est arrivée en ville pour améliorer les conditions dans lesquelles elle et sa famille se trouvaient. Elle travaille comme « bonne ménagère » afin de mieux aider ses parents. Elle est Joola Erame, mais le baïnouk est devenu sa L1 (première langue acquise) depuis qu'elle s'est mariée avec PB.

– L'église : comme à l'école, BB va à l'église sous la contrainte. Il y est quand même bien régulier tant que sa mère est à Ziguinchor. Il pense que l'église devrait être réservée aux grandes personnes en ce sens que c'est un espace dans lequel il faut se concentrer et « rencontrer Dieu » ; ce qui, pour lui, n'est pas pour les enfants. BB va à l'église pour passer rapidement son examen de catéchisme et organiser une grande fête : sa première communion, car tous ses amis chrétiens du quartier l'ont déjà fêtée sauf lui. Son dossier pour qu'il intègre le séminaire est en instance à l'église de Lindiane.

– Le terrain de loisir : Comme beaucoup de garçons de son âge, BB fréquente le terrain de football dans son quartier « 1er pont » et se rend occasionnellement à la salle de jeu de Lindiane où il joue au baby-foot moyennant 25 FCA le match. Dans ces espaces, BB côtoie des gens qu'il connaît et d'autres qu'il ne connaît pas. Son comportement langagier n'est pas forcément le même.

La zone rurale

En milieu rural, nous avons mesuré les attitudes langagières selon la variable relationnelle. Nous avons cherché à décrire BB avec des pairs-connus et des pairs-inconnus. Il a été vu dans trois villages distincts :

- À Niamone, le village de son père, BB retrouve naturellement ses grands-parents paternels. Il est moins remuant, mène des activités champêtres durant les vacances scolaires et aime jouer avec ses cousins restés au village. À Niamone, la politique linguistique familiale impose tacitement le baïnouk comme L1 même si d'autres langues y sont usitées.
- À Senghalène, nous avons amené BB dans un village qui sort de sa sphère habituelle afin de mieux lire ses réactions langagières avec des pairs-inconnus. Senghalène est un village joola-kaasa. L'alternance français wolof caractérise la communication chez BB.
- À Babate, un village *joola-fooñi*, BB s'est vite adapté et s'est fait des amis avec qui il a parlé le wolof et joola de la localité.

Représentation personnelle des langues

BB se considère comme plurilingue : « damay làk wolof, baïnouk, joola, français ak touti socé ». Lorsque sa mère PD, par pure provocation, lui a demandé de classer ces langues par ordre d'importance, nous en avons profité pour relever une interaction en wolof dans laquelle BB fait la catégorisation suivante :

— *baïnouk moo jël pee pask moom laay wax ak ñëpp fii si kër gi/Suma demee village aussi sama maam moom lamay làk/Te comme sama papa loolu la doon, man tamit loolu laa.*

= le baïnouk est en première position puisque c'est la langue que j'utilise avec tout le monde à la maison/Quand je vais au village également, c'est la langue que ma grand-mère me parle/Et puis, comme mon père est Baïnouk, moi aussi je le suis.

[Il continue]

— *Après wolof moosi topp (hihihi) pask boobu mooy lakku nandite yi. Suma xarit yi comme Karim, sunu jogee Dakar, di jaay nandite, won leen ni k man maa leen gënë degg wolof.*

= C'est le wolof qui suit (rires) parce que c'est la langue des « nandités2 ». Quand des amis de Dakar comme Karim font le gros dos devant moi, je leur montre que je parle wolof mieux qu'eux.

[Intervention de la maman]

- *PD : Ahan BB ! aw, ku wolofak kukuyme musanaam mat ñamiya muraafum ?
  yow de danga genn xeet/*

= toi le wolof meilleur la langue ta mère tu as tété ? Toi hein tu sortir
  peuple.
  Traduction : Ah bon BB ! Donc toi tu préfères le wolof à la langue de ta
  maman ? Toi tu es un déraciné.

— *BB : aaa… humm/'maa nak sénégal boofi bëgee tekki il faut que nga degg
  wolof de !*

= aaa… humm/Mais maman pour réussir au Sénégal, il faut parler wolof
  hein…

— *PD : waaw contineel/(hehehe) cey xale bii !*

= D'accord continue ! / (rires) Drôle d'enfant !

— *BB : waaw xamnaa joola bi nga yakamti ma wax, legi wax naako. Joola moom,
  mooy sama làkù yaay moo tax mu neex ma pask damaa bëg sama yaay/*

= ok je vois que tu es pressée que je parle du joola. Voilà, c'est fait. J'aime le
  joola parce que c'est la langue de ma mère et j'adore ma maman/

[Je le coupe]

— Moi : C'est la seule cause qui fait que tu parles joola ?

[Il reprend en me répondant]

— *BB : Non sax/damakey tooñ rek/Sama copain yu bari fooñi laañuy làk aussi.*

= Non/c'est juste pour la taquiner/Beaucoup de mes amis parlent le fooñi aussi

[Je le coupe à nouveau]

— Moi : Tes copains comme qui ? ils viennent d'où ?

— BB : Comme OS ak V. ñoom seen parents yi dañuy bañ ñu wax leneen ludul
  joola rek/surtout pappay V./ Kooku wolof rek la bañ/waa Tenghory la/

= Comme OS et V. Leurs parents n'aiment pas qu'on se parle dans une
  langue autre que le joola/surtout le père de V./ il déteste particulièrement
  le wolof/il vient de Tenghory/

[Je le coupe encore]

— Moi : Pourquoi ?

[Il apostrophe son frère]

— *BB : eh yow Junior/joo ! joo ujanten ! / = Eh toi Junior viens, viens écouter*

— [il continue] socé moom damakey wax tuti rek/

= Eh toi junior, viens ! Viens écouter ! (…) je parle le Mandinka un peu
  seulement/

— *Français moom, Père F. rek mootax makey wax/Moom même soo waxee joola
  sax mu tontu si français.*

= Quant au français, je l'utilise avec Père François/Même quand on lui parle joola, il répond en français/

— Moi : Tu ne parles pas le français ailleurs qu'à l'église ?

— *BB : Non non… xanaa ekol/te foofu sax, sumay wax ak maître bi rek yenn saay… français daa metti de/damay ragal sax diko wax*

= Non non… si ce n'est à l'école… Et même là-bas… c'est juste quand je parle au maître parfois… le français est difficile/J'ai même souvent peur de le parler

— Moi : Pourquoi ?

— *BB : Pask hum… soo defee faute rek… ñëp di ree/ngay rus*

= Parce qu'hum… dès qu'on fait une faute… tout le monde en rit/et on en a honte

Langues et espace de socialisation

Dans son classement sur la représentation personnelle qu'il a des langues, BB met le baïnouk en première position prétextant que c'est la langue du père. Toutefois, les observations in situ que nous avons effectuées nous amènent à dire que la langue première de BB, c'est le wolof. Pour preuve, sur 49 minutes d'interactions relevées hors de l'école, nous notons, approximativement 24 minutes de parole en wolof avec seulement 7 minutes pour le baïnouk.

Tableau 12.2 : les interactions de BB hors de l'école

Langue d'interaction	Espaces sociaux et interlocuteurs		Temps estimé en mn
Français	Église	le prêtre	4
Wolof	Domicile/terrain de loisir/église	les frères/les amis/ les pairs chrétiens	24
Joola	Église/terrain de loisir/domicile	Les pairs chrétiens/Les amis/ les voisins/les inconnus	11
Bainouk	Domicile	Les parents	7
Mandinka	Terrain de loisir	Quelques pairs	1
Hésitation	En tous lieux	Tout le monde	2

À partir de BB, nous avons pu analyser la variabilité du langage dans divers espaces sociaux.

Représentation des espaces sociaux relationnels

La ville

La ville est envisagée sous sa double fonction matérielle et relationnelle. Elle est territoire et population (Grafmeyer 1994) si bien qu'elle reste autant un objet physique qu'un foyer d'unités collectives qui justifient des rapports entre sujets sociaux. Autrement dit, au-delà de la sphère géographique qu'elle constitue, elle renferme en son sein des individus et des communautés qui y évoluent (migrants ou autochtones), communiquent et entretiennent des relations sociales variées. Cela va de soi que, pour communiquer, la langue et le langage interviennent au premier rang. Ce sont des entités qui peuvent soit rapprocher soit éloigner les membres d'une même communauté. À ce niveau, il est à noter qu'une langue, quelque normée qu'elle soit, qu'importe son degré d'unité et d'homogénéité, connaît toujours des variations multiples, à plus forte raison dans un espace comme la ville qui subit les assauts des transformations dues au modernisme et aux modernités.

Nous reviendrons plus tard dans notre analyse du code mixte, sur les catégories de variations langagière et linguistique ainsi que les niveaux du système concernés par ces variations.

Schéma présentatif de BB dans des espaces sociaux divers

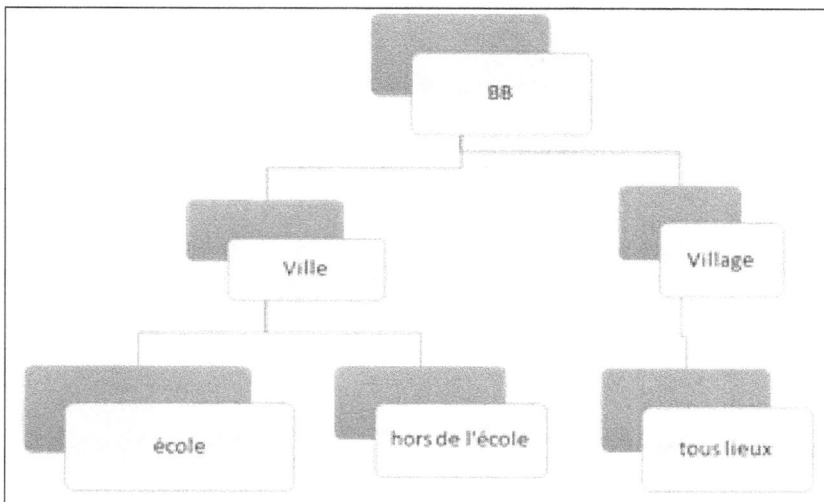

Dans cette recherche, nous avons donc envisagé la ville non seulement en tant qu'entité physique ou espace géographique, mais aussi et surtout comme aire sociologique où se côtoient quotidiennement plusieurs locuteurs membres de communautés linguistiques différentes.

Elle est ainsi prise comme un macrocosme décomposable sous une dimension spatiale. Chacun des espaces qui le composent forme ainsi un microcosme fonctionnant de manière à intégrer d'une part, ses composants intrasociaux (social, culturel, économique, linguistique, etc.) et, d'autre part, ses relations avec d'autres microcosmes. On observe alors des relations intrasociales à l'intérieur d'une même ville.

Ziguinchor, notre ville, est cosmopolite. Sa particularité est qu'elle entretient des rapports singuliers avec d'autres espaces sociaux comme le monde rural.

Le milieu urbain casamançais se caractérise à première vue par la densité de la population. On y relève une diversité culturelle, ethnique, linguistique et même langagière.

La variabilité langagière reste assez spontanée à l'intérieur de la ville. La cloison n'est pas étanche pour qui relève du choix des répertoires langagiers. Chez BB, excepté le Mandinka, toutes les langues du répertoire sont utilisées dans tous les espaces franchis. Si le Wolof domine, il reste quand même un wolof fort mixé avec le joola et le baïnouk.

Observons ce qui se passe chez les jeunes dans les divers espaces sociaux suivants pratiqués en milieu urbain :

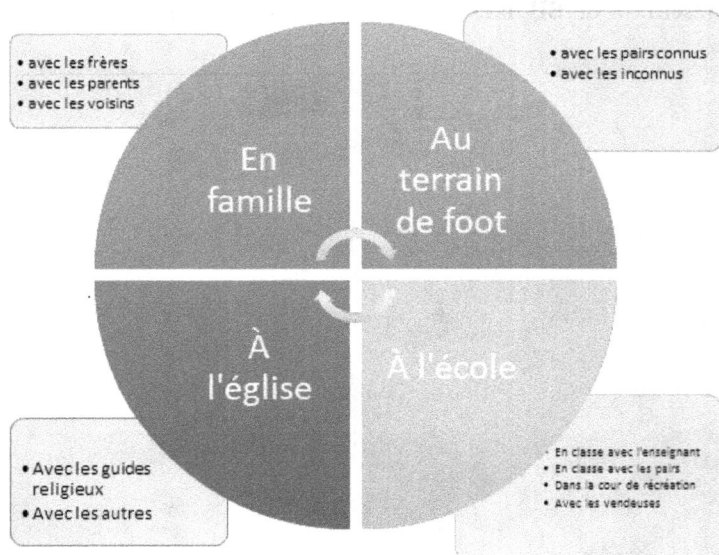

À l'école : chez les tout jeunes, parler ne laisse pas forcément découvrir l'appartenance ethnique. Les répertoires linguistiques sont très diversifiés. Les séquences relevées à l'école, aussi bien en classe qu'en dehors de la classe (dans la cour de récréation) prouvent que l'école regroupe des acteurs sociaux dont les répertoires linguistiques et langagiers sont très divers.

Cette diversité de répertoires développés avant l'entrée en institution scolaire fait de l'école un terrain qui perpétue la cohésion sociale. Chaque individu accepte de fait que son ou ses répertoires entrent en contact avec la langue de scolarisation.

On notera ainsi qu'à Ziguinchor, l'identité est plurielle et l'éducation prend en compte la dimension interculturelle.

Par ailleurs, l'école, tout comme la ville, est une microsociété renfermant des membres issus de communautés linguistiques différentes qui, au nom de la norme et de la politique linguistique scolaire, doivent s'approprier une langue commune dans le processus d'acquisition (et même de transmission) du savoir.

Le constat à faire ici est qu'à Ziguinchor, entre ce que les textes proposent comme norme dans la politique linguistique de l'État sénégalais et ce que la pratique quotidienne révèle dans et en dehors de la classe, le fossé est très grand.

Pour rappel, la constitution sénégalaise de 2001 stipule que le français est la langue officielle du pays : elle est la langue qui garantit la cohésion sociale, la langue de travail, d'enseignement, la langue des conversations formelles, etc. Cependant, nous sommes tentée ici d'utiliser le conditionnel, car le constat est que le monolinguisme n'existe ni à l'intérieur ni à l'extérieur de la classe. Il n'est présent que de nom, aussi bien chez les enseignants que chez les apprenants. Pour preuve, analysons l'interaction suivante (enregistrée en classe), où la maîtresse correspond aux nombres impairs et les élèves aux pairs :

1. [avec le geste qui mime ce dont elle parle] *Suma waxee...* « Mariétou viens ! », *loolu mooy lan ?/* = Si je dis Mariétou, viens !/ qu'est ce que cela veut dire ?
2. *Mariétou kaay* = Mariétou, viens !
3. Très bieeeen... Mariétou va t'asseoir. *Mooy lan ?* = Très bien... Mariétou/ va t'asseoir/C'est (quoi ?
4. *Toogal* = Assieds-toi !
5. Très bieeeen... *Suma waxee [xool leen]* comment t'appelles-tu ? = si je dis[suivez] comment t'appelles-tu ?
6. *mooy « noo tuddu » ?* = cela veut dire « comment t'appelles-tu » ?
7. *Bravo, yeen degg ngeen tubab de* ! [Eh toi-là, viens... va t'asseoir] très bien, *mokkal ngeen* = Bravo... Vous parlez bien le français hein... Très bien/Vous avez compris.

Nous avons tenté de quantifier le mixing noté dans une classe où l'enseignement est censé être monolingue. Notons également que nous n'avons pas considéré dans le décompte, le nom propre « Mariétou » dans la mesure où il est utilisable par toutes les langues. Nous obtenons ainsi 44 mots et deux langues mixées dans ce discours métissé : le wolof et le français.

Tableau 3 : Analyse d'une interaction en classe de CI monolingue

	Wolof	Français	Autres langues
La maîtresse	18	22	0
Les élèves	5	0	0

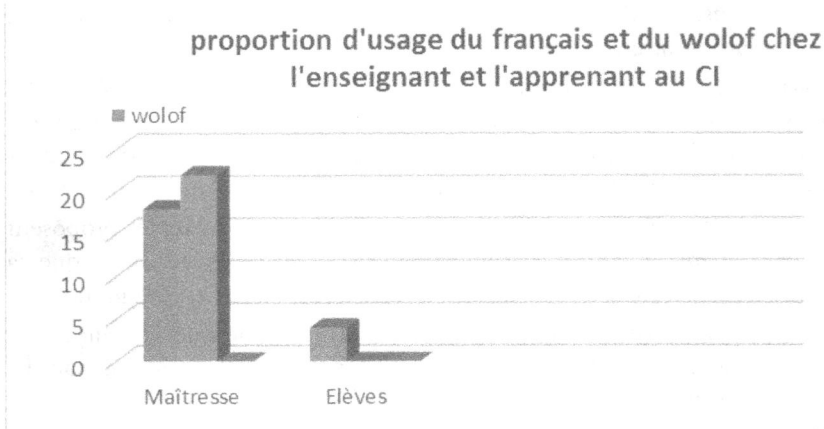

proportion d'usage du français et du wolof chez l'enseignant et l'apprenant au CI

Cette interaction a été relevée dans la classe de DB, frère cadet de BB à l'école Marie Brigitte Lemaire (ou école Mingo : privée catholique située dans le quartier populaire de Lindiane). D'une manière générale, les établissements privés catholiques passent pour des inconditionnels de la norme en termes de respect de la langue d'enseignement proposée par la politique de l'État du Sénégal. Ces écoles sont souvent perçues comme formant des élèves qui pratiquent relativement bien le français. Pourtant, nous notons là que, sur une interaction de 45 mots, 22 sont en français et 22 en wolof (le dernier mot étant un nom propre, nous ne l'avons pas classé). Il apparaît ainsi que le monolinguisme dans cette classe n'existe que de nom. Mieux, chez les apprenants, toutes les phrases sont en wolof.

Cette situation, nous l'avons obtenue plusieurs fois, durant nos observations. Cela nous amène à conclure que le mixing est présent aussi bien chez les élèves que chez les enseignants en classe. Cet état de fait n'est cependant pas le caractère dominant des interactions en classe.

Voilà ce qui ressort de nos observations en classe :

- Entre élèves : 39 interactions avec métissage langagier wolof-français-joola.
- Entre enseignants : 11 interactions dont 9 avec mixing (les 2 autres interactions se sont déroulées entièrement en français et c'était lors d'une rencontre formelle : un conseil des maîtres). Cela renforce la représentation selon laquelle le français reste la langue des conversations formelles.

- Entre élèves et enseignants : 21 interactions dont 16 en français, et 5 mixées.
- Entre administrateurs de l'école et enseignants : 7 interactions dont 1 en français exclusif. Mixing wolof et français3.

Faisons toutefois remarquer que, dans la séquence que nous venons de mentionner, la maîtresse utilise le français pour marquer les éléments d'appréciation : « bien », « très bien », « bravo », etc. Cela mène à un classement des éléments du mixing en tant qu'entité indissociable de l'emprunt. On mettra surtout l'accent sur la structure de cette variété de langage, caractérisée par des alternances intra phrastiques et des emprunts établis ou spontanés : « on retrouve dans ces phrases tous les indices qui excluent la présence d'éléments d'une alternance wolof/français et renvoient à des emprunts [...] établis et spontanés ». Cela montre comment la pratique du wolof urbain et les caractéristiques structurelles variables de celui-ci révèlent et dépendent de la dynamique sociolinguistique urbaine (Thiam 1994:11-34).

Certains vocables ou syntagmes français sont tellement utilisés dans le wolof qu'on se demande parfois si on devrait les classer dans l'une ou l'autre langue. En effet, même si au plan formel, ces mots ne sont pas intégrés dans le wolof, la fréquence de leur utilisation par les locuteurs, surtout les jeunes, fait qu'on en arrive à oublier le correspondant en langue wolof.

Pour rappel, nous distinguons au sein même de l'emprunt, différentes catégories :

- l'interférence qui renvoie à un emprunt inconscient ;
- le calque qui correspond à un emprunt de structure (élément morpho-syntaxique) ;
- le faux emprunt, qui est relevé lorsque l'emprunt (élément lexical) porte sur un mot ou une expression qui existe de facto dans la langue d'élocution.

Ce qui est ressorti de nos observations in situ, c'est que les variables âge, genre et origine géographique sont très déterminants dans le choix du code. Dans l'exemple d'interaction que nous avons mentionné plus haut, l'enseignant est une femme, jeune de moins de 30 ans, native du wolof et citadine ayant subi la migration interurbaine (c'est une Dakaroise affectée à Ziguinchor). Nous notons ainsi des posés, des supposés et des présupposés :

- Puisqu'elle est wolof de Dakar, nouvellement affectée à Ziguinchor, la probabilité d'utiliser une langue autre que le wolof reste faible bien que le joola soit une langue d'enseignement dans cette école bilingue (français/joola) de Ziguinchor.
- Dakar, capitale du Sénégal, est plus européanisé – sur le plan langagier – que les villes de l'intérieur du pays. On émet ici une certaine réserve dans la mesure où à partir des interactions observées hors de l'école à Ziguinchor, nous avons noté que le français représente aussi une lingua franca. Nous

trouvons donc normal que le mixing noté chez cette institutrice soit du « wolof/français » et non du « wolof/langues locales ».

- Le tableau sociolinguistique du Sénégal montre que les jeunes s'adonnent plus au mixing que les personnes âgées. Le vieux débat sur le « génération-gap » » reste toujours actuel pour ce qui est des pratiques langagières : d'une part, les vieux traditionnalistes se montrent conservateurs et se posent en garants du legs socioculturel du terroir. D'autre part, les jeunes, en contact avec le milieu urbain, sont sous l'influence de la mondialisation qui encourage un décloisonnement linguistique. Dès lors, il n'y a rien d'alarmant à ce qu'une jeune personne de moins de trente ans ait recours au français quelle que soit la langue de son discours.

Par conséquent, les différents emprunts sont très spontanés chez cette enseignante, mais nous invitent aussi à soulever un autre débat relatif au contenu des faux emprunts. En réalité, aux vocables appréciatifs « bien, très bien et bravo », elle pouvait substituer « waaw gÓor ». Cependant, certains lexèmes wolofs sont aujourd'hui considérés par l'usage comme vieillis. Leur emploi friserait le pédantisme et l'utilisateur court le risque d'être incompris. C'est le cas dans l'interaction suivante où BB, notre enquêté principal et son ami OS répondent à la question « pourquoi ne travaillez-vous pas bien à l'école ? »

- S1 « *Pask tata man si balle bi laay tekki [...] sport bi laa gëm[...] Laajul raak bu metti* » (OS, joola fooi, Ziguinchor, 12 ans, CM1)
= Parce que tata, moi, c'est par le ballon que je vais réussir. [...] le sport je crois [...] Ça ne demande pas combat difficile]

Traduction : Parce que tata, c'est le foot qui fera ma réussite. Je crois au sport et cela ne demande pas trop d'efforts.

- S2 *Boy man suma amee samay diplôme ak job bu mool, ma dimbali 'maa mu bayyi mbindaan bi* (BB, Baïnouk, Niamone, 12 ans, CM1)
= Boy, moi, si j'ai mes diplômes et boulot bon, moi aide maman elle arrête la bonne ménagère.

Traduction: Mon ami, si je parviens à décrocher mes diplômes, j'aiderai ma mère afin qu'elle arrête de faire la bonne ménagère.

Le mot sport qui se dit « tàggat yaram » n'est employé que rarement. D'ailleurs lorsque nous leur avons demandé de traduire ce mot en wolof ou dans leur langue locale, ils en étaient incapables.

On retiendra en conclusion qu'en classe d'initiation, l'enseignant utilise les langues avec sensiblement la même proportion, là où les apprenants font un usage presque exclusif du wolof.

Cela soulève un débat d'un autre ordre : pourquoi le wolof dans un milieu comme Ziguinchor où le classement des langues place les joolas en première position et les wolofs seulement en quatrième place ?

Nous reprendrons volontiers les conclusions de Juillard qui fait remarquer qu'entre ce que les statistiques proposent en termes d'appartenance ethnique et ce que la réalité des usages dénote, la différence est grande. En effet, si le joola passe pour le groupe ethnique dominant à Ziguinchor, il n'en est pas de même pour ce qui est des usages linguistiques dans la mesure où le wolof est dans un processus qui conduit à faire perdre aux langues locales casamançaises comme le diola leur autorité. Le wolof supplante petit à petit les langues de la Casamance. En fait :

> Wolof et Mandinka sont en compétition, en tant que véhiculaires urbains, mais le wolof est la langue du plus grand brassage et celle du centre-ville. La présence accrue dans les interactions citadines du wolof, langue identifiée par les adultes comme la langue du nord, et par les jeunes comme la langue du pays en entier et comme leur langue, est en train de modifier la configuration sociolinguistique urbaine (Juillard 2005).

Par ailleurs, nous soulignerons que le comportement langagier change à l'intérieur du même micro-espace qu'est l'école. En effet, ce qui se passe dans la classe en termes d'usage des langues n'est pas forcément identique à ce à quoi on assiste dans la cour de récréation.

Exemple d'interaction dans la cour de récréation entre élèves (des camarades de BB en classe de CM2) :

— Moi : Aviez-vous réussi aux quatre essais que vous avez faits ?

[FM, peul qui a grandi en milieu mandingue, s'adressant à BB] intervient :

— FM : *mu ne lan ?* = Elle dit quoi ? Traduction : Que dit-elle ?

— BB : *Ako'o/foyye ila essai naanól foyaa bee sotole* (mandinka)

= elle dit/= est ce que réussir toi essai faire tout ?

Traduction : Elle dit/est ce que tu as réussi à tous les essais ?

[Il reprend automatiquement la phrase en wolof pour que je comprenne…]

— *ndax réussir nga essai yoo def yëp ?*

Traduction : elle demande si tu as réussi à tous les quatre essais.

— FM : *Atuta/essai départemental'o/ça moom* je suis tombée/je suis allée jusqu'à *haw ma sept, haw ma combien.*

= il reste/l'essai départemental/ça, je suis tombée/je suis allée jusqu'à je ne sais pas sept, je ne sais pas combien.

Traduction : Ce n'est pas fini/Je suis tombée à l'essai départemental, j'ai eu environ sept.

AB (doutant des propos de sa camarade) : essai départementaaaal ?… *loolu* corriger wu ñu ko di./

BB do indi sa feuille Fat mballo ? Latu ngërou feuilley 'yya = tu ne apporter pas feuille toi

Traduction : Tu n'apportes pas ta feuille ?

Au terrain de loisir : Nous avons suivi BB dans un espace ludique où il interagit aussi bien avec des pairs qu'il connaît qu'avec d'autres qu'il ne connaît pas. Le constat que nous avons fait est qu'il adapte son parler en fonction de son interlocuteur. Le wolof y est cependant la langue dominante bien que la transition d'une langue à une autre ne se sente pas distinctement. Considérons l'interaction suivante :

— *Eh boy! ehe… aw atouseen añilaw e ballon ge ?/(joola)/* Je ne blague pas de
= Eh boy ! oui. Toi tu ne donnes pas l'enfant le ballon/Je ne blague pas hein
Traduction : Eh boy! ok... Tu ne donnes pas le ballon ?/ Je ne blague pas hein/

— *nu riboriborr di nanding iya' mo kaane i tekuti bare ma noq la ba nga xam/»*
= Toi accompagner ta tante parce que je ne te frappe pas sinon
Traduction : C'est parce que tu es avec ta tante sinon je t'aurais cassé la gueule/

Cette interaction est en joola tel que le pense BB lui-même : il dit ne parler que le joola avec JG qui est Manjak, mais qui ne s'exprime qu'en joola : « avec Jules, je parle joola car lui ne comprend pas bien le wolof et moi je ne comprends pas ce qu'il dit quand il parle sa langue ».

À la maison familiale : Une politique linguistique familiale s'est tacitement construite dans les foyers de Ziguinchor. Il faut remarquer qu'il en est ainsi surtout dans les familles issues du village qui ont migré en ville. La représentation que se font les membres est très subtile. Un oncle de BB, sous l'emprise de l'alcool, livre son point de vue sur le fait que le wolof soit mal vu par sa communauté (il est baïnouk) :

> La ville tue la langue et la mort de la langue entraîne la disparition de la culture et du peuple. Or, le Wolof est très dangereux : il est intelligent et bavard. Il a une langue mielleuse et est capable d'appâter tout le monde autour de lui. Nous, on ne se laisse pas faire. (Monsieur MD, 69 ans, ancien chauffeur)

Pour perpétuer leur langue, ces personnes de l'« ancienne » génération, pensent qu'il faut se méfier du wolof qui, de plus en plus devient une langue du Sud. Ce point de vue est partagé par tous les individus non wolofs que nous avons rencontrés dans le cadre de notre recherche, qu'ils soient instruits ou non.

Cela signifie que, dans les familles non wolof, qu'elles soient autochtones ou migrantes, la politique linguistique familiale encourage l'usage de la langue maternelle.

À l'église : L'église est un lieu de culte. À Ziguinchor, elle représente un espace où les membres de diverses communautés linguistiques se rencontrent et discutent de faits sociaux, moins profanes que religieux. Toutes les classes d'âge s'y côtoient : la diversité ethnique, linguistique y est de mise. La messe se fait en français et en langue locale. À Lindiane, le choix est porté sur le joola fooñi que le père F. considère comme plus facile et plus accessible à tous :

> Nous préférons faire la prédication (en langue nationale) en fooñi dans la mesure où nous cherchons à atteindre le maximum d'esprits. Or ici, je crois que c'est la langue la mieux comprise. Nous envisageons d'ailleurs de prêcher en wolof car, maintenant, les jeunes ne parlent que le wolof. Leurs parents ne leur parlent que cette langue.

À l'image de ce prêtre qui parle un français standard avec une attention particulière réservée au respect de la norme, l'église n'est pas trop envahie par le langage mixte qu'on note chez les jeunes. Les guides religieux ont un répertoire langagier certes variable, mais avec un fort souci d'utiliser « le français correct » c'est-à-dire le parler académique, normé.

Nous avons remarqué qu'à l'instar des guides religieux, les fidèles qui, d'habitude parlent telle ou telle autre langue locale, se prêtent à des manipulations de la langue française que semble leur imposer le simple fait d'être à l'église. C'est dire que parfois, la construction du répertoire langagier personnel peut varier selon l'espace social dans lequel le locuteur se trouve.

Au Village : Nous avons observé BB dans le village de ses grands-parents paternels (Niamone) mais aussi dans 2 autres où il est étranger (Senghalène et Babate).

Niamone

Contrairement aux idées préconçues qui voudraient que le milieu rural soit un conservateur linguistique et culturel, Niamone est un village qui, bien que dominé par les Baïnouks, renferme des individus polyglottes. Le plurilinguisme est notoire avec comme deuxième langue, le wolof.

Il faut noter la différence frappante pour ce qui est du comportement langagier. En effet, la variable « classe d'âge » est très déterminante dans la construction du répertoire linguistique.

Tous les adultes de plus de 45 ans rencontrés dans ce village pratiquent le baïnouk. Chez ceux de moins de 35 ans, la scolarisation est une variable influente : les jeunes scolarisés utilisent indifféremment le français, le wolof, le joola et le baïnouk. Le parler est composite bien que la population ne soit pas cosmopolite, car presque tout le monde se réclame de l'ethnie baïnouk.

Senghalène et Babate

Nous avons délibérément amené BB dans des villages qu'il ne connaissait pas auparavant dans le but d'analyser son comportement langagier avec des pairs inconnus. Le résultat a été que la langue de la conversation entre ces jeunes, c'est le wolof. On est tenté de se demander ce que vient faire le wolof dans ces zones où personne ne l'a comme langue maternelle. Il est donc *lingua franca* et le parler relevé sur cet espace pourrait être appelé pidgin-wolof. Le vocabulaire est très limité et la syntaxe est malmenée. C'est un wolof estropié qu'on y parle.

Conclusion

Les représentations sociales sur la Casamance considèrent cette zone comme conservatrice au plan socio-culturel et linguistique. Notre recherche sur les pratiques langagières et l'urbanité chez les jeunes scolarisés à Ziguinchor, a montré que :

- Le wolof s'est installé en zone urbaine et s'impose progressivement en zone rurale. Considéré comme la langue de l'intégration urbaine, il est à la limite vu comme un raccourci pour une ascension sociale fulgurante. Mêler plusieurs langues dans son discours est signe d'intégration urbaine. Le mixing serait donc la carte d'identité du citadin qui se place au sommet de la pyramide sociale.

- Le monolinguisme à l'école c'est-à-dire l'enseignement exclusif en français tel que stipulé par le législateur, est une utopie. Le monolinguisme scolaire n'existe que de nom : les enseignements sont donnés et reçus dans la limite des lois du métissage linguistique et langagier : le mélange de langues, l'alternance codique sont fortement présents dans et en dehors des classes.

Ils sont pratiqués aussi bien par les enseignants, les apprenants, que par les administrateurs scolaires. Les enseignants ont recours aux langues locales particulièrement quand ils notent un blocage dans la séquence pédagogique. La langue locale vole ainsi à la rescousse du français pour que la compétence puisse être installée. Autrement dit, dans les classes monolingues, le wolof est devenu la métalangue pour transmettre aux apprenants les rudiments du français censé pourtant être la langue de travail. Les élèves utilisent, lorsqu'ils s'expriment, indifféremment le français et les langues locales.

- Les élèves en classe bilingue (joola-français à Ziguinchor) sont particulièrement imprégnés des réalités locales sénégalaises. L'enseignement connaît certes certaines difficultés liées à l'insuffisance de moyens pédagogiques, mais les résultats montrent que les bilingues développent plus de compétences que les monolingues de la même classe pédagogique.

Par conséquent, la maîtrise de la langue de travail semble fondamentalement liée à celle des contenus aussi bien chez les enseignants que chez les jeunes apprenants de l'élémentaire. Même si l'enseignement en langues locales nécessite un préalable en rapport avec la bonne formation des enseignants, il est tout aussi important de tenir compte de la relation entre les contenus enseignés et le médium d'instruction.

Les observations in situ laissent transparaître qu'une bonne qualité de l'enseignement de base passe par un bon choix de la langue de travail. Si les contenus proposés dans le « curriculum de l'éducation de base » sont étroitement liés aux réalités socioculturelles du Sénégal, il est à admettre que l'installation de compétences relatives à ces réalités locales s'effectue par le canal d'une ou des langues locales.

Dès lors, nous trouvons pertinente la généralisation du programme d'introduction du bilinguisme à l'école. L'introduction progressive des langues locales à l'école proposée par l'État sénégalais, aidé de l'OIF par le canal de l'initiative ÉLAN-Afrique, devient plus que jamais une priorité. À long terme, un partenariat linguistique français-langues locales à l'école pourrait être utile à tous les acteurs sociaux et particulièrement à ceux de l'école. Bien entendu, cela demande un travail de formation en amont qui consiste à alphabétiser les enseignants en langues locales et à produire des manuels bilingues en vue d'une meilleure prise en charge de la question.

Notes

1. Ndao, Papa Alioune. http://sudlangues.sn/IMG/PDF-old/doc-23.pdf. Consulté le16 novembre 2015.
2. Nandité = Terme souvent employé par les jeunes pour désigner toute personne qui est en adéquation avec son époque, personne intelligente qui sait s'adapter aux situations.
3. Ces interactions n'ont pas toutes été enregistrées à l'intérieur de l'espace qu'est l'école.

Références

ANSD (Agence nationale de la statistique et de la démographie), Recensement général de la population du Sénégal, Recensement de 2013.

Auzanneau, Michelle et Fayolle, Vincent, 2011, « Événement énonciatif et variabilité langagière dans le rap sénégalais », *La Linguistique*, vol. 47, p. 145-172.

Calvet, L.-J., 1994, *Les Voix de la ville : introduction à la sociolinguistique urbaine*, Paris, Payot.

Chatry-Komarek, M., 2005, *Langue et éducation en Afrique*, Paris, L'Harmattan.

Coulon, A., 2014, *L'ethnométhodologie*, Paris, PUF.

Daff, M., 2015, Conférence inaugurale du colloque « langues et développement en Afrique subsaharienne », 18 et 19 mars à l'UGB de Saint-Louis Sénégal.

— 1998, « Aménagement linguistique et didactique de la coexistence du français et des langues nationales au Sénégal », *DiversCité Langues,* Vol. III. Disponible à http://www.uquebec.ca/diverscite, consulté le 16 novembre 2015.

Dragoljub, N., 1972, L'éducation en Afrique. « Que faire ? », Aubenas, Editions Deux Mille.

Dreyfus, M. & Juillard, C., 1990, *Le plurilinguisme au Sénégal : langues et identités en devenir*, Paris/Karthala.

Ducos, G., 1978, « L'usage du français et des langues africaines en milieu urbain, le cas de Ziguinchor au Sénégal », in J.-P. Caprile (Éd.), *Afrique 4, Contacts de langues et contacts de cultures*, Documents Lacito, Paris, Selaf, p. 67-72.

Hilgers, M., 2009, *Une ethnographie à l'échelle de la ville*, Paris, Karthala.

Houis, M. & Richard, R. B., 1977, *Intégration des langues africaines dans une politique d'enseignement*, UNESCO-ACCT.

Juillard, C. & Dreyfus, M., 2001, « Le jeu de l'alternance dans la vie quotidienne des jeunes scolarisés à Dakar et à Ziguinchor (Sénégal) », *Cahiers d'études africaines* [En ligne], p. 163-164, consulté le 14 septembre 2015. URL : http://etudesafricaines.revues.org/115.

— ,1990. « L'expansion du Wolof à Ziguinchor : les interactions à caractère communicatif », *Plurilinguismes*, n° 2.

— ,1991. « Le plurilinguisme au quotidien à Ziguinchor au Sénégal », in *L'Afrique contemporaine*, Paris, *La documentation française*, 158, p. 31-52.

— ,1991. « Comportements et attitudes de la jeunesse face au multilinguisme en Casamance (Sénégal) », Cahiers sciences humaines, Plurilinguisme et développement, Paris, ORSTOM, vol. 27, 3-4, p. 433-456.

— ,1992. « L'espace conquis. Quelles langues pour Ziguinchor en Casamance (Sénégal) ? », Actes du colloque international *Des langues et des villes*, décembre 1990 à Dakar, ACCT, Paris, Didier Érudition, p. 357-372.

— ,1995, *Sociolinguistique urbaine. La vie des langues à Ziguinchor*, Paris, CNRS.

— ,2005, « Plurilinguisme et variation sociolinguistique à Ziguinchor », *Bulletin VALS-ASLA* (Association suisse de linguistique appliquée), n° 82 p. 117-132.

Moreau, C., 1990, « Quelles langues pour leurs enfants ? Diola, Français et Wolof dans l'imaginaire d'enfants diolas scolarisés », *Plurilinguismes*, n° 2.

Moreau, M.-L., *et al*,. 1997, *Sociolinguistique : concepts de base*, Liège, Pierre Mardaga.

Ndao, P, A,, 1998, « Les phénomènes de code-switching au Sénégal, une question de compétence ? », *Francophonies africaines, Dynamiques sociolangagières*, Université de Rouen, p. 81-92.

Ndao, P, A, http://sudlangues.sn/IMG/PDF-old/doc-23.pdf. Consulté le 16 novembre 2015.

Ndiaye, M, & Diakite, M., 2008, *Les langues de scolarisation dans l'enseignement fondamental en Afrique subsaharienne francophone,* Rapport du projet commandité par l'AFD, l'OIF, l'AUF et le MAEE.

Postic, M., 1986, « Hugh Mehan, Learning Lessons. Social Organization in the classroom, Compte-rendu », *Revue française de pédagogie*, Volume 75, n° 1, p. 125-128.

Sow, N., 1998, *Le conflit linguistique en milieu scolaire : cas du français et du wolof à Saint-Louis*, Mémoire de maîtrise dirigé par Maweja MBAYA, Université Gaston Berger de Saint-Louis du Sénégal.

Thiam, N. 1994, « La variation sociolinguistique du code mixte wolof-français à Dakar : une première approche », *Langage et Société, n° 68,* p. 11-34.

Werthman, K. & Sanogo, M. L., 2013, *Urbanités et appartenances en Afrique de l'Ouest : la ville de Bobo Dioulasso au Burkina Faso*, Paris, Karthala.

www.ingramcontent.com/pod-product-compliance
Lightning Source LLC
Chambersburg PA
CBHW050633280326
41932CB00015B/2630